企业内部控制的价值分析

林钟高　徐　虹　等著

合肥工业大学出版社

图书在版编目(CIP)数据

企业内部控制的价值分析/林钟高等著.—合肥:合肥工业大学出版社,2008.11
ISBN 978-7-81093-846-4

Ⅰ.企业… Ⅱ.林… Ⅲ.企业管理—研究 Ⅳ.F270

中国版本图书馆 CIP 数据核字(2008)第 172110 号

企业内部控制的价值分析

林钟高 等著　　责任编辑 疏利民　　责任校对 方 丹

出 版	合肥工业大学出版社	版 次	2008 年 11 月第 1 版
地 址	合肥市屯溪路 193 号	印 次	2008 年 11 月第 1 次印刷
邮 编	230009	开 本	710 毫米×1000 毫米 1/16
电 话	总编室:0551—2903038	印 张	19
	发行部:0551—2903198	字 数	350 千字
网 址	www.hfutpress.com.cn	印 刷	合肥创新印务有限公司
E-mail	press@hfutpress.com.cn	发 行	全国新华书店

ISBN 978-7-81093-846-4　　定价:34.00 元

前言

企业价值是企业存续的基础与动力，企业价值最大化更是投资者与企业管理当局追求的最主要目标。企业作为“一系列契约的集合体”，其价值是个具有多层次含义的综合性范畴，既涉及企业内部结构要素和企业经营过程组织，又涉及企业的外部环境；既反映企业的静态比较能力，又反映了企业动态的进化发展能力。从企业价值的来源看，企业价值源自于企业竞争优势，并且企业竞争优势实际上是企业资源、资源配置能力以及环境之间的综合效应。其中，企业所拥有或所能支配的资源及其潜力是基础，环境是条件，企业学习成长能力是保障，资源配置能力是核心，是企业资源之间以及企业与环境之间整合、交互的能动机制与联系纽带。而内部控制以及价值管理在企业获取竞争优势、实现企业价值最大化的过程中，发挥着不容忽视的甚至是决定性的作用。

在过去的 20 年里，资本市场尤其是股票市场的迅速发展使得资本的流动性大大增加，发达的信息技术促使资本能够迅速积聚到价值增值最快的地方，由此导致企业的市场风险不断增大。同时，现代资本市场的迅速发展，极大地促进了企业资源在不同所有者之间的流动。近年来，企业购并、重组、股权交易、风险投资等产权交易活动蓬勃开展，因此，企业估价问题就成为产权交易能否达成的核心问题之一。在这样的背景下，许多管理学家提出了价值管理(Value Management)，如波特的价值链(Value Chain)理论、詹姆斯·迈天的价值流(Value Flow)、卡普兰的平衡记分卡(BSC)和Steward 公司的经济增加值(Economic Value Addition，EVA)等。企业价值是20世纪60年代初期伴随产权市场的出现由美国管理学者率先提出的一个概念，西方国家的企业界普遍认为，企业价值将是21世纪企业的共同语言。当把价值这个范畴放入内部控制领域之中时，我们最关心的是如何看待价值管理与内部控制之间的关系，通过内部控制实现企业的价值增值最大化（阎达五，2004）。利用内部控制可以优化资本结构和降低理财风险，从而提高企业价值。李斌（2005）通过分析折现现金流量模型和资本资产定价模型，得出企业内部控制同未来现金流量和折现率有着紧密的内在联系，它直接增加或减少企业价值。

内部控制的产生和发展与委托受托经济责任关系及其制度化的公司法人治理结构有着密切的关系，也与企业价值链和价值管理活动等有着一定的联系。赵保卿（2005）认为内部控制体现价值链管理理论的基本内涵，实现企业价值最大化构成内部控制的目标，内部控制可以实现企业价值链整体增值。王海林（2006）则认为，内部控制是价值链企业开展全面业务合作，实现价值链管理目标的保证。价值链内部控制是一个过程，它是为了达到既定的价值链管理目标，而在价值链内部实施的组织、计划、方法和程序。他用现代控制理论的思想对价值链内部控制问题进行了深入研究，提出了价值链内部控制、价值链内部控制系统及其相关概念，并从价值链内部控制的特点出发构建了价值链内部控制模型。COSO框架（1992）认为内部控制是旨在合理保证财务报告的可靠性、经营的效果和效率、符合适用法律和法规的一个由企业的董事长、管理层和其他人员实现的过程，并提出了对企业价值具有高度相关性和影响意义的五个组成要素。内部控制是一种旨在为实现组织目标提供理论依据的过程，目的是增加价值并提高组织的运作效率。

从目前有限的文献看，学者们也已经注意到内部控制、价值管理都可以成为提升企业价值的重要工具，目前国内外已有部分文献论及企业价值与价值管理、企业价值与内部控制、内部控制与价值管理之间的关系，但这些探讨往往是两两相联系，没有将三者有机结合，且总体的研究成果在数量和质量上都显得比较狭窄和深入程度不足，基本上停留在定性分析与规范论证阶段，没有运用模型设计和数理分析等定量方法进一步厘清和验证它们的关系。同时，从何处以及如何使内部控制与价值管理这两类价值管理工具有机对接与融合，却是众多文献所忽略的。

企业能否在激烈的竞争中不断地提高经济收益，在很大程度上是由企业的战略思维方法决定的。随着经济的全球化以及科技的进步，企业、顾客和供应商有更多的选择机会，成功的关键因素不再只是从价值链上找到定位和战略环节以及为战略环节附加价值，更为重要的是构造价值的新成分，即构造超脱于企业甚至产业的整个价值创造系统。以价值最大化为目标的企业不可能直接作用于价值,必须挖掘能促进企业价值不断增值的各个驱动因素,内部控制与价值链管理就是重要的价值管理工具,更是促进企业价值不断增值的重要驱动因素。本专著试图通过对内部控制与价值链管理有机结合与对接,从战略视角,以追求和创造企业价值为基础,以内部控制与价值链管理为价值管理工具,以正确的战略决策、完善的经营规划、有效的价值驱动策略,来探讨提升企业价值的途径。

基于以上分析,内部控制、价值管理与企业价值之间的关系,通过战略管理这一纽带实现了联结和系统整合。也就是说,内部控制与公司治理的目标都是实现企业价值最大化,内部控制是企业进行价值管理的具体化形式之一。企业正是由作业层、管理控制层和战略层的价值增值活动来实现企业目标的。其中,公司治理结构是公司管理活动运作的组织与制度保障,它通过绩效评估和薪酬规划来激励管理人员(员工)致力于企业价值的创造,而公司战略是企业价值创造的源泉。内部控制作为由管理当局为履行诸管理目标而建立的一系列规则、政策和组织实施程序,与公司治理及公司管理是密不可分的。因此,我们规定本专著的研究框架如下:

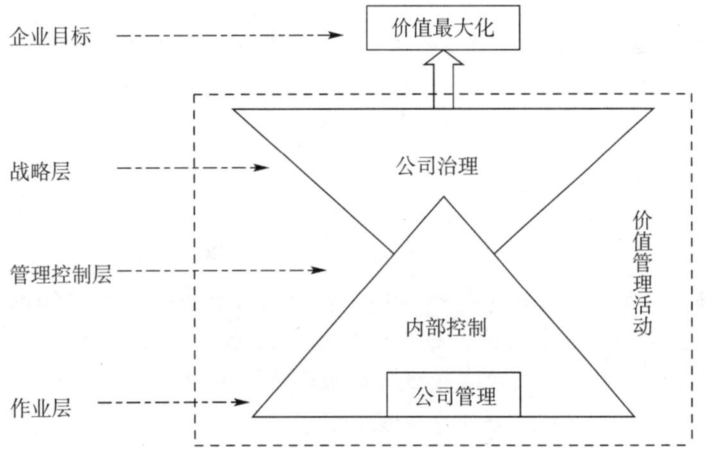

具体研究内容是:

第一,内部控制与价值管理的相关性分析

价值管理的目标就是使得企业的价值最大化,《哈佛商业评论》资深编辑玛格丽特在其专著《什么是管理》中提出:管理的本质首先也是最重要的就是价值创造,进行价值管理。公司战略是企业价值创造的源泉,战略以及实施战略途径等方面一经确定,也就决定了企业的特定“价值链”设计;而战略以及实施战略途径等方面的不同，也必然对企业内部控制构建提出要求，尤其是对控制环境与风险评估两大要素影响深远。价值管理与内部控制的五个要素都有着紧密的联系。特定公司战略下的控制环境与风险评估，限定了企业价值构成，而价值活动是否增值、增值多少都会影响企业价值，价值链管理的根本要求是消除一切无效劳动，使价值链上每一业务内容或环节都做到价值增值。总体而言，价值链管理活动都包括了设计、生产、营销、储存、服务等基本活动以及财务、计划、人力资源管理、技术开发、采购等支持性活动，因此，企业内部控制活动就可以按照企业特定的“价值链”设计分解为：货币资金的内部控制、购货环节的内部控制、销货环节的内部控制、生产环节的内部控制、筹资环节的内部控制以及投资环节的内部控制，所有这些具体的控制活动都对价值链管理各“链节”的监控维护。信息与沟通、监督与纠偏机制自始至终贯穿在价值链管理及控制活动中，信息与沟通使各活动主体能及时取得他们在执行、管理和控制企业生产经营活动中所需要的信息，并相互交换这些信息。而监督和纠偏机制则承担着不断对内部控制的设计、运行和修正活动进行评价的任务。通过内部控制与价值链管理的融合与对接，最终实现企业价值的增长。

第二，内部控制与企业价值相关性分析

内部控制的发展经历了内部牵制、内部控制制度、内部控制结构和内部控制整体框架四个阶段。内部控制理论的形成、发展与成熟无不与企业组织形式、管理的环境和企业的价值目标密切相关。既然实现利益相关者价值最大化（或者企业价值最大化）是企业的目标，任何一项理财和管理控制活动都必须服从和服务于这一目标，那么，实现企业价值最大化则必然成为企业内部控制的目标，这既是实施内部控制、确保企业经济管理目标实现的总体要求，也是衡量企业内部控制好坏的最终标准。企业价值最大化是一个动态的指标，它促使企业在生命周期内追求价值的持续增长，具有长期性、可持续发展性。折现现金流量模型和资本资产定价模型表明，要提高企业价值，就要努力提高企业未来现金流量和降低折现率。通过把现金流分解成流量、流程、流向和流速四类因子，分析其与内部控制要素的关系，具体说：①流量、流速、折现率与控制环境（如供应商及顾客状况、市场环境等）的相关性；②折现率与风险识别的相关性；③现金流速与控制活动的相关性；④现金流向与现金流量与信息沟通的相关性；⑤现金流量、流程与监督和纠偏机制的相关性，等等。本部分构建了中国上市公司内部控制综合评价指数（Internal Control Index，ICI）以及内部控制与企业价值关系的计量模型，并以我国上市公司数据了实证研究。

第三，价值管理与企业价值相关性分析

面对不断变化的内外环境，企业不断提升竞争能力是保证在市场竞争中立于不败之地的关键。企业价值除了来源于价值活动本身之外，还来源于企业内部相互依存的价值活动之间的联系以及企业间的价值链联系。不同水平的价值链列示了企业与众不同的总价值，包括价值活动和利润。不同企业或同一企业不同时期具有不同的价值链，不同的价值链反映了它们各自的历史、战略以及实施战略途径等方面的不同，同时也代表着企业竞争优势的一种潜在来源。企业的效率或者竞争优势来自于价值活动的有效组合，来自于“价值链”的优化，企业的竞争成功也产生于合理的价值链设计。从价值增值角度看，价值链管理是企业价值分析最为有效的工具之一，它可以看作是企业持续发展、后劲增长、资产增值和效益提高的能力，价值链更是判定竞争优势并找到创造和维持竞争优势的一种基本工具。而从利益角度看，价值链管理可以协调包括所有者、经营者及相关利益方在内的各类企业参与主体的利益。因此，基于企业实现价值最大化必须建立在可持续的基础上，价值链管理必须着眼于企业战略的角度，以满足顾客未来需求为基础，以平衡、协调各方利益为出发点，实现企业价值的最大增值。本部分试图通过建立定量化的价值链分析优化系统，即以企业价值增量、劳动价值增量和个人价值增量为核心的系统化、定量化的价值增加分析与评价体系，进一步深化价值链管理，提高企业经济效益，促进企业价值的提高。

另外，各种形式的内部控制均与企业价值有着密切的关系。按照控制主体的不同划分，可以将内部控制分成股东、经营者、管理者和员工等不同主体和层次的四种内部控制。以价值最大化为目标的企业，其成功的标志就是企业价值的提高。正是如此，价值管理便受到许多企业的追捧，当前价值管理是企业面临的主要任务和挑战。价值管理注重在企业发展中考虑各方利益关系。如果把企业的价值比作一块蛋糕，并分属于内部控制的各主体——股东、经营者、管理者以及员工，当企业的价值增加后，这四个主体的利益都会有所增加，同时也有利于企业价值的增加。因此，以股东、经营者、管理者和员工为主体的内部控制就要致力于价值创造，以实现企业价值最大化为内部控制的最终目标。

内部控制渗透于企业经营活动的各个方面，只要存在经营管理活动或环节，就需要有相应的内部控制。企业只有好的内部控制制度，才能保证各级管理层授予下属各级的职责得到正确履行。如果经营管理环节失控，内部控制实效，就会影响企业目标的实现。所以，内部控制在以股东、经营者、管理者和员工为主体的一层层的正确执行中，就会形成企业的价值管理活动，从而能够逐步实现企业价值最大化。企业价值最大化的理念可以渗透到企业生产、经营和管理的方方面面，例如，它要求营造企业与股东之间稳定协调的关系；要求加强与债权人之间的沟通与联系，培养可靠的资金供应者；要求重视客户利益，提高市场占有率等等。总之，只有其他利害相关者包括债权人的利益得到保护和合理的满足，才有利于实现企业价值最大化的目标，股东的财富才能持续增加，而企业价值实现了最大化，各利益相关者的利益都能有所增加。

从以上对于研究内容的设计可以看出，本专著基于价值增值的视角，通过规范分析和实证研究两个方面归纳总结出内部控制、价值管理与企业价值的相关联系，并结合中国企业现状和趋势，融合中国企业内部控制标准委员会的工作规划和各种有关内部控制的规范，提出优化企业内部控制运行以提升企业价值增值的系统方案。一方面在回顾和总结大量文献以及通过规范研究弄清现状的基础上，我们从理论上厘清了内部控制、价值管理与企业价值的相关关系，从规范的视角给出了三者之间关系的理论框架，另一方面通过构建中国企业内部控制综合评价指数（ICI）以及内部控制与企业价值相关关系的计量模型，并以我国上市公司数据进行实证研究，以此验证规范分析的结论，并为进一步完善企业内部控制理论体系和更为有效地执行内部控制规范提供可行途径。

本专著的研究框架和内容设计曾在2007年安徽省公司治理与运营研究中心专题研讨会上做过报告，得到中心研究人员和专家教授的指点，提出了不少好的意见和建议。在文献收集和书稿撰写过程中，得到我们的研究生王书珍、郑军、杨克智、彭琳、唐亮、杨丹丹、时建中、于鑫、程慧慧等同学的帮助与支持。在本专著中，我们吸收了国内外优秀的研究成果，特别是相关学科中对于本专著具有重要价值的研究成果，尽管我们在参考文献和脚注中都做了列示，但难免挂一漏万。所有这些，我们表示衷心感谢。历经两年的研究，虽然此前我们也关注并发表过类似的文章，但系统考虑这个问题，还真的感到困难重重。因此，不足之处、遗憾之处不少，我们真诚希望得到读者的批评和指导。

林钟高　徐　虹

2008年7月28日

目
录

第一章

内部控制概述：目标与契约分析

COSO 报告将内部控制目标分为三类：第一类目标致力于企业基本的商业目标，其出发点是企业的生产经营，是为管理者服务的（即经营的效率与效果——经营目标）；第二类目标致力于企业基本的财务报告信息目标，其出发点是保护企业外部投资者的利益，是为外部投资者服务的（即财务报告的可靠性——信息目标）；第三类目标致力于企业基本的法规目标，其出发点是要符合相关的法律和法规，是为监管者服务的（即法律法规的遵循性——规制目标）。这样的分类高度概括了企业活动的控制目标，有利于不同的人从不同的视角关注企业内部控制的不同方面。我国《企业内部控制基本规范》第三条指出，内部控制是指由企业董事会（或者有企业章程规定的经理、厂长办公会等类似的决策、治理机构）、经理层和全体员工共同实施的、旨在合理保证以下基本目标的一系列控制活动：企业战略；经营的效率和效果；财务报告及管理信息的真实、可靠和完整；资产的安全完整；遵循国家法律法规和有关监管要求。可见，内部控制的内容已经逐渐突破企业内部管理控制的限制，开始向直接决定企业经营效率的治理控制扩展。

目标的设定是管理过程的一个重要部分，它既是内部控制的组成要素，而且也是内部控制的先决条件，还是促成内部控制的要件。制定目标的过程不是控制活动，但其对内部控制的意义重大，直接影响到内部控制是否有存在的必要。内部控制的目标是一个组织努力的方向，而内部控制构成要素则是为实现这些目标所必需的条件，两者之间存在着直接的关系。五类要素之间相互协调、相互联系，每一个要素都适用于所有的目标类别，共同构成能够对不断变化的环境作出动态反应的一个整体。

第一节　内部控制目标导向：基于审计与管理视角的研究

内部控制目标和方法论的发展与演进，说明了内部控制起源于管理实践，由审计赋予其目标和体系，使之从实践上升为理论，并且随着实践与理论的发展又回归到管理。在此基础上，我们根据学术界对内部控制目标体系的研究，并分析得出其内在逻辑。我们认为，内部控制目标体系应该同时满足内部管理和外部审计监管需求。

一、内部控制的发展与演进：目标与方法论

（一）内部控制的萌芽：与管理活动如影相随

内部控制的理论是近代的事情，但是，内部控制实务却源远流长，应该说，自古有之（石爱中，2006）[①]。早在公元前3000多年的美索不达米亚文化时期，人类社会的一系列活动中就体现出了带有本能意义的内部牵制。那时的管理基本上是建立在个人观察、判断和直观基础上的传统经验管理。尽管这种内部牵制的管理思想源远流长，但没有形成系统的管理理论，也不可能提出内部控制的概念。

随后的一些管理活动中，也都非常明显地出现了内部控制的实践活动。例如，古埃及会计称为"书吏"，"其责任和权力都比较大，不仅负责事项的记录，而且还要负责对全部库存财产的监督"。而且，以"书吏"工作为基础，"在国库长官、国库出纳官、国库书吏及国库监督官之间初步建立了一种经济牵制关系，这些官员各司其事，又互相制约，并把控制重点放在支出方面"（郭道扬，1999）[②]。

到了15世纪，资本主义经济得到初步发展，特别是工业革命后，企业管理理论得到了迅速的发展和完善，形成了涉及组织结构、职责分配、业务程序、内部审计等许多方面的控制体系。但是，尽管"内部控制在这期间已在管理实践中完成了其主体内容的塑造过程，但其各项构成要素和控制措施只是散

① 石爱中．从内部控制历史看内部控制发展．审计研究，2006（6）：3—7.

② 郭道扬．会计大典：会计史．北京：中国财政经济出版社，1999.

见在企业各项管理制度、惯例和实务中”[1]，管理者并没有从理论上进行总结，也没有提出内部控制的概念。

19 世纪末，审计人员在改进审计方法的探索中，开始了对内部控制的研究。在审计介入内部控制理论的研究之前，作为现代内部控制的雏形的内部牵制制度，主要目的就是查错防弊，它是通过总结以往的经验在实践的基础上逐渐形成的。基于提高审计效率和保证审计质量的需要，审计人员把内部控制从企业管理活动中抽象出来、赋予其目标和体系，从实践上升为理论，使之成为审计技术和程序的组成内容（张宜霞、舒惠好，2006）[2]。

由此可见，内部控制的初衷并不是为审计服务的，它完全是从管理的角度出发的，它应当是企业客观存在的东西。

（二）内部控制的发展：管理思想的忠实追随者

1949 年美国会计师协会所属审计程序委员会在其专门报告《内部控制：一个协调的系统要素及其对管理层和独立公共会计师的重要性》中首次对内部控制下了一个定义：“内部控制包括组织的计划和企业为了保护资产，检查会计数据的准确性和可靠性，提高经营效率，以及促使遵循既定的管理方针等所采用的所有方法和措施”。该报告是从企业经营管理角度来定位内部控制的，从理论上给出了内部控制的广泛含义。但是它对财务报表审计中应对内部控制检查到什么程度，给注册会计师提供的指导却很少，使审计人员感到无所适从。审计人员认为 1949 年的定义内容过于广泛，超出了他们评价被审计单位内部控制所承担的责任。迫于压力，为了满足审计人员在审计中的业务需要，AICPA 所属的审计程序委员会分别于 1953 年 10 月颁布了《审计程序说明》第 19 号，1963 年颁布了《审计程序公告》第 33 号，对内部控制的定义做了正式修改，大大缩小了注册会计师的责任范围。

与 1949 年的定义相比，这些定义过于消极，仅仅从财务审计当时的实际需要出发，范围过于狭窄，人为地限制了内部控制理论和实践的发展。然而，事与愿违，20 世纪 60 年代以后，注册会计师的审计责任却进入了诉讼爆炸的时期。审计界把内部控制的定义限制在一个较小的范围内，从表面上看是减轻了审计师的责任和工作量，但从更深层次来说，它恰恰增加了审计风险。

20 世纪六七十年代以来，一系列财务失败和可疑商业行为，特别是 80 年代出现了主要是由金融机构破产引起的更为耸人听闻的财务失败事件，以至于

---

① 阎金锷，陈关亭．内部控制评价应用．中国人民大学出版社，1998.

② 张宜霞，舒惠好．内部控制国际比较研究．北京：中国财政经济出版社，2006.

1985年，由AICPA、AAA、FEI、IIA、IMA五个职业协会组成的团体另外建立了一个委员会，即全美反欺诈财务报告委员会（National Commission on Fraudulent Financial Reporting）。该委员会通过对欺诈性财务报告案例的研究，发现50%是因为内部控制失效的缘故，指出薄弱的内部控制是许多欺诈性财务报告发生的主要原因。针对这种情况，该委员会成立了专门研究内部控制问题的机构——COSO委员会来制定关于内部控制定义及框架的指南。1992年，COSO发布了具有革命性的研究报告《内部控制——整体框架》，标志着内部控制迎来了历史的春天。

1992年的COSO《内部控制——整体框架》在一定程度上实现了审计技术导向内部控制与管理导向内部控制的整合，是对构建统一内部控制平台的第一次尝试。COSO报告提供了一个广泛的内部控制框架，成为迄今为止对内部控制最全面的论述。它在一定程度上突破了以往内部控制仅从会计、审计研究的狭隘性，在内容上不再局限于会计控制，拓展到企业的管理以及企业的治理，从一个更高、更系统的角度给出了内部控制的一个框架体系（林钟高，2006）①。该框架尽管得到广泛认可，但理论界与实务界还是认为存在缺陷，如对风险强调不够，使得内部控制与企业风险管理无法很好结合（朱荣恩、贺欣，2003）②。

为了适应21世纪商业环境发展对内部控制的要求以及风险管理的需要，COSO于2004年9月正式颁布了《企业风险管理——整体框架》，这一报告代表了内部控制理论的最新发展。COSO的2004年报告指出："内部控制是企业风险管理的有机组成部分，企业风险管理包含内部控制，并形成一个（比内部控制）更为广泛的管理概念和工具"。因此，内部控制与风险管理之间的融合已是一种必然趋势，这种融合可理解为风险管理包含了内部控制，还可理解为企业风险管理框架就是企业内部控制的外在表现（严晖，2005）③。风险管理框架在1992年整体框架的基础上又增加了三个内部控制要素——目标制定、事项识别、风险评估，同时把内部控制的目标定位提高到战略定位，这是内部控制史的又一次飞跃。

（三）一个暂行结论：内部控制、管理活动与独立审计的价值相关性

综观内部控制的发展与演进，我们可以发现：内部控制（内部牵制）的实

---

① 林钟高等．企业内部控制研究．北京：科学普及出版社，2006.

② 朱荣恩，贺欣．内部控制框架的新发展——企业风险管理框架．审计研究，2003（6）：11－15.

③ 严晖．公司治理、公司管理与内部控制．财会通讯（学术版），2005（4）：10－14.

践及思想雏形起源于早期的管理活动，并随着经济社会管理活动的发展而不断向前演进；伴随着资本主义的萌芽与发展，特别是工业革命以后，企业得到了前所未有的发展，这种发展导致了对企业经济活动进行鉴证的审计不断发展，审计人员在改进审计方法的探索中，开始了对内部控制的研究，把内部控制从企业管理的实践活动中抽象出来，赋予其目标和体系，使之从实践上升为理论，成为审计技术和程序的组成内容。理论化的内部控制大大促进了审计业务的发展，但由于审计人员人为地把内部控制局限在一个较小的范围内，反而限制了内部控制实践和理论的发展。审计责任的诉讼爆炸及社会各界对内部控制关注，又促使内部控制回归管理。内部控制发展存在一个总的趋势，即目标越来越明确，范围越来越大，边界越来越清晰，内容越来越丰富，且有与管理逐步融合之势。这一系列内部控制目标与研究方法论的发展与演进过程，充分表现了其与管理活动与独立审计的价值相关性，如图 1 所示：

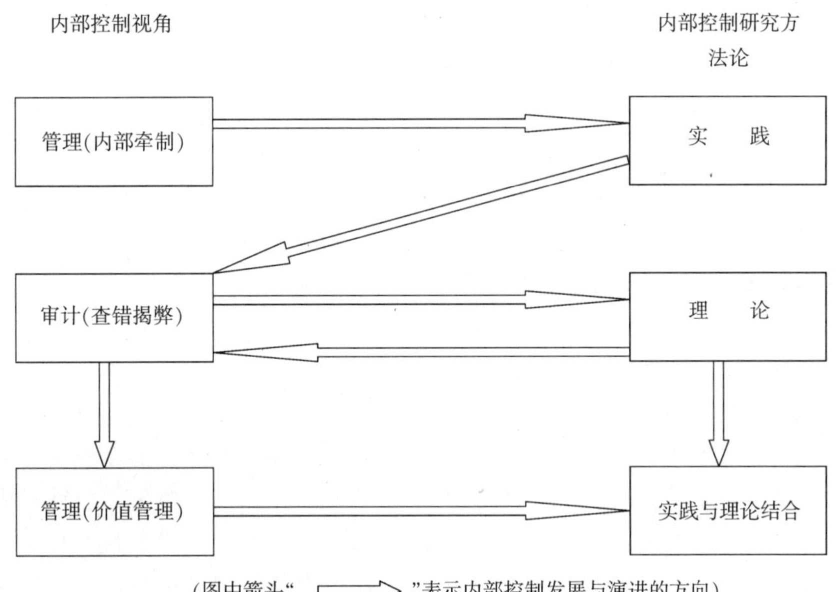

图 1　内部控制目标与研究方法论的发展与演进

由以上论述，我们可以看出，内部控制目标及方法论的发展与演进过程，即：内部控制来源于管理，又回归到管理。这种回归不是简单的转圆圈式的回到出发点，而是一种螺旋上升式的发展，是对内部控制从实践到理论的提升与完善。这种回归如图 2 所示：

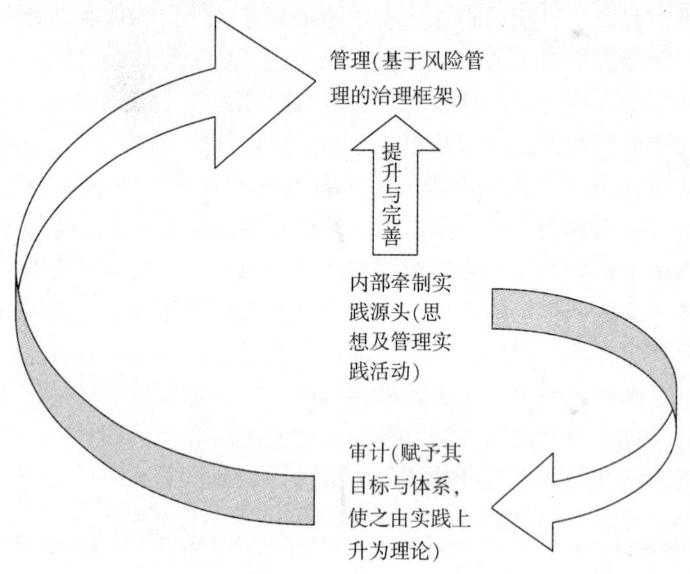

图 2　内部控制发展与演进（螺旋式上升）

二、内部控制的目标体系：内在逻辑

进一步地考察，关于内部控制目标体系的构建与完善，学术界有一些文献提出了设想。阎达五、杨有红（2001）从内部控制的目标和内容的演进角度，论述内部控制目标尽管呈多元化趋势，但概括起来主要涉及以下两点：一是合规经营，具体而言，就是保证企业依法组织经营活动，保证会计信息真实可靠、确保财产安全；二是效益性，即保证企业管理政策的贯彻实施和效益目标的实现。并在对内部控制目标的归纳基础上，认为内部控制体系的建设不只是企业自身的事情，它有着广泛的社会性①。李兆华（2004）提出，应针对内部控制所参照的三项规则，将内部控制的目标划分为三类：经营目标、信息目标和规制目标②。宋鑫（2004）则认为，确定公司内部控制目标时，应考虑治理机构层次以及健全的公司治理环境下内部控制的有效运行，分层次进行控制目标设计，以便最大限度地发挥内部控制效用③。陈志斌（2005）通过对内部控

① 阎达五，杨有红．内部控制框架的构建．会计研究，2004（12）：9—14.

② 李兆华．规制规则视角下的内部控制观——论企业内部控制目标．林业财务与会计，2004（6）：8—9.

③ 宋鑫．现代公司治理下的内部控制目标构建．郑州航空工业管理学院学报（社会科学版），2004（3）：31—33.

制的发展历程分析中发现，内控第一层次的目标仅仅是防弊纠错，保证财产物资的安全，保证会计信息的及时与真实；内控第二层次的目标是保障经营活动的合规合法性，保证法律法规的遵照执行；内控第三层次的目标是为提高单位的效益和效率服务；内控第四层次的目标提出要完善公司治理，要服务于公司创造价值，要保护单位中人的“安全”与价值；然后又提出内控的理想目标应该是把单位建成具有自我纠偏和自我超越功能的自组织和学习型组织①。李连华（2005）在 COSO 风险管理框架的基础上，将内部控制目标理解为三大基本目标——会计信息真实可靠、企业资产安全和营运效率提高，并认为三大目标目前都没有很好实现②。林钟高（2006）将内部控制作为企业管理的一个有机组成部分，其目标也应当和企业的总目标一致，而且内部控制的目标应当有助于企业总目标的实现，是总目标的具体化。基于企业价值最大化的总目标，相应的内部控制是由控制主体根据企业总体目标而建立的，目的已不再局限于传统的查弊和纠错，而是涉及企业经营管理的各个方面，是参与企业经营的各利益相关者权益要求的实现途径，进而成为公司法人治理结构的具体体现，这与企业组织形式的演化及公司法人治理结构的发展相一致③。

目前，针对内部控制目标的研究几乎都是在内部控制目标多元化的趋势下，分层次分类别对内部控制目标进行重构，以便科学合理地指引内部控制有效运行，充分发挥内部控制的效用。通过上述观点，我们不难发现，学术界在对多元化的内部控制目标进行划分时都遵循着某种趋势，即由初级需求不断发展为高级需求，由企业自身的管理需求不断发展为企业社会责任的保证。

在这种探寻内部控制目标体系的过程中存在某种内在逻辑：内部管理需求和外部审计监管需求。分析以上观点，并结合 COSO 内部控制及风险管理目标体系，我们重新对内部控制目标进行了整合，使之能够满足内部管理需求和外部审计监管需求，其内在逻辑关系如图 3 所示：

根据图 3 分析如下：在 1992 年 COSO 内部控制的三大目标的基础上，再结合 2004 年 COSO 风险管理增加的一个目标和对原有的几个目标的补充，我们把内部控制目标重新整合为三大类，即战略目标、经营目标和合规性目标。由于财务等相关报告编制是标准化的，而这些报告标准（包括会计法、会计准则等财务呈报相关法律）在我国本身就是政府法规的重要组成部分。公司只要是在政府所颁布的会计法规或会计标准的界限内编制财务报告，就是遵循了法

① 陈志斌．内控规范的嵌入与超越．会计研究，2005（11）：56－60.

② 李连华．公司治理结构与内部控制的链接与互动．会计研究，2005（2）：64－69.

③ 林钟高，王书珍．论内部控制与企业价值．财贸研究，2006（5）：117－122.

律法规，就是“合规”的，因而也是能够满足财务报告质量要求的。这样看来，COSO框架中被作为两项目标的“报告”与“合规”，在我国实际上是可以合并在“合规”项目之内（李心合，2007）[①]。基于此，我们将内部控制目标整合为战略、经营和合规三大目标。

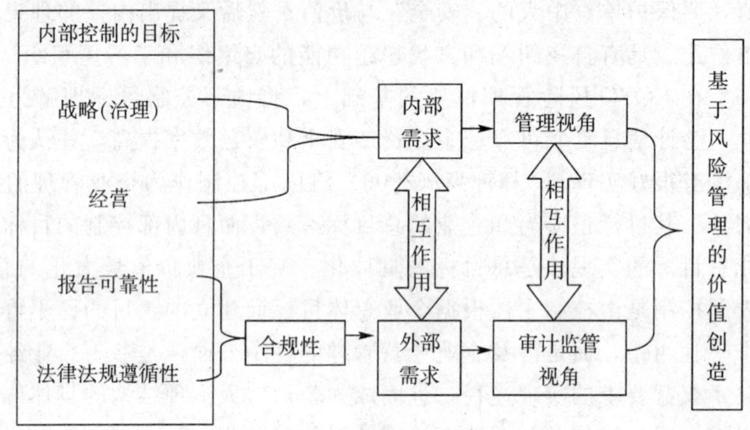

图3　内部控制目标体系的逻辑关系图

三、内部控制的目标导向：发展趋势

对内部控制的渊源进行追溯，对现状进行探讨，除了总结之外，更重要的是探求内部控制目标导向的发展趋势，发现存在问题并提出对策，以实现内部控制的提升与完善。

在本节第二部分分析的基础上，重新整合的三大目标根据需求不同，又分为满足内部管理需求的战略目标、经营目标和满足外部审计监管需求的合规性目标。两种需求所引致的目标导向又是相互作用的、相辅相成的。

（一）内部管理需求对外部审计监管视角的作用

内部管理需求引致的目标包括战略目标和经营目标。战略目标的层次比其他目标更高，是与企业的远景或使命相关的高层次目标，其他目标是战略目标的具体化。风险管理框架在内部控制框架的基础上引入战略目标说明内部管理不仅仅是确保短期经营的效率与效果，而且介入了企业长期战略（包括经营目标）制定过程。

① 李心合．内部控制：从财务报告导向到价值创造导向．会计研究，2007（4）：54－60.

一个企业的战略管理是否正确、有效，不仅影响企业日常经营，还会对反映企业经营成果的财务报告可靠性产生直接影响。因此，审计师要有效地把握财务报告的错报风险，就必须从错报产生源头着手，才能控制审计风险。从战略系统观对企业经营风险进行分析、测试、评价和决策，并通过对企业保持和加强竞争优势的战略及其恰当性进行分析评价，才能从源头上根本解决“合规”性问题，从而系统地改进审计监管的科学性和有效性。

从相反的角度来看，长期以来，内部控制理论把关注重点放在对外公开的财务报告上，防止财务报告舞弊案的发生。问题是，财务报告舞弊的问题还是会经常发生。进一步探寻其中的原因，我们可知，对外的财务报告是企业过去的经营成果的被动反映，一味强调审计监管导向的内部控制只能通过财务报告的约束作用间接作用于企业经营活动。另外，财务舞弊大多数情况下是企业战略、经营管理上出现问题时所采取的“瞒天过海”策略，仅强调与财务报告相关的内部控制并不能防止企业战略、经营管理上的失败。“另一个毒瘤是，管理层经营失败而不可避免地导致股东价值下跌。原由就可能在于其糟糕的战略，无法保持核心竞争力，或竞争优势的销蚀”[①]。

从以上正反两个方面，我们可以推知，从内部管理需求角度出发，强调对企业战略、经营目标的关注，不仅不会削弱外部审计监管视角的合规性，反而会从源头抑制或避免“违规”的发生。

（二）外部审计监管需求对内部管理视角的作用

外部审计监管需求引致合规性目标。尽管人们对内部控制的管理导向日趋关注，但也不能忽略它在审计中的职能与作用。满足审计监管的合规性需求，就满足了广大投资者的需求，缓解信息不对称产生的一系列问题，有助于提高企业的外部形象与信誉，进而提升企业的整体价值。正因为此，COSO 的内部控制和风险管理两个框架报告都保留了（财务）报告可靠性、法律法规遵循性两个“合规”性目标。

关于审计监管需求的内部控制，它可以维护市场的秩序和有效性，提高经营透明度，降低信息的不对称。基于此，各个国家和地区也都在关注战略、经营风险管理的同时，对其在相关法律中做出不同程度的要求。美国的 SEC 更是在 SOX 法案之后提出了“财务报告内部控制”的概念，更进一步明确了外部审计监管的不可或缺。

---

① ［美］史蒂文·J. 鲁特．超越 COSO——强化公司治理的内部控制．刘霄仑译．北京：中信出版社，2004.

由此，我们可以得出结论：有效的科学合理的内部控制目标应同时满足内部管理需求和外部审计监管需求。只有标本兼治，内外部相互促进，才能共同提升和完善内部控制。

企业管理的目标是创造价值，创造价值的前提是防范风险，防范风险的内在机制在于内部控制（陈志斌，2007）[①]。从内部管理视角来看待内部控制，其首要目标是服务于企业的价值创造。这就要求我们在战略导向和风险导向的管理要求基础上，以可接受的风险水平为出发点，实现价值最大化。在此基础上，也要不断深化审计监管视角的内部控制，使之更好地服务于企业的价值创造。

基于此，我们认为：内部控制目标应同时满足战略、经营、合规三大目标，在范围上各有兼顾，在程度上各有倾斜。整合后的内部控制目标应为：基于风险管理的价值创造，同时兼顾“合规”性目标。

第二节　会计准则与内部控制：基于委托代理和会计信息的研究

现代公司是由一系列委托代理关系组成的。从委托代理关系的角度看，会计准则和内部控制是为解决公司外部与内部委托代理问题而进行的制度安排。规范与优化会计信息，消除信息不对称是二者的共同目标。基于会计准则和内部控制在作用上的链接性和互动性，本节将从委托代理关系和会计信息的角度对二者进行探讨，并在此基础上提出规范和优化会计信息的途径。

一、委托代理关系：内部控制的基础，会计准则的动因

作为契约组合体的现代企业，组织内部具有多元代理关系的特征，其谈判、监督、执行和约束等，必须有一系列的制度安排来维持契约的有效性，从而保证企业作为经济组织的整体效率。契约分为外部契约和内部契约。外部契约，指的是在市场（资本市场）中，企业与资本市场中广大投资者及利益相关者之间的契约关系；内部契约，指的是在企业内部交易中，管理层与内部不同阶层员工之间的契约关系。一般而言，无论是外部契约还是内部契约，委托人总是期望通过各种方式监督和激励代理人，使其尽最大努力工作，完成受托责

① 陈志斌．信息化生态环境下企业内部控制框架研究．会计研究，2007（1）：30－37.

任，为委托人创造尽可能多的利益。而从代理人的角度，代理人总是希望获得更多的权利，在物质上、精神上得到尽可能多的回报，尽可能少地承担责任和风险。两者之间不可避免地存在着利益上的冲突，从而产生了委托代理问题。因此，对这种委托代理问题的规范和控制体系应约而生。委托代理关系及其规范和控制体系如图 4 所示：

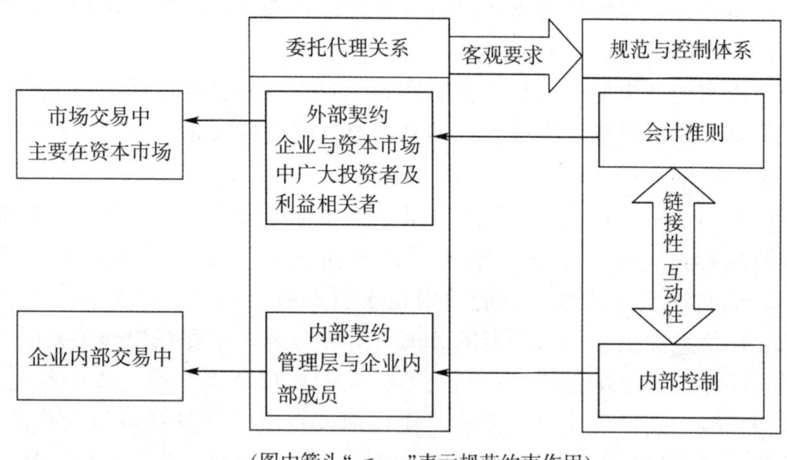

图 4　会计准则和内部控制对企业的委托代理关系的控制与规范

(一) 市场交易的规范与控制体系

在企业的市场（主要是资本市场）交易中，作为委托人的广大投资者必须授权作为代理人的企业主体（事实上也即企业的高层管理者），根据委托人的利益从事企业的生产经营，使委托人的利益得到保证和提高。但是，由于委托人和代理人的分离及其目标函数的不一致，必然会产生信息不对称、道德风险、逆向选择等一系列委托代理问题。这一问题的实质是由于股东的分散，根据成本效益原则，广大中小投资者的"搭便车"行为，使其对企业的监督管理无力。这种情况下，为了更好地解决企业的委托代理问题，降低企业的委托代理成本，政府就应适时介入，用政府规制来规范这种委托代理关系。

政府规制主要是指政府对经济主体的规制，是"在以市场机制为基础的经济体制条件下，以矫正和改善市场机制内在的问题（广义的'市场失灵'）为目的，政府干预和干涉经济主体（特别是对企业）活动的行为"[①]。市场失灵是政府规制的必要条件。之所以对企业进行规制，是由于存在着会计意义上的市

① ［日］植草益著．微观规制经济学．朱绍文等译．北京：中国发展出版社，1992.

场失灵。这是“因为会计报告在无管制状态下的信息产出在帕累托法则意义上并非最佳，或者会计上的市场失灵的存在，是因为财务信息市场而导致的资源配置是不公平的，亦即对某些集团或个人是不公平的”（伯尔顿，1974）[①]。

由于政府代表的是民众利益，那么中小投资者（现实及潜在）的利益必然包含在内。因此，广大中小投资者与管理当局签订的私人契约便由政府制定的通用准则所弥补，以约束管理当局进行会计政策选择自由度，保护中小投资者及潜在投资者的利益。

会计准则的产生使得信息的披露客观、真实，并且有更强的可比性，从而增加了信息的相对对称。由于会计准则制定过程同时又是一个政治程序，由此我们把会计准则看作是政府规制的一部分。

会计准则之所以存在，是为了有助于方便地达成交易契约并使契约能够得到有效的执行，一套普遍接受的会计准则是公司交易结构的重要组成部分(Ball，1995)[②]。会计准则制定的动因在于所有者与经营者的分离，以及由此出现的会计信息提供者与使用者的分离，这种分离正是委托代理关系中的一个重要组成部分，为了避免代理人利用委托人的授权从事与委托人不符的活动，减少道德风险，必须设计最优契约，使代理人在追求自身利益最大化的同时，实现委托人利益的最大化。会计准则正是一种显性契约，防止代理人操纵会计信息，起到沟通、激励和协调委托代理关系双方的作用。

（二）内部交易的规范与控制体系

在企业内部交易中，这种委托代理关系转移到企业管理层与内部不同阶层员工之间。根据委托代理理论，不同的经营管理者及企业员工具有不同的利益目标，高层管理者与中层管理人员之间以及中层管理人员与一般员工之间都存在着代理关系。这些代理关系的存在必然导致信息的不对称，进而产生一系列委托代理问题。为防范这种企业内部委托代理问题的发生，现代企业必然引入相应的内部控制制度。企业内部控制制度是指企业为了保障内部财务、经营信息质量和资产的安全与完整，而控制经营风险、避免经营损失，并使企业行为合规的一个制度系统。企业的一切管理工作，除了建立适当的企业文化和核心价值外，主要是从建立和健全内部控制制度开始的。企业的一切经营决策，都离不开内部控制的支持。内部控制在企业治理中的作用，就是：有控则强，无

---

① 瓦茨，齐墨尔曼．实证会计理论．陈少华等译．大连：东北财经大学出版社，1999.

② 林钟高，赵宏．会计准则经济论纲．上海：立信会计出版社，2001.

控则乱（何顺文、李元莎，2005）[①]。

内部控制是由企业董事会、经理阶层和全体员工共同实施的一系列程序和政策。从最原始内部牵制，发展到今天由控制环境、风险评估、控制措施、监督与纠偏、信息沟通与反馈五大要素交织而成的内部控制整体框架经历了漫长的历史，但内部控制思想的核心仍然是不相容职务的分离。从契约理论来分析，内部控制是企业内部契约的体现，是在给定条件下人们追求利益最大化的结果。作为代理人和受托人的经营者需要建立内部控制，这是所有者与经营者外部契约的延伸[②]。

二、会计准则与内部控制的共同目标：规范与优化会计信息

企业的会计信息分为两大部分，其一是对外信息，其二是不对外信息。事实上不对外信息包括了对外信息，它是对外信息的基础。因为企业对外的信息披露（也即对外信息）主要是企业根据外部市场的诱因（资本市场中广大现实和潜在投资者的信息需求）在企业不对外信息的基础上按照会计准则及财务呈报相关法律的要求对外进行的各种信息披露。如图 5 所示：

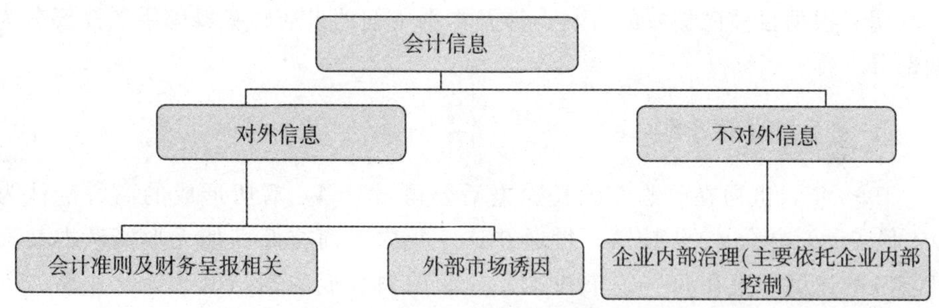

图 5　会计信息组成及其影响因素

由图 5 可知，会计信息主要由会计准则及财务呈报相关法律、外部市场诱因和企业内部治理三个因素共同决定。外部市场诱因是我们目前所不能准确估计并加以控制的，我们对此不予详述。下面我们从另外两个因素着手分析其对会计信息的规范和优化。

---

① 何顺文，李元莎．内地公司治理水平的提升：诚信·内部控制·信息披露．会计论坛，2005(2)：14—21.

② 除了委托代理理论外，信息论、系统论和控制论等也都成为内部控制和会计准则设计与运行的共同理论基础。

关于以会计信息为核心对会计准则与内部控制关系的论述，学术界已有一些理论研究成果，这些研究主要包括：治理会计信息不透明是一项综合性工程，既需要从公司内部完善治理结构、强化内部控制，还要从外部完善会计准则，改进监管办法，加大打假力度，规范中介机构等方面着手（刘淑蓉、姚晓琴，2005）[①]；会计信息治理是一个二元结构：企业内部会计信息治理和企业外部会计信息治理。主要通过完善内部控制制度，建立审计委员会制度，构建有效激励机制等措施来优化企业内部会计信息治理；主要通过强化政府监督管理职能，建立健全会计准则等相关法律法规体系来完善企业外部会计信息治理（王建民、张小娥，2004）[②]。

目前，从会计信息角度研究会计准则和内部控制关系的理论文献还尚显不足，两者的相关性论述也并不全面。因此，我们拟以“美国世通公司”为例，从财务失败的反面案例来论述规范和优化会计信息角度的会计准则与内部控制的关系。

美国第二大长途电话公司——世界通信公司（曾是美国排名第25位的大公司）于2002年7月向法院申请破产保护，成为震惊美国的又一大财务欺诈案件。世通虚构了近百亿美元利润，在造假金额上创下纪录，但其造假手段并不高明。根据目前已披露的资料，涉及本书主题的世通财务舞弊手法简要分为两部分：

（一）会计准则方面

1998年，世通在收购美国长途电话公司（MCI）后所形成的商誉确认为301亿美元，并分40年摊销。世通在这5年中的商誉及其他无形资产占其资产总额的比例一直在50%左右徘徊。高额的商誉成为制约世通经营业绩的沉重包袱。为此，世通以会计准则变化为契机，利用巨额冲销来消化并购所形成的代价高昂的商誉。美国财务会计准则委员会（FASB）2001年7月颁布了142号准则《商誉及其他无形资产》，不再要求上市公司对商誉以及没有明确使用年限的无形资产进行摊销，而改为减值测试并计提减值准备。这一准则的出台，使世通如获至宝。在2001年度财务报告中，世通发出了2002年度业绩将大幅下降的预警，拟在2002年第二季度计提150亿～200亿美元的商誉减值准备。世通的高层直言不讳地表示，由于142号准则不再要求对商誉及其他没有明确使用期限的无形资产进行摊销，世通每年可减少13亿美元的摊销费

---

① 刘淑蓉，姚晓琴．提高会计信息透明度的若干对策．会计之友，2005（9）：42－43．

② 王建民，张小娥．浅析我国会计信息二元治理结构．财会月刊，2004（6）：20－21．

用。2003 年 3 月，世通对外宣布，预计第一季度可恢复盈利 1 亿多美元。这一预计是建立在拟对无形资产（主要是商誉）和固定资产全额或大幅计提减值准备的基础上的。可见，由于会计准则相对于会计实务而言具有滞后性和不确定性，使得许多公司利用会计准则这种不完善性，对无形资产和固定资产“洗大澡”，大幅降低折旧和摊销，进而影响了会计信息的客观真实性。

（二）内部控制方面

世通公司利用公司内部会计控制的漏洞进行会计造假，虚构了近 100 亿美元的利润。公司在 2001 年前三个季度对外披露的资本支出中，有 20 亿美元既未纳入 2001 年度的资本支出预算，也未获得任何授权批准，严重违反了公司内部控制。公司内部审计人员还查出了一笔既没有原始凭证支持，也没有授权签字的 5 亿美元的电脑费用。可见，公司内部会计控制上的漏洞和失效，是许多公司财务舞弊频频得手的重要因素。

根据美国世通公司财务欺诈案例的分析，我们可以推知：不断完善会计准则的制定和有效实施，加快建立健全企业内部控制，是有效规范与优化会计信息，防止财务舞弊案件发生的必然要求。

由以上正反两个方面的论述，我们可以看出：作为企业委托代理关系的规范与控制体系，规范和优化会计信息，消除企业委托代理问题中的信息不对称，进一步完善企业内外部契约，降低企业的交易费用是会计准则和内部控制永恒的使命。同时，目标上的趋同性和一致性，作用上的链接性和互动性，使得二者责无旁贷地承担起如此重任[①]。

三、委托代理关系下的会计信息规范与优化：会计准则与内部控制的耦合与互动链接

前文已经从委托代理理论的角度论述了会计准则与内部控制的关系及二者对会计信息的影响，并得出结论：会计准则和内部控制是规范和优化会计信息

---

① COSO 在内部控制下的定义中，明确指出了内部控制的目标：财务报告的可靠性、经营的效率和效果、相关法律和法规的遵循。可靠性要求按照国际公认会计原则，提供公允地反映企业的财务状况和经营成果的财务信息。合理保证财务报告可靠性成了内部控制所要实现的首要目标。根据决策有用学派的观点，财务报告的目标是提供对投资者和债权人等决策有用的信息。美国财务会计准则委员会（FASB）在《财务会计概念公告》中明确指出，会计信息的首要质量是相关性和可靠性。由于内部控制把财务报告的可靠性作为它的首要目标，因此，它的目标与会计信息质量的要求在某种程度上具有很大的一致性。内部控制的执行和内部控制目标的实现程度必然影响会计信息质量。

的关键。然而，目前这两者对会计信息的规范和优化却不尽如人意。

Kothari（2000）认为会计信息质量是会计标准的质量与会计标准的实施效率的函数[①]。会计标准是指用以规范会计信息生产与披露的法律规章制度以及各种相关的准则。因此，从广义角度上讲，会计准则和内部控制都属于会计标准，既然属于会计标准，那么它们就存在着规范性、执行力和控制力的问题（即规范性＋执行力＝控制力）。

目前的现实状况是：会计准则的规范性较弱，执行力较强，因而它的控制力（即作用效果）总体上仍较弱；而与此相反，内部控制的规范性较强，执行力较弱，因此，它的控制力（即作用效果）总体上也较弱。如图6坐标轴所示：

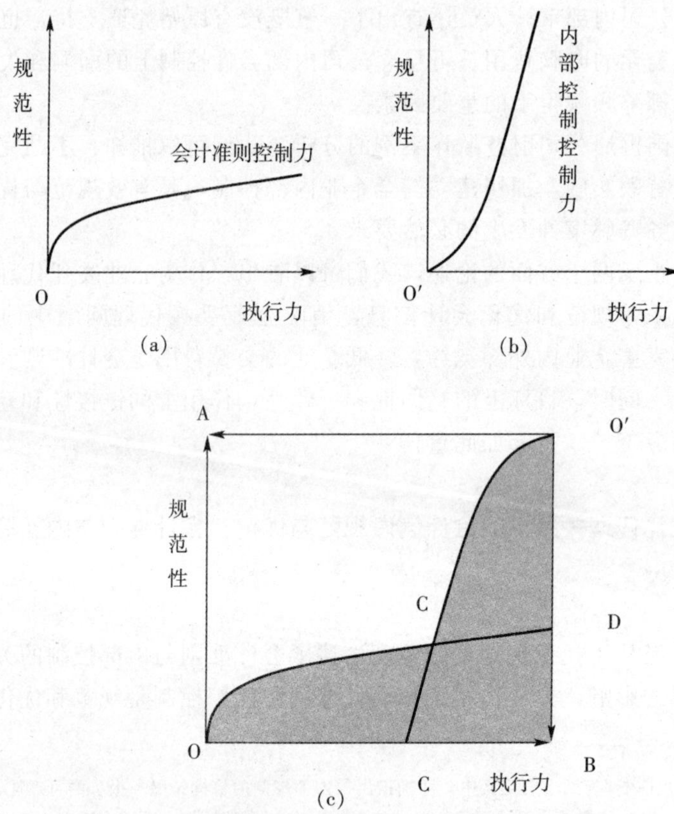

图6　会计准则与内部控制的控制力（即作用效果）分析

① Ball R.，S. Kothari，and A. Robin. The Effect of International Institutional Factors on Properties of Accounting Earnings. Journal of Accounting&Economics，2000，29.

根据图 6 分析如下：在图（a）中，我们可以看到，由于会计准则已上升到法律规范的高度，其强制性和执行力得到有效发挥，但由于准则具有不完全契约所固有的缺陷，使其落后于会计实践，对会计实践的规范性较弱。因此，从总体上来看，会计准则的控制力（即作用效果）仍有待提高。在图（b）中，完善的内部控制具有很强的规范性。它能保护财产安全和完整，确保会计信息真实可靠，保证经营方针和目标的实现，但是这一系列有效的规范措施目前却缺乏有效的执行力。本节第二部分对美国世通公司的案例分析中，我们就能看到，世通公司虽然建立了较为全面的内部控制，但仅仅是停留在纸上，缺乏有效的执行力，未能发挥有效的控制力作用。因此，内部控制的控制力（即作用效果）也有待提高。在图（a）和图（b）的分析基础上，我们引入经济学中的“埃奇沃思方块图”① 的原理，将图（b）逆时针旋转 180°，倒扣在图（a）上，形成图（c）。在图（c）中，图形 OBD 的面积表示会计准则目前对会计信息质量的控制力（即作用效果），图形 O′BC 的面积表示内部控制目前对会计信息质量的控制力（即作用效果）。剩下的图形 OO′AC 则表示目前会计准则和内部控制的对会计信息质量作用效果较低甚至没有效果的区域。

针对这个控制力效果较低或没有效果的 OO′AC 区域，我们应根据会计准则和内部控制的耦合和互动链接性，进一步完善会计准则，提升内部控制。在会计准则执行力较强的基础上，加快准则的国际趋同，逐步完善会计准则，增强其对会计信息的规范性。图 6（c）中，使曲线 OD 不断逆时针向上移动，从完善会计准则的规范性来不断缩小 OO′AC 区域的面积。在内部控制规范性较强的基础上，加强内部控制的执行力度和扩展内部控制的作用边界，使内部控制上升到公司治理和法律法规的高度，逐步提升内部控制，增强其对会计信息的执行力。使图（c）中，曲线 O′C 不断顺时针向上移动，从提升内部控制的执行力来不断缩小 OO′AC 区域的面积。通过两种力量的共同作用，不断缩小 OO′AC 区域的面积，最终达到规范和优化会计信息质量的目的。

通过对图形的进一步分析，我们可以得出结论：会计准则和内部控制在规范和优化会计信息质量、解决委托代理问题上所具有的耦合关系和互动链接

---

① ［美］哈尔·R. 范里安. 微观经济学：现代观点. 费方域等译. 上海：上海人民出版社，2006.

性，两者应发挥各自在规范性和执行力上的优势，扬长避短，合理互补[①]。

在实际运用中，会计准则与内部控制的耦合与互动链接的思路也得到了有效的实施。美国上市公司会计监管委员会（PCAOB）2004 年 3 月 9 日全票通过一项加强内部控制的会计新准则——“与财务报表审计相关的财务会计报告内部控制审计”，委员会特别说明，“有效的财务会计报告内部控制对公司管理其事务，尽到其对投资者的责任至关重要。公司管理当局、公司所有者——投资公众和其他相关方都需依赖公司呈报的财务信息来制定决策”。新准则规定，审计人员进行上市公司内控评估时必须审查公司管理层资料、进行独立内控测评，并评判公司审计委员会中董事成员的工作效能。依照萨班斯—奥克斯莱法案，该准则已提交美国证券交易委员会（SEC），等候最后的审批。

最后，在上文分析的基础上，我们再引入“木桶理论”[②]，我们可以把会计信息比作木桶里的“水”，“水”的多少（即会计信息的质量），主要看会计准则和内部控制等会计信息规范和优化措施的这两块“木块”是否完备。张瑞敏（2005）[③] 把平时大家熟悉的“木桶理论”改良成“新木桶论”，进而提出：一只木桶盛水量的多少，既受木板长度影响，也受到每块木板间紧密度的影响，决定木桶盛水量的关键，有时并不是最短的那一块木板，而是各木板之间的紧密程度。他说：“即使桶的高度再高，桶内的水，也会从细小的缝隙中向外渗透。”显然，会计准则和内部控制的耦合与互动链接，更甚于它们各自本身的作用效果。

四、结语

会计准则和内部控制都是解决公司外部与内部委托代理问题而进行的制度安排。从企业契约理论的角度来看，内部控制可以看作是会计准则这个不完全契约在企业内部的进一步延伸。规范与优化会计信息，消除信息不对称是二者

---

① 这种耦合与互动链接在理论上具有充分的根据，除了两者目标要求一致以外（都是合理保证财务报告的可靠性），还表现在：信息披露一致性（年度报告的上市公司必须披露内部控制报告的强制要求）、会计透明度的一致性（透明度要求公司披露可靠相关的信息，有助于信息使用者准确评价企业财务状况和经营成果、风险评估和风险管理，这些要求和理解与内部控制的目标和内容有很大的一致性）以及公司治理与审计等方面。

② 所谓“木桶理论”也即“木桶定律”，其核心内容为：一只木桶盛水的多少，并不取决于桶壁上最高的木块，而恰恰取决于桶壁上最短的木块。根据这一核心内容，“木桶理论”还有两个推论：其一，只有桶壁上的所有木板都足够高，木桶才能盛满水。其二，只要这个木桶里有一块不够高度，木桶里的水就不可能是满的。

③ 张瑞敏，HR 管理世界网，http：//www. hroot. com/viewhtml/html/13217. htm.

的共同目标。会计准则和内部控制在作用上的链接性和互动性，在功能上的互补性，使得两者既相互联系，又相互区别；既相互影响，又相互促进；既有交叉，又各有侧重。总之，我们要不断发现和完善两者的耦合性与互动链接，这也应该成为今后进一步规范和优化会计信息的一个重要方向。

第三节 内部控制的契约分析与法学拓展

新制度经济学认为企业的理性的各个要素主体之间关于经济利益的分配必定要构建一个约束控制机制，这就是为协调其经济活动的有序、有效运行而建立的内部控制制度。法是国家为规范社会构成要素特别是行为者的行为，协调相互关系，保障各利益主体的特定利益机制。如果把企业看成一个国家，或反过来把国家抽象为一个企业，我们发现内部控制制度与法有着惊人的相似之处——追求利益分配的公平和正义。

一、内部控制研究文献的概述与评价

相对欧美等西方发达国家，我国内部控制理论研究起步较晚，直至上世纪80年代，我国学术界才开始对这一领域进行探索。虽然我们起步较晚，但我们发挥了后发优势，上世纪90年代以来，在借鉴和吸取欧美发达国家的较为成熟的内控思想的同时，国内学者对内部控制的研究取得了丰硕的成果。从上世纪80年代的内部控制理论的初探，到2000年7月首次以法律的形式将内部控制写入《中华人民共和国会计法》，到2006年6月5日上海证交所尝试性地推出《上海证券交易所上市公司内部控制制度指引》，以及同年9月28日深圳证交所出台《上市公司内部控制指引》①，再到2007年3月22日，财政部颁布《企业内部控制规范——基本规范》和17项具体规范（征求意见稿），直到2008年颁布将于2009年7月1日正式实施的《企业内部控制基本规范》，以上种种大动作引起了众多上市公司和学术界的震动，均说明内部控制的重要性

---

① 2006年9月28日，深交所公布的这份名为《上市公司内部控制指引》的文件规定：深市主板上市公司自2007年7月1日文件正式生效后，均要按要求披露内控制度制订和实施情况。这一文件，也是继6月5日上海证券交易所出台《上市公司内部控制指引》后，中国证券市场针对上市公司内控制度和风险管理制度出台的又一重要规定。与此同时，国资委针对下属169家央企的相关规定也已颁布实施。转引自《中国版“萨班斯法案”倒数，企业体系建设冲刺开始》，来源：《财经时报》，2006—10—08.

和社会的关注程度。

内部控制的产生和发展，总是和社会生产力、人类经营管理方式等客观生态环境密切相关的，内部控制作为根植于一定控制环境之中的管理科学，经济生态环境影响并制约其具体内容和表现特征。在内部控制理论与实践的发展历程中，《内部控制——整体框架》（简称 COSO 报告）研究报告尽管饱受争议，[①] 尽管实施效果还有待以后逐步观察，但 COSO 报告仍然不失为一份内部控制里程碑式的重要文献。

纵观我国内部控制研究的历史进程，从对国外理论成果的介绍转向对我国实际情况的阐述，从站在审计的角度来讨论内部控制的作用和建立，转移到站在企业的角度来探讨内部控制对风险防范和规避的作用。有的学者结合 COSO 框架进行内部控制研究，如李凤鸣在他 1992 年出版的《内部控制学》中较早地介绍了该框架的部分内容，并从内部控制的整体架构、设计和评价三个方面来阐述内部控制理论；朱荣恩等（2003）对企业风险管理框架进行了介绍，强调内部控制框架的建立应与企业的风险管理相结合。[②] 有的学者以会计控制为主线研究内部控制，如阎达五、杨有红（2001）认为保证资产安全和会计信息真实是内部控制发展的主线，会计控制（含财务控制）是企业内部控制的核心。有的学者以审计为目标导向对内部控制进行相关研究，如石本仁（2002）认为内部审计主要是通过检查和评价内部控制是否严密，来保证企业资产的使用效率和经营目标的实现，因而，内部控制成为衡量企业内部管理效率的一个重要方面；方红星（2002）把内部控制与审计结合起来，从考察内部控制的产生和演进轨迹入手，探寻内部控制与审计之间的逻辑联系，认为内部控制是在审计目标定位主导下发展起来的，并引入“组织效率”理论进行科学的分析和解释。[③] 还有的学者基于公司治理来研究内部控制，如李连华（2005）认为内部控制与公司治理结构具有嵌合关系，公司治理结构与内部控制制度关联的共时结构是提高内部控制效果的根本途径。此外，还有的学者从经济学和管理学的角度研究内部控制，如刘明辉等（2002）借鉴系统论和新制度经济学等相关

---

① 蔡吉甫（2006）对 COSO 框架五个要素的不足逐一提出了评论。另外理论界的很多批评者提出，在内部控制理论的发展过程中，内部控制局限性一直是与其目标实现相关的最为重要的一个问题。对此，〈萨班斯法案〉也提出了一些初步的改进意见。因为自身局限性的存在，无论内部控制的设计和运作多么妥当，它都仅能就单位目标的达成、对管理阶层提供“合理”而非“绝对”的保证。

② 此外还有吴水澎等（2000）又运用 COSO 框架的标准与评价方法，从内部控制五个要素对亚细亚集团内部控制失败案例进行了系统分析。金彧昉，李若山等（2005）借鉴最新的企业风险管理框架，从风险管理等八要素的角度，逐步剖析了中航油事件的发生的根源与过程。

③ 此外曹伟、桂友泉（2002）认为内部审计在企业内部天然的监督作用使其自然成为内部控制方式之一，同时又是对内部控制执行情况的一种监督形式，是对内部控制的控制。

理论，对内部控制的内涵、控制权的分配及优化、内部控制的外部效应、内部控制与资本市场的关系进行了深入的探讨；陈志斌（2004）提出严格的问责机制是内部控制制度有效实施的机制保障，问责制作为一种惩罚机制，能保证内部控制制度的有效实施；杨雄胜（2006）认为有必要从经济学、管理学、审计学等相关理论研究入手，提出内部控制研究只有运用丰富的公司治理理论并以管理控制口径来定位，才能取得突破性的进展，并形成有效指导内部控制实务的理论成果。[①] 还有的学者从独特的视角研究内部控制，如王湛（2001）认为内部控制的外部化是由社会分工专业化、企业对经济效益的追求以及内部控制自身缺陷等原因共同决定的，它是内部控制发展的合理趋势；谷祺等（2003）从内部控制系统必须解决的企业组织面临的基本问题出发，将内部控制机制分为制度控制、市场控制、文化控制三种类型，并分析了其相关关系；于增彪等（2006）将“作业”及其相关概念引入到内部控制，特别提出内部控制是最优化、最简捷和最理想的作业标准或作业程序。有的学者对国内特大型企业集团的内部控制制度实施问题进行了研究，如贡华章（2004）对中国石油天然气集团（CNPC）的前瞻性内控制度与措施的实施、张谏忠，吴轶伦（2005）着重介绍了内部控制自我评价方法在上海宝钢国际经济贸易有限公司的实施情况等。

经过上文的综述和分析，不难看出，很多学者不同程度地理解和借鉴了COSO报告的相关内容，其中一些更是对研究报告中某些要素的具体细化。不可否认，这些研究为我国应如何构建完整的现代企业内部控制框架提供了很多有益的探索和建议，不过，上述内部控制理论研究也存在三个明显的缺陷：一是忽视了对内部控制本质的研究。内部控制本质问题是内部控制理论的关键和核心问题，是贯穿内部控制理论的主线。其他内部控制理论，如内部控制对象、目标、内涵、功能和框架构成等均是因内部控制本质而起。因此，对内部控制的本质进行研究是必要的（蔡吉甫，2006）；二是所构建的内部控制体系缺少所有者和经营者以及对他们的行为进行深入思索。在许多情况下，企业实施控制的主体都是经营者，建立的就是所谓的以经营者为中心的内部控制。作为一类理性契约主体，各个要素投入主体在现代企业契约中处于不同的地位。要素所有者先将要素的使用权承诺给企业，并且在取得要素使用权应得的价值之前，共同协商同意在一个相当长的时期内把要素的使用权让渡给企业。这种

① 在以上分析的基础上，杨雄胜（2006）借鉴演化经济学的观点，认为目前企业内部控制应该通过技巧学习与惯例固化实现组织成员自适应学习，成为商务生态系统中的控制链，其目标是实现组织长寿。

缺少要素所有者以及他们根据相应的制度应如何调整自己的行为的内部控制体系的完整性是值得进一步商榷的。三是忽视了公平和正义的伦理（法律）价值观。由于理论研究者和实务界人士从经济学的角度研究内部控制的“路径依赖”，一脉相承地将内部控制理论研究与“经济人”假设下的契约理论结合作为内部控制有效实施的基础而进行研究，但现实情况却并非如此，很多企业都有看起来较为完善、合理的内部控制制度或框架，却无法有效发挥作用，在执行中出现了问题。我们并不反对“经济人”的假设，相反我们认为可以从“经济人”的假设出发，但在研究人时必须注意到人本身就具有的主观能动性，是道德与经济两重人格的复合体。人性并不总是贪婪的，并不总是追求着自身效用的最大化，人都怀有最起码的善恶是非之心，本质上都追求公正，崇尚公平，反对利欲熏心，恃强凌弱，特别是在经济利益分配领域，背信弃义、巧取豪夺、不择手段就特别被人们所反感。这种对人性的预设构成了所有时代、所有国家政治法律制度的出发点，同时也应是建立内部控制的一个出发点，对人性的不同理解会导致构建不同的内部控制理论框架。

综上所述，我们认为，一个完整的内部控制理论框架应考虑现代企业的一个非常重要的特征——契约的不完整性。结合企业的性质进行构建，要对内部控制存在的制度性原因加以探讨，进而揭示出内部控制的本质。只有在此基础上构建的内部控制体系才是全面和完整的，理论框架的重点不仅仅是指导一个企业如何设计其内部控制，更重要的是要提高一个企业对内部控制理论的认识，从而能更全面和更广泛地理解和应用理论来完善现代企业内部控制的建设与执行问题。

二、内部控制产生本质的拓展性分析：基于全体要素投入主体的博弈分析

对于任一问题的探讨都需要借助一定的思维工具，对内部控制本质的研究也不例外。从制度经济学角度来看，内部控制作为一种制度安排，或者说企业这种制度安排的组成部分，具有特定的功能，主要表现在降低企业内部的交易成本、补充企业不完备契约。这不仅是因为借用经济学的理论使分析较为透彻和深入，而且是因为该理论自科斯打破新古典经济学将企业视作“黑箱”假设之后，已经成为研究企业内部结构和关系问题的先导。

随着时间的推移，我们发现，内部控制的理论和实务总是在不断发展，它所表现出来的形式和内容也会随着时间和空间的变迁而有所不同，并且还将继续变迁和演进下去，但唯有隐含在深处的本原才是其根本属性和发展的最终动力。什么是促进和推动内部控制发展的本质？很多学者都曾试图探讨内部控制

的本源这一核心问题，但大都认为降低企业内部的交易成本、弥补企业契约的不完备性是其产生和发展的本质（刘明辉等，2002；戴彦等，2005；周密等，2006）。我们非常赞同这种观点，但是对所构建的内部控制体系缺少所有者和经营者以及对他们的行为进行深入思索，这样的内部控制体系运行效果如何将很难给出定论，至少在理论研究上是值得商榷的。

现代企业理论的一个核心观点是，企业是一系列（不完全）契约（合同）的有机组合（nexus of incomplete contracts），是人们之间交易产权的一种方式。企业是不同的要素投入主体之间组合的一组契约，这组契约可能是显性的，也可能是隐性的。不同的要素投入主体可能拥有不同的偏好、资本、技能、信息和禀赋，理性的要素拥有主体参与到企业的契约中，向企业贡献自己的资源，以试图从企业的运营中获得回报。这组契约治理着企业发生的各种交易，使得其企业内部发生的交易费用低于由市场组织这些交易时所发生的交易费用，但由于现实世界的复杂性、经济人的有限理性和机会主义的影响，这组契约通常又是不完备的，所以相对于市场而言，企业的契约是一种不完备契约。为了在取得低交易成本收益的同时弥补企业契约的不完备性，就需要在企业内部存在一个控制机制，来弥补企业契约的不完备性，以保证企业的正常运作和可持续发展，这可视为企业内部控制的本质（刘明辉，张宜霞，2002）。

夏恩·桑德在《会计与控制理论》一书中根据企业的契约理论，结合会计和控制在实施契约组合中的功能，考察了会计的五个重要职能。① 我们认为，内部控制（内部会计控制）的这五个职能恰恰说明了内部控制的重要性和必要性。因为，内部控制（内部会计控制）为较为正确地进行贡献计量和利益计量提供了重要的机制设计基础和约束框架。企业就像一个大舞台，理性的要素投入主体参与到企业的契约中，向企业贡献自己的资源，但要素投入主体彼此之间存在着复杂的契约关系，内部控制作为企业契约机制的重要组成部分，要对要素投入主体投入企业的资源及其应获得的利益予以正确计量。内部控制（内部会计控制）使得由企业编制并公开的财务报告具有很强的可靠性，企业通过实施内部控制合理保证了要素投入主体所需要的会计信息的真实性和完整性，因而保证了对各个要素投入主体的投入和收益的正确计量。当内部控制（内部会计控制）对要素投入主体的某些投入和收益不能直接计量时，就产生了企业契约监督权和剩余索取权的配比问题，此时内部控制也表现为一组内部契约关系，它通过对企业内部剩余控制权和剩余索取权的合理安排，使得内部控制

① 参见（美）夏恩·桑德．会计与控制理论（第1版）．方红星等译．大连：东北财经大学出版社，2000.

（内部会计控制）不能直接计量的贡献投入和应获收益得以顺利计量。

内部控制理论要想真正实现革命，就必须有一个涵盖整体并且简单而又综合的框架，其中必须包括内部控制活动的所有重要方面。笔者认为，考察内部控制制度在企业契约中的作用对于达到上述目的是很有必要的。内部控制制度在弥补企业这个不完备契约中的作用至少还可以用简化的博弈模型进行进一步的说明和分析。

综上所述，由于内部控制是为了正确计量所有要素投入主体的收益而产生的，我们按照这一思路出发，在信息不对称的条件下，将全体要素拥有主体分为两方，一方是相对于离企业“更近”的内部财务信息拥有者，包括企业的经营者（主要是董事会和经理层）以及处于“囚徒困境”中的企业员工，以剩下的相对于离企业“较远”的要素投入主体为另一方，包括股东、债券人、顾客、供应商以及作为征税者的政府[①]。我们想要了解各个要素投入主体的特征、可能的行动和战略空间、支付函数并不难，而且在这两方的博弈中，每一个要素投入主体的行动是同时的，至少一个要素投入主体在判断内部控制对其他要素投入主体的控制是否确实有效时，他（她）通常是不得而知的，也就是不能准确判断其他要素投入主体是否在攫取额外租金，最多也只是知道内部控制能有效实施的可能性有多大。因此，在这里我们只假设经营者的行动简化后只存在以下两种：①在内部控制有效实施时正常的寻利行为；②在内部控制不能有效实施时非常的寻租行为（攫取额外租金）。他的战略是最大化自己所能获得的经济利益；其他要素投入主体与经营者存在明显的互斥关系，他的行动简化后也是两个：①没有投入人力物力导致内部控制不起作用；②投入人力物力实施内部控制使内部控制起作用。由于此时其他要素投入主体具有共同的利益，所以他们能成为一个整体，其战略也是最大化自己所能获得的经济利益。

假设全体要素投入主体总体真实的经济利益为 I，经营者正常的寻租行为可以分享的经济利益为 A，其非常的寻租行为可使其直接增加的经济利益为 B，其他要素投入主体投入人力物力实施监督致使内部控制有效实施的总成本为 C，并且假设只要其他要素投入主体实施监督，内部控制就能起作用，就一定能发现寻租行为，假设一旦发现给予的处罚为 D。其对应不同的战略组合支付矩阵见表 1：

---

① 其实不难发现，政府与企业的关系实质上包括两种不同的内容：一种是作为征税者的政府，另一种是作为社会管理者的政府。因此，很难把作为社会的管理者的政府也说成是企业的要素投入主体（王竹泉，2003）。

表 1 内部控制作用下的其他要素投入主体对经营者博弈支付矩阵

其他要素投入主体整体 / 经营者	没有投入人力物力导致内部控制不能有效实施	投入人力物力导致内部控制能有效实施
在内部控制有效实施时正常的寻租行为	A，$I-A$	A，$I-A-C$
内部控制不能有效实施时非正常的寻租行为	$A+B$，$I-A-B$	$A+B-D$，$I-A-B-C+D$

这里，我们必须假设用 P 表示经营者在内部控制有效实施时正常寻利行为的概率，而对应的用 K 表示其他要素投入主体实施监督的概率，结合模型给出经营者在内部控制不能有效实施时的非常寻租行为的概率 P，其他要素投入主体选择监督投入人力物力致使内部控制有效实施（$K=1$）和选择不监督不投入人力物力致使内部控制不能有效实施（$K=0$）的期望收益分别为：

$$R(K=1) = (I—A—C) * (1—P) + (I—A—B—C+D) * P$$

$$=I—A—C+(F—B) * P$$

$$R(K=0) = (I—A) * (1—P) + (I—A—B) * P$$

$$=I—A—B * P$$

当 $R(K=1) = R(K=0)$ 时，可得 $P^* = C/D$

我们可以分析得出，当经营者在内部控制不能有效实施时的非常寻租行为的概率等于 C/D 时，其他要素投入主体选择投入人力物力致使内部控制有效实施和选择不投入人力物力致使内部控制不能有效实施所能获得的期望经济利益是相同的，理论上分析，此时的其他要素投入主体随机地选择投入人力物力致使内部控制有效实施或不投入使其不能有效实施。当经营者在内部控制不能有效实施时的非常寻租行为的概率大于 C/D 时，对应的其他要素投入主体选择投入人力物力致使内部控制有效实施的期望收益就会大于选择不投入人力物力致使其不能有效实施的期望收益，因此，其他要素投入主体必定会选择投入要素监督使内部控制能有效实施；同样，当经营者在内部控制不能有效实施时的非常寻租行为的概率大于 C/D 时，则其他要素投入主体选择投入人力物力致使内部控制有效实施的期望收益就会小于选择不投入人力物力致使其不能有效实施的期望收益，因此，其他要素投入主体最优选择就是不投入要素监督从而致使内部控制不能有效实施。

同理可得，给定其他要素投入主体选择监督投入人力物力致使内部控制有效实施的概率 K，经营者在内部控制不能有效实施时选择正常寻利行为（$P=1$）和在内部控制不能有效实施时选择非常寻租行为（$P=0$）的期望收益分别为：

$$S(P=1)=(A+B)*(1-K)+(A+B-D)*K$$

$$=A+B-D*K$$

$$S(P=0)=A*(1-K)+A*K$$

$$=A$$

当 $S(P=1)=S(P=0)$ 时，可得 $K^*=B/D$

同样我们可以分析得出，给定其他要素投入主体选择监督投入人力物力致使内部控制有效实施的概率等于 B/D 时，经营者随机地选择正常寻利行为还是非常的寻租行为；当其他要素投入主体选择监督投入人力物力致使内部控制有效实施的概率大于 B/D 时，经营者随机选择非常寻租行为的期望收益就会小于选择正常寻利行为的期望收益，因此，经营者必定会选择正常寻利行为；当其他要素投入主体选择监督投入人力物力致使内部控制有效实施的概率小于 B/D 时，经营者随机选择非常寻租行为的期望收益就会大于选择正常寻利行为的期望收益，因此，经营者的最优选择就是非常寻租行为。

把上述两者结合起来，则这一问题的混合战略纳什均衡就是：$P^*=C/D$，$K^*=B/D$，即其他要素投入主体以 B/D 的概率选择监督投入人力物力致使内部控制有效实施，而经营者以 C/D 的概率选择非常寻租行为。

通过以上分析我们可以发现，其他要素投入主体作为整体投入人力物力对经营者进行监督致使内部控制有效实施的博弈的纳什均衡与经营者选择非常寻租行为所能增加的经济利益 B、一旦被发现给予的处罚为 D 以及其他要素投入主体作为整体投入人力物力致使内部控制有效实施的总成本 C 有关。显然，当内部控制有效实施的总成本 C 越高，对非常寻租行为的惩罚 D 越轻，则均衡解要求的经营者选择非常寻租行为的概率 P^* 就会越高，这意味着其他要素投入主体的选择越偏向于不投入人力物力进行监督，内部控制很有可能不会有效实施。反之亦反之。

上述结论的意义在于：①经营者选择非常寻租行为能够增加自身经济收益，则内部控制的有效实施需要其他要素投入主体投入的人力物力的总成本也应该越高，否则，经营者铤而走险的可能性就会比较大。极端情况是，如果经营者选择非常寻租行为能够增加的经济收益 B 大于所受到的惩罚 D 时，经营者必定选择攫取属于全体要素投入主体的经济利益。②内部控制的有效实施需要其他要素投入主体投入的人力物力的总成本 C 越高（意味着发现经营者非常行为的难度越低），则对经营者选择非常寻租行为的处罚 D 也应越高，否则，内部控制很容易就流于形式。极端情况是，如果其他要素投入主体投入的人力物力的总成本 C 大于对经营者选择非常寻租行为的处罚 D 时，其他要素投入主体投入肯定不会选择投入人力物力，相应的内部控制注定要失效。

通过以上的博弈分析可见，一方面，如何对企业的经营者（主要是董事会和经理层）以及处于“囚徒困境”中的企业员工进行有效监督致使内部控制有效实施以将其机会主义行为控制在合理范围内成为其他要素投入主体的首要问题。在其他要素投入主体选择投入人力物力进行监督致使内部控制有效实施、经营者选择正常寻利行为博弈均衡的情况下，迫切要求其他要素投入主体不仅要通过公开的财务报表获得所投入要素企业经营情况和经营成果方面的信息，同时还需要获取有关经营者侵害度（攫取额外租金的程度）的相关信息。站在维护相对于距离企业较远的其他要素投入主体的正当利益公平的角度对内部控制设计的合理性和执行的有效性作出评价将成为其他要素投入主体防止侵害的有效救济手段。这时，其他要素投入主体成为内部控制体系的外部需求主体。

另一方面，柠檬市场次品均衡的存在迫使经营者主动成为有关侵害信息的提供者。冯根福（2004）、徐小东（2006）的研究表明，在经营者实现自身效用最大化的情况下，上市公司期望价值与经营者掠夺的租金成反向关系（许心霞，王学军，2007）。也就是说，经营者对其他要素投入主体的恶意侵害不仅直接损害了其他要素投入主体的利益，而且将最终导致广大的潜在要素所有主体对企业失去信心，对所有企业的前景将会持怀疑观望的态度，极端情况是不对任何企业投入生产要素，最后将会使高质量无侵害行为的公司价值受到损害，经营者的利益必然也要受到损失。为了避免两败俱伤局面的出现，高品质的公司就会向外部其他要素投入主体传递发送有关企业内部控制评价体系优良的动机和现实需要，经营者也由此成为内部控制体系的内部的需求主体。①

综上所述，内部控制通过明确企业内部各成员的职责，以及制定各种交易规则，保护相对于距离企业较远的一方正当利益，同时对交易的另一方进行监督，最大限度维护了企业内部交易的公正和公平，内部控制系统通过对组织内部的资产专用性交易制定日常的交易管理制度，减少了博弈的数量和频率，大大降低了企业内部的交易费用。建立有效的内部控制体系是所有要素投入主体之间经济利益博弈的必然选择。

---

① 许心霞，王学军．双重委托代理下的治理策略与内部控制．会计研究，2007（2）：59－64.

三、基于法学思想的拓展性分析

关于会计理论（内部控制）与伦理、法律的关系，虽然近年来越来越受到理论界讨论的广泛关注，很多学者进行了阐述（古祺，张相洲，2003；陈志斌，2004；马颖，2007）。我们认为，深究两者关系的本质，还是鲜明地体现在实证会计理论与规范会计理论关于是否恪守价值中立这一争论上。即便如此，主张恪守价值中立，认为伦理、法律与会计理论（内部控制）分离，否认伦理与会计理论（内部控制）之间的必然联系的实证会计理论，也未否认伦理与会计理论（内部控制）之间的历史联系以及伦理之于会计理论（内部控制）的先在性和基础性。这是因为，从现实角度出发，内部控制研究过程不可能完全排斥价值判断，不可能不涉及是非、好坏及善恶等道德标准问题，所以，实证会计大师瓦茨和齐默尔曼承认："研究人员在建立会计理论的过程中包括研究课题的选择和理论模式的建立都会受到研究人员自身的价值观的影响。"其实，内部控制制度制定者作为经济人和道德人的双重人格，必然会在内部控制安排的各个环节和制度变迁的路径中体现出来，伦理道德和法学思想在内部控制制度的形成、变迁中扮演着重要角色。

（一）内部控制的拓展性分析：基于法学思想的博弈分析

从上文分析可知，内部控制属于产权制度范畴，是产权制度的一种或特定的社会产权制度的一个组成部分。作为一种产权制度安排的内部控制制度决定着与产权相关的权利和义务的分派，掌管着社会生活中的利益和负担的恰当分配，从而必然涉及公平和正义问题。如威廉·斯科特（R. Scott）1941 年在《会计原理基础》一文中指出：会计程序必须公平地对待一切利益集团；会计数据应当是公允、无偏见的；财务报告应毫不虚假地、真实地陈述。亨德里克森指出会计理论上的道德标准应将重点放在正当、真实和公允上。随着公平和正义在会计理论（内部控制）研究中的不断深入，公正伦理对内部控制理论和实务产生了广泛的影响。[①]

内部控制是一份具有经济利益的不完备合约，是以利益分配形式存在的合

---

① 如欧洲共同体第四号指令将"真实与公允"作为编制财务报告的最高要求；英国 1985 年修订的公司法要求公司编制财务报表必须做到"真实公允"；国际会计准则委员会 1989 年修订的《关于编制和提供财务报表的框架》也明确提出"真实和公正概括或公正的反映"；美国 SEC 2000 年 8 月通过公平披露制度，要求上市公司公开财务信息时，对证券分析师和中小投资者一视同仁等等。

约，具有经济后果。内部控制制度的制定和实施过程本质上是对利益的分配和稀缺资源配置的过程。那么，从法学的角度看，内部控制制度是否具有正当性、是否合乎义理，取决于内部控制能否达到公平的要求，是否能做到分配正义，即内部控制的公平性表现为分配正义。[①] 在近一个世纪以来，随着垄断经济的急剧膨胀，社会经济力量的对比差距日益悬殊，契约双方的地位呈现出了明显的不平等，当初平等地磋商、谈判、讨价还价已不复存在，个体的趋利性以及法律的漏洞使得拟定契约的一方当事人可以自由地凭借其信息优势地位，任意攫取公共租金，而对方当事人却只能被动地接受侵害，却还懵懂无知。缔结这样的契约只会导致强者更强、弱者更弱；只能成为少数个体成就其垄断地位的合法工具。虽然这样的交易仍旧是方便的、快捷的，能带来交易费用的减少，但由此而产生的经济利益却不是双赢或多赢的，也是不合理的，从某种程度上说是对弱者（或弱势群体）[②] 的非暴力的侵害和掠夺。这样的经济效益早已背离了人类社会追求公平和正义的初衷；早已背离了法律的正义价值。法治社会、文明社会如何能够听任这种“合法”形式下所掩盖的“不合法”行为呢？在法律的诸多价值取向中，当效率与公平与正义发生冲突之时，我们只能选择公平和正义。公平、正义是法之根本、法之真谛，失去了公平、正义的效益是不道德的，那只能宣扬强取豪夺，只能昭彰霸权主义（韩从容，2000）。

（二）追求利益分配的公平和正义——内部控制制度与法的本质趋于一致性

作为理论分析的基点，在就公平和正义做出严格的定义以前，我们有必要认识到如下一点：效率原则所考虑的是生产力方面的，是人与自然的关系，公平、正义是和生产关系领域的收益分配（当然，这里的利益不仅包括狭义的物质利益，同时也包括政治的权力以及社会的荣誉等广义的利益方面）及其冲突联系在一起的。站在法律的角度来看，“公平”一词在民法中运用较多，有平等之意，然而法律上的公平应概括为公正平等地对待每一件事。传统法律主张“公平是法律所应当奉行的一种价值观”，认为“公平所允许的范围之内，命令才具有法律效力”。公平总是与人类文明同步前进的，没有公平，个人的自由

---

① 分配正义源于2000多年前亚里士多德在《尼克马克伦理学》和《政治学》中对个别正义的划分。其将个别正义划分为分配正义和矫正正义两种形态。分配正义有广义和狭义之分。广义的分配正义是表征由于某种行为所导致的财产分布或持有状态。因此，交换正义、持有正义以及矫正正义均属于广义的分配正义范畴。狭义的分配正义又称为几何正义，系基于比例平等之原理，即依据几何学的比例确定个人之利益与不利益之应得分。

② 我们认为，此处的弱者和弱势群体不是在现实社会中处于经济弱势或法律弱势地位的单个或群体，他们是相对于内部人控制时处于信息弱势地位的单个或群体。

权利就会落空，而被特权（即特殊的自由和权利）所取代，法律的秩序也不可能得到维持。而正义是人们追求的一种理想，是人们的伦理观念，是法的评判标准和终极目标。亚里士多德曾经说过：判断一个法是不是良法，就要看它合乎正义还是合乎不正义。正义法律观是西方法律传统最重要的特征之一，西方法正是以正义为基础、核心和价值取向的。正是由于以上价值取向，我们认为，法就是来平衡和协调效率和公平、正义之间的冲突，可能正因于此，法才被人类社会所普遍接受。综上所述，在某种程度上，法的本质就是一个利益分配的问题，是要求不同社会主体进行利益分配时必须以公平和正义为基础建立起的一种制度。

前文所述，内部控制制度是否具有正当性，是否合乎义理，取决于内部控制能否达到公平的要求，是否能做到分配正义，即内部控制的公平性表现为分配正义。根据公正所评价的对象是行为过程还是行为结果，我们可以将公正区分为程序公正和结果公正。程序公正是从程序层面上考察的公正，注重活动过程的公正性；结果公正则是重视活动结果的公正性。分配正义是依据几何学比例确定各个人之利益和不利益之应得分。分配的结果正义是由事物的因果关系决定，它的着眼点在于社会利益或价值在一定范围内由谁来分、分配给谁和分多少的问题。因而，分配正义应当属于结果正义的范畴。然而，各个人之利益和不利益之应得分的评价标准往往是难以把握的。这是因为，结果的正确或公正与否是人们主观最难以评价和衡量的，特别是在标准多元化的现代社会，评价主体认知能力的差异以及主观愿望与结果之间的反差程度的影响，不同的人对相同的结果有着不同的感受（谷口安平，1996）。也正是因为结果公正的衡量标准是如此的难以把握，美国著名法理学家博登海墨认为，“公正具有一张普洛透斯似的脸，变幻无常，随时可呈不同形状，并且有极不相同的面貌。当我们仔细查看这张脸并试图解开隐藏其表面之后的秘密时，往往会深感迷惑”（于群，2004）。因此，罗尔斯一改以往学者对公正的认识，开始从程序层面而非结果层面来认识公正，并将公正的分配问题呈现为一个程序公正问题。在《正义论》中罗尔斯认为，不存在任何有关结果公正的评价标准，而是存在一种正确或公正的程序。当这种程序被人们恰当地遵守时，其结果也会是正确的或公正的。罗尔斯在《正义论》中更加注重纯粹的程序正义原则，并认为它是在现代社会市场经济条件下实现分配正义的基本程序机制。同时经济学家西蒙也指出，在不确定的环境下，有限理性的人们无法预测未来，从而也无法按照结果理性的方式采取行动，只能依靠采用某一种程序来减少不确定性和程度。对于内部控制来说，其经济后果最终在实质上对所有要素投入主体是否公正也是不可观察的，内部控制的分配正义难以评价和衡量。程序理性而不是结果理性是会计所可能实现的唯一目标（Seal，1993）。在这种情况下，内部控制制度的分配正义只能借助程序公正来实现，即只要制定内部控制的程序是公正的，符合公正原则，那么我们就认为内部控制制度是公正的。我们认为，内部控制制度中的分配正义主要体现在对企业各个要素投入主体合理的分配基本权利和义务、利益和负担，使主体间在利益和负担方面达到相对和谐的状态，实现各主体所期待的利益并建立和谐、有序的公司秩序。

综上所述，内部控制制度与法的本质都趋于一致——追求利益分配的公平和正义。法归根到底是一个追求利益分配的公平和正义的问题，只有缔约双方都感觉到利益分配的公平和正义了，这才能减少冲突，构建和谐社会。① 这种和谐是广泛而又复杂的，它包括国家与国家之间的利益分配和谐、国家与公民之间的利益分配和谐、公民与公民之间的利益分配和谐，乃至一个在社会中生存的主体与其他主体之间的利益分配关系都需要通过法的形式来保障和谐。利益多元化的出现是法制发展的社会基础，只有存在多样性的利益冲突、竞争和协调，才能使立法者和政府的决策行为建立在对社会各个方面的利益和需求的综合考虑并加以平衡的基础上，在此基础之上产生的法律以及建构起来的法制秩序才会得到各方更大程度的认可、遵守和维护，才能构建和谐社会。同样，内部控制制度的产生也是基于企业内部追求利益分配的公平和正义的内在和谐需求，这种和谐需求虽然仅限于企业内部利益分配的和谐，包括企业与员工之间的利益分配和谐、企业内部董事会与经理层的利益分配和谐、企业内部股东会与董事会的利益分配和谐、员工与员工之间的利益分配和谐，这些都需要通过内部控制的形式加以保障。各企业在建立自己的内部控制体系时要根据特定标准来平衡各个要素投入主体之间的利益关系，或者说要遵循特定原则才会使这种利益分配的和谐更具科学性、创造性和持续性。

第四节 公司控制权与内部控制模式

现在，内部控制已渗透到企业的各个方面，传统意义上的以查错和纠弊为主要目标的内部控制已远远满足不了现代公司制企业的要求。随着公司制企业

① 法所体现的这种利益和谐绝非是一种绝对的公理，因此，这种利益的和谐实际上是由立法者决定，它的内容带有立法者的价值取向，所以这种利益的和谐是带有一定偏向的利益和谐。但是立法者对这种利益的和谐的偏向绝不是毫无根据、随心所欲的，他总要受一定规律的制约。有关内容参考何云、苏宁、闫瑞华等著：《内部控制是利益的平衡机制——法的价值与人本思想的衔接》，《新疆财经学院学报》，2007 年第 1 期。

的发展，公司中各方对公司控制权的争夺已呈现愈演愈烈之势，内部控制也就成为公司控制权结构的具体体现。完善的内部控制要求现代公司制企业中存在着股东、经营者、管理者和员工之间的一层层的委托代理关系和内部控制关系，实际上不同类型的公司所对应的内部控制关系却有所不同。但是无论从内部控制主体还是客体来看，人都是内部控制的关键。所以只要明确人的控制责任，再由代表不同利益集团的控制主体相互制衡，并且认真正确地执行内部控制的目标，无论公司控制权落入何人手中，内部控制的目标就总是能够实现的。因此，随着公司控制权的变迁，内部控制的模式也将相应随之改变，不同的人拥有公司控制权会对公司实施不同的控制，从而带来不同的业绩，在这一过程中会出现一系列的问题。本节介绍了公司控制权的变迁，以及内部控制的不同模式，得出与不同的公司控制权相对应的内部控制模式，并且针对有关问题给出了解决公司控制权问题，优化内部控制的对策。

一、公司控制权的变迁

首先对公司所有权和控制权进行研究的是贝利（Adolf Berle）和米恩斯（Gardiner Means）。他们在 1932 出版的《现代公司和私有财产》一书中就对公司所有权和控制权进行了比较深入的研究，并提出了公司所有权和经营权分离的理论。“贝利—米恩斯命题”对现代企业理论有着显著的影响。贝利和米恩斯认为在公司系统中，有一种向心引力使财富不断发生积累和膨胀，并使控制权集中在极少数人手中。在他们所描述的所有权和控制权相分离的状态中，股东获取了资产的高度流通性，可以随时让渡产权。股东的个人利益绝对服从于有控制权的经理团体，即便企业资本是由成千上万的投资个体积聚而来。但“贝利—米恩斯命题”是建立在股权分散基础上的，而股权分散型公司仅是公司中的一种形式，特别是在中国，股权分散型公司仅占较少部分的比例。

目前，关于公司控制权的定义没有统一的看法，一般来说，所谓公司控制权是指通过投票权实现的对企业主要管理人员的任免权，对主要经营管理活动的决策权和监督权。公司控制权来源于公司所有权，但公司控制权与公司所有权并不是一一对应关系，即朱羿锟（2001）所说的非对称关系。他将公司所有权与公司控制权之间的非对称关系划分为四种情形：①所有权分散，表决权分散；②所有权分散，表决权集中；③所有权集中，表决权分散；④所有权集中，表决权集中（这里的表决权是指用以度量控制权的一种数量化形式）。从以上可以看出，拥有公司所有权并不代表就拥有了相应的公司控制权，更不能说就可以对此公司施加控制了。只有所有权和控制权合在一起才能保证所有权得以很好地实现。通常，拥有公司控制权可以决定公司的董事会的任免，决定公司的财务和经营管理活动，甚至使该公司成为某种特定目的的工具。即拥有公司控制权可以将公司的发展引导至对自己有利的方向，所以在对控制权利益的争夺中，公司控制权也就发生了变迁。

在上市公司中，虽然拥有上市公司的股权并不能说就拥有了该公司，但在股权高度集中的情况下，拥有多数股权的大股东则拥有较多的投票权，可以对公司的重大事项进行决策，包括选举董事会成员。因此大股东实际上掌握着公司的控制权，在这种情况下，公司的所有权与公司的控制权基本上是一致的。而在股权高度分散的情况下，由于每个股东所持股份均较少，所以会出现“搭便车”的心理，且考虑到成本效益原则，都不愿对经营者进行监督，毕竟股东得到公司的利益是根据他们投资的多少，而不是根据对经营者监督的多少。所以，在这种情况下，公司所有权与公司控制权基本上是分开的，经营管理层实际上拥有了公司的控制权。在股权相对集中的情况下，可能会存在若干个股东共同争夺公司控制权的情况，他们均想让自己获得更多的控制权利益，却也形成了相互制衡的机制，有利于内部控制的实施。根据张维迎（1995）的观点，在正常状态下，股东或经营者是企业控制权的拥有者；当企业经营出现债务危机时，债权人将根据企业契约接管企业，享有公司的实际控制权，有权决定公司控制权的安排。

二、内部控制的模式

现代公司制企业是由股东、经营者、管理者和员工这四种经济主体组成的。股东投入的是资本，经营者投入的是企业家才能，管理者投入的是管理才能，而员工投入的是劳动才能。只有当这四种经济主体共同拥有公司控制权时，公司才能稳定发展，若任何一方的控制权过大或过小都会影响公司的经营业绩。因此，完整的内部控制应该把这四种经济主体全都包括进来，分别以他们为主体来实施内部控制。

（一）以股东为主体的内部控制

以股东为主体的内部控制，其控制主体显然是股东。股东投入的是资本，是企业的内部成员，而不是外部成员，所以股东对公司重大事项应具有知情权和参与决定权。制定股东大会议事规则，明确决策程序。完善股东投票制度，包括代理股票、投票权征集等，鼓励股东积极参与公司内部控制。鼓励中小股东在其权益受到侵害时提起民事诉讼以获得赔偿。

控制客体包括经营者及整个企业的业务活动。从股东所要控制的人来说，不可能是企业的全体员工，只能是其中的特殊部分，而且他也没必要自己控制全体员工。由于股东已经委托了经营者管理企业，所以，股东对企业全部事项的控制要体现股东与经营者的委托代理关系，不能过于具体和细致，所以，总的来说，股东对企业事项的控制只能是原则性和宏观性的。

股东进行内部控制的目标包括安全性目标、如实报告目标和效益性目标，具体分为以下几个方面：①经营者的行为模式是股东利益最大化：即经营者为了企业利益而一心一意地最大善意地使用财产，获取盈利和确保企业发展，以保证股东获得最大利益。②财产安全：即通过健全和完善内部控制，要能做到科学有效地监督和制约财产、物资的采购、计量、验收等各个环节，从而确保财产物资的安全完整。③能获得如实报告：即经营者能够如实地向股东报告企业的经营成果、财务状况、现金流量等重大事项。

以股东为主体的内部控制，是企业内部控制中最为关键和主要的一环，充分显示了所有者层次的控制理念和要求，其实现的手段也大都与所有权的配置相关联。其主要通过公司治理结构、战略控制、CPA 审计、业绩评价和报酬结构、决定会计政策、抛售股票、对经营者实行承包经营或租赁经营来实施内部控制。

（二）以经营者为主体的内部控制

以经营者为主体的内部控制其控制主体显然是经营者，包括董事会、监事会和总经理班子，它们分别作为控制主体发挥内部控制作用。经营者是企业事务的具体执行者，每一项经济管理活动都需要经营者的落实，经营者根据企业的实际情况制定出适合企业生存的计划，他们知道企业的经营现状和经营环境，他们了解企业的行业动态和市场需求。

以经营者为主体的内部控制之控制客体包括管理者及整个企业的业务活动。由于不同的经营者主体的功能不同，所以他们对事项的控制程度和控制方式是不同的。从人来说，监事会的控制客体是董事会和总经理班子；董事会的控制客体是总经理班子和全体员工；总经理班子的控制客体是管理者和全体员工。

经营者从股东那里接受了整个企业财产的经营责任，经营者不可能亲自操持一切事务，他必须进行分权，将其中一些权责分授给管理者，从而形成了经营者和管理者之间的委托代理关系，进而也产生了管理者的控制问题。因而，经营者对管理者内部控制的目标如下：①保证完成所制定的经营目标。企业的诸多经营活动和一切内部控制措施都是为了目标的实现，如果企业的经营达不到其目标，其他方面做得再好也是徒劳。②保护财产安全。企业往往制定一系列内部控制制度，以实现保护财产安全的目标。③保证信息的可靠性和完整性。

经营者是企业事务的具体执行者，所以，以经营者为主体的内部控制，其实现手段充分体现了经营者对整个企业财产的经营责任。以经营者为主体的内部控制的主要手段有：组织控制、预算控制、财务控制、会计控制、政策控制、人事控制、风险控制、内部审计等。

（三）以管理者为主体的内部控制

以管理者为主体的内部控制主体就是管理者。而管理者又是各个责任中心的负责人，所以，各个责任中心的负责人都是本责任中心的内部控制主体，本责任中心的目标由责任中心负责人来负责实现，本责任中心范围内的各个措施由责任中心负责人提出并组织实施。

内部控制客体是普通员工及责任中心的业务活动，对于各个中心负责人来说，内部控制的客体也在各个责任中心范围内。因为责任中心负责人自己不可能亲自运作责任中心范围内的所有事项，负责人就必须在责任中心内部再建立一定的组织结构，设置一定的工作岗位，配置一定的工作员工，并对各个工作岗位进行授权，这就形成了管理者和员工之间的委托代理关系。这样一来，管理者一方面必须激励员工，另一方面必须对员工如何运作业务事项进行控制，所以，员工的积极性及其操作活动就成了管理者内部控制的对象物。

管理者希望达到的境界是完成受托责任，也就是完成责任中心的目标，即经营者托付管理者什么责任，为责任中心设定什么目标，那么，责任中心的管理者就希望通过内部控制来完成这种责任和实现这种目标。一般认为，受托责任或责任目标包括以下方面的内容：①资产安全，即经营者将各个责任中心范围内的资产托付给责任中心的管理者之后，最基本的要求就是确保资产安全。②交易合法，即员工所运作的所有交易都是经过合理授权的，不存在非法交易，当然地就不存在由非法交易而导致的财产非法占有。③如实报告，即管理者必须如实地向经营者报告其责任中心的相关信息，如会计信息和统计信息。④业务优化，即资产保护和交易运作都是以现实最优的方式来进行。

管理者可以通过管理方法控制、技术方法控制、组织控制、授权批准控制、文件记录控制、实物保护控制、职工素质控制等实现以管理者为主体的内部控制目标。

（四）以员工为主体的内部控制

以员工为主体的内部控制系统的控制主体是每个岗位的普通员工。从本质上来说，企业管理系统是内部控制系统，企业的每个管理主体也就是控制主体。所以，岗位是最基本的管理单元，员工是最基本的管理者。

从普通员工岗位来分析，所要控制的人包括凡是可能从本岗位职责范围内损害企业财产安全或影响资源优化使用的人都是本岗位的控制客体，分为外部人和内部人两种。从普通员工的角度出发，所能控制的事项只能是本岗位范围内的各种业务活动。当然，也不排除偶然发现其他岗位的非法或非授权事项，而予以举报。

从以员工为主体的内部控制来说，其主要目标就是完成其岗位责任，控制目标也就需要细化，其控制目标如下：①岗位财产安全：保护本岗位财产不遗失或不被非法侵占；②岗位如实报告：如实记录和报告本岗位的各种相关信息；③优化岗位操作：遵守岗位规范，同时，进行岗位创新，不断地优化岗位操作；④遵守规章制度：遵守本公司所制定的各项规章制度。

作为企业中委托代理关系最后一层的员工，其主要可以通过三种手段完成其岗位责任，即限制接近、技术手段、申诉和报告。

三、不同的公司控制权所对应的内部控制模式

如前文所述，任何人拥有公司控制权都想获得较多的控制权收益，因此，从公司治理的角度看，为了有利于公司的发展，就要对这种控制权进行约束、限制。内部控制就相当于对公司控制权的制约、限制，但也有利于公司控制权的拥有者管理企业。所以，它既是非公司控制权拥有者监督控制权拥有者的一种方法，也是公司控制权的拥有者进行企业管理的一种手段。若公司控制权能得到较好地限制、分配，则公司出现的问题就会较少，内部控制的目标也就容易实现。但事实上，在公司控制权的争夺中会出现一系列的问题，所以要针对不同类型的公司，针对控制权的归属来选择与之相应的内部控制。

（一）股权高度集中下的内部控制

在股权高度集中的情况下，公司所有权与公司控制权基本上是一致的，并没有分离。大股东会主动承担起监督经营者的责任，因为大股东拥有较多的股权，能利用控制权为自己谋利益，从监督中获得的收益远远大于其监督成本。大股东甚至可以选举“自己人”作为董事来实现对公司的控制，这也就导致了

大股东与经营者利益的一致性。虽然大股东积极参与公司治理在一定程度上解决了外部分散的股东在公司治理方面激励能力不足的问题，但是作为一般经济人的大股东还是以自己能获得额外收益为重。如果他们能获得超过其所持股份的现金流权利的额外收益，那么大股东就不惜通过各种方式侵占其他股东和其他利益相关者的权益。即使其他股东也能获得一定的收益，但是这些收益与其股数之比却远远小于大股东的收益与其股数之比。所以，受损害最大的恰恰是小股东，并且在这种所有权结构下，公司控制权是不可竞争的。

在这类公司中，体现的内部控制的模式是大股东为了保证自己利益的实现而对经营者的控制，而小股东在对经营者的控制方面却无能为力，经营者对管理者的控制，以及管理者对员工的控制。胡凯、赵息（2003）的研究表明：在这种情况下，内部控制制度不再用作确保财务报告的可靠性目的上，虚假会计信息成为普遍需求并且在客观上存在实现的条件。此时内部控制的首要主体既是大股东又是公司经营者。股东作为企业内部控制主体之一，是最高层次的内部控制主体，主要通过股东会来实施内部控制。

因为股东与经营者的利益是一致的，所以事实上保证会计资料真实、完整已不再是他们对公司进行控制的目标，其真实的目标已从对内目标转移到对外目标上，即实现股东利益最大化。而对内目标主要就是保护公司财产安全与完整，规范单位会计行为，保证会计资料真实、完整；确保国家有关法律法规和单位内部规章制度的贯彻执行。这些对内目标仅被看作是保证对外目标实现的条件。在这类公司中内部控制的问题主要就是大股东对其他股东和其他利益相关者的“剥夺”以及对大股东滥用股权的监管问题，这主要需要外部监管。由于大股东与经营者利益的一致性，所以也要充分发挥内部监管、内部审计的作用，以约束、限制大股东与经营者一致的行为，保护小股东和其他利益相关者的利益。

（二）股权高度分散下的内部控制

在股权高度分散的情况下，由于股东人数众多且高度分散，很难集中起来行使表决权，公司股东很难有效地参与公司的重大决策，所以公司所有权与公司控制权基本上是分开的，公司的控制权实际上已落到经营者手中。在这种情况下，股东对经营者的控制依赖于控制权的转移，公司一旦被接管，经营者的利益将直接受到损害。因此，公司经营者将更多介入控制权的争夺，以维护自己的利益，从而有可能偏离并损害作为委托人的股东的利益，这时就容易产生“内部人控制”问题，形成“弱势股东，强势经营者”的现象。这类公司将会引起更多地争夺控制权的问题，因为要成为这类公司的控制股东，所需的股份数额较少，潜在的竞争者可以通过直接购买股份或发出收购要约等方式来获得公司的控制权。

在这种类型公司中，由于股东很难对经营者实施控制，所以内部控制的模式仅是经营者对管理者的控制以及管理者对员工的控制，经营者就成了内部控制的首要主体。一方面，经营者作为公司委托代理关系中的受托方，必须以追求股东利益最大化为目标，完成各项受托责任。但另一方面，经营者作为一般的经济人，又以实现自己的利益最大化为目标，所以他在对公司进行控制时为了实现自己的利益最大化必然会偏离并损害其他各方的利益，这也正是在股权分散情况下，两权分离所带来的委托代理问题。因为所有者评价经营者主要依据公司的经营业绩，再加上公司利益相关者对经营者的监管力度不够，就会出现经营者虚增利润，不顾公司长远发展的短视行为，所以就不会很好地完成内部控制的目标。可见，在这类公司中，内部控制的对外目标——实现股东利益的最大化不能得到很好地完成，而对内目标也只是保证公司短期内能够经营顺利，而没有考虑到公司的长远发展。所以这类公司的内部控制问题即股东如何选择经营者并对其实施适当的激励、约束问题。

（三）股权相对集中下的内部控制

在股权相对集中的情况下，公司的利益相关者共同拥有公司所有权，并且共同拥有公司控制权，他们都可以作为内部控制的主体。这些利益相关者包括股东、经营者、员工、债权人等，他们对公司进行控制的目标不仅是实现股东利益最大化，更要实现公司的共同利益最大化，即他们对公司进行控制的目标包括各个方面各个工作岗位，既有低层次的目标也有高层次的目标。这类公司的内部控制模式是最完善的也是最全面的，即股东对经营者的控制，经营者对管理者的控制，以及管理者对员工的控制这样一种层层递进，环环相扣的模式。当公司中各方为了公司共同的利益而努力合作时，公司处于最佳经营状态中，公司控制权也就不易发生转移。

因为各股东均持有一定数量的股份，且他们对经营者进行监督所获得的收益能够大于其监督成本，所以不会像股权高度分散型公司中的小股东那样产生“搭便车”的心理。各股东能形成有效的制衡，且也能对经营者进行有效的监督。因此，内部控制的各方面目标均可以实现，这种类型的公司在现实中出现的问题也较少。虽然有时利益相关者之间也会出现为了自己的利益而损害他人的行为，但由于利益相关者共同拥有公司控制权，而且有相互制衡的代表不同利益集团的控制主体存在，所以出现的问题也就不难解决了。

四、解决公司控制权问题，优化内部控制

公司控制权处于不同的人手中，将会给公司带来不同的绩效，公司控制权的转移关系到公司的稳定经营、持续发展以及广大中小股东的权益，影响到证券市场的正常秩序。因此，我国规定上市公司控制权的转移应当按照《上市公司收购管理办法》的有关规定规范进行。总之，要规范公司控制权的变迁，解决公司控制权中出现的问题，优化企业的内部控制。针对以上所述的问题，有以下几方面的对策：

（一）完善公司的董事会机制

在现代公司中，股东除保留诸如通过投票选择董事与审计师，兼并和发行新股等剩余控制权外，将本应由他们拥有的公司控制权中的绝大部分授予了公司董事会，所以董事会实际上掌握了股东授予的很大的权利，成为内部控制的主体，并且从董事会的组成结构中可以看出公司控制权的归属，因此对公司董事会的规范非常重要。

只因为董事会的组成结构很重要，所以对董事会成员本身要求也应很高。董事会的成员应是某一方面的专家，还要充分考虑各董事的特长进行合理配置工作，明确分工，各司其职，不要出现董事不“懂事”的现象。另外，要让各董事会成员充分发挥其作用，不要虚有其职。以安然为例，董事会成员 17 名中有 15 名是独立董事，试想想，如果各董事都能充分发挥作用的话，怎会出现震惊中外的舞弊事件？

另外，可以建立稳定的激励机制来调动董事会成员的积极性，目前，董事会成员拿到的多是固定的报酬，而且在可能面临的风险与所得的报酬相比，多数董事宁愿选择规避风险而使自己免遭麻烦。所以应该根据企业的经营业绩给予董事会成员额外的物质激励，使他们在付出辛苦的劳动并承担一定的风险时，能得到一定的物质补偿。

（二）规范机构投资者的行为

在股权集中的公司中，控制性股东多为机构投资者，机构投资者会影响内部控制目标的实现，因为权利的集中容易导致“权利放大效应”。另外，机构投资者的出现使公司的委托代理关系变得复杂。但是，比起一般的股东，机构投资者更有可能解决公司控制权问题。因为机构投资者多由专业技术人员组成，他们有专业知识、技能，也有精力、财力对公司进行有效的监督，在一定

程度上也解决了“内部人控制”的问题，也有利于内部控制目标的实现。所以，要通过法律来规范机构投资者的行为，对其进行有效的监管，一方面要防止机构投资者操纵股市，进行内幕交易，更重要的方面就是要充分调动机构投资者的积极性，诱导他们参与到公司的经营监督中来。

（三）建立中小股东的保护机制

当公司控制权处于大股东手中时，常出现大股东侵害中小股东利益的现象，而当企业的控制权转到管理者手中，企业的中小所有者已被贬到仅是资金提供者的地位（阎达五，杨有红，2001）。要对中小股东进行保护，可以建立中小股东权益的保护机构，加大上市公司的监管部门的监管力度，在确定股东大会的时间、地点时多为中小股东的便利考虑，基于成本效益原则的考虑，可以赋予中小股东更多的权利如通信投票权，在选举时采用累积投票制度，建立股东代表诉讼制度等。另外，可以采取征集授权委托书的办法，把具有相同意愿的中小股东联合起来与大股东抗衡，最终获得自己应有的利益。

（四）形成人力资本的激励机制

员工是公司人力资本的主要提供者，他们将自己的专用性人力资产投入企业，也与其他利益相关者一起承担了公司的不可分散的风险。另外，随着员工工龄的增加，其所积累的专用性技能愈多，被裁员后所付出的代价也就会增加。所以，从一定程度上看，员工承担了比股东更大的风险。而当员工拥有较少的公司控制权时，会增加他们对人力资产投入的惰性，并不利于他们工作的积极性。因此，要赋予员工一定的控制权，把他们纳入到内部控制的主体中来。

本章主要参考文献

[1] 赵惠芳．内部控制环境的分层次控制方法——“亚西亚”警示 [J]．会计师，2007（12）．

[2] 董卉娜．责任主导：内部控制目标的总结与分析 [J]．财会通讯（综合版），2007（11）．

[3] 王学峰．中国证券公司内部控制体系研究 [J]．中央财经大学学报，2007（10）．

[4] 陈军．企业内部控制构成要素及方法 [J]．财会通讯（理财版），2007（8）．

[5] 兰孝全．企业集团内部控制目标的特殊性研究——基于价值链理论视

角［J］．科技信息（学术研究），2007（29）．
［6］薛冰．内部审计与内部控制的关系［J］．现代审计与经济，2007（4）．
［7］武华．解读《企业内部控制规范——基本规范》［J］．财会通讯（综合版），2007（8）．
［8］曲悦兰．企业内部会计控制目标构造及其分层设计［J］．黑龙江交通科技，2007（5）．
［9］王立彦．满足 SOX404 不是内部控制最根本的目标［J］．新理财，2007（6）．
［10］方敏．基于 COSO 框架下的内部控制评价模型及应用研究［J］．山西财政税务专科学校学报，2007（2）．
［11］樊文艳．中美内部控制之差异比较［J］．财会月刊，2007（12）．
［12］张砚．内部控制理论研究的回顾与展望［J］．审计研究，2007（1）．
［13］冯栋．如何让公司治理有效发挥作用——试论内部控制与公司治理的关系［J］．中国内部审计，2006（3）．
［14］王海林．价值链内部控制模型研究［J］．会计研究，2006（2）．
［15］张夕勇．企业发展阶段与管理创新［J］．审计研究，2006（2）．
［16］李迎庆．内部控制：概念沿革与目标原理——侧重于会计信息系统环境的研究［J］．安徽冶金科技职业学院学报，2006（4）．
［17］李宇立．内部控制相关理论述评［J］．财会通讯（理财版），2006（8）．
［18］马秀红．企业内部控制制度的设计与执行［J］．财会通讯（理财版），2006（5）．
［19］和丽芬．公司治理与内部控制［J］．财会研究，2006（7）．
［20］唐建君．价值管理背景下的企业内部控制［J］．冶金财会，2006（1）．
［21］云蓓．运用内部控制理论健全企业内部控制［J］．黑龙江对外经贸，2006（1）．
［22］于立华．从会计控制到管理控制［J］．中国审计，2005（24）．
［23］吴粒．不同公司治理结构下的内部控制制度效率浅析［J］．财会月刊，2005（20）．
［24］潘爱玲．企业集团内部控制框架的构建及其应用［J］．中国工业经济，2005（8）．

[25] 徐瑛．企业内部控制目标拓展：基于家族治理企业的分析［J］．商业经济，2005（3）．
[26] 栾影．试论企业内部控制制度的建设［J］．经济师，2005（4）．
[27] 杨会君．企业内部控制制度及其评价［J］．理论界，2005（1）．
[28] 郑海英．上市公司内部控制环境研究——兼论控股股东与社会公众股东的权利失衡问题［J］．会计研究，2004（12）．
[29] 董罡平．商业银行内部控制空壳化现象及矫正——兼论国有商业银行内部控制失灵及重构［J］．金融理论与教学，2004（4）．
[30] 李宇立．内部控制系统的有效性判断［J］．财会通讯（综合版），2004（14）．
[31] 李兆华．规则视角下的内部控制观——论企业内部控制目标［J］．林业财务与会计，2004（6）．
[32] 谢振莲．我国公司制企业内部控制观的探讨［J］．会计之友，2004（7）．
[33] 潘煜双．内部控制目标定位的现实思考［J］．嘉兴学院学报，2004（1）．
[34] 宋绍清．国内外企业内控目标的比较［J］．经济论坛，2004（3）．
[35] 翟志华．内部控制制度建设的思考［J］．对外经贸财会，2003（9）．
[36] 李秉成．内部控制系统的可控性探讨［J］．山西财经大学学报，2003（1）．
[37] 王允平．中日内部控制审计准则的比较与思考［J］．审计与经济研究，2003（5）．
[38] 张宝贵．现代企业内部控制的制度创新［J］．审计与经济研究，2003（1）．
[39] 高蔷．内部控制与经营效率：案例分析［J］．上海会计，2003（10）．
[40] 李培根．内部控制目标及其实现途径［J］．兰州大学学报（社会科学版），2003（3）．
[41] 刘环宇．企业内控目标确定及控制程序设计［J］．辽宁财税，2002.
[42] 冯均科．关于COSO报告内部控制框架的一种理论修正［J］．中国软科学，2002（8）．
[43] 栾甫贵．内部控制中会计制度的功能浅探［J］．财会月刊，2002（12）．

第二章

内部控制的构建：若干相关理论的引入与分析

20世纪60年代起，制度经济学在全世界范围内兴起，其视角领域逐步扩展到各相关领域。众多学者利用其理论解释现实中的各类经济管理问题，使其成为一种应用广泛的理论分析工具。在诺斯看来，制度可定义为“一系列被制定出来的规则、守法程序和行为的道德伦理规范，它旨在约束追求主体福利或效用最大化利益的个体行为”。也就是说，制度是一系列对人的行为施加约束的正式或非正式的规则，用来抑制经济活动中、人际交往中可能出现的任意行为和机会主义行为，通过带有激励、约束、惩罚等规则的创立，将人类的行为导入可合理预期的轨道。制度的作用在于为行为主体的行为作出指导，并通过约束行为的经济后果而达到约束行为的目的。当行为主体的行为不符合现有制度的规范时，法律应当能提供足够有效的强制力，如通过惩罚其行为不经济从而起到对行为主体行为的约束作用。制度分为制度环境和具体的制度安排两个层次，而制度环境是一系列用来建立生产、交换与分配基础的基本的政治、社会和法律基础规则。它可以看作是一个社会中所有制度安排的总和。制度安排是获取集体行动收益的最重要和最有效手段。首先，由于个人理性并不必然意味着团队理性，个人可能会为了实现自己的利益而不顾团队利益，采取有利于自己的行为，从而产生利益冲突；其次，团队生产理论认为，由于团队的产出存在着每一项努力的测量困难，因此不得不对其他人的工作质量或贡献作出评价，但是在很多情况下，信息的获得是昂贵的甚至是不可获得的；最后，集体行为还会产生一些个人单独工作时所不存在的问题，如欺骗、“磨洋工”、“搭便车”及道德风险等。为了减轻由于这些问题带来的影响，就产生了对一些制度安排的需求，而法律、层级制、契约等就是这方面的制度安排，可以实现监督、强制性等功能。此外，“磨洋工”、“搭便车”及道德风险问题又增加了供给基本的制度安排服务的费用，出于减少供给基本制度服务的费用要求，又产生了对习惯、伦理道德、文化和意识形态这些非正式制度的需求。显然，作为正式制度的企业内部控制制度，其产生的原因同样是为了减少不确定性、降低交易费用以及规制企业经济行为（包括企业组织行为主体和个人行为主体）。

2001 年 11 月，安然公司财务丑闻曝光，6 个月后，世界通讯公司丑闻接踵而至，由此引发的多米诺骨牌效应，造成了这一期间美国的三百多家上市公司，总计四千多亿美元的资产申请破产保护。从监控的外部环境看，美国的法律不可谓不多，制度不可谓不严密，其对企业的监管体制也不可谓不严；从监控的方法与手段看，美国包括“五大”（现为“四大”）在内的众多超巨型国际会计师事务所，拥有的审计技术和手段不可谓不先进，在此情况下，仍出现如此之多的财务丑闻和欺诈行为。在法律法规健全的美国尚且如此，那么在相关法规刚刚建立并在逐步完善过程中的中国又如何呢？近年来，由于我国企业财务信息失真、管理效率低下、财务舞弊和国有资产流失等问题日益严重，我国的理论界、实务界也逐渐把目光转向内部控制，试图通过对内部控制的研究，找到一条解决企业目前问题的有效途径。众多财务丑闻案的爆发，使得人们不仅关注制度的建立，更关注如何使已经建立的制度严格执行和有效运行。从我国目前内部控制的理论研究和企业实践来看，内部控制是一个相当薄弱的状态。其间既有企业内部控制制度设立方面存在的问题，又有企业内部控制制度运行方面存在的问题。因此，如何架构一个完整的内部控制体系，既保证建立完善的内部控制制度，又确保各项控制制度与措施得以实施和运行，使得内部控制体系各部分成为一个有机整体，在企业内部控制实践中实现运行、纠偏、监督和评价等功能，显得尤为迫切。本章在总结现有内部控制构建理论和实践的基础上，引入科层理论、学习理论、竞争力理论以及企业价值理论，从一个全新的视角重新审视内部控制的系统构建问题。

第一节　基于科层理论的企业内部控制系统构建

从早期的巴林银行案件到安然、世通案件，无不与内部控制的虚设和执行不力存在重要关联。同样是由于内部控制的不健全或不执行，我国早期的郑百文、亚细亚案件以及近期的中航油（新加坡）公司案件，也无一例外。也就是说，我国大部分企业的内部控制一直处于一种薄弱环节，绝大多数企业不重视这项工作，有些甚至连最起码的内部牵制程序或手续都没有；有些企业虽然在形式上具备了内部控制，但由于缺乏有效的信息收集和传递机制，其内部控制沦为给外人看的一种摆设（新加坡中航油公司就是极为突出的例证）。

1992 年 COSO 委员会发布的《内部控制——整体框架》报告，提出了由“三个目标”和“五个要素”组成的内部控制的整体框架，得到普遍认可。COSO 报告将内部控制概念从财务报告中狭隘的专业术语扩展到企业经营管理（糅合了管理与控制的界限），并被公认是内部控制发展史上一座光辉的里程碑。但是，不可否认的事实是，COSO 报告理论意义高于执行价值，它没有考虑企业内部各相关利益主体的责权利安排的层次性，不可避免地存在着执行难的缺陷。从执行角度看，科层组织体制将合理决策和行政效率发挥到了极致（韦伯，1947），因此，本节试图借鉴组织科层理论，分别构建以股东、经营者、管理者以及员工为主体的四层次内部控制结构以及内部控制治理机制的整体性制度安排，并针对科层体制自身存在的局限性，提出完善四层次内部控制框架的若干对策。

一、关于内部控制构建理论研究的一个简要文献回顾

1992 年，美国 COSO 报告从内部控制构成要素的角度，构造了一个内部控制整体框架，成为迄今为止对内部控制最全面的论述，在一定程度上突破了以往内部控制仅从会计、审计角度研究的狭隘性，在内容上不再局限于会计控制，扩展到企业的管理以及企业的治理，从一个更高、更系统的角度给出了内部控制的一个框架体系。从内部控制理论研究的历史演变过程来看，我们可以区分出这样几种内部控制研究视角：程序（方法）论、制度论、组织（协调）论、系统论、过程论。虽然 COSO 框架对内部控制作出了一个比较综合的界定，但就其本质上看仍然属于过程论的范畴。2004 年 9 月 COSO 企业风险管理整合框架，在内涵上将原 COSO 报告的内部控制五要素扩展为八要素，既体现了对 1992 年 COSO 框架的超越，又反映了内部控制的转型，尤其强调了董事会和管理层在目标设定、风险确认与评估以及风险管理策略选择等方面的突出作用。但是，无论新、老 COSO 报告都只是提出内部控制的整体框架，至于如何保证这种框架性意见在企业中得以执行，并没有给出可操作的现实途径。

从目前国内的研究来看，虽然内部控制（或者更为准确地称为内部牵制）的思想和实务由来已久，但真正将内部控制上升为理论研究的时间并不长。我国对企业内部控制建设的推进发轫于上世纪 90 年代，我国会计理论界众多的专家学者提出了内部控制框架的构想。刘明辉（2001）提出内部控制的整体框

架由四个部分组成，即企业治理控制、企业管理控制、管理信息系统、企业文化；于增彪（2001）提出现代企业的内部控制是一个体系，应该将内部控制的设计分成总体设计和单项设计；阎达五、杨有红（2001）提出，建立和完善内部控制应该抓住关键因素，有步骤、分重点地构建内部控制体系，关键因素包括：健全管理机构、确立董事会在内部控制框架构建中的核心地位、内部审计机构设置与科学定位、强化预算管理等；朱荣恩（2001）提出，企业内部控制可由三部分组成，即组织结构、人员管理、业务程序，并且认为当前重点是要加强企业业务程序的内部控制。林钟高（2006）提出，构建内部控制理论框架时，应该借鉴“三论”的理论和方法，将COSO报告中的五个要素的具体内容进行重新归类，由三个必不可少的要素组成，即控制环境、控制系统、监督与评价。控制环境是基础，控制系统是核心，监督与评价是保障，三者缺一不可。杨雄胜（2006）提出，必须把基于权力控制的内部控制转变为基于信息观的内部控制，以培养员工忠诚为现代内部控制的工作出发点，利用团队示范作用促进员工行为优化，以企业内开放式信息沟通协调员工行为。

关于内部控制的研究视角以及概念描述虽各不相同，但从国内外对内部控制理论众多的研究中，我们不难发现对企业内部控制已达成这样一个共识，即：认为内部控制是一组联系内部各相关利益主体的正式和非正式关系的制度安排和结构关系网络，其根本目的在于试图通过这种制度安排，以达到内部相关利益主体之间的权力、责任和利益的相互制衡，实现效率和公平的合理统一。但是，内部控制并不是为制衡而制衡，制衡并不是保证各方利益最大化的最有效途径。衡量一个内部制度系统效率的标准应该是如何使公司最有效的运行，如何保证各方的公司参与人的利益得到维护和满足。由此，科学决策不仅是企业治理与管理的核心，同时也是企业内部控制的核心。因为企业各方的利益都体现在企业实体之中，只有理顺各方面的权责关系，才能保证企业的有效运行，而企业有效运行的前提是决策科学化。因此，内部控制的目的不是相互制衡，至少最终目的不是制衡，它只是保证公司科学决策的方式和途径。

二、内部控制的科层理论分析

任何组织从本质上都呈现为一种层级结构，其中相互关联的活动被分解为各不相同的任务单元，为了实现一定的组织目标，要求各任务单元具备畅通的信息关系和协调一致的活动水平。因此，从管理学的视角看，科层制组织结构应现代化大生产的要求而出现，是为了应对外界高度复杂的环境，通过企业在组织结构方面通过资源的控制与整合，从而实现企业生存与发展的目的。而从经济学的视角看，由于社会化大生产是建立在分工协作基础之上，企业作为市场交易的一种替代机制，必然要采取纵向协调的某种等级制形式（包括科斯和威廉姆森在内的经济学家都习惯于把组织协调机制的基本性质概括为层级制）。现代企业组织结构中存在着一系列委托代理关系：股东会与董事会、股东会与监事会、董事会与总经理；总经理与各部门经理、部门经理与员工等，正如詹森和麦克林（Jenson and Meckling，1980）所指出的，这种委托—代理关系，“存在于一切组织、一切合作性活动中，存在于企业的每一个管理层级上”。由此，“一级盯住一级”的层级制也就应运而生了，它是一种增进效率的秩序形式，可以帮助解决由团队生产的外部性所导致的失灵问题，通过为下级与上级创造激励来重新协调好个人对自我利益的追求与群体效率之间的关系，使得在团队生产情况下的个人的卸责不再符合他们的利益（Archian and Demsetz，1972）。简而言之，企业科层结构之所以能够存在的经济学解释是它能纠正市场失灵。

效率是科层组织制度的核心和思想基础，在分工多样化、专业化的情况下，科层被认为是突破个人有限理性的有效方式。究其本质而言，科层制旨在解决两大类问题——组织责权利的对称安排、以理性的方式降低代理成本的一项委托代理制度安排。一般而言，科层体制的特征主要体现为：①分工与专门化。“科层管理结构为达成其目的，以特定方式分配其职务的各种规则性活动”①。科层制通过在职位上加以分工，使每个人从事一份专门化工作，提高工作的熟练化程度，以避免杂乱无序，增进效率；②法规与条例。科层组织内部有一套完备的规则系统，这些规则系统对每一职位都赋予特定的权利和义务；③权威的层级节制。组织内部依层级安排职位，全部职位形成一个金字塔式结构，建立上下级节制系统，以确保对于上级指挥的服从；④非个人取向。组织内部各种行为都按统一的规定办理，不因人而异，不夹杂个人的情绪或偏见，任何决定，均远离情感冲动或个人好恶，以有效达成组织目标为准绳；⑤终身事业取向。在科层组织中，员工以其所获得的技术资格被雇佣，并获得终身事业保障，以培养其成员对组织的忠诚，组织内部所采取的晋升制度是以年资与成就并用的机制。

COSO 报告认为，内部控制是由董事、管理层及其他人员在公司内进行的，旨在为经营的有效性、财务报告的可靠性、适用法律法规的遵循性提供合

---

① H. H. Gerth and. C. Wright Mill. From Max Weber：Essays in Sociology. New York：Oxford University Press，1946.

理保证的过程。实际上，内部控制是为了确保组织的最高层参与到整个机构的运作中，以实现组织目标。站在更广义的角度，我们认为内部控制是一组联系内部各相关利益主体的正式和非正式关系的制度安排和结构关系网络，其根本目的在于试图通过这种制度安排，以达到内部相关利益主体之间的权力、责任和利益的相互制衡，实现效率、公平的合理统一以及科学决策。而所谓的科层制，即权威的层级制，以责、权、利相匹配的方式，通过一层一层的行政隶属关系，遵照行政命令来完成组织的内部交易。因此，从上述对两者概念及内涵的表述中，我们不难发现内部控制目标和功能与组织科层制的内在机理之间存在众多的相容性和一致性。下面我们将就组织科层本质特征与内部控制所承载功能的拟合性进行进一步分析。

第一，内部控制的“信息—决策”功能。根据科斯理论，企业之所以存在，之所以可部分地取代市场，原因在于企业可以节约交易费用。而企业之所以能够节约交易费用，又在于企业内部控制者承担了组织和沟通协调的功能。而组织和沟通协调功能的实现，又极大地依赖于对信息的获取。一般科层制组织中的信息遵循两条路径：一是自上而下的，即组织的最高层把决策由上到下传达，我们把这种信息称为“命令信息”；二是自下而上的，指组织中的基层把作业现场的情况层层汇报向上传递，我们把这种信息称为“汇报信息”。也就是说，在科层制中，无论是“命令信息”，抑或是“汇报信息”，信息的传递、沟通基本上借助于权力等级链的正式渠道，这种正式渠道的信息沟通交流方式保证了信息的准确性，对于内部控制无疑是最重要的。

第二，内部控制的“预期—保险”功能。根据熊彼特在1912年出版的《经济发展理论》一书中的表述，创新就是“建立一种新的生产函数”，把一种从来没有过的关于生产要素和生产条件的“新组合”引入生产体系，创新必然带来风险；而风险内部控制则表现为内部控制者在企业生产经营过程中对各种风险因素的排除和预测，从而获得创新报酬和风险收益。具体说，创新和风险内部控制一方面是通过对人类行为的有效控制，帮助交易当事人较为准确地判断出交易中的其他人未来可能的行为；另一方面是通过内部控制把未来的不确定性风险从交易者个人身上转移到那些愿意承担风险并且承担成本较低的社会组织机构上去，以使交易者对未来经济活动形成稳定的预期。由此，科层体制下的非个人取向保证了组织的任何决策，不受个人情感冲动或好恶影响，完全以能否有效达成组织目标为准绳，使创新与风险的权衡更加理性。

第三，内部控制的“激励—约束”功能。根据阿尔钦和德姆塞茨的团队生产理论，彼特斯、沃特曼和欧钦等的个人价值实现理论，在团队中实施监督的人的动力来源于赋予其剩余索取权，来源于多方面的激励；而对于员工，内部控制者则从需人本主义出发，通过人性化内部控制改变员工的偏好结构，从而实现团队的整体目标。具体说，内部控制的激励—约束功能表现在，通过对内外交易当事人关系的内部控制确认，营造出一系列的行为规则和活动空间，以使人们在发生各种行为时，能够估计出大致的收益与成本。科层组织中终身事业取向，一方面激励员工以其本身所具备的技术资格被雇佣，以其出色的工作表现获得嘉奖和终身事业保障，以培养其成员对组织的忠诚。另一方面，通过在组织内部依层级安排职位和一套完备的规则系统，建立上下级节制系统，以理性的方式进行监督和约束，以确保对于上级指挥的服从。

三、科层理论框架下的企业内部控制层次构造

在传统的内部控制中，基本采取两层次内部控制，即经营者监督控制管理者、管理者监督控制员工。也就是说，内部控制是在公司治理解决了股东、董事会、监事会、经营者之间的责权利划分问题之后，作为经营者为了保证受托责任的顺利履行而进行的主要面对次级管理人员和一般员工的控制，更多的是企业内部管理制度层面的问题，它并不能约束最高管理当局本身。而且，内部控制是基于经营管理当局与次级管理人员和一般员工之间的委托代理关系而产生的，它属于公司内部管理的范畴，因此法律一般不做出具体的规定，只是原则性规定公司必须建立、健全内部控制制度。显然，传统内部控制理论不仅对内部控制与公司治理做出了明显的界限划分，而且其构建内部控制系统的一个基本前提是发达的资本市场、完善的公司治理结构，以保证企业所提供的财务会计信息的决策有用性。在这样一个基本假设之下，股东完全可以以超脱于企业的姿态，远离企业内部控制。然而，现实状况并非与假设一致。根据系统论的原理，任何一个系统的有效运行都必须依赖其客观存在的环境①。从当前我国不完善资本市场根本难以保证财务会计信息的决策有用性情况之下，基于契约执行的观点，为了更好监督经营者受托责任履行情况以保证股东投入企业资产的安全和增值，股东以企业内部控制主体的身份进入企业，采取组织控制的方法，是完全必要、也是完全可行的。此外，从系统论的角度来看待企业内部

---

① 威纳（Norbert Weiner，控制论的创始人）认为，“我们必须认识到，组织中存在着要素之间的相互依赖，而且，相互依赖的程度不同”。

控制系统，则内部控制不仅是整体制度环境下的一项制度安排，更是一个理性开放的组织系统，能够通过加工从环境获得的资源进行自我维护。“这种开放系统能够在高层次上维护自身，进而向更高秩序和复杂性的方向演进”（Bertalanffy，1962）。那么，要实现这种自我维护功能，股东就不能像以往那样对企业保持一种“疏离的眷恋”，而要成为企业内部控制主体的一个重要组成部分[①]。

从本质上来说，企业管理系统就是内部控制系统，企业的每个管理主体也就是控制主体。一般认为，管理就是通过计划、组织、协调、控制等活动，使企业资源得到优化配置的过程。经营者对企业的管理是宏观层次的资源配置，管理者对其所负责部门的管理也是资源配置，员工则是在其岗位上直接操持一定的资源并实现对资源的控制，所以，从这个意义上说，员工是最基本的管理者，是直接对资源进行控制的主体，而且是企业内部控制的最终落脚点。所以，员工也就成为控制主体之一。每一个员工必须最大善意地使用自己直接控制的资源，保护企业财产和资源的安全，如实报告各种相关信息。

基于上述的分析，我们尝试构建以股东、经营者、管理者以及员工为主体的四层次内部控制系统。当然，各层次主体在控制系统中所面对的控制对象、追求的控制目标以及为实现目标而采取的控制手段是各不相同的，在此我们仅给出一个基本思路。

（1）以股东为主体的内部控制的总体架构。以股东为主体的内部控制的控制主体是股东，包括董事会和监事会，是最高层次的企业内部控制主体，控制客体是经营者及整个企业的业务经营活动。以股东为主体的内部控制的控制目标是：敦促经营者为了企业利益而一心一意地、最大善意地使用财产，获取盈利和确保企业发展；确保股东投入企业的财产不被经营者、企业员工或外部人偷盗或非法占有，也不为天灾人祸所损坏；经营者能够如实地向股东报告企业的经营成果、财务状况和其他重大事项。为实现上述目标，所采取的内部控制手段是：公司治理结构、战略控制、基本政策控制（包括基本会计政策、基本财务政策、基本费用政策、基本人事政策以及基本业务经营政策等）、CPA审计、为经营者设计合理的业绩评价和报酬结构。

（2）以经营者为主体的内部控制的总体架构。以经营者为主体的内部控制

① 有人认为，股东不一定在企业专职工作，所以，股东的控制不是内部控制，而是外部控制。我们以为，股东、经营者、管理者和员工共同组成了企业，股东投入资本，经营者投入企业家才能，管理者投入管理才能，而员工投入劳动才能，这四种经济主体是组成一个企业不可缺少的，缺少任何一方，企业都无法形成。所以，我们认为，从实施内部控制的角度看，股东所实施的控制是内部控制，而不是外部控制。

的控制主体是经营者，控制客体是管理者及整个企业的业务经营活动。以经营者为主体的内部控制以确保企业经营目标的实现；确保财产安全；确保信息真实等为控制目标，主要通过组织控制、人事控制、财务成本控制、会计控制、统计控制、内部审计、内部经济责任制等实现其控制目标。

（3）以管理者为主体的内部控制的总体架构。以管理者为主体的内部控制的控制主体是管理者，控制客体是员工，具体而言就是员工的积极性及其操作活动。管理者控制是内部控制中具体、实质性的控制层级，它将直接影响到员工行为的适当性。以管理者为主体的内部控制的控制目标：资产安全，即经营者将各个责任中心范围内的资产托付给责任中心的管理者之后，最基本的要求就是在确保资产安全；交易合法，即员工所运作的所有交易都是经过合理授权的，不存在非法交易，当然地就不存在由非法交易而引致的财产非法占有；如实报告，即管理者必须如实地向经营者报告其责任中心的各种相关信息，如会计信息和统计信息；业务优化，即资产保护和交易运作都是以现实最优的方式来进行。以管理者为主体的内部控制的控制手段：岗位设计、建立作业程序与方法、员工业绩评价、员工报酬与激励。

（4）以员工为主体的内部控制的总体架构。内容包括：以员工为主体的内部控制的控制主体是员工，每一个员工在自己的岗位上，最大善意使用岗位资源，保护企业财产和岗位资源的安全，如实报告岗位的各种相关信息。控制客体是可能会侵占本企业财产、也可能会影响本企业正常业务经营活动的外部人以及本企业内部人之间的相互监督。以员工为主体的内部控制的控制目标：财产安全——保护财产不遗失和不被非法侵占；如实报告——能知道财产运作的真实情况；提高经营效率——以最大善意来使用财产；遵守相关政策和法规——遵守政府和立法机构颁布的各项法律和法规。以员工为主体的内部控制的控制手段：限制接近、技术手段、申诉和报告。

四、实现四层次内部控制框架的制度环境：几个值得思考的问题

科层组织体系以不同形式平缓地运行了百余年，成为迄今为止最流行、最有效、最成功的组织工具。然而，随着时代的发展，在充满了复杂性和不确定性的今天，面对管理柔性化的要求，科层制模式的适用性问题逐渐显现。事实上，韦伯意义上的科层制是一种典型的“理想类型”，韦伯用这种工具来概括组织的科层制类型。科层制并不代表现存科层组织的一般情况，只代表一种从所有已知组织的最主要科层制特征中抽象出来的纯粹类型。由于完美无缺的科层化在现实中并不存在，因此，不存在一种实际的组织能完

全对应这种“理想类型”。韦伯运用“理想类型”方法而建构的科层制模式，不仅在于其理论上的强大指导意义，还在于其实践意义上与工业年代的时代特征相吻合。因此，我们认为，尽管科层制存在一些自身难以克服的缺陷，但是并不代表其丧失理论借鉴意义，而我们只需在内部控制系统构建实践中对这些欠缺加以改进。

（1）科层组织的信息结构。罗伯特·西蒙斯（2004）把管理控制系统定义为“管理人员为保持或改变组织内部活动模式而采用的正式的、基于信息的理性程序和步骤”。由此我们可以看出控制系统中信息保障的重要作用。一直以来，人们对科层责难最多的就是传递、交流的信息流动路径非常单一：只有由上到下和由下而上两种方式，缺乏横向的信息交流，并且信息不能实现一种完全上下自由地交流。在青木昌彦（2001）看来，信息处理不能简单地分解到各部门，必须区别对待。有些信息适合在现场及时加以利用，有些信息适合在不同部门间共享，以便实现良好的组织协调，而有些信息则应平行地在各部门内部加以利用。他认为科层组织并不必然意味着机械、单一模式地处理企业内部信息，因此，基于企业内信息关联的三种一般模式——层级分解、信息同化与信息包裹①，他提出应采取以下七种科层组织模式，即：决策一体化的功能层级制（Decision-integrated）、网络一体化功能层级制（Network-integrated）、层级控制型团队（Hierarchical \ Controlled Teams）、水平层级制（Horizontal Hierarchies）、参与型层级制（Participatory Hierarchies）、供应商系列、意大利工业区和第三方信息中介——硅谷企业簇群，灵活加以处理。

（2）科层组织的扁平化问题。随着信息技术的发展，以及企业决策及时性与企业管理灵活性的需要，促使许多企业达成了关于推行“扁平化管理”的共识：即当企业扩大规模时，在不增加管理层次甚至较少管理层次的前提下，增加管理幅度。这就自然导致了原来金字塔状的组织形式被“压扁”，从而实现了“扁平化”，“扁平化”的结果是既提高了管理效率，又降低了管理成本。然而，我们决不能因为企业推行“扁平化管理”而想当然地将其理解为取消管理层级，企业推行“扁平化管理”的目的是减少管理层级而并非取消管理层级，事关组织成败的重要管理层级，其地位不但不会削弱，反而应当予以加强。减少管理层级的目的有两个，一是减少管理层级的数目，二是精简组织机构内部多余的职位，同时取消不必要的控制系统，其实质是管理层级的重构，它依然

① 具体解释详见：［日］青木昌彦著．比较制度分析［M］．周黎安译．上海：上海远东出版社，2001．

体现了科层制的精髓。

（3）加强企业内部控制层级内部的激励与约束。企业的内部控制层级结构可以概要地分为权益层、经营层和操作层。权益层从传统意义上来说是企业激励安排的主体，委托—代理合约中的委托方。但在股权高度分散的现代企业，在资本市场高流动性的条件下，权益层并不是一个非常稳定的群体，经常不能独立而一致性地占据传统的主体地位，在执行主体责任时又发生了新的代理问题——委托给董事会。因此，权益层在一定程度上也成了企业激励的客体对象。对这一阶层激励的目的是保持其对企业投资的兴趣，并积极参与企业的治理与监督。经营层是现代企业中不可或缺的事实上的控制者。经营层对企业效率起着决定性的作用，因而是企业激励的主要对象。操作层在具体企业生产经营过程中，实际上就是除经营层以外的所有人员。这一群体数量多，占企业人员比重大。为了克服科层制横向交流不畅的固有缺陷，必须引入层级内部网络的激励与约束，即从过去传统串行的运作方式向并行团队运作方式转变。团队运作组织又被称为并行运作组织模式，是应信息技术、新制造技术和生产方式的发展而产生的。团队生产的概念经历了三个阶段①。团队运作组织要求每个成员都具有共同的基本技能，共同的目标，强烈的进取精神与合作意识，又拥有必要的决策能力和调控能力，从而有效地增强了企业运作组织的柔性，降低组织的脆弱性，减少了组织对个别专业人才的依赖性。在建立激励机制的同时，还要建立约束机制。如依据科层理论明晰各层次控制主体在内部控制中承担的职责分工和责任，并通过完善各类制度约束来规范各层次控制主体的行为等。

（4）塑造企业内部控制分层主体的共有文化信念。利用制度结构和层级结构来规范和制约参与者在企业活动中的行为，要求对这些关系和行为的范围和形式作出事先的界定。然而，企业活动的复杂性决定了并非所有的关系或行为的范围和形式都可以事先预测的。“文化信念”的功能便是在企业制

① 在泰罗的科学管理和亨利·福特流水装配线生产观念中，注重的是提高个人技能，团队只是一组具备同样技术的人，共同完成一个部门的工作任务，其作用是指导和协调该专业范围内的技术工作。团队演进的第二阶段开始导入不同专业技术或功能的人于同一团队中，等同于工具箱的概念，其中的每一件工具的用途不同，经搭配起来则可以完成一定的工作，尤其配合同步工程的事实，这种团队或专家组发挥了极大的效能。第三阶段，在戴明等质量管理大师的全面质量管理观念的引导下，团队观念又融入了顾客的需求，强调一切以客为尊。团队不仅要跨功能部门建立，还要因顾客的需求变化而改变。在这些观念的引导下，企业生产、经营管理的基本元素由过去的个人和部门变为团队，一些公司企业纷纷实行内部网络化再造，建立以顾客为核心、以作业活动为基础、以运作流程为中心、以自主管理为准则、以利益共享为动力的团队运作组织模式。这种模式既顺应了时代的要求，又有效地调动了员工的工作积极性。

度和层级结构不能触及的地方发挥作用，调节不同成员在企业活动中的非正式关系。企业的市场行为通常被理解为对不断变化的外部环境条件和内部条件的反应，这些条件使得股东、经营者、管理者、员工之间产生并维持着“组织均衡”或“组织动态平衡”。如果我们把股东、经营者、管理者和员工看成是为实现某个共同目标而组建的团队，那么在团队各成员的互动中就会形成为团队所共同接受的“惯例”。而某种活动之所以成为“惯例”，往往是因为它是有效的，这时，这种“惯例”就会进一步得到强化，进而形成为指导人们行为的“共有文化信念”。而且，作为人们自觉行为结果的文化信念不仅是记忆型的，而且是学习型的，或者更准确地说，主要不是记忆型的，而是学习型的。一种合作的文化信念代表着每个博弈者预期所有其他人合作并实施合作规范，一个非合作的文化信念则意味着对立的预期。在上下级间重复博弈的情况下，“文化信念”可部分定义为在科层内传达规范的手段——它意味着在组织里“事情应该这样做，做了又意味着什么”。塑造企业内部控制分层主体的共有文化信念，通过培养企业员工（包括管理层）的整体价值观，通过企业文化建设激发员工的责任感、荣誉感等，以达到员工的自我管理、自我控制、自我激励的目的。“作为集体价值观和行动准则的集合体，（企业）文化在组织中发挥着一种控制功能（范黎波、李自杰，2001年）。”利用文化的作用，引导、约束企业内部控制人员在履行其控制职责时遵循商业伦理，强化职业道德意识。将理念有力地贯穿于员工的价值判断和是非标准中，并指导其行为方式，必然会减少层级摩擦，促进层级间的“行动力”，最终提升科层效率。

五、结束语

科层制体现的就是管理效率的理想，它促进了组织的合作与控制，解决的不仅仅是单个控制主体的生产效率，而且是组织方面的特殊问题——如何最大限度地进行合作与控制，并由此提高组织的效率。从纯技术的观点来看，科层制能为内部控制带来高效率，从这一意义上可以说实行科层制是最合理的已知手段，它在确保内部控制决策制度的可靠性、内部控制行为的合理性与稳定性等方面都具有特别重要的理论意义和操作价值。

第二节　学习型组织与内部控制：内部控制基业长青之思考

彼得·圣吉在《第五项修炼》[①] 一书中写道，“未来真正出色的企业，将是能够设法使各阶层人员全心投入，并有能力不断学习的组织”。他的观点得到了众多学者和企业家的认同。学习型组织被认为是21世纪最成功的企业模式，如何构建和管理学习型组织已经成为人们关注的焦点。学习型组织的出现使传统的内部控制面临巨大的挑战。本节借鉴管理学和系统论的相关理论，从彼得·圣吉《第五项修炼》视角和COSO报告内部控制五要素视角分别对学习型组织的内部控制进行构建。我们认为学习型组织内部控制应该是以人为本，以保障员工自我实现为出发点的，信息沟通顺畅的，柔性化的，具有开放性、适应性、动态性的导向型内部控制。

一、学习型组织的内涵及特征

（一）学习型组织的内涵

迄今为止，学习型组织（The Learning Organization）尚无一个统一的定义。美国学者彼得·圣吉指出，学习型组织是指具有如下特征的组织：组织结构扁平化，组织交流信息化，组织开放化，员工与管理者关系由从属关系转为伙伴关系，组织能够不断调整内部结构关系等特征。马恰德指出：“系统地看，学习型组织是能够有力地进行集体学习，不断改善自身收集、管理与运用知识的能

① 最早提出学习型组织的一些概念可以追溯到20世纪70年代美国哈佛大学的阿吉瑞斯（Chris Argyris）和舍恩（D. A. Schon）。1977年阿吉瑞斯在《哈佛商业评论》上发表了《组织中的双环学习》，首次提出“组织学习”的概念，并于1978年与舍恩合著《组织学习：一种行动透视理论》，详细地并正式界定了“组织学习”概念，同时也对“组织学习”类型进行了划分。他们认为学习可以划分三种类型：适应性学习、单环学习以及创造性学习，并提出创造性学习是组织学习的发展阶段，这种学习方式能对组织规范进行探索与重建。从20世纪80年代开始，在企业界和管理思想界，出现了推广和研究学习型组织的热潮，并逐渐风靡全球。美国的杜邦、英特尔、苹果电脑、联邦快递等世界一流企业，纷纷建立学习型组织。初步统计，美国排名前25名的企业，已有20家按照学习型组织的模式改造自己。已经成为时代标志的著名的微软公司，其成功的秘诀就是倾心建立学习型组织。1994年，随着美国麻省理工学院的彼得·圣吉《第五项修炼》的出版，是学习型组织发展的一个新高度，该书的出版引起了对学习型组织更为广泛的兴趣、研究与实践，圣吉在其学习型组织理论中，完整地提出了组织发展的最高目的，即在个人价值得以体现的同时，也使组织绩效大幅度地提高，他提出的五项修炼组织模型的开创性工作，为学习型组织的研究提供了一个坚实的基础。

力，以获得成功的一种组织。”加尔文则认为：学习型组织是一个能熟练地创造、获取和转移知识的组织，同时也善于修正自身的行为，以适应新的知识和见解。

尽管国内对于学习型组织研究起步较晚，但学者们也都根据自己对于学习型组织的理解，做出了相关概念的界定。如学者伊博和汪涛认为，学习型组织通过全员创造性的持续学习，培养全新的、前瞻性的思维方式；形成组织学习及整体动态搭配的局面；达到深度沟通，努力实现共同愿望；适应不断变化的环境，不断改革、创新，推动组织发展并完善自身。创造学习型组织对个人而言，是对自我的再认识和再塑造，对组织而言，是脱胎换骨的改造和不断创新。陈国权在《组织学习——现状与展望》一文中指出：组织学习就是指组织不断努力改变或重新设计自身以适应不断变化的环境的过程，是组织的创新过程。

从学习型组织的这些定义中，我们认为学习型组织是通过培养弥漫于整个组织的学习气氛、充分发挥员工的创造性思维能力而建立起来的一种有机的、高度柔性的、扁平的、符合人性的、能持续发展的组织。

（二）学习型组织的特征

外国学者 Garratt（1988）在《学习型组织》一书中描述了学习型组织的特征：①组织分为三个等级层次，即政策、战略和操作；②组织中存在双环学习，从而使得多回路反馈成为可能；③组织中拥有处理和综合所有这些信息流所必需的工具——要达到这一点，组织学习的核心就要放在提供导向方面。Constance R. James（2003）在《组织动力学》杂志中发表的《规划学习型组织》一文中认为，学习型组织具有网络性、平衡性、无界性等特征，它是一个互动的相互联系的网络，一起影响整个组织的学习。Pdler Burgoyne and Boydell（1991）在《学习型企业：一种持续发展的战略》一文中明确指出，学习型组织是能够推动其所有成员学习并能够不断地完善自身的组织，因而能促使合作组织成员共享知识；通过深层次的相互理解和更彻底的方法解决问题，并对环境保持持续的警觉，始终与所处的环境保持互动状态①。

---

① 也有一些学者则指出，学习型组织在企业管理中的实际应用是伴随着战略规划和战略管理活动的发展而逐渐出现的。也就是说，人们是在实践中认识到了组织学习是战略变革的一种潜在的源头。Robert W. Rowden (2001) 认为，学习型组织代表的是第四种战略变革模式。学习型组织模式的出现意味着组织能在快速变化的市场环境中策划并实施有意义的变革。传统上，以策划为核心的战略变革模式几乎完全聚焦于高层管理对战略变革所进行的计划工作，中层管理者通常并不参与计划过程，他们往往对于计划没有有效性承诺，事实上甚至可能根本没有充分理解计划，战略方案的实施及其效果是非常有限的。作为一种战略变革模式的学习型组织却有四个主要特征，即共同意愿、持续性策划、即时实施以及行动学习。这些学者认为学习型组织的出现在更大程度上可归因于组织在越来越不确定的环境中形成战略，以及执行战略变革的需要。

王润良等在综合了国外学者对学习型组织论述的基础上，指出学习型组织具有以下特征：①学习型组织是一种知识创新性组织，依靠知识的创造、获取和转移创造价值；②学习型组织支持个人发展，强调人的价值，员工的积极性和主动性受到激励和保护；③学习型组织强调合作，员工在一起共同解决问题，共同学习；④学习型组织具有很强的环境适应性，能对环境的变化作出迅速的反应；⑤传统组织向学习型组织的过渡是一个过程，需要在组织机构、管理模式、企业文化等方面做出持续不断的变革。

从上面各学者的观点我们认为学习型组织的特点是：①组织成员拥有一个共同愿景。共同愿景是大家共同的行动指南，是在客观分析现实情况的基础上勾画出来的远景规划，它来源于员工个人的远景而又高于个人远景。②善于不断地学习。这是学习型组织的本质特征。③组织结构扁平化。学习型组织尽最大可能将决策权下放到离最高管理层或公司最远的地方，即决策权向组织机构的下层移动，让下层单位拥有充分的自决权。④组织拥有创造性团队。在学习型组织中，团队是最基本的学习单位，也是最具创造力的单位，组织所有的目标都直接或间接的通过团队作战来达到。⑤自主管理。学习型组织中，员工能够自己发现工作中的问题，自己选定改革进取的目标，自己进行现状调查，自己制定对策，自己组织实施，自己检查效果，自己评定总结。

二、学习型组织内部控制的特点

在学习型组织条件下，公司对内部控制的要求以及内部控制的作用机制都发生了很大的转变。如果说传统的内部控制，不管是内部控制的系统观、结构观，还是要素观，都是一种主要依靠外力、以负反馈为主的控制模式的话，那么新型的内部控制就是一种自发的、自组织的、正负反馈交替作用的控制模式。它是渗透于企业作业流程中的，促使所有员工自我学习、自我改进、自我提高，从而为企业的发展壮大提供服务的自我保障系统。

（一）内部控制的重点：管理控制为中心

按照COSO报告的解释，在内部控制的整体框架下，企业内部控制目标可归纳为合法性、财务报告和经营三个方面。其中，前两者属于会计控制目标，后者属于管理控制目标。从实践角度看，目前的内部控制仍然以制度基础审计为主要服务对象，以会计控制为核心的主要控制方式。在将内部控制系统建设成自觉的组织学习体系的过程中，管理控制的作用不可忽视。所谓管理控制，是指“管理者影响组织中其他成员以实现组织战略的过程”。要评价一个企业的管理控制水平，仅仅借助财务报告是不够的，如新的 COSO 报告《企业风险管理框架》将财务报告目标拓展为报告目标，并增加了“战略目标”这一层面，从确认潜在风险事项入手，将内部控制建设为渗透于企业业务流程中的由人参与的过程。

（二）内部控制的作用：组织的持续发展

目前的内部控制主要是用于监督，在企业目标发生偏差时将信息及时反映给管理者，并借助各种控制活动及时纠正偏差。在一个学习型组织中，发现并纠正错误的过程正是企业发展的过程，内部控制的作用更多地体现为这一过程提供各种服务，如确定战略目标和关键驱动因素、进行流程分析和重组、促进信息沟通和共同学习等。

（三）内部控制的方式：自我学习和自我保障系统

以内部会计控制为核心的传统内部控制仅仅从审计角度观察内部控制，视角过于狭窄，手段难免单一。从组织结构上说，内部控制手段主要强调人员和部门间的牵制；从文件资料上看，内部控制手段主要集中于财务报告；从控制对象上讲，内部控制主要重在保护实物资产的安全完整。为了将内部控制建设为企业的自我学习、自我保障系统，学习型组织应该采用更广泛的内部控制手段，兼顾财务手段和非财务手段，以流程为基础，重建内部控制框架，全方位地设计关键控制点，考察各个控制点的相互作用，准确评估企业的整合风险容忍度，从而设计出符合企业实际的内部控制制度和方法。

（四）内部控制的主要作用单位：控制团队

学习型组织内部有各种形式的学习团队，这种团队类似我们通常见到的“攻关小组”、“特别委员会”等。团队是由互补技能的个体组成，致力于共同目标和工作方法，共同承担责任。因此，内部控制改善行为的确切含义应为：组建并改善团队行为。由此，内部控制有一个极为艰巨的任务，就是有效地控制并引导团队行为。研究表明：大多数人在一个团队里工作要比自己单干更令人满意、回报更高。内部控制必须努力促进公司内部控制团队的形成并让其充分地发挥积极作用。

三、学习型组织内部控制的构建

学习型组织的内部控制要有开放性，内部控制是企业管理的重要组织部分，其目标、结构、内容、手段都受企业目标、管理风格、技术手段等因素的影响。我们要改善企业环境的方式，进行良好内部控制环境的创造。学习型组织的内部控制要具有适应性，它必须以企业的环境为依托，与企业环境相互适应，内部控制的建立和实施要根据企业的实际情况和企业的需要而进行。内部控制的适应性还包括内部控制本身的适应性，即能够根据企业需求和功能的变化进行内部控制的升级和改进。学习型组织的内部控制还应该是动态的，内部控制是对企业整个经营过程进行监控，而企业的经营活动是随内外因素而不断变化的，因此内部控制是一个动态过程，它是一个以风险为导向，不断发现风险、评估风险、防止风险发生、纠正偏差的循环反复的过程[①]。下面我们从彼得·圣吉《第五项修炼》视角和 COSO 报告内部控制五要素视角分别对学习型组织的内部控制进行构建。

（一）学习型组织内部控制的构建：基于彼得·圣吉《第五项修炼》视角

彼得·圣吉的学习型组织理论被公认为是学习型组织的典范，学习型组织由五项修炼组成，即学会自我超越，改善心智模式，建立共同愿景，开展团队学习，把握系统思考。下面我们从保障组织五项修炼的角度来构建学习型组织的内部控制。

1. 自我超越：构建保障员工自我实现的内部控制体系

学习型组织以人为本，其存在的基本理念就是为个人提供自我表现实现的互动场所。学习型组织的内部控制要在组织中营造出浓厚的学习氛围，鼓励所有员工自我发展，实现自己选择的目标和愿景。要实现这一目标，可以通过企业的内部控制使组织和员工保持创造性张力，激发员工不断创新与超越，进行

---

① 系统管理理论是运用系统科学的理论范畴及一般原理，全面分析组织管理活动的理论。该理论适用范围广，方法因一般而抽象，它在管理中的应用可以提高管理人员对影响管理理论和实践的各种相关因素的洞察力。从系统管理理论角度看，内部控制是一个系统，它具有系统的各种特性：目标性、整体性、层次性，除此之外还有开放性、适应性、动态性，后三种特性与学习型组织中的学习能力有异曲同工之妙。系统的开放性：一个系统和包围该系统的环境之间通常都有物质、能量和信息的交换，外界环境的变化会引起系统特性的改变，相应地引起系统内各部分相互关系和功能的变化。系统的适应性：为了保持和恢复系统原有特性，系统必须具有对环境的适应能力。系统的动态性：系统不是静止的，系统外部因素通过开放性使系统变动，系统内部因素为适应环境而发生变动。向环境开放是系统得以存在的条件，而系统的适应能力是系统能不断发展的前提。

真正的终身学习。自我超越需要组织设计新的组织架构，只有在新的组织架构下，员工才有可能实现自我超越，组织才有可能实现自我超越。学习型组织通过学习让大家知道组织与自己应该怎么做才合理，是一种创造性学习。这就不一定拘泥于现有的规章制度和流程标准。为此，内部控制必须利用学习理念彻底改造自己，以培养组织成员强烈的学习意识并鼓励督促其积极去学习为根本目的。公司通过给每位成员不断提供更新技能的机会，切实保护每位员工拥有内部工作的灵活性和在公司外部的机会。同时创造出不仅能使员工运用他们的技能增进公司的竞争能力，而且能让他们面对外部机会仍毫不犹豫地留在公司工作。这种内部控制目标的确立，首先解决的问题应是转变自己固有的传统理念，即不能再把员工视作公司的财产而可以占有他们，而应把员工看作一种资源，必须让其增值不致流失。公司的业绩不仅来自高层管理者的智慧，更来自全体员工的首创精神和精湛的技能。每位员工充满激情地去学习而不断地发展自己的能力。公司合理化不再是一个管理导向、为整体协作计划所驱动、多年一贯制的组织工作，而是由每一位员工所倡导的自觉持续改进的过程。

2. 改善心智模式：构建不断学习，持续改进的内部控制体系

心智模式是人们为人处世的基本假设、陈见和印象。心智模式影响人们如何认识周围世界，如何看待问题和采取行动。个人有心智模式，组织也有心智模式，彼得·圣吉主要强调改善组织的心智模式。在学习型组织看来，心智模式就是一种被简化了的假设，它常常是一种跳跃性的推论，即基于一些特例而得出粗浅而概括性的想法。这就要求学习型组织的内部控制要是一个动态的、不断学习、不断变化的体系。学习型组织的内部控制不是禁锢组织、员工创新的枷锁，不是一成不变的固定模式，而是要成为先进思想和行为的保护体系。

3. 建立共同愿景：构建沟通顺畅的内部控制体系

共同愿景就是人们真正想要的、发自内心的、映现在人们心中或脑海中的意象或景象，它是感召组织中每一位成员的伟大力量。共同愿景是学习型组织的重要组成部分，为企业里员工的工作和学习提供了动力。学习型组织的内部控制的终极目标与企业目标保持高度一致，并将这些目标传递到内部控制的各个组成部分及企业所有员工身上，形成企业员工的共同目标。只有当人们致力于实现某种他们深深关切的事情时，才会全身心地投入，才能发挥他们的潜力，而共同愿景刚好完成了这一使命。共同愿景不仅为组织发展提供了动力，还指明了方向。共同愿景对于组织，就犹如发动机对于汽车一样重要，还兼有了方向盘的作用。内部控制的目标是使组织的目标能被准确、及时地转达到每个员工，使每个员工都清楚地明白组织的目标，同时也要把员工的愿景传达到组织高层。因此，此时内部控制应该是一个良好的沟通系统，保障上下级之间

充分的沟通。学习型组织内部控制对标准及检查考核指标的设计，必须保证充分展示企业的价值观，这样，随着内部控制工作的逐步深入，企业价值观就会对全体员工产生潜移默化的作用，最终成为他们自觉倡导并力求做到的目标。

4. 团队学习：构建管理重心下移，以管理控制为重点的内部控制体系

团队是从工作群体发展而来的，它是学习型组织的基本工作单位和学习单位。团队学习是个人学习通向学习型组织的桥梁。团队在组织中渐渐成为关键的学习单位，之所以如此，是因为现在几乎所有重要决定都是直接或间接通过团队作出，而进一步付诸行动。在某些层次上，个人学习与组织学习是无关的，即使个人始终都在学习，并不表示组织也在学习。但是如果团队在学习，团队变成整个组织学习的一个小单位，他们可将所得到的共识化为行动；甚至可将这种团队的学习技巧向别的团队推广，进而产生组织学习。学习型组织由这样一些学习团队构成，这就要求企业的权力下放到这些充满创造力的团队，充分调动团队的积极性和创造力，学习型组织构建以管理控制为重点的内部控制体系。学习型组织应该建立一些控制团队，控制团队的形式很多，例如项目团队、活动团队、任务团队等。建立控制团队，可以是解决问题型，可以是特定目的型，也可以是自我指导型。控制团队一般有明确的工作目标，对组成人员有规模、素质和关系融洽度甚至价值观方面的要求，以保证团队训练过程中，对全体员工产生一种榜样作用。建立控制团队所起作用可以多种多样，例如针对质量、生产率、速度和客户服务方面提高工作业绩；降低消耗；简化工作；寻求更好的结构或工作方法；培养组织协作能力；实施某项创新计划；减少工作冲突，联合活动；让员工有充分展示能力的机会等。一般认为，团体相对于个人作用更大，也更明显。它可以提高工作业绩，促进个人成长，增加工作产量；可以提高员工和顾客满意度；可以鼓舞士气，增长公司凝聚力，可以对公司价值观起一个很好的宣传和实践示范作用。这些，都是传统内部控制力所不逮的，也是传统内部控制很难取得实效的重要原因。

5. 系统思考：构建系统化的内部控制框架

系统思考的管理观念是指管理主体自觉地运用系统理论和系统方法，对管理要素、管理组织、管理过程进行系统分析，旨在优化管理的整体功能，取得较好的管理效果。设计内部控制时，要将其看作一个系统并使用系统分析与设计的方法。环境变化时，要系统地分析变化并考虑整个内部控制系统应该做出的调整。变化发生时，使用风险评估机制对风险进行评估，即从内部控制系统的角度考虑如何处理问题并建立相应的处理模式。

综上所述，通过基于彼得·圣吉《第五项修炼》视角分析学习型组织内部

控制，我们认为适合学习型组织的内部控制应该是构建一个保障员工自我实现为出发点，加强内部信息沟通为主要方式，以管理控制为重点的不断学习、持续改进的导向型内部控制框架。

（二）学习型组织内部控制的构建：基于 COSO 内部控制五要素视角

COSO 报告的研究结果认为内部控制由五大要素构成：①控制环境，指企业的核心人员以及这些人的个别属性和所处的工作环境，是其他内控组成部分的基础。②风险评估，是识别和分析那些妨碍实现经营管理目标因素的活动。③控制活动，是为了合理地保证经营管理目标的实现、指导员工实施管理指令、管理和化解风险而采取的政策和程序。④信息与沟通，指员工得以搜集和交换为管理和进行控制等活动所需要的信息，包括管理者对员工的工作业绩的经常性评价。⑤监督，是经营管理部门对内控的管理监督和内审监管部门对内控的再监督与再评价活动的总称。企业内部控制体系是五大要素共同构成的整体框架结构。下面我们分别从这五要素出发来构建学习型组织的内部控制框架。

1. 控制环境：以人为本，营造浓厚的学习氛围

企业控制环境包括公司董事会、企业管理者的素质及管理哲学、公司文化、组织结构与权责分派体系、信息系统、人力资源政策及实务等。控制环境直接影响到企业内部控制的贯彻和执行，以及企业经营目标及整体战略目标的实现。学习型组织的内部控制的构建，首先应注意企业内部控制环境的建设。学习型组织的内部控制环境应该是以人为本，学习氛围浓厚的，有利于学习型组织构建和发展的企业内部环境。企业中的任何改革都将遇到阻力，阻力有技术方面的也有观念方面的。在技术高度发达的今天，技术阻力已经很小了，但观念的阻力却日益凸显，内部控制的发展中也存在这样的问题。学习型组织理论注重企业文化建设，可很大程度地减少来自观念的阻力，将软控制与硬控制充分融合，使内部控制发挥最大效益。学习型组织要加强管理阶层的管理哲学、管理风格、操守及价值观等软控制环境的培养与建设，塑造长期、全面、健康的公司文化氛围，使其成员能自觉地把办事准则和职业道德放在首位。学习型组织要强化公司组织结构建设，界定关键区域的权责分配，建立良好的信息沟通渠道，使公司具有清晰的职位层次顺序、流畅的意见沟通渠道、有效的协调与合作体系，为公司内部控制提供良好的环境条件。

2. 风险评估：构建开放性、适应性、动态的内部控制体系

环境控制和风险评估，是提高企业内部控制效率和效果的关键。当今社会经济环境风云变幻，企业间竞争越来越激烈，企业经营风险不断提高，企业内

部控制的执行也深受影响。对于内部控制的研究不可能脱离其赖以存在的环境及企业内外部各种风险因素，而需从环境及其风险的分析入手。控制和风险的概念密切相关，企业应该对内分析自身的优势和劣势，长处与短处，对外分析外界的机会和威胁，考虑自己的生存机遇。企业在进行风险评估时一般须经历风险辨别、分析、管理、控制等过程。特别要注意的是，当企业内外部环境发生变化时，风险最容易发生，因此企业应加强对环境改变时的事务管理，构建开放性、适应性、动态的内部控制体系。

3. 控制活动：柔性化的内部控制

控制活动是确保管理阶层的指令得以实现的政策和程序，旨在帮助企业保证其已针对使企业目标不能达成的风险，采取了必要行动。控制活动出现在整个企业内的各个阶层与各种职能部门，包括诸如核准、授权、验证、调节、复核营业绩效、保障资产安全以及职务分工等多种活动。控制活动是针对关键控制点而制定的，因此企业在制定控制活动时，关键就是要寻找关键控制点。学习型组织的控制活动是一个高度柔性化的活动，不是刚性的要求，不像传统的企业那样严格控制，要标准化的操作程序，业务要经过严格的层层审批，学习型组织是一个开放型、动态的组织，它组织内部管理者与员工之间是相互沟通的伙伴关系。

4. 信息：沟通顺畅的内部控制

信息与交流，就是向企业内各级主管部门（人员）、其他相关人员以及企业外的有关部门（人员）及时提供信息，通过信息交流，使企业内部的员工能够清楚地了解企业的内部控制制度，知道其所承担的责任，并及时取得和交换他们在执行、管理和控制企业经营过程中所需的信息。在信息方面，要注意内部信息和外部信息的搜集和整理，在交流方面也要注意内部和外部信息的交流渠道和方式，在信息技术的发展中注意控制信息系统。信息系统真正起到能动地帮助各个员工自觉正确地履行职责的作用，信息将高度共享，组织实现充分沟通，员工行为会自我优化，内部控制则成了全体员工及整个组织持续优化行为及绩效的保障性制度。

5. 监督：构建导向型的内部控制

学习型组织内部员工和组织间有共同的愿景，员工把组织的生存与发展看成是与自己息息相关的事情，在学习型组织中，每个员工都为组织竭尽自己的力量，所以监督他们是没有必要的，这时内部控制监督职能就应该是一种导向型的，引导员工朝着组织的目标前进，并不断纠正偏差，实现组织目标，就是有效地控制并引导团队行为，内部控制必须努力促进公司内部控制团队的形成并让其充分地发挥积极作用。

综上所述，通过基于COSO内部控制五要素视角分析学习型组织内部控制，我们认为适合学习型组织的内部控制应该是构建一个以人为本，学习氛围浓厚的，信息沟通顺畅的，柔性化的，开放性的、适应性的、动态的导向型内部控制框架。

四、小结及需进一步探讨的问题

本节从彼得·圣吉《第五项修炼》视角和COSO报告内部控制五要素视角分别对学习型组织的内部控制进行构建。通过基于彼得·圣吉《第五项修炼》视角分析学习型组织内部控制，我们认为适合学习型组织的内部控制应该是构建一个保障员工自我实现为出发点的，加强内部信息沟通为主要方式的，以管理控制为重点不断学习的，持续改进的导向型内部控制框架。通过基于COSO内部控制五要素视角分析学习型组织内部控制，我们认为适合学习型组织的内部控制应该是构建一个以人为本，学习氛围浓厚的，信息沟通顺畅的，柔性化的，开放性、适应性、动态的导向型内部控制框架。因此，我们认为学习型组织内部控制应该是以人为本，保障员工自我实现的为出发点，信息沟通顺畅的，柔性化的，具有开放性、适应性、动态性的导向型内部控制。需要进一步探讨的问题有不同类型学习型组织内部控制的差异研究，以及学习型组织内部控制评价体系的构建。

第三节　基于企业竞争力的内部控制研究

随着我国的改革开放和全球经济一体化的趋势不断加强，我国的企业将在更大范围、更高层次上参与国际竞争，竞争力成为一个企业能否生存下去的关键因素。从目前的情况，我国企业的竞争力还普遍偏低，与国际大型跨国公司相比，差距还很大。事实上，我国历来都很重视技术的创新与发展。究其原因，其中内部控制的不完善，一方面增加了企业的管理成本，另一方面也阻碍了技术能力的发展。

一、传统内部控制的缺陷：竞争力视角的缺损

内部控制是实现现代企业管理的重要组成部分，是企业生产经营活动得以顺利进行的基础，其健全与完善直接关系到企业能否在竞争日益激烈的环境中

生存和发展。内部控制与企业竞争力关系密切，将内部控制置于竞争理论之中进行思考探索，可对内部控制获得更深刻的理解和把握。研究内部控制与企业竞争力的相关性，能够使人们更加清晰地看到内部控制对于企业生存与发展的重要性，将内部控制水平进一步提高。通过竞争力与企业内部控制的相关性分析，研究新经济环境下的内部控制，期望能设计内部控制体系，形成基于企业竞争力的企业内部控制体系的理论根据，以实现内部控制对企业竞争力的培育和提升，实现企业的持续发展与盈利。

就主要研究成果看，企业核心竞争力一般包括环境因素、资源因素、能力因素和知识因素四大部分（简称竞争力的四维体系）。除了环境因素之外，后三个因素都与内部控制密切相关，也就是说，内部控制可以从不同的角度认识，从而建立两者之间的相关关系。本节从企业竞争力和内部控制的一般性分析——协同和耦合入手，结合竞争力的四维体系，分别阐述内部控制与企业资源、能力以及文化的对应关系，在此基础上，提出对现有内部控制进行设计和改进的看法和设想。

二、内部控制与企业竞争力的协同与耦合——一般性分析

在市场竞争日趋激烈的情况下，企业既要适应外部环境的变化，又要协调内部资源的有效利用。由于企业对外部环境的适应性须以内部协调为基础，因此，加强企业内部控制，是企业最基础也是最根本的工作。内部控制可以说是企业这座大厦的地基，如果内部控制不力，企业大厦的根基也就不稳，无论企业这座大厦建得多高、多雄伟，它都游离于倒塌的边缘[①]。

COSO 报告认为内部控制的目标包括保证经营效果和效率、保证财务报告的可靠性；保证遵循适当的法规等三个方面。保证资产安全和会计信息真实可靠是内部控制的基础和主线，促进企业贯彻经营方针政策和保证经营效率效果是提高企业竞争能力对内部控制的要求。节约成本、提高经营效率、保证决策正确是企业在激烈的市场竞争中生存和发展的关键因素。企业要提高竞争能力，不仅要努力开拓市场，更要加强内部管理，建立健全管理制度，使各项业务处理标准化、程序化，企业经营有条不紊、高效地进行，提高经营效率，保证经营方针的贯彻执行。因此，提高企业竞争力必然是企业内部控制的一个直接目标，这是实施内部控制，确保企业经济管理目标实现的总体要求，也是衡量企业内部控制好坏的最终标准。

---

① 秦建林，颜小龙．加强企业内部控制，提升企业竞争力．学术论坛，2005.

同时有效的内部控制能够通过组织结构的创新、管理模式的更新、观念创新、技术创新、制度创新等内部控制举措，调整企业组织机构、管理模式、运行方式等，为企业竞争力的培育和提升提供保障。可以说，有效的内部控制是培育和提升企业竞争力的沃土，是企业保持持久竞争优势和持续发展优势的重要平台。

综上所述，可以说它们是相辅相成的。企业竞争力提高是内部控制的一个直接目标，内部控制是提高企业竞争力的有力保障，他们最终的目标又是实现企业的持续发展。

三、内部控制与企业竞争力的因素对应性分析

持续的企业竞争力作为一种外在或表面的市场表现，它是环境、资源、能力、知识相互作用的结果。也就是说，企业竞争力来自于四个基本方面①：一是企业所处的环境，特别是产业环境；二是企业所拥有或控制的资源，尤其是战略资源；三是企业所拥有的能力，特别是核心能力；四是企业的知识，尤其是获取流量知识。这四个因素相互作用和影响，从不同的层面上决定或影响企业的竞争能力。其中，企业环境是企业生存发展的外部条件，它能够明显地影响企业市场行为的效率；企业资源是企业竞争力的基础和前提条件，它能直接影响企业创造出多于竞争对手的价值能力，又作为企业能力的基础，对价值创造和竞争能力产生间接性影响；企业能力是竞争力的内在原因，如果一个企业仅拥有资源，而缺乏配置、开发、使用和保护资源的能力，那么它也是不可能成功的；企业知识是竞争力的内在本质和内生动力，因为企业的核心能力归根到底根源于企业拥有的知识，成功的企业在于创造新的知识，并在企业内迅速扩散。

（一）资源与内部控制

企业资源是由企业拥有或控制，并使得企业能够在市场上运营的资产②。它包括物质资源、人力资源、组织资源以及信息资源等有形资源和无形资源。企业竞争力是以资源为条件的，失去资源，企业管理就成了“无米之炊”，更谈不上企业的竞争能力了。但是有效的资源不是散在和无序配量的，需要将之有效整合起来。没有资源的有效组织和协调，无论企业的先天条件多么好，也

---

① 胡大力．企业竞争力决定因素及其形成机理分析．北京：经济管理出版社，2005.

② Dodgson & Bessant，1996；Brush & Artz，1999.

难以真正发挥它的竞争优势。图 7 为资源与内部控制的关系及相互作用的模型。

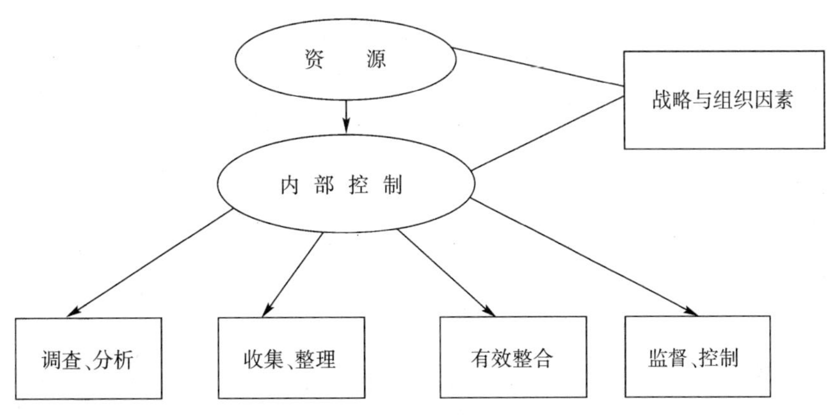

图 7 资源与内部控制相关作用模型

资源是其他公司不能获得的公司专用性资产，其中，人力资源尤为重要。因为内部控制是人为的，人既是控制的主体又是控制的对象，企业对物力、财力等的控制归根究底也是对人的控制。内部控制受企业管理层和其他员工的影响，并通过企业内部员工的行为完成。只有人才可能制定企业的目标，并设置控制的机制。反过来，内部控制又影响着人的行为。人作为企业的主体，人的积极性、创造性发挥的程度直接决定着企业的创新能力、控制能力，并最终影响企业竞争力的实现。COSO 报告也强调人在内部控制中的重要性，内部控制受企业董事会、管理层及其他员工的影响。因此，可以说内部控制的制定、执行、评价、改进等一切过程都是人的意志的体现，在内部控制过程中我们应首先重视人的作用，充分发挥人的主动性、创造性，调动人的积极性。

同时，我们也应关注信息的沟通。信息是所有控制的前提，它与企业内部控制相辅相成。良好的信息沟通有助于提高内部控制的效率和效果。它加强了企业内部的物流、资金流及信息流的集成管理，同时也加强了与顾客、供应商等的相互联系。它对企业收集大量及时的内外部信息，实现信息在企业各层次、各部门之间迅速地传递和交流，率先在已有信息基础上进行知识创新，占领市场把握先机具有决定性作用。

（二）能力与内部控制

拥有资源而没有相应的管理，不一定能够形成企业的竞争力；如拥有大量的先进资源，但没有有效的投资战略指导和对投资的有效管理，也不能产生相应的回报，资源优势就会丧失；企业拥有可以支持公司发展的技术和管理人才，但缺乏有效的人力资源管理机制及相应的激励政策，在竞争中人才会大量流失，失去已有的资源优势等。因此，拥有大量资源的同时要用好资源，让资源发挥最大的作用。即拥有优势资源并不意味着必然拥有竞争优势，而有效率地调动优势资源的能力才是竞争优势的关键。

企业本质上是一个能力结合体，包括一般能力与核心能力。如技术创新能力、企业的反应能力、生产制造能力、市场营销能力、服务能力和组织管理能力等。而核心能力不同于企业某一方面的能力，它是企业竞争能力的核心、内在本质，是企业各种能力交融升华而形成的精华，具备所有基本能力的企业不一定具备核心能力。提升企业竞争力，就要不断地重新整合这些能力，使之形成核心能力。

企业从基础设施管理、资源采购、生产、产品和服务的提供等各个经营活动过程实施内部控制，将企业的各种能力进行培育、扩散、整合、发挥、更新，使之相互作用相互联系，发挥 1＋1＞2 的耦合作用和协同效应，维持并提高供应部门、生产部门、销售部门之间的协调性，提高企业运作的效率，渐渐形成企业的核心能力。实际上，内部控制是为了确保资源的有效利用及企业能力的有效发挥，以实现组织目标。站在更广义的角度，我们认为内部控制是一组联系企业内部各种能力的结构关系网络，其根本目的在于试图通过这种制度安排，以达到内部相关能力的相互协调和制衡，实现效率、公平的合理统一以及科学决策。因此，从某种意义上可以说，内部控制是一种能力，也可以说它是各种能力的优化组合。如图 8：

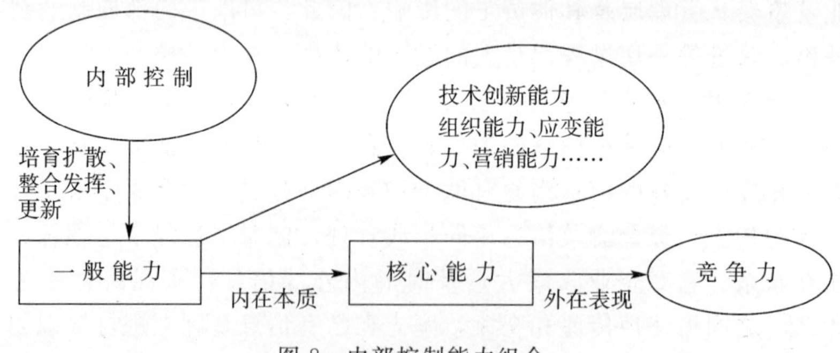

图 8　内部控制能力组合

（三）企业文化与内部控制

所谓企业文化是企业内部的一种共享价值体系，是贯穿于企业整个生产经营和管理活动中的灵魂，在很大程度上体现了企业高层领导塑造良好企业文化氛围的愿望和要求，决定其雇员的行为。它包括企业价值观的内涵、企业的经营理念和经营哲学、企业的发展战略和目标等，并且贯穿于内部控制的每一个方面，影响和渗透着内部控制的每一个环节：

良好的企业文化是内部控制制定的基础。同市场机制一样，企业文化是另一只对企业生产经营活动产生重大影响的看不见的手。企业文化内含的价值观念和行为规范等从不同的侧面影响和制约着企业员工的行为，从而影响着企业的行为及其适应市场和环境的战略与策略，以及处理企业内部矛盾与冲突的准则和行为方式。只有在把握企业的发展目标、价值观念、经营理念的基础上，建立内部控制制度，才能有效地解决公司治理、会计信息失真等问题。缺乏企业文化的支撑，内部控制将成为“无源之水，无本之木”。

良好的企业文化有利于消除内部控制本身所固有的局限性，优化企业的控制环境。内部控制能够有效地达到保护资产、保障经营管理活动合规性、效率性等目的，但是再完善的内部控制也存在着一些本身无法消除的局限性，如人员的失职、渎职；意外经济活动的失控、控制成本的过高等。成功的企业文化，能将理念有力地贯穿于员工的价值判断之中，影响员工的控制意识，从而使员工能够统一思想，与组织之间价值、目标相一致，约束自己的行为，克服内部控制存在的一些缺陷。

控制的完善与否体现着不同程度的企业文化。企业文化作为一种理念，它的体现需要内部控制的实施。内部控制可通过一系列规章制度的制定、资源的管理、活动的控制等来细化、阐述企业文化。优秀的企业文化未必能生成完善的内部控制制度，但是完善的内部控制必将建立在优秀的文化基础上。

四、对现有内部控制的设计改进

内部控制本身不是目的，而是实现目标的手段。内部控制作为企业经营管理的一部分，对整个企业的经营管理活动进行监督与控制。由以上分析可以得知，内部控制能够将企业的各种资源与能力有效整合，以优秀的企业文化为支撑，不断的提升企业价值以及竞争能力。因此，从某种意义上可以说内部控制是一种“资源”，一种“能力”，一种“知识”，也可以说它是将资源、能力、知识不断优化配置的动态过程。

（一）内部控制的目标

目标是内部控制的先决条件，也是促成内部控制的要件。COSO 报告将内部控制目标分为三类：与营运有关的目标（经营目标）、与财务报告有关的目标（信息目标）、与法令的遵循性有关的目标（规则目标）。这三类目标高度概括了企业控制目标，从不同的视角关注了企业内部控制的不同方面。

企业竞争力是衡量一个企业优劣的标准，企业的最大目标实质上是获得生存与发展。目前我国一些企业通过转变经营观念，学习国外企业先进的技术和管理经验，提高了自己的技术水平和管理水平，竞争力也有了一定程度的提高。然而我们也应看到，我国企业仍然处于成长学习阶段，实力普遍不够强大，无论在技术水平、管理水平、还是品牌运营等方面，都落后美欧国家很多。企业自主创新能力较差，不能完全自主开发新产品或是要过多依赖国外的先进技术；公司治理结构不合理，导致一些败德行为的存在，问题得不到合理解决；制度不健全，导致企业管理松散等问题。要解决这些问题，必须通过健全公司的内部控制，从内部降低企业运营风险。因此，如果从这个角度来看的话，内部控制目标除了 COSO 报告的三类目标，还有两个重要目标：完善内部治理机制，形成企业各利益团体各方之间的管理、制衡体系；健全企业的创新机制，包括技术创新、制度创新、管理创新等。

（二）内部控制的要素

企业竞争力的来源分为环境、资源、能力、知识四个方面。那么企业如果要提升竞争力，则首先应从竞争力背后的力量——以上四个方面进行控制。只有这样，才能从根本上解决企业竞争力不足的问题。从这个意义上来说，内部控制又可分为控制环境、资源管理、能力控制以及企业文化四个要素：

控制环境。控制环境是指对建立、加强或削弱特定政策、程序及其效率产生影响的各种因素。环境是企业生存与发展的前提条件，控制环境的优劣直接决定了企业各项控制措施能否执行以及执行的效果，它包括企业所处的制度环境、政府政策、市场结构、国家的技术教育文化体系、产业环境、市场需求、组织结构等。企业加强和完善内部控制，首先应注重企业所处环境的控制。要做到能够及时根据企业所处环境的变化，不断的变更企业发展战略，提高企业的适应能力。

资源管理。环境是企业获取持续竞争能力的外在条件，而资源才是竞争能力的内因。资源管理是指通过对企业资产的开发、整合、使用，来达到保障资产的安全与完整、人才的合理配置和使用、信息沟通控制力的及时与利用等目的。在资源管理中要增强经济实力、控制力以及凝聚力，将资源管理与“人本管理”相结合，既要加强员工的职业道德教育，又要提高其业务素质和工作胜任能力。

能力控制。一个成功的企业不仅拥有丰富的资源，还因为其隐藏在资源背后的配置、开发、使用和保护资源的能力。如何将这些能力与企业丰富的资源结合起来，转化为现实的企业价值，则还需依赖于能力的控制与管理。所谓能力控制是指企业组织通过获取或调动各种资源、知识、技术进行生产，使各职能、各环节、各系统协调统一，将企业的各种能力整合为核心技术、核心产品，并获得竞争优势。在控制过程中，要注意与战略因素、创新机制结合起来。

企业文化。企业竞争力需要以优秀的企业文化作支撑，企业文化为企业竞争力的创新提供了不竭的动力。约翰·科特教授在《企业文化与经营绩效》一书中指出：企业文化对企业长期经营业绩有重大作用，在21世纪企业文化将成为决定企业成败的关键。建设企业文化的目的是提升企业的核心竞争力，促进企业全面发展。在建设过程中，我们要实现观念上的转变，强化团队精神，提升创新能力，引导、规范、激励和提升员工的行为方式，激励全体员工树立坚定的追求目标、强烈的群体意识、鲜明的社会责任和正确的价值观念。

第四节　基于价值管理的内部控制研究

内部控制是随着管理活动的出现而出现的，并伴随着管理理论的发展而发展。虽然现代内部控制理论最初是为外部审计人员保证审计质量、提高审计效率而提出和发展的，但其理论的发展和管理理论的发展是密不可分的。

20世纪初，古典管理理论提出的劳动分工有利于实现内部牵制，组织的出现为内部控制的实施找到了基础，管理控制职能的提出则确定了内部控制的重点。20世纪40年代，随着管理理论的发展、控制论和系统论的出现，人们对于控制的认识加深，意识到控制不应是套在人们身上的枷锁，而应成为管理人员的助手。正是在这些理论的指导下，形成了许多新的管理控制方法，在企业的经营管理中发挥了巨大的组织和调节经济活动的作用，这种较内部牵制制度内容更充实、范围更广阔、效果更显著的管理体系，即是内部控制制度的雏形①。20世纪80年代，企业文化、组织结构、信息与沟通等理论都有了进一步的发展，内部控制的内涵大大扩展，内部控制结构取代了内部控制。进入90年代以后，伴随着管理信息系统、流程再造、价值链等新兴概念的出现，内部控制的研究和实践在与管理进一步的融合中得到了深化和发展。

虽然内部控制最初的发展是基于管理的需要，但后来基本上是外部审计的

① 林钟高等．企业内部控制研究——理论框架与实现路径．北京：科学普及出版社，2006.

推动。近年来由于社会经济的发展以及企业利益相关者的需求，对内部控制的研究逐渐由审计视角向管理视角发展。1992 年发布的 COSO 报告指出内部控制应为实现经营的效率和效果提供合理保障，在一定程度上突破了以往仅从会计、审计角度研究内部控制的局限性，扩展到企业管理以及企业治理的角度。而美国学者鲁特在《超越 COSO——强化公司治理的内部控制》一书中，更是将内部控制视为公司治理的一项重要职能，并构建了一个基于管理方法的内部控制框架。内部控制已不再是简单的查错防弊机制，而是涉及企业的各个层面、各种资源、各个方面，直接关系到企业整体效率、关系到企业的生存和发展的综合控制系统，应更加关注企业的经营效率、效果、经营战略、竞争优势、价值的创造，乃至企业的持续经营和发展①。所以，我们对内部控制的研究以及制定相关内控指南的工作思路需要调整或转型，也就是需要从审计视角向管理视角、从审计方法向管理方法、从财务报告导向到价值创造导向转型②。本节首先从内部控制的历史演进透视其管理渊源，并由此延伸分析内部控制与价值管理的相关性，接着从价值管理角度重新审视对各种资源的管理和控制，用新的价值理念改造内部控制，构建一个以企业价值增值为目标，企业价值管理流程为对象，采取新的激励约束手段为控制方法的内部控制系统。

一、价值管理：一个构建内部控制的全新视角

价值管理是西方管理学界提出的一种新的管理思想、管理模式，目的是通过对价值的有效管理实现企业长期持续的有效经营。与传统企业管理模式主要着力于企业的生产经营和利润最大化不同，价值管理以价值为基础，突出了企业价值在企业管理理念中的核心地位，立足于企业整体价值的提升，强调企业的外部市场价值与内在经济价值的统一③。事实已经证明，采用这一极具科学前沿意义的新的企业管理模式，对于优化企业的管理行为，保障企业的长远可持续发展具有十分重大的意义④。

管理理论和实践的发展既对内部控制提出了新的挑战，又为内控的发展提供了新的机遇。传统的内部控制对象主要是有形物质资源，只注重企业的实物支持系统，较少关注企业独特的知识与技能、管理体制和员工价值观念对企业

---

① 张宜霞，舒惠好．内部控制国际比较研究．北京：中国财政经济出版社，2006.

② 李心合．内部控制：从财务报告导向到价值创造导向．会计研究，2007 (4)：54－60.

③ 丁君凤，翟俊生．企业价值管理：企业管理模式的一种新探索．经济师，2004 (4)：17－18.

④ 汪平．基于价值的企业管理．会计研究，2005 (8)：63－66.

竞争力乃至核心能力培植和提升的影响；控制方式和手段原始、单一，不适合知识经济条件下对知识资源的控制（张宜霞、舒惠好，2006）。现代企业已经变成了一系列面向顾客并最大限度地增加顾客价值流程或作业的集合，其边界不再固定和明确；不再受竞争利益的驱动，而是本着主动合作的姿态和诚意，发展与其他组织的伙伴关系[①]。企业的这种翻天覆地的变化，促使我们从价值管理角度重新审视对各种资源的管理和控制，用新的价值理念改造内部控制，构建一个以企业价值增值为目标，企业价值管理流程为对象，采取新的激励约束手段为控制方法的内部控制系统。

二、构建基础：内部控制与价值管理的相关性分析

内部控制作为企业的控制手段必须与企业的管理活动相融合，我们从价值管理视角构建企业的内部控制要基于两者的相关性。

（一）目标是实现企业价值最大化

价值管理是一场变革，这场变革已从根本上改变了企业及其运作模式。价值管理不是企业的某种职能管理，而是企业经营管理的全部，是以价值视角看待企业的管理。衡量企业优劣的标准不再是利润，而应该是一个综合的竞争能力指标“企业价值”。内部控制与企业价值有着密切的联系，内部控制执行的好坏直接影响企业价值的实现[②]。在企业这个多元利益主体的结构中，内部控制的目标就是实现各相关利益主体价值的最大化。所以，实现企业价值最大化应该是二者共同的目标。

（二）对象是企业价值活动

企业价值有两个层次：一是企业的整体价值，它是企业未来收益资本化，即现值化，是一个长期、动态的概念；二是指企业的价值活动，企业的每一项经济活动都产生一定的价值，扣除各种成本后，各项作业最终累计为企业价值的增值，是一个静态的概念。企业整体的价值增值是通过企业的价值增值活动实现的，是企业价值增值活动结果的长期表现[③]。要实现企业价值最大化就必须从企业的价值活动入手，消除一切无效劳动，保证企业的每一项价值活动都

① 杨雄胜．内部控制理论面临的困境及其出路．会计研究，2006（2）：53－59.

② 林钟高，王书珍．论内部控制与企业价值．财贸研究，2006（5）：117－122.

③ 陈良华．价值管理：一种泛会计概念的提出．会计研究，2002（10）：53－56.

是价值增值过程。在价值管理的思想下，企业被看作是一系列价值活动的集合，无论是企业的价值管理还是内部控制，都应着眼于企业具体的经济活动，就是以企业的价值活动为对象。

（三）用新理念构建内部控制

价值管理的理念重视企业的一切资源，包括物质资源、知识资源和人力资源，而在科技飞速发展的今天，后两种资源更应为企业所重视。现代企业已经成为一个随顾客需要变化和新的竞争威胁与机会的出现而不断地适应、调整和学习的组织，内部控制也就必须利用学习理念改造自己，强化企业的学习习惯并使之持续提高能力（杨雄胜，2006）。

企业的高级管理人员作为人力资源中最重要的一部分，在企业的生产经营活动中发挥着越来越大的作用。内部控制要改变固有的传统观念，不能再把他们视作企业的财产而占有，而必须改变传统的约束激励方法，把员工看作是一种资源，使其增值，让他们在面对外部机会时仍毫不犹豫地留在企业工作。

（四）转变控制方法

传统内部控制采用的方法是预算。但是随着企业经营环境的不确定性和竞争性明显增强，传统预算管理得以运行的基础和前提动摇了，预算管理缺乏适应性、费时耗力、各职能之间相互矛盾等诸多缺陷日渐显现[①]。通用电气公司CEO韦尔奇说："预算是美国公司的祸根，它根本不应该存在。制定预算就等于追求最低业绩。你永远只能得到员工最低水平的贡献，因为每个人都在讨价还价，争取制定最低指标。"从价值管理角度看，这样的控制方法使得企业的应变能力差，对管理人员束缚多，不利于企业价值增值活动的实现，也与我们构建内部控制的新理念相背离。所以，我们主张采取新的控制和激励方法。

1. 以相对标准为基础设计激励机制

业绩评价中选用每个员工都能理解并会使用的指标，设立相对标准，运用标杆法对相对业绩水平进行奖励。相对目标永远比固定目标更有效，可以激发部门之间的内部竞争，有利于就什么对组织最重要达成共识。这样的目标永远是最新的，永远在提高平均水平。高级管理层只需要通报平均值、一份成绩超过平均值的分公司经理名单、一份成绩低于平均值的分公司经理名单，系统完全自立。

---

① 杜胜利．CFO管理前沿：价值管理系统框架模型．北京：中信出版社，2003.

2. 选用价值指标为业绩评价对象

在价值管理模式下，企业的各项活动均要求实现价值增值，因此我们必须采用与价值相关的指标来进行业绩评价。传统的业绩衡量指标没有扣除资本成本，导致成本的计算不完全，因此无法准确估算企业创造价值的数量。经济增加值（EVA）是在价值管理背景下最能体现价值的控制工具，将资本成本计算到企业价值中，考虑了带来企业利润的所有资金成本及其风险。EVA 更重视企业管理者的积极性的调动和内部控制问题的解决，对于完善公司治理结构、提高资本运营效率具有重大意义[①]。

三、实现途径：基于价值管理的内部控制的构建

内部控制渗透于企业经营活动的各个方面，只要企业存在经营管理活动或环节，就需要有相应的内部控制。构建价值管理下的内部控制其首要目标是企业价值最大化，其框架和要素的设置要能覆盖企业管理的全部过程。综合以上分析，我们构建的基本思路是：一个完整的内部控制理论框架应由四个要素组成，即控制环境、控制系统、信息与分析、监督。以对控制环境的分析和营造为基础，将控制系统内的各要素与企业价值管理过程紧密结合，实现企业的经营目标，并通过信息的收集与分析支持控制系统的运行，监督系统则是内部控制系统良好运行的保障。四者之间的关系及内部构成如图 9 所示：

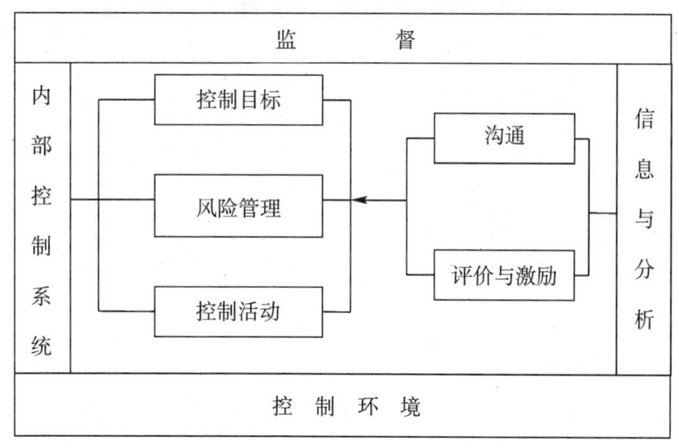

图 9 内部控制框架图

① 唐建君．价值管理背景下的企业内部控制．冶金财会，2006（1）：38－39.

（1）控制环境。与传统内部控制环境不同，这里我们所提倡的控制环境不仅仅包括企业的内部环境，还必须包括与企业密切关联的外部因素。在价值管理的背景下，内部控制环境需要被扩大到企业进行价值创造的各个环节，是对企业具有潜在影响的所有因素的总称，是企业控制体系的基础。

对于一个企业来说，其上游的供应商、为企业提供其他关键服务的相关组织、下游的客户群体等都应包含在控制环境中。对企业控制环境进行分析时，各相关企业的组织文化、诚信程度，企业间合作的方式、结合的紧密程度、信息沟通的方式方法等都是重要的环境因素。

（2）控制系统。是整个内部控制的核心，指为合理保证组织目标的实现而建立一系列政策和程序并实施相关的控制活动的整个过程，包含控制目标、风险管理、控制活动三部分。

目标是一切控制行为的方向，是实施控制的首要环节，由前面的分析可知，基于价值管理的内部控制目标应该是企业价值最大化。但目标能否实现，还必须对企业存在与发展的环境中可能发生的各种各样的风险进行管理，这是控制系统的第二个环节——风险管理；针对企业的目标和可能存在的风险制定恰当的控制政策和程序并使之有效实施，才能规避风险和保证目标的实现，这是控制系统的第三个环节——控制活动[①]。

企业每一项价值活动都必须是管理活动和控制活动的综合体现，管理和控制相互协调、相互配合才能更好地实现企业的经营目标。基于价值管理下的内部控制要将控制系统与企业的价值管理流程相融合，如图 10：

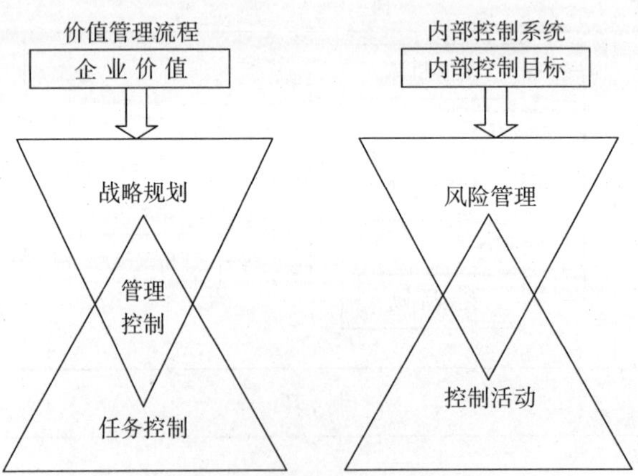

图 10　价值管理流程与内部控制系统的耦合图

① 刘金文．“三要素”：内部控制理论框架的最佳组合．审计研究，2004（2）．

传统理论认为，企业的战略规划、管理控制和任务控制是三个界限分明的层次，分别属于组织中高层、中层和低层管理者①。但是我们认为，中层管理者对外部环境的压力和内部活动的不确定性有更直接的了解，所以他们既要参与战略规划也要负责战略实施，这样就使得整个企业的管理活动层次拉近，将管理控制融合于战略规划和任务控制之中。相对地，内部控制系统对企业战略规划着重进行风险管理，随着战略规划的逐步实施，由规划变为具体的经营管理活动，内部控制系统则将重点转向具体的控制活动。管理控制既是风险管理所要考虑的因素，又是控制活动的对象之一。

（3）信息与分析。尽管从概念上看它们是分开的，但是在实际应用中却是联系在一起，密不可分的。内部控制的信息分析系统要收集与企业价值活动有关的一切信息（包括财务信息和非财务信息），分析成各种价值指标，进行业绩的考核与评价，也是内部控制约束与激励机制的重要手段。传统的内部控制缺乏一个强有力的信息系统，不能及时地发现并制止企业出现的问题（杨雄胜，2006）。

有效的信息与分析系统应该具有以下职能②：①面对不断变化的条件和需求，对管理控制程序进行设计、运行和改进，以产生相关而可靠的信息。②对能够胜任的员工有效地提供教育、发展机会和适当的激励，使他们能够持续地完成既定政策和步骤要求的任务。③将管理活动和程序进行充分整合，从而产生有效管理控制企业所需的信息。④对程序的性能进行持续的评价。

（4）监督。整个企业的内部控制系统应该处于监督之下，由负责整个企业内部控制有效运行的关键部门进行，其目的是了解和接受企业中经过授权的内部控制工作中存在的风险。此外，外部监督也是不可忽视的，尤其是证券管理委员会、外部审计机构等方面的监督。

本章主要参考文献：

[1] 蔡吉甫．内部控制框架构建的产权理论研究［J］．审计与经济研究，2006（11）．

[2] 李凤鸣．内部控制学［M］．第1版．北京：中国商业出版社，1992.

[3] 吴水澎，陈汉文，邵贤弟．企业内部控制理论的发展与启示［J］．

① Robert N. Anthony，Vijay Govindarajan. Management Control System. McGraw-Hill，Inc.，1998.

② ［美］鲁特著．超越COSO——强化公司治理的内部控制．刘霄仑译．北京：中信出版社，2004.

会计研究，2000（5）.

[4] 吴水澎，陈汉文，邵贤弟．论改进我国企业内部控制——由“亚细亚”失败引发的思考［J］．会计研究，2000（9）.

[5] 朱荣恩，贺欣．内部控制框架的新发展——企业风险管理框架——COSO委员会新报告企业风险管理框架简介［J］．审计研究，2003（6）.

[6] 金彧昉，李若山，徐明磊．COSO报告下的内部控制新发展——从中航油事件看企业风险管理［J］．会计研究，2005（5）.

[7] 阎达五，杨有红．内部控制概念框架的构建［J］．会计研究，2001（2）.

[8] 宋建波．企业会计控制原理及应用［M］．第1版．北京：中国财政经济出版社，2001.

[9] 杜滨，李若山．企业内部控制与单位负责人的法律责任［J］．财务与会计，2001（4）.

[10] 朱荣恩，应唯．企业内部会计控制应用效果的问卷调查［J］．会计研究，2004（10）.

[11] 石本仁．公司治理中的会计角色［J］．会计研究，2004（4）.

[12] 方红星．内部控制审计与组织效率［J］．会计研究，2002（7）.

[13] 曹伟，桂友泉．内部审计与内部控制［J］．审计研究，2002（1）.

[14] 李连华．公司治理结构与内部控制的连接与互动［J］．会计研究，2005（2）.

[15] 胡凯，赵息．现代企业控制权矛盾与会计控制目标的实现［J］．会计研究，2003（5）.

[16] 程新生．公司治理，内部控制与组织结构互动关系研究［J］．会计研究，2004（4）.

[17] 刘明辉，张宜霞．内部控制的经济学思考［J］．会计研究，2002（8）.

[18] 刘玉庭．内部会计控制规范：新形势下加强单位内部会计监督的里程碑［J］．会计研究，2001（9）.

[19] 杨雄胜．内部控制研究新视野［J］．会计研究，2005（7）.

[20] 陈志斌．问责机制与内部控制制度的有效实施［J］.2004（7）.

[21] 贡华章．中油集团内部控制探索与实践［J］．会计研究，2004（8）.

[22] 杨雄胜．内部控制理论面临的困境及其出路［J］．会计研究，2006

（2）.
[23] 王湛．内部控制外部化的思考［J］．会计研究，2001（11）.
[24] 周密，金治中．论内部控制制度的经济学功能［J］．求索，2006（9）.
[25] 谷祺，张相洲．内部控制的三维系统观［J］．会计研究，2003（11）.
[26] 张谏忠，吴轶伦．内部控制自我评价在宝钢的运用［J］．会计研究，2005（2）.
[27] 杨雄胜．内部控制的性质与目标：来自演化经济学的观点［J］．会计研究，2006（11）.
[28] 许心霞，王学军．双重委托代理下的治理策略与内部控制［J］．会计研究，2007（2）.
[29] ［美］夏恩·桑德著．会计与控制理论［M］．方红星等译．第1版．大连：东北财经大学出版社，2000.
[30] 李连华，聂海涛．我国内部控制研究的思想主线及其演变：1985～2005［J］．会计研究，2007（3）.
[31] 张砚．内部控制历史发展的组织演化研究［J］．会计研究，2005（2）.
[32] 邓春华．企业内部控制：现状及发展建议［J］．审计研究，2005（3）.
[33] 于增彪，麻薇冰，王竟达．亚新科公司内控评价体系的构建［J］．新理财，2006（10）.
[34] 王竹泉．公司治理结构中的会计监督研究［M］．第1版．北京：中国财政经济出版社，2003.
[35] ［美］Steven. J. Root 著．超越COSO：加强公司治理的内部控制［M］．付涛译．北京：清华大学出版社，2004.
[36] 林钟高等．企业内部控制研究：理论框架与实现路径［M］．第1版．北京：科学普及出版社，2006.
[37] 戴彦，汪艳．内部控制本原的经济学思考［J］．财会通讯（综合版），2005（12）.
[38] 师巍．我国内部控制研究述评［J］．现代会计，2006（4）.
[39] 韩从容．论格式合同的价值冲突与利益平衡机制［J］．现代法学，2000（12）.
[40] 何云，苏宁，闫瑞华．内部控制是利益的平衡机制［J］．新疆财经

学院学报，2007（1）．
[41] 于群．公司治理问题研究——一个法理学的视角［M］．第1版．广州：广东人民出版社，2004．
[42] 林钟高，韩立军．论会计准则的伦理基础［J］．会计之友，2005（9）．
[43] 马颖．制度伦理与内部控制制度［J］．会计之友，2007（1）．
[44] 杨丽萍．科层制的功能与反功能［J］．湖北大学学报（哲学社会科学版），1999（11）．
[45] ［日］青木昌彦著．比较制度分析［M］．周黎安译．上海：上海远东出版社，2001．
[46] 安同良．中国企业的技术选择［J］．经济研究，2003（7）．
[47] 安同良．企业技术能力发展论：经济转型过程中中国企业技术能力实证研究［M］．北京：人民出版社，2004．
[48] ［法］让—雅克·拉丰，激励理论：委托—代理模型［M］．北京：中国人民大学出版社，2002．
[49] ［美］小艾尔弗雷德·钱德勒，看得见的手——美国企业的内部控制革命［M］．北京：商务印书馆，1994．
[50] ［美］科斯，诺斯，威廉姆森等．制度、契约与组织［M］．北京：经济科学出版社，2003．
[51] 布雷克利，史密斯，施泽曼著．内部控制经济学与组织架构［M］．北京：华夏出版社，2001．
[52] 刘双．企业的组织的层级结构与传播［J］．学术交流，2000（1）．
[53] 陈传明．知识经济条件下企业组织的结构化改造［J］．南京大学学报，2000（1）．
[54] 王智慧，蒋馥．基于信息技术的企业层级组织变革研究［J］．华中科技大学学报，2001（10）．
[55] 梁颖．层级组织的经济学解释——以“委托代理理论”阐述企业层级结构［J］．现代管理科学，2004（9）．
[56] 宇红．论韦伯科层制理论及其在当代管理实践中的应用［J］．社会科学辑刊，2005（3）．
[57] 付春晖．基于委托代理理论的企业层级结构分析［J］．科技情报开发与经济，2006（12）．
[58] 彼得·圣吉著．第五项修炼Ⅱ——实践篇［M］．台湾天下文化股份有限公司，1998：序言．

[59] 彼得·圣吉著．第五项修炼——学习型组织的艺术与实务［M］．上海三联书店，1998（2）．

[60] 陈国权，马萌．组织学习——现状与展望［J］．中国管理科学，2002（8）．

[61] 刘戬．COSO 框架与我国国企内部控制建设［J］．会计师，2007（1）．

[62] 王润良，郑晓齐．学习型组织理论与实践［J］．北京航空航天大学学报，2001（9）．

[63] 徐虹．林钟高．基于科层理论的企业内部控制系统构建［J］．财会通讯（综合版），2007（2）．

[64] 朱羿锟．公司控制权配置论——制度与效率分析［M］．北京：经济管理出版社，2001．

[65] 熊道伟．现代企业控制权研究［M］．成都：西南财经大学出版社，2004．

[66] 胡凯，赵息．现代公司的控制权矛盾与会计控制目标实现［J］．会计研究，2003（5）．

[67] 张维迎．企业的企业家——契约理论［M］．上海：三联书店，上海人民出版社，1995．

[68] 汤欣．公司治理与上市公司收购［M］．北京：中国人民大学出版社，2001．

[69] Weber，M. The Theory of Socialand and Economic Organization［M］. Trans.：A. M. Henderson and T. Parsons. New York：Oxford University Press，1947.

[70] H. H. Gerth and C. Wright Mill. From Max Weber：Essays in Sociology［M］. New York：Oxford University Press，1946：196.

[71] Hoy，W. K. and Miskel C. G. Bureaucracy and the School Educational Administration：Theory，Reseach，and Practice［M］. New York：Random House，1978：48—68.

[72] Robet Merton，Social Theory and Social Structure［M］. New York：Free Press，1957：199.

[73] Michael C. Jensen，Richard S. Ruback. The Market for Corporate Control：The Scientific Evidence［J］. Journal of Financial Economics，1983（11）.

第三章 内部控制新发展：战略导向视角的研究

内部控制是社会经济发展的必然产物，它是随着外部竞争的加剧和内部强化管理的需要而不断丰富和发展。在全球化和信息化背景之下，公司面临比以往更激烈的竞争和更复杂的内部、外部环境，其经营活动也日趋复杂，战略导向在公司的生存和发展中扮演越来越重要的角色。随着经济社会环境的变化，为了使企业在激烈的竞争中生存发展，提高竞争力，企业内部控制就要以战略为导向，以战略为轴心，以风险控制为内容来构建企业的内部控制体系。

战略导向内部控制的研究目前还处于萌芽阶段，本章对战略导向内部控制的基本概念、一般框架进行探索性研究的基础上，作为一种实践，本章借平衡计分卡这一战略工具对战略导向进行内部控制进行了深入研究。在对基于平衡计分卡的战略导向内部控制研究时，我们首先将企业战略目标分解到平衡计分卡的四个维度，形成一个有机的目标体系，再运用价值管理的方法对平衡计分卡的四个维度进行价值链分析，设置关键的控制点和关键控制指标，这样就将企业战略落实到具体指标和具体环节，通过对影响战略目标及其分解的风险控制和价值链风险的控制就构成企业战略导向内部控制体系。

第一节　内部控制发展演进的脉络：战略导向的推论

一、企业内部控制的起源：发源于企业管理的内部牵制

虽然，内部控制的实践可以追溯到公元前3000多年前的美索不达米亚文化时期，但是在古代，社会生产力处于手工劳动阶段，技术水平低，交通、通

讯不便，人与人之间社会联系的成本高、有效性低。因此，那时的管理基本上是建立在个人观察、判断和直观基础上的传统经验管理，没有形成系统的管理理论，也不可能提出内部控制的概念。到了 15 世纪，资本主义得到了初步发展，复式记账法的出现推动了企业管理的发展，以账目间的相互核对为主要内容、实施职能分离的内部牵制开始得到广泛的应用。

工业革命后，机器劳动取代手工劳动使社会生产力取得了飞跃发展，新的经济组织——工厂制度普遍建立，组织规模扩大，内部结构复杂。组织运作所要求的连续性、规范性、精确性使管理难度空前增大，管理成本人为上升，大量工厂的经营不善和破产倒闭使传统的经验管理遇到了挑战，改进管理、降低组织活动的成本成为当务之急。但由于缺乏持续的技术和组织创新动力，因此管理理论没有很大的进展，这种情况直到美国铁路企业出现后才开始改变。铁路企业的组织管理创新成为后来制造业企业组织管理创新的基础。企业管理理论的进一步发展和完善形成了涉及组织结构、职责分配、业务程序、内部审计等许多方面的控制体系，企业内部牵制应运而生。

所谓内部牵制是指一个人不能完全支配账户，另一个人也不能独立地加以控制的制度。也就是一名员工与另一名员工必须是相互控制、相互稽核的。柯氏会计辞典认为内部牵制是"为提供有效的组织和经营，并防止错误和其他非法业务发生而制定的业务流程，其主要特点是以任何个人或部门不能单独控制任何一项或一部分业务权力的方式进行交叉检查或交叉控制"。内部牵制是以两个基本假设为前提条件的：两个或两个以上的人或部门无意识地犯同样错误的可能性很小；两个或两个以上的人或部门有意识的串通舞弊的可能性大大低于单独一个人或部门舞弊的可能性。从内容上看，内部牵制主要包括四项职能：①实物牵制，例如把保险柜的钥匙交给两个以上的工作人员，不同时使用两把以上的钥匙，保险柜就打不开；②物理牵制，例如仓库的门不按正确程序操作就打不开，甚至会自动报警；③分权牵制，例如把每项业务都分别由不同的人或部门去处理，以预防错误和舞弊的发生；④簿记牵制，例如定期将明细账与总账进行核对。

由于这个时段社会生产力比较低，这时的企业虽然没有"战略"这个概念，但保证企业资产安全是这一时期企业战略的首要任务。所以可以说在审计介入内部控制理论的研究之前，作为现代内部控制雏形的内部牵制制度，主要目的就是查错防弊，控制的主要形式是通过人员之间职能的牵制实现对财产物资和货币资金的控制。它是基于企业经营管理的需要，在当时生产规模较小和管理理论比较原始的条件下，通过总结以往的经验在实践的基础上逐渐形成的。在当时的环境下，"管理"和"控制"是两个基本等效的概念，在一定程度上来说，它们的涵义是一致的。

二、从内部牵制到COSO框架

早在1985年，鉴于财务报告舞弊行为的频频发生，美国组建了由五个职业协会（AICPA，AAA，FEI，IIA和IMA）提供资助的专门委员会，专门研究影响财务报告诚实性的因素、舞弊公司的特征以及注册会计师在揭露舞弊中的作用。这个委员会就是著名的Treadway委员会。在研究中，他们发现，虚假财务报告的形成，50%是因为内部控制失效所致，因此建议委员会发起组织整合各种各样内部控制的理论和解释。于是Treadway委员会建立了“发起组织委员会”（Committee of Sponsoring Organizations of the Treadway Commission，即COSO），专门研究适应社会需要的内部控制框架问题。COSO采取文献研究、一对一访谈和研讨、实地实验与公开披露等方法，最终形成了框架文件并于1992年9月发布。但由于COSO报告一开始未将保障资产作为财务报告控制的一部分，而招致了社会有关方面尤其是美国审计总署（GAO）的批评。为此，COSO于1994年发布了框架补遗，对保障资产作出了新的定义，从而消除了社会各方面尤其是GAO的误解。COSO关于内部控制框架的意义得到了广泛的认可和采纳。1996年，美国注册会计师协会发布《审计准则公告》第78号，全面接受COSO报告的内容，并从1997年1月起取代1988年发布的《审计准则公告》第8号。新准则将内部控制定义为：“由一个企业的董事长、管理层和其他人员实现的过程，旨在为下列目标提供合理保证：财务报告的可靠性；经营的效果和效率；符合适用的法律和法规”。该准则将内部控制划分为五种成分（Component），它们分别是控制环境（Control Environment）、风险评价（Risk Assessment）、控制活动（Control Activities）、信息与沟通（Information and Communication）、监控（Monitoring）。

上述五种成分实际上内容广泛，相互关联。控制环境是其他控制成分的基础，如果漏洞百出，企业的内部控制就不可能有效；在规划控制活动时，必须对企业可能面临的风险有细致的了解；控制哲学、政策和程序必须在组织内部有效地沟通；最后，内部控制的设计和执行必须受到有效的监控。

这一时期的企业战略是提高生产力，内部控制的目标是提高内部的经营效率。COSO报告的意义是深远的，主要表现在：①明确对内部控制的责任。在内部控制发展史上，COSO报告第一次明确地阐述了内部控制的制定与实施的责任问题。该报告认为，不仅仅是管理人员、内部审计或董事会，组织中的每一个人都对内部控制负有责任。②强调内部控制应该与企业的经营管理过程相结合。COSO 报告认为，经营过程是指通过规划、执行及监督等基本的管理过程对企业加以管理。内部控制是企业经营过程的一个部分，与经营过程结合在一起，而不是凌驾于企业的基本活动之上。它使经营达到预期的效果，并监督企业经营过程的持续进行。不过，内部控制只是管理的一种工具，并不能取代管理。③强调内部控制是一个动态过程。内部控制是对企业的整个经营管理活动进行监督与控制的过程，企业的经营活动是永不停止的，企业的内部控制过程也因此不会停止。企业经营管理环境的变化必然要求企业内部控制越来越趋于完善，内部控制是一个发现问题、解决问题、发现新问题、解决新问题的循环往复的过程。④强调人的重要性。COSO 报告特别强调，内部控制受企业董事会、管理阶层及其他员工影响，透过企业之内的人所做的行为及所说的话而完成。只有人才可能制定企业的目标，并设置控制的机制。反过来，内部控制影响着人的行为。⑤强调软控制的作用。相对于以前的内部控制研究成果而言，COSO 报告更加强调软控制的作用。软控制主要是指那些属于精神层面的事物，如高级管理阶层的管理风格、管理哲学、企业文化、内部控制意识等。⑥强调风险意识。现代社会是一个充满激烈竞争的社会，每一个企业都面临着成功的挑战和失败的风险，对风险的管理是现代企业的主旋律之一。风险影响着每个企业生存和发展的能力，也影响其在产业中的竞争力及在市场上的声誉和形象。COSO 报告指出，所有的企业，不论其规模、结构、性质或产业是什么，其组织的不同层级都会遭遇风险，管理阶层须密切注意各层级的风险，并采取必要的管理措施。⑦融合了管理与控制的界限。在 COSO 报告中，控制已不再是管理的一部分，管理和控制的职能与界限已经模糊。

三、从 COSO 框架到风险管理框架（风险导向内部控制）

理论永远是实践的总结和概括，内部控制亦是如此。如上所述，20 世纪末期，审计实务界已开始探索风险管理为核心的审计新路子，并于前几年终于形成了风险导向审计的崭新模式。COSO 报告事实上反映了些许审计实务的这种动向，风险评估，成为内部控制的五要素之一。但是，COSO 报告对风险导向审计实务的感悟仍有差距，这主要由于其发布时风险导向的审计尚未形成相对固定的模式。进入 21 世纪，这种趋势已经十分明显，随着 2002 年底国际审计与鉴证准则委员会修订审计准则表示对风险导向审计模式的全面认同，加上美国《萨班斯—奥克斯法案》的直接影响，COSO 及时充实了 1994 年的内部控制框架，将其扩展为“企业风险管理框架”，并于 2003 年 7 月发布。根据 COSO 风险管理框架，企业风险管理包括了四类目标和八大要素。这四项目标是战略目标、经营目标、报告目标和合法目标。八大要素分别为内部环境、目标制定、风险识别、风险评估、风险应对、控制活动、信息与沟通、监控。在新的COSO报告中，内部控制成为企业风险管理的一个组成部分，其主要任务是有效地防范和控制企业的财务和经营风险。风险管理是一个渗透到企业各个作业中的系列行动，受组织董事会、管理层和其他人员影响，为人们从组织目标角度理解并控制风险提供了一个机制。它从公司战略出发，层层分解到各个单位、部门和流程，并充分考虑替代战略的风险。风险管理立足全局，综合考虑了企业各个层面，从企业层面的战略规划与资源配置，到职能活动如营销与人事，直至商业流程和新客户的信用审计，只要是引起企业绩效变化的不确定性，都会被纳入管理视野。有效的风险管理可以为董事会和管理层就实现企业目标提供合理保证。这意味着，内部控制已由过去面向实际过程的控制，转而面向将来过程不确定性的控制。这对内部控制无论是基本理论还是工作技能、方法都会带来革命性的变革，也成为我们今天研究内部控制问题特别有意义的理由所在。

企业风险管理框架增加了一类目标——战略目标，并扩大了报告目标的范畴。内部控制框架将企业的目标分为经营、财务报告和合法性目标。企业风险管理框架也包含三个类似的目标，但是其中只有两个目标与内部控制框架中的定义相同，财务报告目标的界定则有所区别。内部控制框架中的财务报告目标只与公开披露的财务报表的可靠性相关。而企业风险管理框架中的报告目标的范围有很大的扩展，该目标覆盖了企业编制的所有报告。企业的风险管理在应用于实现企业其他三类目标的过程中，也应用于企业的战略制定阶段。在风险管理框架下企业内部控制的对象是风险；在控制企业各个环节，各个业务的风险是企业内部控制的灵魂；而在企业风险中战略风险是处于最高层次。

四、从风险管理框架到价值链内部控制

根据前面的相关理论研究，价值管理是以价值最大化为目标，运用价值理论，通过流程重组在战略层、管理控制层、作业层实施价值增值措施的一种综合管理方法，而内部控制是企业为了实现其经营目标，提高工作效率和质量，保证其资产安全与完整等，在其公司内部建立并实施的一整套具体监督、制约和协调功能的制度、方法措施和程序。价值管理和内部控制虽然各有侧重，但二者的最终目标都是为了确定利益关系，如何通过激励与约束机制促使经营管理者最大限度地实现公司价值最大化，满足各利益相关者的需求，同时也最大限度增加自己的效益，这就是基于价值管理的内部控制的核心内容。

基于价值导向的内部控制是为实现公司价值最大化目标而设计的，其主要内容就是要建立一个基于价值导向的内部控制环境，通过对各价值活动的约束和激励，保障各项价值活动高效的运行，实现公司价值链的整体增值，保证公司价值最大化。基于价值导向的内部控制涉及公司经营管理的各个方面，涉及经营管理的各个业务部门或环节，是一种需要采取程序控制、目标控制、风险控制、技术控制等多种手段相结合的综合控制方式。①制定公司战略，明确内部控制目标。基于价值导向的内部控制的最终目标就是要确保公司经营方针和战略目标的顺利实现，使公司整体价值保值增值，最终实现公司价值最大化。因此，基于价值导向的内部控制，首先根据公司的产品和服务特征，选定公司的目标客户，根据客户的需求，考虑市场、技术、竞争的动力和消费者，分析公司的内外部环境和业务情况，确定竞争的优势和核心竞争力，明确公司的战略目标、业务范围、经营策略。其次，需要对目标和成本进行平衡分析，设定公司的具体控制目标，采取何种行动方案和计划；设定获取超出资本成本的回报率、管理和接受适当的业务风险。②进行价值链分析，明确公司的内部控制具体对象。根据公司的总体战略目标和策略，对公司内部价值链进行分析，记录下公司完成价值交付的整个过程，画出整个公司的价值创造树，这样就能够看清各价值活动增值的过程，明确公司内部的价值创造者和价值破坏者，为基于价值管理的内部控制提供一个控制目标，以实现公司的价值增值。分析公司的价值驱动因素，并对每一个价值驱动因素进行敏感性分析，每一个价值驱动因素的变动和现金流量之间的关系及股东价值、股票的关系，并将公司的价值驱动因素与相关行业的标杆公司进行对比分析，这样可以明确基于价值导向的内部控制重点和难点。③确定公司的组织结构，建立良好的控制环境。公司要达到长远的战略目标，实现公司价值最大化，为客户提供超值的价值回报，不仅需要建立正确的战略价值观，还需要建立和公司战略相一致的组织结构，建立一个良好的内部控制环境，确保各内部控制活动的高效运行，为价值管理实现创建一个良好的平台。其内部控制环境建设包括公司和组织架构、公司的战略价值观、公司的经营理念和管理风格、公司的风险态度、用人制度、激励制度及信息平台建设等多方面的内容。④流程管理，落实各控制制度和政策到具体流程。流程是为了生产某特定的产品或服务而进行的一系列作业活动，对输入进行转换，形成一定的输出，同时实现价值增值的过程。流程管理就是对中间转换的流程作业活动以系统管理的方式进行评估、分析、改善、标准化与持续改善。利用流程管理，结合价值链的分析，可以把流程和相关价值活动联系起来，去掉不必要的增值活动，减少冗余环节，提高价值增值的效率，节约各业务活动成本。同时利用流程，贯穿各控制制度、政策和具体的控制目标，设置关键点控制，确实使各内部控制落到实处，具有可操作性，提升内部控制效率和效果，保证公司的价值增值的过程得到有效的控制。⑤监督控制活动，进行过程控制，确保价值增值。基于价值导向的内部控制，需要对各价值活动及价值所需要的资源、产生的价值进行持续不断的控制，保证各项业务有条不紊地进行，确保价值的整体增值。持续的监督控制活动发生在整个内部控制过程中，它包括例行的管理和监督控制活动。⑥内部控制绩效评估和激励机制。内部控制是价值活动的具体化，其目标是保证公司价值最大化。建立和绩效评估相一致的激励机制，能很好地把内部控制目标与激励联系起来，使全公司的员工都自觉或不自觉控制各业务活动，促进内部控制绩效的持续改进和提升，保证各价值活动的增值，同时有利于公司平衡各方的利益，实现公司的健康稳定的长远发展，实现公司价值最大化。

五、内部控制的新发展：战略导向

（一）战略导向内部控制的特点、客观性与必然性

从内部控制的发展我们可以看出内部控制战略导向清晰的轨迹。从内部牵制到 COSO 框架，内部控制从零散的局部控制上升到了完整的理论框架，战略导向性从作业层次上升到企业内部范畴；从 COSO 框架再到风险管理框架，内部控制已经突破了传统企业内部的界限，将风险上升到企业的整体风险，或者说战略风险的层次。最近学者研究的价值链内部控制，就是从企业目标出发及满足客户价值或企业价值最大化为出发点，通过价值链将企业目标贯穿到企业的具体活动中，充分体现了战略导向内部控制的特点：①内部控制的发展伴随着战略的发展演进。企业战略是企业发展的根本方向。内部牵制的主要目标是保证的财产的安全，主要措施包括实物牵制、物理牵制、分权牵制、簿记牵制。第二次世界大战后，各种科学技术广泛运用在企业生产中，企业竞争不断加剧，企业的使命是提高内部的经营管理水平，降低成本，增加企业竞争力。内部控制为了满足企业战略的这一变化，提出了内部控制 COSO 框架。随着新世纪的到来，全球化和信息化加剧，企业面临的环境变化莫测，风险也不断增大。COSO 委员会为了适应这种变化，提出风险管理框架，通过风险控制，提高企业的价值。企业战略这个概念是目前企业追求的热点，企业战略的制定和实施关系到企业的生存与发展。卡普兰指出企业战略的关键不是战略的制定而关键在企业的执行力，内部控制在战略的执行力将扮演至关重要的作用；②内部控制发展的过程及内容包含了战略的内容。内部控制在内部牵制阶段控制

的主要内容是财产保全，在COSO框架阶段控制的是经营效率，在风险管理阶段，内部控制的重点是战略风险在内的企业风险，风险的控制也就是对战略制定及实施的控制，战略与控制十分紧密地联系到了一起。

战略管理自20世纪初提出以来，便受到世界各国的普遍关注。虽然目前理论界和企业界对战略管理的定义尚未达成完全统一，但对战略管理的理解却大体一致，都认为战略管理是一个包括战略规划（或形成、制定）和战略实施（包括评价和控制）的过程，即保证企业长远战略目标和计划得以确立，并保证整个管理组织机构协调一致地完成这些目标和计划的一种有组织的战略过程。因此，战略管理的根本在于确保企业的决策效率，从而使企业高效率地运行。科学的经营管理决策，不仅是企业管理的核心，同时也是企业治理的核心。美国人安索夫将经营管理决策分为战略决策、管理决策、业务决策三类，其中战略决策具有最为重要的地位。企业战略决策包括企业经营方向、经营方针、目标计划等企业重大决策，这些决策对企业具有整体性和长期性的影响。因此，对于一个企业而言，失败主要不仅来自于执行，更主要地是来自于决策，尤其是战略决策的失误是最大的失误。为了避免或抑制决策的随意性、主观臆断性，提高决策的准确性，必须在现有的治理过程中建立一种正式机制，使高管层能积极行使其战略监督责任。通过综合的、系统的、独立的和定期的核查，确定问题所在和各种机会，提出行动计划的建议，改进企业战略管理效果的活动。控制它体现出一种评价和审核职能。通过战略导向的内部控制，可以及时发现各种可能存在的风险因素，找出可能的战略问题，从而采取有效措施适时地修正战略目标或计划，降低风险损失。由此可见，战略导向内部控制来源于管理的实践。它不仅可以提高企业经营管理水平，尤其是战略管理水平，还可以最大限度地提高企业的经济效益。

企业风险框架将企业的内部控制的目标增加了战略目标，我国2006年国资委颁布的《中央企业全面风险管理指引》将企业风险界定为战略风险、财务风险，市场风险等，将内部控制定义为针对企业战略、规划等制定并执行的规章制度、程序和措施。上海证券交易所2006年发布的《上海证券交易所上市公司内部控制指引》也开明宗义地将内部控制定义为为保证公司战略目标的实现，而对公司战略制定和经营活动中存在的风险予以管理的相关制度安排。财政部2008年公布的《企业内部控制基本规范》也指出内部控制是指由企业董事会（或者由企业章程规定的经理、厂长办公会等类似的决策、治理机构，以下简称董事会）、管理层和全体员工共同实施的、旨在合理保证实现以下基本目标的一系列控制活动：①企业战略；②经营的效率和效果；③财务报告及管理信息的真实、可靠和完整；④资产的安全完整；⑤遵循国家法律法规和有关监管要求。同样也体现了战略导向，所以说内部控制战略导向是客观的。

有管理就有控制。西蒙说管理就是决策，企业战略的决策及管理就必须要有控制，控制是保证决策科学有效的关键。管理是分层次的，从战略决策管理到公司层的管理，再到作业层的管理。内部控制是与管理相辅相成的，内部控制也包括战略控制、管理控制和作业控制。随着战略管理的发展演变，战略导向内部控制已成为必然：①它是由企业战略的重要地位决定的。在市场经济条件下，企业战略是企业一切行动的指南，是企业大的方针政策，是一切目标计划的基础，是企业生存发展的根本保证。所以，要保证企业战略的合法性、合理性和有效性以及战略的有效执行就必须进行以战略为导向的内部控制；②它是使企业树立适应环境思想的需要。市场经济条件下，企业的外部环境是动态变化的，这要求企业在制定战略的过程中必须随时了解环境的变化情况并及时作出调整，从而制定出适应环境的战略决策，通过以战略为导向的内部控制，可以促使企业更好地与环境保持协调关系，使内外部环境产生协同联动；③它是使企业树立竞争观念的需要。市场环境的变化，可能给企业带来机会，也可能带来威胁；企业决策层只有把握机会、消除威胁，才能使企业保持竞争优势。战略为导向的内部控制可以达到审时度势、趋利避害的目的，促使企业强化竞争意识；④它是使企业树立风险观念的需要。由于市场经济的不确定性，每个企业都必须面对市场风险。通过以战略为导向的内部控制，可以及时发现各种可能存在的风险因素，找出可能的战略问题，在战略的制定和实施过程中考虑企业的风险组合，适时地规避这些因素，降低风险损失。

可以说，战略问题日益严重及其内部的协同是战略为导向的内部控制产生的根本原因，规避企业战略风险是战略为导向的内部控制产生的直接原因，而企业商业动机是则是战略为导向的内部控制产生的内因。

（二）平衡计分卡、战略与内部控制

平衡计分卡是由美国哈佛大学的罗伯特·卡普兰（Robert Kaplan）和戴维·诺顿（David Norton）（1992 年）首先提出的。它是一种以信息为基础、系统考虑企业绩效驱动因素、多维度平衡评价的战略绩效评价系统；同时，它又是一种将企业战略目标和企业绩效驱动因素相结合、动态实施企业战略的战略管理系统。它以企业的战略与远景为核心，从财务、客户、内部业务流程、学习与成长四个各有侧重又相互影响的方面入手，分析哪些是完成企业使命的关键成功因素以及评价这些关键成功因素的项目，根据企业生命周期不同阶段的实际情况和采取的战略，为每一方面设计适当的评价指标，赋予不同的权重，并不断检查审核这一过程，形成一套完整的绩效评价指标体系，来沟通目

标、战略和企业经营活动的关系，实现财务指标与非财务指标、短期目标和长期目标、局部利益与整体利益、内部衡量与外部衡量之间的平衡，以促使企业完成目标。平衡计分卡的基本框架如图 11 所示。

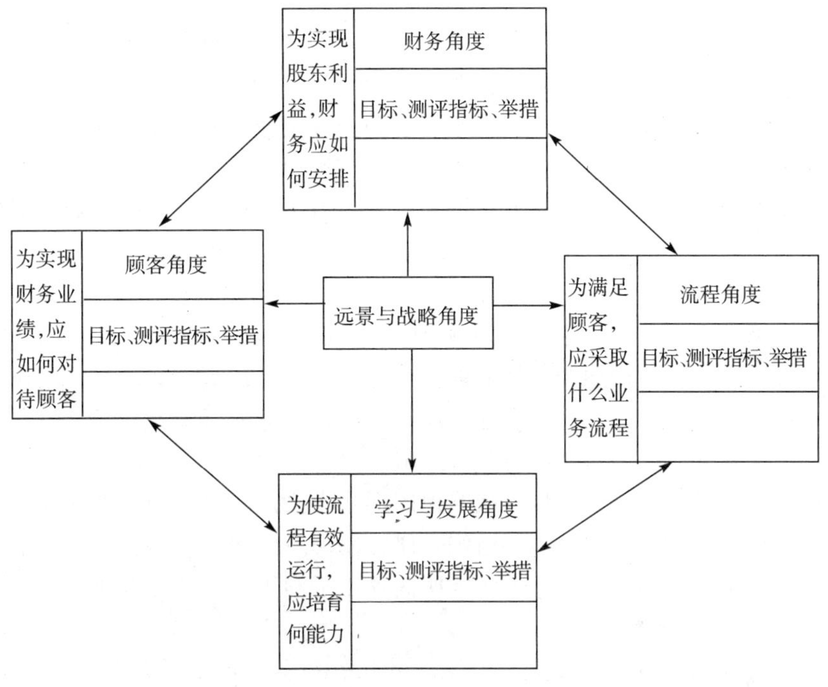

图 11 平衡计分卡基本框架①

在 1993 年以前平衡计分卡一直被当作一个创新的业绩管理工具，并没有考虑过平衡计分卡在其他方面的应用。但是卡普兰和诺顿在关于平衡计分卡的后续研究中，发现有许多善于创新的公司将这个工具作为战略实施的工具②。为此他们在总结分析的基础上在哈佛商业评论上发表了第二篇有关平衡计分卡的论文：《在实践中运用平衡计分卡》。卡普兰和诺顿在这篇文章中通过 Rockwater、Apple 和 ADI 三公司的案例表明，现代企业必须把战略转换为具体的目标和标准，只有这样才能使公司战略执行与公司日常管理相衔接，也才能衡量公司每一个岗位和流程对战略的贡献。为此公司可利用平衡计分卡把公司战略转换为具体的指标，并通过四个层面的业绩指标把公司长期战略和短期战略执行计划连贯起来，从而真正实现长期战略实现和短期业绩的平衡。继这篇文

① 资料来源：R. S. 卡普兰. 高级管理会计. 大连：东北财经大学出版社，2003.

② 毕意文，孙永玲. 平衡计分卡中国战略实践 [M]. 北京：机械工业出版社，2003：22.

章之后，他们1996年又在《哈佛商业评论》上发表了第三篇应用平衡计分卡执行战略的文章“Using the balanced scorecard as a strategic management system”。这篇文章详细论述了应用平衡计分卡来执行企业战略的步骤和流程：阐述愿景取得共识、沟通与联结、建立管理计划、反馈与学习，这篇文章的发表标志着平衡计分卡初步从业绩评价工具转变为战略执行管理工具。

同年平衡计分卡第一本专著出版：《平衡计分卡》[①]。这本书详细地阐述了为什么需要和如何应用平衡计分卡来分解和管理企业战略的原理和方法，还具体描述了应当如何通过组织结构再造、学习与反馈、将预算与战略挂钩等措施来保证平衡计分卡执行战略。此书的出版标志着平衡计分卡正式从业绩评价工具转化为战略管理工具。

卡普兰和诺顿于2000年又发表了“Having trouble with your strategy? Then map it”一文，此文提出了平衡计分卡理论的又一个核心概念：战略地图，通过平衡计分卡描述企业战略的一个地图框架，这篇论文阐述了用战略地图来描述战略的缘由，并提供了如何应用战略地图来描述战略的案例[②]。在战略地图概念基础之上，2001年卡普兰和诺顿出版了平衡计分卡的第二本专著：《战略中心型组织》。这本书将以战略地图形式来描述战略并利用平衡计分卡执行战略的组织称之为战略中心型组织，研究发现只要在此过程中坚持四条原则的组织其战略基本都能实施，事实上明确提出了利用平衡计分卡执行战略的原则要求。

2004年卡普兰和诺顿发表了“Measuring the strategic readiness of intangible assets”一文和出版了《战略地图——化无形资产为有形产出》一书，这两篇文献在前述概念的基础之上提出了战略准备度的概念，由三部分构成：组织资本、人力资本和信息资本，认为这是企业战略执行的根本。此书生动地显示了如何创建客户化的战略地图，以使企业组织能够：阐明战略并与全体员工沟通；确定驱动战略成功的关键内部流程；使人力、技术和组织资本投资协调一致，取得最好的效果；揭示战略缺陷，尽早采取纠正措施通过提供战略规划和战略实施之间遗漏的联系，为描述、衡量、保持无形资产的协调一致并取得卓越业绩提供蓝图。卡普兰的三本专著被称为“平衡计分卡三部曲”，通过这三部著作卡普兰构建了一个基于战略的业绩评价和管理体系，如图12所示。

---

① 平衡计分卡在大陆地区和台湾地区有过不同的翻译，大陆较早时采用的是综合计分卡，现在基本已形成统一，称平衡计分卡，当然也有部分称为“平衡记分卡”，本文中出现的“综合计分卡”、“平衡记分卡”指的是同一个概念，本文统称“平衡计分卡”。

② Robert Kaplan，David Norton. Having trouble with your strategy? Then map it [J]. Harvard Business Review，2000 (1)：9—10

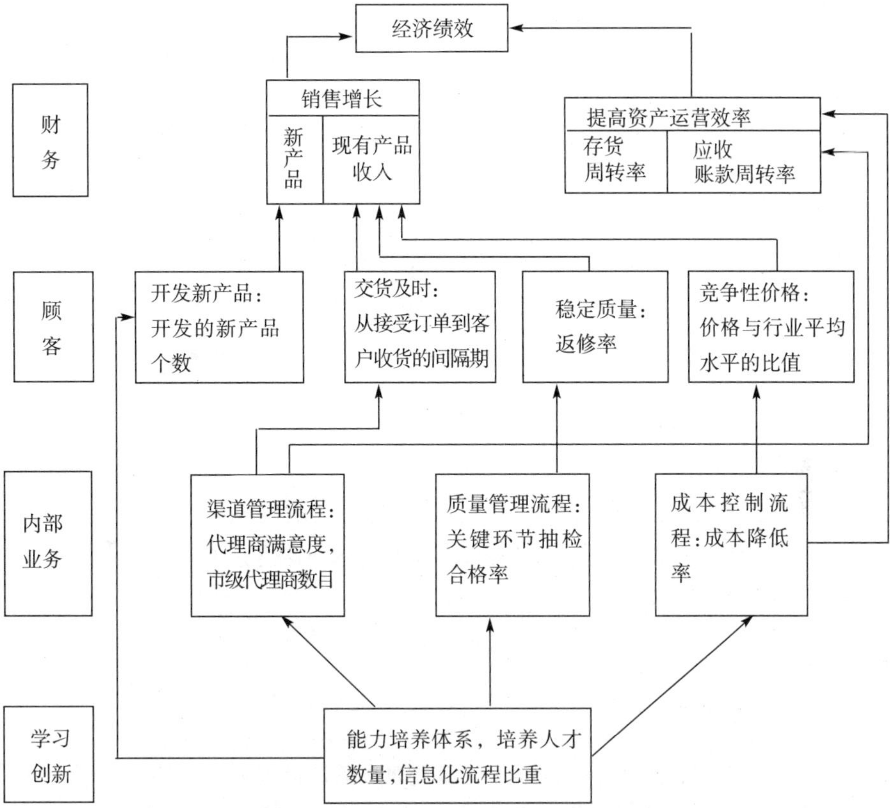

经济绩效

财务
销售增长
新产品
现有产品收入
提高资产运营效率
存货周转率
应收账款周转率

顾客
开发新产品：开发的新产品个数
交货及时：从接受订单到客户收货的间隔期
稳定质量：返修率
竞争性价格：价格与行业平均水平的比值

内部业务
渠道管理流程：代理商满意度，市级代理商数目
质量管理流程：关键环节抽检合格率
成本控制流程：成本降低率

学习创新
能力培养体系，培养人才数量，信息化流程比重

图 12　一个基于平衡计分卡的战略地图的例子

虽然直接研究内部控制与平衡计分卡的文献不多，但我们可以看出：

（1）平衡计分卡本身是作为一种管理控制工具而存在。直接来看，平衡计分卡是一种管理会计工具。但由于管理会计的概念被界定为一种关注组织资源运用的管理过程，通过不断地检查、判断组织资源是否被有效利用来为股东、顾客和其他利益相关者创造和增加价值（IFAC，1999）。因此，管理会计工具也被称为管理控制工具。平衡计分卡自然也就是管理控制工具中的一种，用来为管理控制活动服务。管理控制既区别于内部控制，又和内部控制具有一定的联系。管理控制和内部控制都是以控制论的科学方法分析研究每个具体组织的内部经营管理过程，研究每个单位如何发挥管理功能，如何对管理过程进行有效的调节和控制。所不同的是，管理控制更强调组织战略的落实。管理控制的实施由以下几个环节构成：①在明晰组织长期目标与战略的基础上，将组织的中长期目标与战略规划具体化，使之可衡量、可执行；②组织结构与流程调整，即根据环境变化及管理跨度需要，设置与组织目标相一致的组织架构与业务流程，并根据业务流程与组织架构分配权力、责任；③任务设定，即为组织目标设定和选择行动计划，识别具体的关键业绩衡量指标或“价值驱动因素”，为业绩指标设立标杆并分配实现业绩所需的资源；④实施控制，即主要通过信息报告监督战略实施与执行情况；⑤业绩评价，即评估分析战略执行的成功度，实施经营业绩和管理业绩评价，并将评价结果与奖惩相挂钩。可见，同传统的主要停留在责任和任务层面上的以责任主导的内部控制来讲，管理控制更加具有战略和整体的观念。这是现有的内部控制所缺失的。

（2）内部控制是平衡计分卡实现战略目标的有力保障。内部控制是企业自我防范风险的免疫系统，它为平衡计分卡的实施提供有力保障，内部控制与平衡计分卡的对应关系见表 2。

表 2　BSC 与内部控制的结合——一般性分析

内部控制	BSC 视角的内部控制
控制目标	内控目标设定以战略为导向，并要在流程间层层分解，具体可行，在实现具体目标的同时，确保总体目标的实现
控制环境	组织结构越来越扁平化，组织内部呈现出自主、灵活的流程小组，组织体现出学习性特征，要求全员参与
目标设定	内部控制目标设定与平衡计分四维度的关键指标和关键活动相结合，平衡计分卡的指标体系和行为集购车内部控制的目标内容
事项识别	影响平衡计分卡四维度的关键指标和关键行为的风险因素构成内部控制事项识别的内容
风险评估	持续不断的过程，要求建立起一份以信息流为基础的时时更新的风险清单，对照平衡计分卡四维为风险提供一个全面客观的衡量工具
风险应对	在风险识别和评估的基础上采取风险应对方案，为平衡计分卡战略目标的实施提供保障
控制活动	控制活动是针对关键控制点而制定的，因此企业在制定控制活动时，关键就是要寻找关键控制点。通过前面的风险应对采取包括诸如核准、授权、验证、调节、复核营业绩效、保障资产安全以及职务分工等多种活动

（续表）

内部控制	BSC 视角的内部控制
信息与沟通	要建立与各控制点和业务相适应的信息点，这些信息点可以通过建立反映控制点运作及影响的指标及其相应的反映流程来实现。这样建立起的信息系统既指导组织内部人员进行沟通开展控制活动，又指导业绩考评，同时，还具有引导公司成员积极开展竞争性合作的功能，以保证各成员在沟通中不因信息不对称而影响了内控功能的实现
监督	内部控制的监督与平衡计分卡业绩考评和激励相结合，建立包括财务、客户、流程、个人业绩在内的全面的评价体系，建立与绩效评估相适应的激励机制，促进员工自觉进行自我控制

第二节 战略导向内部控制理论框架

战略导向内部控制是以战略为轴心，将战略层层分解到组织的各个部门、各个业务流程，以风险控制为主要内容，将各层次影响战略实现的风险因素作为控制内容，以实现企业战略和内部协调的内部控制体系，如图 13 所示。下面我们对战略导向内部控制的基本理论做一个探索性的研究，分别论述战略导

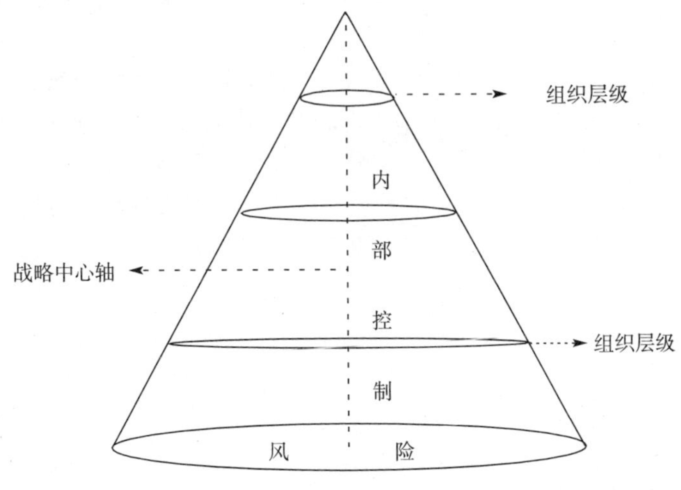

图 13 战略导向内部控制框架

向内部控制的概念、主体、对象、作用、特点以及模型和机理流程。在对这些基本概念的研究中我们主要从战略导向内部控制与风险导向内部控制的差异以及战略导向内部控制的本质来进行比较对照研究。

一、战略导向内部控制的基本理论

（一）战略导向内部控制的概念

“战略”一词古已有之。在我国，战略顾名思义是指指导战争的谋略，即克敌制胜的良策。早在春秋时代，齐人孙武总结战争经验写成《孙子兵法》，就蕴涵丰富的战略思想，流传至今，影响甚广，可惜未用战略来命名。在西晋的司马睿之后，才出现一系列用战略命名的专著，典型的有明代军事家茅元仪编著的《二十一史战略考》等。在西方，战略（Strategy）一词来源于希腊语“Strateges”，指指挥军队的艺术和科学。从19世纪起，西方的战略理论逐渐形成派别，如约为尼的《战争艺术》，克劳塞维茨的《战争论》，利德尔．哈特的《战略论》等。综上所述，战略一词来源于战争和军事活动，但现在已扩展到政治、经济、文化活动中，扩展到宏观经济和微观经济中。

什么是企业战略[①]，对此众说纷纭。但是根据理论界和企业界多数人的意见，企业战略可定义为：企业在市场经济、竞争激烈的环境中，在总结历史经验、调查现状、预测未来的基础上，为谋求生存和发展而做出的带长远性、全局性的谋划或方案。它是企业经营思想的体现，是一系列战略性决策的结果，又是制定中长期计划的依据。

战略管理是在经营管理的基础上发展而来的，但它有许多超越经营管理的特点，它区别于生产管理和经营管理的最本质特点是强调企业经营的竞争性。它强调了企业中营销、生产、研发、财务、人力资源各职能部门的协调统一，从整体上来加以考虑，而不再将它们割裂开来；它以实现企业的整体目标为导向，强调整体最优而非局部最优；它全面地考虑各利益相关者；它强调企业从

① 企业战略是对企业各种战略的统称，其中既包括竞争战略，也包括营销战略、发展战略、品牌战略、融资战略、技术开发战略、人才开发战略、资源开发战略等等。企业战略是层出不穷的，例如信息化就是一个全新的战略。企业战略虽然有多种，但基本属性是相同的，都是对企业的谋略，都是对企业整体性、长期性、基本性问题的计谋，涉及的是企业整体性、长期性、基本性问题，就属于企业战略的范畴。战略形态是指企业采取的战略方式及战略对策，按表现形式，可以分为拓展型、稳健型、收缩型三种形态。企业战略是设立远景目标并对实现目标的轨迹进行的总体性、指导性谋划，属宏观管理范畴，具有指导性、全局性、长远性、竞争性、系统性、风险性六大主要特征。

长期和短期、结果和过程等多个视角来考虑问题。战略导向内部控制是在综合了解企业内外部环境的基础上，保证企业选择正确的方向，以谋求长期的生存和发展。由此产生的控制行为，原则上是没有时间期限的，它贯穿于企业战略管理过程的始终，调节企业战略，实现企业目标。

企业战略导向内部控制是一个过程，它是为了达到既定的组织战略目标，而在组织内实施的组织、计划、控制、监督、方法和程序。战略导向内部控制是企业生存和可持续发展的保证。内容包括控制决策活动、控制决策实施及协调、战略考评和反馈。战略导向内部控制强调内部控制系统之间的战略协调，是一个有机的整体。

（二）战略导向内部控制的主体与对象

战略导向内部控制的主体是全体员工。企业的员工是企业战略、目标和方针的制定者、具体执行者和实现者，他们通过自身的活动，去完成企业的各项任务。控制的主体是分层次的，不同的层次的员工控制的范围也不同。企业的最高层是控制主体的第一层，他们是控制目标、控制策略和控制方案的制订者，同时也是整个控制方案的实施者和执行者。最基层的业务员是控制主体的最底层，他们按照自己的具体工作负责相关控制方案的执行。此外还有中间层的中间管理者，他们根据各自管理的范围负责控制的实施和执行。

由对风险控制为主转变为以战略控制为主。传统的内部控制的对象主要是会计对象、工作情况、信息处理方法和处理程序等。风险管理框架提出了内部控制的风险控制，战略导向内部控制的对象是战略。以风险为对象的内部控制缺乏风险之间的联系，造成内部控制体系内比较凌乱。战略导向内部控制的对象相对于在风险框架中加了一个战略中心轴，用战略中心轴来将内部控制各风险统领起来形成一个有机体。彼得·德鲁克说做正确的事比正确地做事重要。战略是有层次性的，并能够转变成具体的目标。战略导向内部控制的控制对象的重点是战略以及由此衍生的组织、员工、作业流、资金流、信息流等。战略是控制的轴心，战略导向内部控制对象的特点是以战略为轴心来统领其他对象。

（三）战略导向内部控制的作用与特点

1. 战略导向内部控制的作用

战略导向内部控制的主要作用是保障战略制定及落实，同时发挥协调作用、制约作用、反映和监督作用、促进和激励作用、预防和纠正作用。

保障战略制定及落实。战略导向的内部控制的最大特点就是对战略制定及修订的控制，并保障其战略的落实。战略控制主要是指在企业经营战略的实施过程中，检查企业为达到目标所进行的各项活动的进展情况，评价实施企业战略后的企业绩效，把它与既定的战略目标与绩效标准相比较，发现战略差距，分析产生偏差的原因，纠正偏差，是企业战略的实施更好地与企业当前所处的内外环境、企业目标协调一致，使企业战略得以实现。战略导向内部控制的主要作用是保障战略制定及落实。

协调作用。协调就是正确处理组织内外各种关系，为组织正常运转创造良好的条件和环境，促进组织目标的实现。战略内部控制主要特点是从战略的高度协调企业各部门、各员工之间的行为，使组织各职能部门和各业务部门相互配合，共同服务于企业的整体目标。

制约作用。企业是由各部分组成的有机整体，想要达到总体协调，必须要有有效的措施使各部分按照既定的行动方案进行，必须限制和制止影响总目标实现的某些行为。

反映和监督作用。通过内部控制的反映和监督可以使企业管理者及时了解各项制度的执行和贯彻情况，及时发现差异，并正确和迅速应对。

促进和激励作用。战略导向内部控制更加强调激励的作用，通过各种形式激励员工，充分发挥员工的创造性和积极性。加大对员工业绩的考评及其控制能起到激励作用。

预防和纠正作用。预防和纠正是内部控制实现内部控制目标的重要措施，战略导向内部控制预防环节提前到战略制定层次，预防的效果更好。

2. 战略导向内部控制的特点

在战略导向下，公司对内部控制的要求以及内部控制的作用机制都发生了很大的转变。如果说传统的内部控制，不管是内部控制的系统观、结构观，还是要素观，都是一种主要依靠外力、以负反馈为主的控制模式的话，那么战略导向的内部控制就是一种战略的、自组织的、正负反馈交替作用的控制模式。它是渗透于企业战略和作业流程中的，促使企业从战略高度构建一个有机的内部控制体系。战略导向内部控制的特点主要是控制对象是战略为中心轴的风险控制，重点是控制体系之间的战略协同与协调。

（1）内部控制的控制对象是以战略为中心轴的风险控制。按照 COSO 报告的解释，在内部控制的整体框架下，企业内部控制目标可归纳为合法性、财务报告和经营三个方面。《企业风险管理框架》将财务报告目标拓展为报告目标，并增加了“战略目标”这一层面，从确认潜在风险事项入手，将内部控制建设为渗透于企业业务流程中的由人参与的过程。战略导向内部控制的起点因此就提前到战略控制。战略导向内部控制是以战略为中心轴，来协调企业内部管理各个部门和环节。将战略分解到不同层次，再分析各个战略层级的目标实施过程中的风险，通过对这些风险的控制来实现内部控制的目标。这里的风险是以风险组合的观点看待风险，对相关的风险进行识别并采取措施使企业所承担的风险在风险偏好的范围内。对企业内每个单位而言，其风险可能落在该单位的风险容忍度范围内，但从企业总体来看，总风险可能超过企业总体的风险偏好范围。因此，应从企业总体的风险组合的观点看待风险（朱荣恩，2003）。

（2）内部控制的重点是控制体系之间的战略协调。战略导向内部控制的提出的初衷就是解决内部控制体系之间的隔阂，使内部控制之间相互协调，形成一个有机的整体，要协调整个内部控制体系就必须以战略为统领。传统的内部控制最大的缺点就是缺乏相互之间的协调，风险框架为内部控制的发展提供了新的生命力，但各风险要素之间缺乏联系、比较凌乱，内部控制体系之间缺乏协调。战略导向内部控制以战略中心轴为基础不但强调内部控制协调的重要性，而且为内部控制的协调解决提供了根本上的途径。

二、战略导向内部控制的内容

前面我们介绍了战略导向内部控制的一些基本概念，下面我们通过模型的形式表示战略导向内部控制的内容，见图 14。战略导向内部控制的内容包括：控制目标、控制环境、控制机制、控制系统的基本要素、控制内容和控制方法几部分。

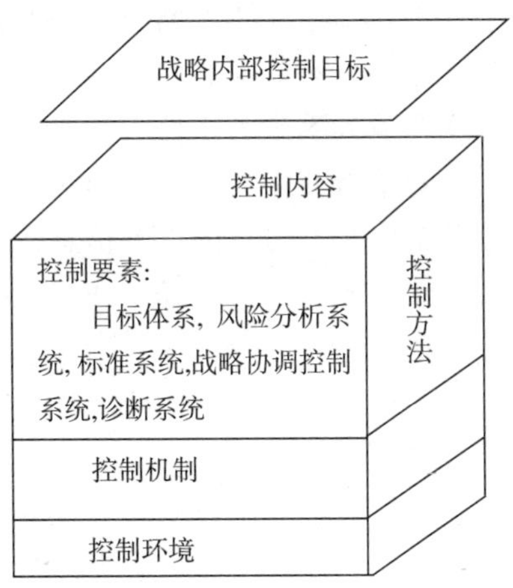

图 14　战略导向内部控制模型

（一）战略导向内部控制目标：实现企业战略

内部控制作为实现企业目标的一个重要管理手段，其战略目标应该与企业的战略目标相一致，现代企业一个非常重要的战略目标是实现全社会经济可持续发展。战略的本义是对战争全局的谋划和指导。企业战略目标是指把战略的思想和理论应用到企业管理当中，指企业为了适应未来环境的变化，寻求长期生存和稳定发展而制订的总体性和长远性的目标。内部控制由多层次的控制构成，其目标也是由多层次目标组成的目标体系，战略目标在这一体系中极为关键，其确定受多种因素影响，其中社会的价值观和管理理念的发展具有决定性的作用。按照经济可持续发展的社会价值观和和谐管理思想，内控战略目标应该是通过企业经营生态化实现全社会的自然资本主义（刘志斌，2005）。

（二）战略导向内部控制的环境

企业控制人员通过向企业最高层决策者提供客观的企业内外部环境的信息，支持战略决策过程。战略导向内部控制环境包括内部环境和外部环境。影响企业的外部环境的因素非常多，各个行业和企业的情况又不相同。一般外部环境因素可以划分为两大类：一是社会环境因素，具体包括影响企业的各种社会文化、经济、政治、法律、技术等因素。这些因素通过第二类外部环境因素间接和较长期地影响企业的战略决策。第二类外部环境因素就是任务环境因素，具体包括企业的竞争者、供应商、经销商、顾客、债权人以及各种特殊利益团体等。在市场经济条件下，除了完全垄断企业，其他所有企业都处于竞争中，竞争威胁着企业的效益潜力。有效战略管理就需要对企业的竞争地位进行准确的分析，控制人员可从竞争人手来分析任务环境因素如何影响企业，通过对竞争力量进行系统分析，着重将其中对企业有影响的信息提请高层决策者注意。控制人员就外部环境对企业竞争力量的影响信息作出分析后，应弄清楚企业现时的状况，对此可就企业概况、产品市场、环境、以往战略等几方面内部因素加以考察，明了自身优缺点。

（三）战略导向内部控制过程

战略导向内部控制的过程包括：控制战略决策过程、控制企业实施战略和战略评价与反馈。是一个对企业战略性内部控制支持组织战略确定及改变，支持形成使用企业资源及所有物的政策以达到目标的过程。

1. 控制战略决策过程

战略决策是企业在明确自身宗旨与长远目标之后，分析自身优势与弱点，综合考虑环境因素后回答的“企业怎样达到预定目标”的问题。战略导向内部控制就是要支持企业以最经济有效的方法完成预期任务。然而，由于企业所处环境的不确定性，对于什么是符合要求的途径，人们很难有一个统一的认识。每个企业自身条件千差万别，对同样的环境也会作出不同的反应。企业决策需要研究历史的信息，分析现在的信息，预测未来的信息；需要掌握大量的经济的、非经济的、数量的、非数量的资料等等；决策过程中还需要决策人员综合利用直觉、判断、估计及评价等多种方式。这些都使得战略决策偏离目标的可能性不断增加。一旦战略决策出现失误，就会影响到企业的发展乃至生存，企业必须对战略决策过程实施控制。企业控制人员通过向企业最高层决策者提供客观的企业内外部环境的信息，支持战略决策过程。

2. 控制企业实施战略

企业战略决策形成后，关键的任务是要将战略付诸实施。一个合适的战略如果没有有效地实施，会导致整个战略失败。卡普兰通过实际调查发现企业成功的关键在于战略的执行。有效的战略实施不仅可以保证合适的战略成功，而且还可以挽救或者减少一个不合适的战略对企业造成的损害。企业在战略决策过程中有可能选用稳定型战略、增长型战略、收缩型战略这三种基本的形式，也可能采用结合型或其他战略形式。但无论何种战略，都必须转化为企业具体的政策和程序才能便于实施。控制企业实施战略实际上包括对与战略相适应的政策和程序的贯穿全局的执行情况加以控制。但在战略导向内部控制阶段，则在于使企业战略管理者能对影响企业战略实施效果的关键要素有比较全面客观的认识，能够从企业全局的角度来加以调控，保证企业预期战略的实现。由此，管理人员需要将抽象战略转化成指导实现战略的政策，一方面为企业战略实施过程中的各种决策提供指导，另一方面它也节省进行日常和重复性决策的时间。以指标形式制定的政策则更利于贯彻实施。企业的战略决策通常要转化为营销、服务、人事、生产、研究与发展各方面的政策。在相当多的企业中，公司政策就是企业关键成功因素的一种表述。关键成功因素是决定企业战略成功与失败的那些因素。各个企业的关键成功因素会因企业的不同而有区别，战略导向内部控制人员在支持企业政策制定过程中，必须注意考虑企业目标与企业自身状况，并结合实际控制的必要性与可行性，具体选择需要进行检查监督的内容与指标，保证对影响战略实现的重要因素都掌握有充分的信息。

3. 战略评价与反馈

战略导向内部控制人员在支持企业战略形成并转化为切实可行的政策指标后，还应从全局角度评价战略的实施效果。为此应考虑建立广泛的正式与非正式的信息联系网络与来源渠道，以搜集政策执行情况的控制信息。正式渠道如可在企业中建立正式的战略信息搜集报告系统。非正式的信息来源途径也不容忽视，如分析小道传闻、搜集用户反馈意见、了解员工思想、实地考察等。由于信息渠道的过滤作用，上级获得的信息可能只反映了部分而不是全部事实，因而使用时要审慎。战略控制人员可根据搜集的信息评价战略指标完成与否，体现企业战略实施效果。对战略实施过程的内部控制找出偏差后，控制人员应采取校正行动，确保战略目标实现。对随机偶然因素导致的偏差，可暂时不作反应，静观其变。对战略实施过程中的不正确做法或操作失误引起的偏差，则要找出原因，在负责战略实施的经理人员参与下，采取适当校正措施。对于因战略实施本身的设计不符合战略目标而引起的偏差，则应在主要领导的介入下开发出新的实施方案或标准操作系统，从根本上校正偏差，并防止偏差的再次出现。如果偏差是由环境条件改变引起，使评价标准显得太高、太低或不具针对性，控制人员就需要就业绩标准的合理性与适用性进行反思，设计出更为合理的业绩评价标准。由于战略导向内部控制人员拥有的是企业整体的信息，因而在对战略实施进行控制时要注意，只能从企业全局去控制，而不可陷于企业日常活动之中。战略导向内部控制人员可紧紧抓住对战略指标的控制与评价，完成对战略实施效果的控制。

（四）战略导向内部控制要素

战略导向内部控制的要素包括战略及目标体系、风险分析系统、标准系统、战略协调、控制系统诊断系统。

（1）战略目标系统。战略目标体系是战略目标的层层分解，落实到具体部门，具体员工，战略目标体系构成内部控制的部标体系。

（2）分险分析系统。风险分析系统是战略导向内部控制系统实现前馈控制的基本要素。它是对企业战略及其实施过程中所有可能面临的风险进行确认、评估、管理的系统。该要素的主要目的是确立企业各种行为的边界，即明确什么可以做，什么不可以做。对各种超越边界的行为直接进行实时控制，保证内部控制在风险分析的基础上进行。风险分析系统首先要对面临的风险进行确认和评估，明确哪些是企业可接受的风险、哪些是需要积极控制的风险、哪些是要严格避免发生的风险；然后按照反馈控制流程，利用标准系统中的控制标准对前两类风险实施反馈控制；同时通过建立行为限制标准对第三类风险实施前馈控制。

（3）标准系统。标准系统是对企业采用的所有控制标准的总称。它是对企业基本控制观、控制目标和控制纲领具体化的基础上，形成企业行为或行为结果所应该达到的目标体系。通过实施标准系统可以达到企业内部的协调统一，并有助于实现战略目标。控制标准应该以技术标准为主，同时包括为实现技术标准要求而建立的管理标准和工作标准。制定标准时必须考虑各企业文化与价值观的统一。标准应该是有层次的，既有整个企业范围内统一的标准，如物料和服务的质量标准、风险评价标准、成本分摊标准、信用标准、信息安全标准等，也要有各个作业环节、各个工序和班组的标准。

（4）战略协调控制系统。这是由所有控制活动构成的系统。根据风险分析系统和诊断系统给出的风险程度及诊断分析的结果，控制系统将采取控制措施，达到消除差异、降低风险及影响，实现控制目标的目的。本文将控制系统要素定义为战略协调控制系统是因为当前企业经营面临的不确定性因素越来越多，为了应对和解决企业控制面临的不确定性问题，内部控制必须是交互式的相互协调。即在常规控制基础上，管理层必须通过激励员工收集常规渠道以外的信息以及企业之间、企业上下级之间的沟通与对话，定期和不定期对重要数据和信息进行讨论、分析，对控制系统不断进行实时调整。

（5）诊断系统。诊断系统是内部控制系统实现反馈控制的基本要素。主要完成对控制对象实际运作过程及结果的检测、比较、评价。通过对控制对象以及代表控制对象的关键绩效变量（即受控变量）的检测和衡量，将这些变量的实际运行情况与标准系统中相应的标准进行比较，并对出现的偏差进行诊断分析和评价。

（五）战略导向内部控制方法

战略导向内部控制可以采用的控制技术和方法很多，主要包括预算控制，价值链控制，平衡计分卡控制，成本控制，规范业务流程，操作规程及业务记录控制，组织机构设置、职责划分和授权控制，内部牵制，建立奖惩制度及激励机制，价值链审计等，这些方法构成了战略导向内部控制的方法体系，其中，平衡计分卡控制是本书论述的重点。

三、战略导向内部控制的机理与流程

（一）战略导向内部控制的机理

战略导向的内部控制是包括战略控制在内的涵盖整个企业内部控制系统的战略协调控制系统。从战略的制定到企业目标及分解到具体的作业活动，有管理就有控制，战略内部控制包含企业的方方面面，而且尤其强调整个控制系统的协调、有机的整体。战略导向内部控制的流程也包括先确定战略控制目标，再制定控制标准，通过风险分析系统，采取控制活动。如图 15 所示：

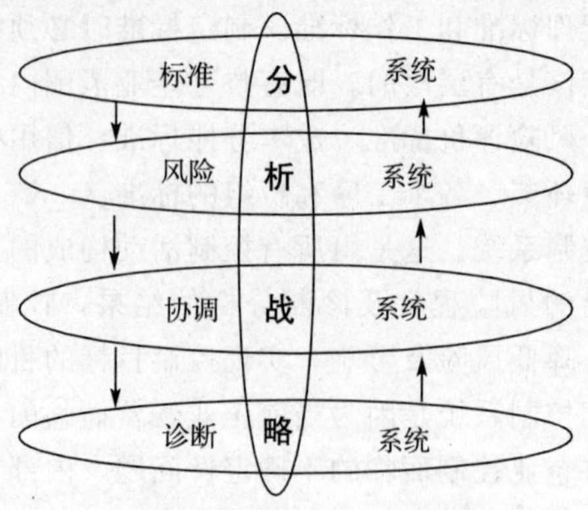

图 15 战略导向内部控制机理

（二）战略导向内部控制流程

战略导向内部控制的流程从战略出发，以战略为出发点和落脚点，通过战略风险控制，控制战略的制定，再将战略转化成目标，目标再进一步分解，最后成为关键的控制环节和关键的控制指标。战略导向内部控制就是通过对这些环节的控制，保障战略的制定和实施，如图 16 所示。

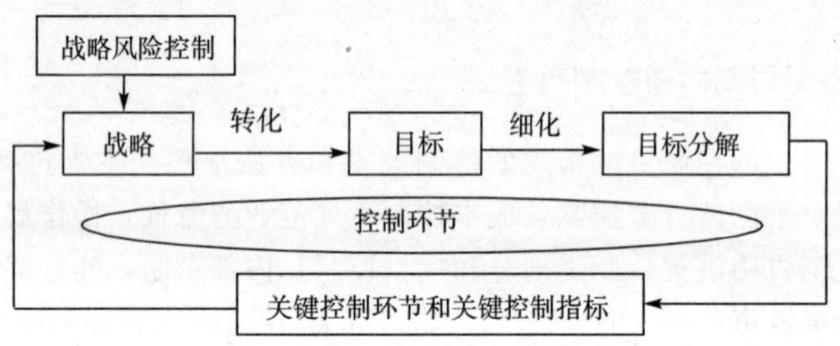

图 16 战略导向内部控制流程

第三节 基于平衡计分卡的战略导向内部控制构建

前面我们对战略导向内部控制的理论进行了探索性的研究，现在我们利用平衡计分卡这一战略工具对战略导向内部控制作进一步分析，为战略导向内部控制的实际运用提供一个实际的路径，与前面的论述形成理论与实践的关系。需要指出，战略导向内部控制的具体形式不全是基于平衡计分这一种形式，还有其他的形式，由于平衡计分的先进性和可操作性，所以我们选择用平衡计分卡这一工具来构建战略导向内部控制体系，为企业实际运用战略导向内部控制提供一个实际参考。

一、总体构建模型

在基于平衡计分卡的战略导向内部控制研究时，我们的总体构建思路是以企业战略为导向，采用价值链分析手段，利用平衡计分卡将战略分解成具体的四个维度的目标，并指出四维度的关键控制指标和关键控制点，再分别从内部控制风险框架的八要素相对应，对关键控制指标和控制点进行控制，这样就构建起来了基于平衡计分卡的战略导向内部控制体系。

（一）内部控制构建的总体思路：以战略为轴心的风险控制

平衡计分卡是一种从战略到行动的战略管理工具，包括财务、顾客、内部经营、学习成长四个相互驱动的关系。平衡计分卡将企业战略从四个维度进行分解，将战略进一步分解落实到具体的指标，这样就构成了以战略为轴心的指标体系，再利用价值链的分析方法对四维度进行分析找出关键的控制点和控制指标，通过对这些控制点风险环境的分析，采取相应的控制措施，实现战略目标。基于平衡计分卡战略导向内部控制的整体构建思路如图 17 所示：

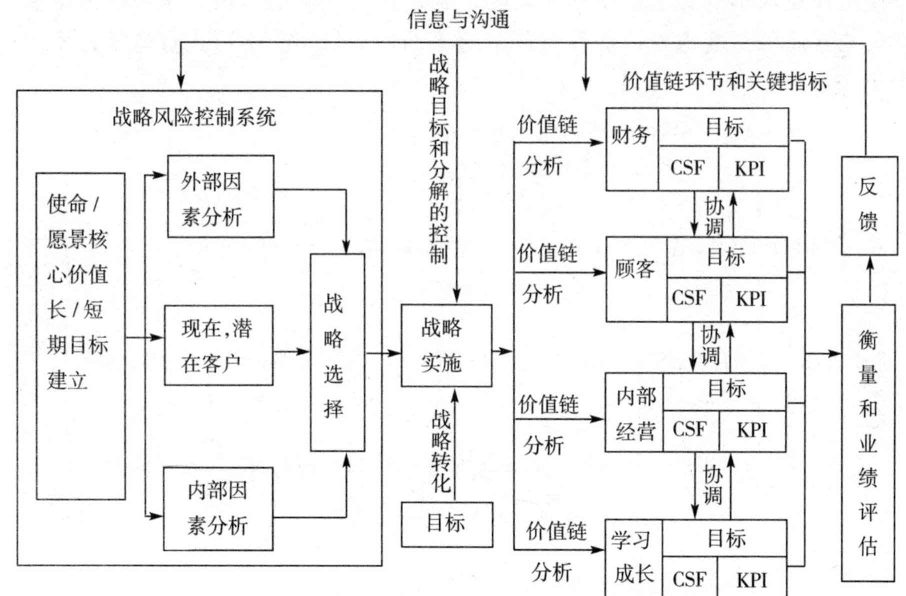

图 17 基于平衡计分卡的战略导向内部控制模型

（二）内部控制目标体系：用战略统领平衡计分卡目标体系

根据风险管理框架，企业风险管理包括了四类目标，战略目标、经营目标、报告目标和合法目标。我国财政部 2008 年发布的企业内部控制基本规范中指出的企业内部控制的目标是合理保证以下基本目标：企业战略；经营的效率和效果；财务报告及管理信息的真实、可靠和完整；资产的安全完整；遵循国家法律法规和有关监管要求。在这些目标中，我们要用战略的眼光看问题，从战略的高度来解决内部控制目标问题和统领内部控制目标体系。站在企业战略的高度，以战略目标为统领，兼顾其他目标①。也就是说，平衡计分卡企业内部控制目标应该是以战略目标为主导，兼顾其他目标。

（三）价值链分析：构建企业价值链系统

将企业活动根据平衡计分卡的四个方面分为财务价值链、顾客价值链、内部经营价值链和学习成长价值链。财务价值链以经济增加值 EVA 为主线，通过企业价值最大化出发，增加收入，减少成本费用，提高资产使用效率，建立适当的资本结构，减少资本成本。顾客价值链从满足顾客需求出发，提供产品和服务，完善售后服务，增加消费者剩余，满足顾客需求。内部经营管理链可以使用作业成本的方法，从作业动因、到作业、到价值增值。学习价值链从提高员工素质的角度出发，加强对员工的培训，提倡团队学习，打造学习型组织文化。如图 18 所示：

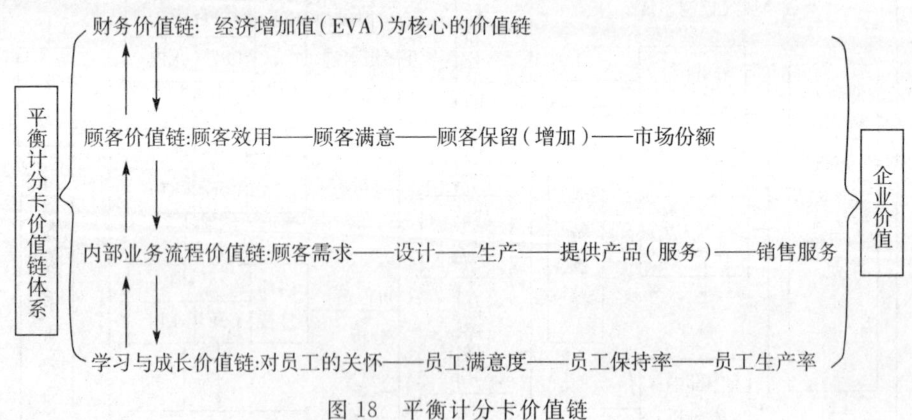

图 18 平衡计分卡价值链

① 朱荣恩．内部控制框架的新发展——企业风险管理框架．审计研究，2003（6）：11－15.

（四）价值链内部控制：与价值流并行的控制

价值链内部控制程序为：①制定控制标准。实施日常控制之前，首先要将价值链整体目标和各被控对象应该达到的具体目标转化为控制标准和风险准则。控制标准是日常具体业务处理的依据；风险准则是防范高风险，避免企业陷入高风险事件的限制性标准。②风险监测、分析和控制。对价值链所处的内外部环境进行实时监测，对那些可能给价值链及其企业带来巨大风险的因素进行分析，并与风险准则进行对照。如果属于不可接受的高风险事件，应该进一步判断：风险准则是否存在问题，如果答案肯定则应该对风险准则进行修订，否则应该采取避险控制措施。这是前馈控制过程。③检测诊断。进行风险因素监测的同时，还要收集各被控指标的实际工作情况信息，对各被控对象的实际工作绩效进行衡量。将收集的实际绩效信息与控制标准进行比较，确定实际工作绩效与标准之间的偏差，并进一步分析偏差产生的原因。对于那些难以避免出现偏差的活动，也要确定一个可以接受的偏差范围，超出了这个范围就应当引起注意，分析原因。④实施控制。根据检测诊断的结果，利用适当的控制方法采取控制行动。这是反馈控制过程。价值链内部控制是一个连续不断的过程。无论是事前、事中的前馈控制，还是事后的反馈控制都需要连续不断地进行，如图 19 所示：

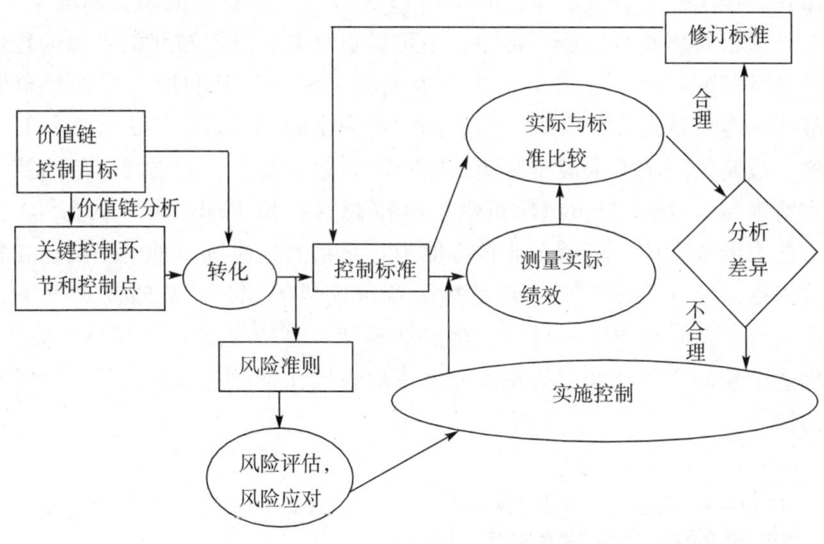

图 19　价值链内部控制流程

二、战略风险控制

战略风险控制是战略导向内部控制的重要内容，构成内部控制的主轴，在进行内部控制构建的时候首先要研究战略风险控制。

（一）战略风险的内容

管理者对战略风险构成要素及相互关系（即战略风险结构）的理解，取决于他们如何看待企业战略的本质及实施过程。明茨伯格认为，对企业战略本质的理论研究可谓是战略丛林[①]，各个流派从各自角度剖析了战略的本质，由此造成大家对企业战略风险要素认识上的巨大差异，进而使企业在战略风险管理过程中采取的战略风险测度及调控风险手段千差万别。管理者要想全面把握战略风险，需要重新思考战略及战略风险的本质。战略结构学派代表波特教授认为，企业是价值活动集合体，企业正是通过履行一组不同的价值活动或者以不同的方式履行相同的价值活动来获取竞争优势，完成这些活动的方式和经济性决定了企业产出（产品与服务）的成本领先性和价值差异性。因此战略的本质是通过设计和履行面向特定产品市场定位的独特价值链，来赢得成本或差异化优势[②]。战略实施中的风险主要来源于企业价值链（活动流程）运行。战略资源学派代表沃纳菲尔特（B. Wernerfelter）认为[③]，企业是战略资源的集合体，企业正是凭借对那些有价值、稀缺、不可模仿复制、难以替代的资源的理性认识、选择及开发利用，导致了企业竞争优势来源和超额利润。从这种角度上讲，战略的本质就是在“有缺陷的”和“不完全的”要素市场中选取并开发战略资产。战略风险主要来源于企业战略资产（包括资本）的损耗。战略能力学派代表哈默尔（Gary Hamel）和普拉哈拉德（C. K. Prahalad）认为[④]，企业是核心能力的集合体，所谓企业核心能力，是指如何协调多种生产技能和整合众多技术流派的知识或能力，它是持续竞争优势的源泉。战略就是竞争大未来，即培育产业发展预见，设计战略发展框架，善用资源，培养核心竞争力，以求创造全新的竞争空间。战略风险更多地表现在企业对未来新竞争空间所需能力的缺乏。

---

① 明茨伯格等．战略历程：纵览战略管理学派．北京：机械工业出版社，2001.

② 波特．竞争战略．北京：华夏出版社，1997.

③ Wernerfelt B. The resource-based view of the firm：ten years after. Strategic Management Journal，1995，16（3）：171 － 174.

④ Gary Hamel and Prahalad，C. K. 竞争大未来．北京：昆仑出版社，1998.

综合主要战略流派观点①，可以认为：战略风险受到企业战略资产损耗、市场竞争变化、流程履行质量、未来能力积累等众多因素的影响。全面衡量与控制企业战略风险需要一个多维、多特性的企业战略风险结构。可以认为，战略风险包括四大主要来源：市场竞争风险、价值流程风险、资源损伤风险和能力短缺风险，如果以上任何风险数量或水平充分，那么企业战略实施就会很危险，如图 20 所示。

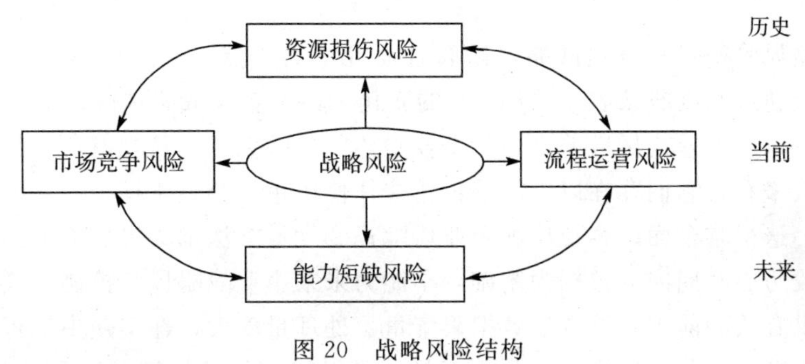

图 20 战略风险结构

1. 资源损伤风险

如果是对企业实施战略有重要影响的金融资产、物理资产价值和功能发生损失或退化，资源损伤就变成一种战略风险。例如，现金流不足、长期证券投资价值随着利率上升而大幅贬值等。资源损伤风险大多是由于过去决策和行动造成的，是一种事后追溯的历史风险要素。

2. 市场竞争风险

企业的首要职能就是要为顾客创造价值，其本质在于通过履行一组独特的价值链为目标顾客提供与众不同的产品和服务、形象等价值内涵。如果顾客不再对企业提供的价值内涵感兴趣或购买，此时顾客忠诚度大大下降，企业将面临失去市场的重要风险。引发企业市场竞争风险的例子包括：消费者需求的品位发生了变化，性价比更优的可替代产品出现等等。

3. 流程运营风险

从内部角度看，管理者为了实施战略，为目标顾客创造价值，必须建立内部关键价值流程，比如顾客订单履行流程、制造服务流程、采购流程、创新流程、兼并收购流程等等，并促使其快速、低成本、高质量地运行。如果企业运营这些关键价值流程经常发生错误或者低效率，企业就会面临流程运营风险。

① 王翔，李东等，基于 BSC 的企业整合型战略风险管理系统研究．科研管理，2005（5）：79—85.

4. 能力短缺风险

流程运营风险和市场竞争风险可以反映对企业在当前市场空间中运作的风险水平，然而企业战略实施要求跨期平衡管理，不仅涉及在今天现有市场空间的竞争，还包括在未来全新市场空间中的竞争。如果企业缺乏取胜于未来市场的重要能力，虽然当前企业战略风险不大，但是却会导致企业后劲不足。

（二）基于平衡记分卡的战略风险衡量机制

战略风险衡量一直是战略风险管理研究中的重点。使用最早的是 CAPM 方法以及通过测度股票收益（EPS）的变化来衡量企业战略风险。后来人们利用特定变量的方差或标准差来估计企业整体的风险大小。从现有各种战略风险度量方法来看，它们存在以下缺陷：①往往使用单一类型指标，多为财务和金融指标，这很难全面、客观反映企业风险；②度量方法都为事后追溯性质，以较长一段历史时期内的数据为基础，不能为未来企业战略风险控制及战略实施行动提供有效的前提；③方法数据采集量、处理量庞大，在实践中推行较难。

运用平衡计分卡作为绩效测评工具，可以将它与其他管理流程结合起来，作为一种更大的进行信息共享、跨部门沟通和组织学习的管理系统，帮助企业在关键领域取得突破性绩效改善。第一，在绩效全面衡量的基础上，通过深入挖掘和分析绩效指标间因果关系链，可以更加直观地识别组织绩效的创造过程，据此有助于提出科学、具体、有针对性的管理改进方案；第二，在企业计划上，平衡计分卡可以把企业总体绩效目标分解到部门、团队和个人目标，以能否对平衡计分卡指标产生贡献作为准则，可以有效地将评价和组织内部众多活动、努力，使其聚焦到价值创造，并且使各种资源配置到那些能够真正创造出价值的要素上。90 年代后期，伴随着平衡计分卡在实践中应用的深入，卡普兰和诺顿教授提炼出四个管理流程，帮助企业将长期战略目标和日常行为联系起来，推动平衡计分卡发展成为企业战略控制系统 。首先，组织基于平衡计分卡把描述性的使命和战略转化为一套具体、完整、可以测评的目标和指标集，帮助管理者澄清特定战略内涵，并达成共识。接着，运用平衡计分卡开展沟通和协调工作，将组织整体战略目标分解到部门、团队和个人目标，确保组织各层次目标都能与战略保持一致。第三，通过平衡计分卡开展业务计划。管理者把能否对平衡计分卡上目标实现作出贡献当作组织内确定工作优先顺序、分配资源、建立预算的依据。最后，通过平衡记分卡开展战略反馈与学习。基于平衡计分卡上财务、顾客、内部运作和学习与成长维度指标绩效反馈，组织开展数据分析和团队会议讨论，可以检验既定战略的实施进度与问题，并可以检验当初设计战略基于的各种假设是否还成立，据此做出快速、有针对性的调整。围绕平衡计分卡将上述四个管理流程整合贯穿起来，组织战略的制定和实施就成为一个连续的过程。

综上所述，平衡记分卡不仅可以帮助管理者全面、客观理解企业战略驱动因素，还能帮助企业传达落实战略，并且实时监控战略实施过程。从这个意义上讲，平衡记分卡既可以反映企业当前的市场竞争变化和价值流程履行风险，也可以反映过去的资源损伤风险和未来的能力短缺风险，成为一个多维、面向战略实施操作的企业战略风险衡量机制的最佳模式。

战略风险控制与内部控制的关系见表3。

表3 平衡计分卡与战略风险控制的关系

战略风险结构	战略风险衡量	战略风险控制
市场竞争风险 价值流程风险 资源损伤风险 能力短缺风险 （多维风险）	财务 顾客 内部经营 学习成长 （平衡计分卡）	目标体系 风险分析系统 标准系统 战略协调控制系统 诊断系统 （内部控制）
战略分析	战略计划	战略实施

战略风险控制贯穿在内部控制的始末，在对战略风险控制做一个总体分析后，我们通过分别对平衡计分卡的四个维度——财务维度、顾客维度、内部经营维度和学习成长维度展开研究。将战略分解到四个维度，分解成具体的指标，再通过价值链分析方法，将这些指标串联起来形成相互驱动的因果关系，通过对价值链关键控制环节和平衡计分卡指标的控制来实现内部控制的战略目标，在对价值链进行控制的时候我们分别从内部控制风险管理框架的八要素进行对应分析。

三、财务维度内部控制构建：对EVA价值链的控制

（一）财务维度的EVA价值链

平衡计分卡财务指标是内部控制所要达到的目标，首先内部控制要分析平衡计分卡财务指标的风险，进行风险识别，找出影响企业财务指标实现的风险

因素，分析这些因素发生的可能性及对财务指标的影响程度，提出应对风险的措施，采取适当的控制措施，加强信息沟通，保证财务指标的实现。EVA（经济增加值）是 Economic Value Added 的缩写，是对财务绩效的复合衡量，其最大特点就是从会计利润中扣除了权益资本。正的 EVA 表明公司的经营活动创造了股东价值，而负的 EVA 表明公司的经营活动损害了股东价值。在财务维度中我们引入 EVA 价值链。

EVA 本身就是一条价值链。EVA 体系扎根于公司并且长期注重公司的经济模型而不是会计模型。EVA 的一个优点是其适应性。它不仅仅是公司的整体衡量体系，还可以分解到事业部、工厂、分厂甚至是产品线。只要是牵涉收入、成本和占用的资本（最核心的部分）的分摊，就可以用到 EVA。几乎所有的采取 EVA 的公司都将计算贯彻到了事业部层。作为一种评估体系，EVA 不仅仅是管理者寻求报酬最大化的指南和激励因素，现在愈来愈多的金融公司在公司报告中使用 EVA 框架来补充更传统的分析。然而，EVA 不仅仅只是一种评估工具。它也是使得管理者和股东有相同的立足点的奖励报酬体系的基础，对于增加股东回报的行动进行奖赏，否则给予惩罚。EVA 的奖金体系通常从高层管理人员开始，然后逐步地扩展到各中层管理人员，最后 EVA 可以一直实施贯彻到生产第一线。

（二）EVA 价值链的内部控制

EVA 价值链的内部控制是在 COSO 报告和传统的内部控制内容、程序、目标、方法、原则等的基础上，更加强调 EVA 的中心地位，以其作为监督与激励手段，增强企业内部控制功能和实现企业价值创造最大化。因此，企业内部控制的逻辑框架要以 EVA 为中心来进行业绩评价，而战略规划及设定目标、管理活动及价值创造、实施监督及报告和纠正差错及调整差异都与 EVA 中心直接联系，并时时保持信息沟通，增强企业整个内部循环控制的有效性和力度。EVA 中心根据反馈的信息做出业绩评价并建立相关的 EVA 指标体系以指引相关的内部控制环节。同时 EVA 在推进和改善董事会法人治理结构方面也起到积极作用，因为只有 EVA 才能够真正公平、透明的平衡和激励企业各方面的利益相关者。企业管理高层首先根据 EVA 中心对过去的评估以及未来的预测制定企业发展经营战略规划，并分级设定目标。然后各事业部或职能部门以预订目标为导向进行价值管理和创造活动。当企业完成价值的创造和积累过程时，要进行监督并整理出报告结果，然后进行分析和调整差异，并及时将信息反馈给 EVA 中心，经过如此循环便完成了基于价值链管理的内部控制过程。EVA 价值链的内部控制如图 21 所示。

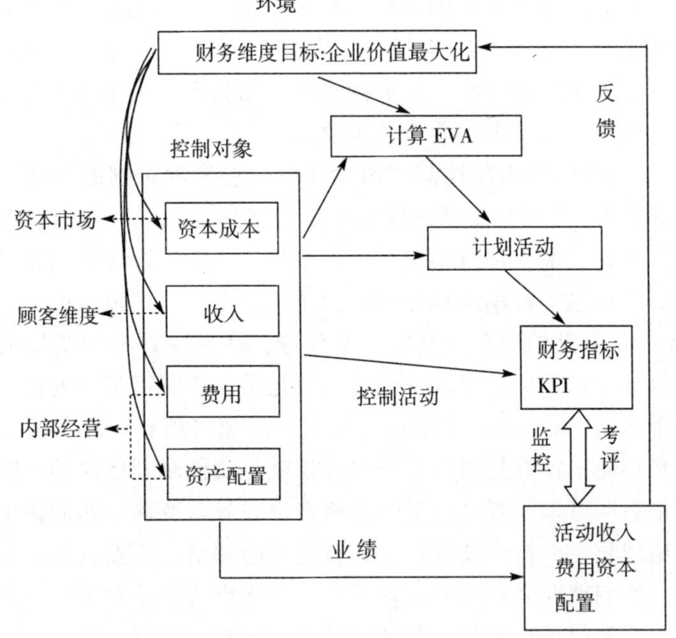

图 21　基于 EVA 的财务维度内控子系统

(1) EVA 价值链控制内部环境。EVA 价值链内部环境是战略风险管理要素的基础，为其他要素提供规则和结构。EVA 价值链内部环境不仅影响企业战略和目标的制定、业务活动的组织和对风险的识别、评估和反应，还影响企业控制活动、信息和沟通系统以及监控活动的设计和执行。董事会是 EVA 价值链内部环境的重要组成部分，对其他内部环境要素有重要的影响。企业的管理者也是 EVA 价值链内部环境的一部分，其职责是建立企业风险管理理念，确定企业的风险偏好，营造企业的风险文化，并将企业的风险管理和相关的初步行动结合起来。

(2) EVA 价值链的内部控制的目标设定。财务维度的内部控制目标首先要保证平衡计分卡财务指标的实现，同时在还要保证企业资产的安全性，财务行为符合会计法规和相关的会计准则制度。

(3) EVA 价值链的内部控制的事项识别。事项识别是从财务的角度识别与平衡计分卡财务指标实现相关的风险。平衡计分卡企业财务指标可以引进 EVA 的方法。企业财务目标是实现企业价值最大化。EVA 为我们分析企业财务风险提供了一个框架。要使企业价值最大化我们就要增加收入，减少成本费用，同时还要提高资产的使用效率，关注企业的资本结构和资本成本。所以影响这些指标的因素都构成这一维度的风险。因此我们要识别影响企业收入，成本费用，资本配置，资本成本的风险。而影响企业收入的因素很多，包括宏观环境和微观环境。影响成本费用的因素有材料成本，人工工资，生产率，废品率等等因素。资本配置包括企业资产的规模，结构等，资本成本与资本市场密切相关。对这些风险因素的识别至关重要。

（4）EVA 价值链的内部控制的风险评估。在事项识别的基础上进行风险评估，分析影响 EVA 指标要素的风险发生的概率，风险对目标财务指标的影响及程度。风险评估的方法有很多，可以根据专家对宏观经济的预期，政府的指引，以及历史信息，数率统计分析，直观经验等来评估风险的大小及影响。

（5）EVA 价值链的内部控制的风险反应。在风险评估的基础上采取措施控制风险，保证企业目标的实现。风险反应是采取控制措施的前提，比如在风险识别中发现这期 EVA 指标中的成本费用可能超出预算，那我们首先就要分析导致成本费用超出预算的因素有哪些，这就是我们刚开始说的风险识别，风险识别的结果表明可能是管理人员的差旅费出现异常变动，我们接下来就要分析差旅费用出现异常的概率及数额，这就是风险评估，当发现差旅费用异常的数额很大时，我们就要采取风险应对方案，严格审查差旅费用的金额。采取的控制措施有主管部门审批签字，报销凭证的完整真实等等。

（6）EVA 价值链的内部控制的控制活动。控制活动是根据风险评估结果、结合风险应对策略所采取的确保企业内部控制目标得以实现的方法和手段，是实施内部控制的具体方式。控制措施结合企业具体业务和事项的特点与要求制定，主要包括职责分工控制、授权控制、审核批准控制、预算控制、财产保护控制、会计系统控制、内部报告控制、经济活动分析控制、绩效考评控制、信息技术控制等。平衡计分卡是作为业绩考评提出来的，所以业绩考核是平衡计分卡企业中控制的活动的重要措施。设置科学的业绩考核指标体系，对照预算指标、盈利水平、投资回报率、安全生产目标等方面的业绩指标，对各部门和员工当期业绩进行考核和评价，兑现奖惩，强化对各部门和员工的激励与约束。

（7）EVA 价值链的内部控制的信息与沟通。平衡计分卡企业尤其注重信息的沟通，从战略到行动，通过具体的指标使企业的各层次的部门员工清楚地明白企业的战略以及明白自己应该做什么，怎样做。同时信息是企业科学计量业绩的重要保障，信息是内部控制的血液，没有完善的信息沟通渠道，内部控制系统将形同虚设。所以在平衡计分卡企业中，我们要将财务指标传达给每一位员工，同时将要反馈企业员工的业绩及表现。

（8）EVA 价值链的内部控制的监控。监督检查是企业对其内部控制的健全性、合理性和有效性进行监督检查与评估，形成书面报告并作出相应处理的过程，是实施内部控制的重要保证。找出内部控制的设计存在的漏洞或者内部控制运行存在的弱点和偏差，使内部控制不断完善。

四、顾客维度内部控制构建：构建一个满足顾客需求的内控子系统

（一）客户维度的价值链：客户价值驱动 CRM 战略机理

客户价值是企业获取持续竞争优势的来源，通过获取卓越的客户价值，客户将保持忠诚，从而对企业的产品或服务进行购买、重复购买、扩大购买或交叉购买，同时也为企业树立良好的口碑，这将大大提升客户关系的质量，从而有形或无形地增加企业的收益，促使关系价值得到提升。关系价值的增加驱动企业拥有大量的资本，增加对关系管理的投入，同时，企业通过评估客户绩效，对客户进行识别和分类，针对不同的客户采取不同的管理策略，为客户提供个性化的产品或服务，满足其个性化的需求，这将导致客户价值进一步增加。客户价值和关系价值是客户价值驱动的 CRM（客户关系管理）[①] 战略的两个支撑点，它们之间的互动是一个增强系统。因此，为客户创造的价值越多，越能增加客户的满意度，提高客户忠诚度，实现客户保持，也有利于增加企业收益，如图 22 所示。

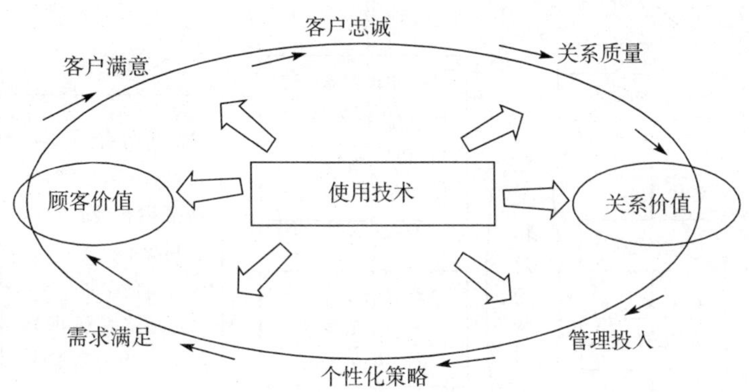

图 22　客户价值驱动 CRM 战略机理

---

① 客户管理，亦即客户关系管理（Customer Relationship Management）的简称，也可以称作 CRM。CRM 的主要含义就是通过对客户详细资料的深入分析，来提高客户满意程度，从而提高企业的竞争力的一种手段。客户关系是指围绕客户生命周期发生、发展的信息归集。客户关系管理的核心是客户价值管理，通过"一对一"营销原则，满足不同价值客户的个性化需求，提高客户忠诚度和保有率，实现客户价值持续贡献，从而全面提升企业盈利能力。

（二）客户维度的价值链内部控制构建：满足顾客需求的内部控制

客户维度价值链从满足顾客需求出发，通过客户价值驱动 CRM 战略机理，分析 CRM 中各要素。将平衡计分卡客户维度的目标转化成平衡计分卡顾客指标，关键的顾客指标包括：市场占有率，顾客保持率，顾客增加率，顾客利润率等。分析这些指标的风险因素，找到关键的控制点，实施控制活动，检查实际业绩与目标指标的差异，分析控制的效果。客户维度的价值链内部控制如图 23 所示。

（1）客户维度的价值链的内部控制环境。顾客维度的内部控制环境包括市场环境和企业内部环境。市场环境包括宏观环境——政治，经济，科技，法律等和微观环境——客户，竞争者等。企业内部环境包括组织结构、组织文化、人力资源等等。由于市场环境瞬息万变，所以客户维度的价值链内部控制要严密监视内外部环境的变化，分析其对客户维度的影响，可以使用五力环境分析法。

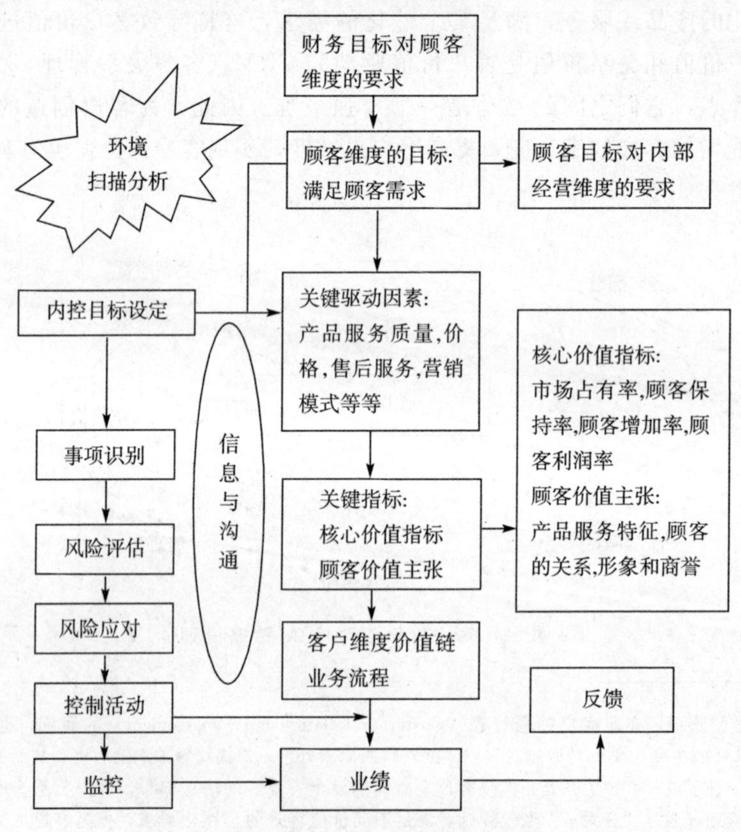

图 23　顾客维度内部控制子系统

（2）客户维度的价值链内部控制的目标设定。顾客维度的目标设定可以从顾客维度整体目标出发即满足顾客需求。同时由于平衡计分卡四个方面的关联驱动关系，所以我们在制定这个环节内部控制的目标是要充分考虑和顾及平衡计分卡其他方面的要求，如企业要实现财务目标收入指标。在顾客维度就要提高产品或服务的市场占有率，扩大销售量，在保持原有客户的基础上，增加原有客户的需求量，吸收新的客户，等等。同时在实现客户目标的同时要通过内部经营维度的支持，提供符合市场要求的产品，按时、按需、按质地提供产品和服务。因此，客户维度内部控制的目标也是确保核心价值指标和顾客价值主张的实现。核心价值指标有：市场占有率、顾客保持率、顾客增加率、顾客利润率。顾客价值主张有：产品服务特征、顾客的关系、形象和商誉。

（3）客户维度的价值链内部控制的事项识别。根据对顾客维度环境扫描和分析的结果，结合顾客维度目标，识别影响顾客维度目标实现的风险。企业可以建立一个风险预警机制，提高对风险的灵敏度和反应能力。顾客维度的风险主要是围绕顾客和产品或服务两个中心。产品或服务方面的风险主要有产品或服务的质量，价格，差异化，售后服务等。顾客方面的风险主要来自：顾客喜好的变化，相似产品或替代品等等。根据对影响顾客维度目标风险的识别，找出那些关键的风险因素，对后续的风险评估与应对具有重要的作用。

（4）客户维度的价值链内部控制的风险评估。客户维度风险评估要找出影响客户购买的因素，分析该因素对目标指标的影响及程度，判定企业是否能承受该风险，如果超出了企业的承受范围，就必须采取风险应对措施，进行必要的控制活动。

（5）客户维度的价值链内部控制的风险应对。风险应对可以加强市场营销环境的调查研究，企业从设计产品开始，到定位、分销和促销活动的全过程，都必须深入市场，进行调查研究。通过市场的调研活动，掌握相关的情报资料信息，包括顾客需求信息、竞争者信息、国家宏观经济及相应的政策信息、国际政治与经济形势以及其他信息。企业的营销活动，必须在充分掌握了相关信息资料的基础上才能顺利展开，否则企业营销活动就会产生风险；可以建立风险防范与处理机构，在变化的市场环境下，企业在运营中风险随时都可能发生，因此建立风险防范与处理机构就如同建立营销机构一样重要。正确面对发生的风险，当风险产生以后，如何面对风险，是决定风险能否正确和顺利处理的关键。

（6）客户维度的价值链内部控制的控制活动。由于该维度直接面对的是顾客，所以可采取的控制活动有对顾客满意度的调查，对产品维修时间的控制，退货率指标，顾客的投诉等等，要保证这些指标的真实性；比如在对顾客对销售人员服务态度的检查中，可以检查销售人员服务表现调查表，顾客对销售人员评价的真实性，比如在调查表中的信息存在风险，即调查表上的信息可能是销售人员伪造的。在这个案例中，我们可以采取在调查表中增加顾客的联系方式、身份识别等信息，同时详细地描述购买的时间地点等等，采取的控制方法可以是通过调查表上顾客留下的联系方式，采取随机抽样的方式，直接与顾客联系，判明调查表信息的真实性。

（7）客户维度的价值链内部控制的信息与沟通。信息与沟通无疑是重要的，不管在什么企业，什么样的内部控制体系中，信息与沟通就是该体系的血液。良好的信息沟通渠道是内部控制有效性的关键。建立顾客与企业之间、销售人员与企业管理者、销售人员与其他人员之间良好的信息沟通渠道是很重要的，信息沟通可以通过发放顾客调查表，顾客反馈表，顾客建议表，员工自评，员工互评以及领导评议等手段进行，加强信息的记录和披露。

（8）客户维度的价值链内部控制的监控。没有监控系统，内部控制就不能自我完善，容易形成空架。客户维度的内部控制要不断地自我完善，满足顾客维度对内部控制的要求。

五、内部经营维度内部控制构建：顾客需求导向的链控合一的控制

（一）内部经营价值链：顾客需求导向

在内部业务流程层面，管理者要确定对实现客户和股东目标来说都至关重要的环节。为企业内部业务流程制定目标和指标的过程是平衡计分卡和传统业绩衡量系统的最大区别。为这些流程建立目标和指标只能源于自上而下的把战略转化为经营目标的程序。每个企业都通过不同的流程为客户创造价值，这些差异化的流程大部分都产生于图 24 所示的流程价值链，其中包含创新、经营和售后服务三个主要业务流程。

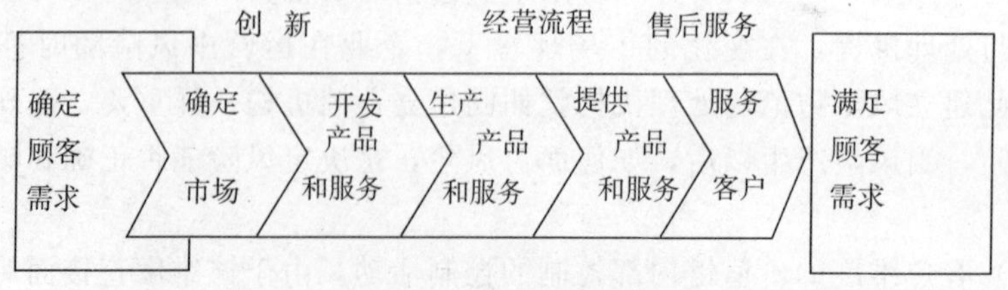

图 24 内部流程价值链

创新是一个关键的内部流程。创新流程包括两个部分：首先，管理者要进行市场调研，确认市场规模、客户的偏好，以及目标产品或服务的价格定位。企业如果要使自己的内部经营过程满足具体客户的需要，那么一个关键任务就是获得关于市场规模和客户偏好的准确而有效的信息。除了调查现有的和潜在的客户，企业还必须寻找能够提供产品和服务的全新机会和市场。在获取了足够的市场和客户信息后，企业据此决定新产品和服务的具体投入和开发，这是创新流程的第一个步骤。由于企业在产品和服务的研发上投入资源和新产品带来的产出间关系不够密切和确定，因此创新流程中的指标相对传统经营流程活动的指标更加难以掌握和衡量。然而不同的企业根据行业特性以及累积的经验仍然可以开发出切合实际的指标。

企业内部流程价值链的最后一环是售后服务。售后服务包括提供担保和产品维修，次品、退货和付款等手续的处理。诸如时间、质量和成本等指标都可以运用到售后服务流程中，从而来衡量企业的业绩。因此，反应时间（从客户提出要求到问题解决所需的时间）可以衡量企业对产品故障做出反应的速度；成本指标可以衡量售后服务流程的效率（使用资源的成本）；另外，一次成功率可以衡量多少客户的要求是一次性获得解决而不是多次要求才能满足的。

（二）内部经营价值链内部控制构建：链控合一

对经营维度内部经营价值链是企业价值链的核心，是其他价值链的载体，在企业内部控制中具有重要的作用。经营维度内部经营价值链内部控制构建如图 25 所示。

（1）经营维度内部经营价值链的控制环境。公司要达成长远的战略目标，实现公司价值最大化，为客户提供超值的价值回报，不仅需要建立正确的战略价值观，还需要建立和公司战略相一致的组织结构，建立一个良好的内部控制环境，确保各内部控制活动的高效运行，为价值管理的实现创建一个良好的平台。其内部控制环境建设包括公司和组织架构、公司的战略价值观、公司的经营理念和管理风格、公司的风险态度、用人制度、激励制度及信息平台建设等多方面的内容。

（2）经营维度内部经营价值链内部控制的目标设定。内部经营价值链的内部控制最终目标就是要确保公司经营方针和战略目标的顺利实现，使公司整体价值保值增值，最终实现公司价值最大化。因此，内部经营价值链的内部控制，首先根据公司的产品和服务特征，选定公司的目标客户，根据客户的需求，考虑市场、技术、竞争的动力和消费者，分析公司的内外部环境和业务情况，确定竞争的优势和核心竞争力，明确公司的战略目标、业务范围、经营策略。其次，需要对目标和成本进行平衡分析，设定公司的具体控制目标，确定采取何种行动方案和计划；设定获取超出资本成本的回报率、管理和接受适当的业务风险。

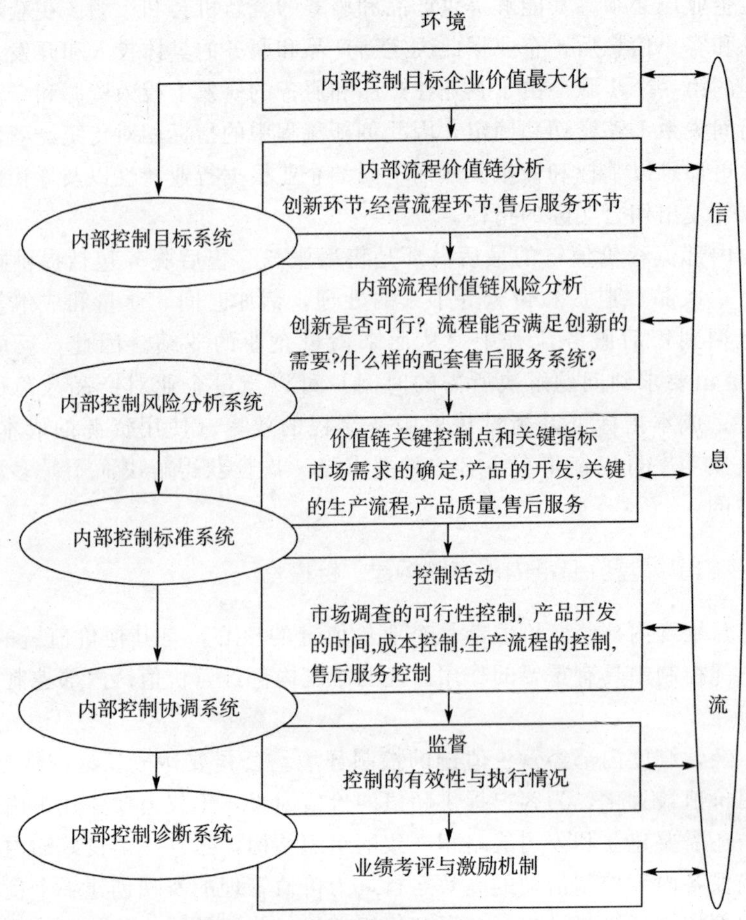

图 25　内部经营链内部控制模型

（3）经营维度内部经营价值链内部控制的事项识别。进行价值链分析，明确公司的内部控制具体对象，识别风险事项。根据公司的总体战略目标和策略，对公司内部价值链进行分析，记录下公司完成价值交付的整个过程，画出整个公司的价值创造树，这样就能够看清各价值活动的增值的过程，明确公司内部的价值创造者和价值破坏者，为内部经营价值链的内部控制提供一个控制目标，以实现公司的价值增值。分析公司的价值驱动因素，并对每一个价值驱动因素进行敏感性分析，分析每一个价值驱动因素的变动和现金流量之间的关系及股东价值、股票的关系，并将公司的价值驱动因素与相关行业的标杆公司进行对比分析，这样可以明确内部经营价值链的内部控制重点和难点。公司的内部控制是价值管理的一个手段，各价值活动构成了具体的内部控制对象，进而对风险事项进行识别。因此，公司需要对价值活动进行进一步详细分析，分析各价值活动耗费的人力和财力及创造的EVA增加值，为内部经营价值链的内部控制提供具体控制对象和风险识别事项。

（4）经营维度内部经营价值链内部控制的风险评估。经营维度的流程是为了生产某特定的产品或服务而进行的一系列作业活动，对输入进行转换，形成一定的输出，同时实现价值增值的过程。流程管理就是对中间转换的流程作业活动以系统管理的方式进行评估、分析、改善、标准化与持续改善。利用流程管理，结合价值链的分析，可以把流程和相关价值活动联系起来。分析影响流程的风险包括：市场确定风险识别、产品设计风险识别、成长方面风险识别、销售方面风险识别和服务方面的风险识别。

（5）经营维度内部经营价值链内部控制的风险应对。经营维度内部经营价值链内部控制的风险应对把各指标落实到相关的责任部门和责任人，并定期对各指标值进行统计、分析，定期或者不定期地召集各方的相关人员，根据公司内外部环境，就公司的指标绩效进行专业的分析，寻找差异原因，共同探讨解决的办法，确保战略能得到有效的执行，必要的时候根据市场环境的变化，适时调整公司的战略目标。这样就在战略目标和战略执行及内部控制间形成了一个闭环控制系统，确保了公司战略目标的有效实现，实现公司价值最大化。

（6）经营维度内部经营价值链内部控制的控制活动。内部经营价值链的内部控制，需要对各价值活动及价值所需要的资源、产生的价值进行持续不断的控制，保证各项业务有条不紊的进行，确保价值的整体增值。持续的监督控制活动发生在整个内部控制过程中，它包括例行的管理和监督控制活动。负责营运的管理阶层在履行其日常的管理活动时，取得内部控制系统持续发挥功能的资料，当营运报告、财务报告与他们所得到的资料有大偏离时，可对报告提出质疑；适当的组织机构及监督活动，可用来辨识缺失；各个职务的分离，使不同员工之间可以彼此相互检查，以防止舞弊；把信息系统所记录的资料同实际资产核对；内、外部稽核人员定期提出强化内部控制系统的建议；监督控制活动还包括对日常工作过程的控制、对公司的有形和无形资产的控制、对公司信息存取及安全的控制、对公司的内部审计等。

（7）经营维度内部经营价值链内部控制信息沟通。平衡计分卡信息沟通可以通过平衡计分卡的指标体系构成的价值链来实现，平衡计分卡将战略分解到了内部经营管理方面，让内部经营管理的员工知道公司的总战略，进而将这些战略分解成具体的指标，通过具体指标传达这些战略，使员工清晰地明白公司的战略并知道为了实现公司战略而自己应该怎么做、做些什么，战略随着平衡计分卡的分解而不断流向每个员工。

（8）经营维度内部经营价值链内部控制的监控。内部控制是价值活动的具体化，其目标是保证公司价值最大化，平衡计分卡内部经营指标。作为一个战略绩效工具，内部经营价值链的内部控制提供了一个有效的绩效考核标准。建立和绩效评估相一致的激励机制，能很好地把内部控制目标与激励联系起来，使全公司的员工都自觉或不自觉地控制各业务活动，促进内部控制绩效的持续改进和提升，保证各价值活动的增值，同时有利于公司平衡各方的利益，实现公司的健康稳定的长远发展，实现公司价值最大化。

六、学习成长维度内部控制构建：以人为本，构建学习型组织控制系统

在学习成长维度的内部控制框架上，我们借鉴学习型组织的理论，先介绍学习成长维度的价值链，再分析该价值链的内部控制。

（一）学习成长维度价值链：员工素质提高的驱动关系

平衡计分卡中学习与成长层面的目标为其他三个层面目标的实现提供了基础框架，是前面三个计分卡层面获得卓越成果的驱动因素。公司创新、提高和学习的能力，是公司不断改进现有产品和过程、拥有引入新产品潜力来应对激烈的竞争的前提和基础。员工能力包括三组核心的结果性指标，分别是：员工满意度、员工保持率和员工生产率。在这三组结果性指标的基础上可以设计相应的驱动性指标。这些相互驱动的指标就构成价值链。

（二）学习成长维度内部控制：学习型组织内部控制体系

在传统的组织中，内部控制的功能定位在“查错防弊”。战略导向的内部控制组织应该是一个学习型组织，内部控制的功能发生了转变，逐渐地由“被动”的监督，转变为“主动”的引导，由“查错防弊型”转变为“行为引导型”。组织的生命力在于不断地学习和不断地创新，学习和创新有赖于组织中每一个员工的努力，如何引导员工坚持不懈地获取、创造、储存、传递和利用知识，并及时发现和克服学习中的障碍是非常关键的问题。战略导向内部控制正是解决这一问题的重要保证。组织本身就是一个自组织系统，可以实现自我提高和自我发展，而内部控制系统便是自组织系统的组成要素之一。一方面，

组织中的内部控制可以引导企业中的四类群体或个人去实现自我超越、改善心智模式、建立共同远景、实施团队学习和系统思考，另一方面内部控制可以引导人们及时发现学习中的障碍，如革新不足、行动能力不足、思考能力不足、对于所学知识的记录不足以及传播能力不足等等，从而有利于组织员工克服学习中的障碍，以获得更大的进步，如图 26 所示。

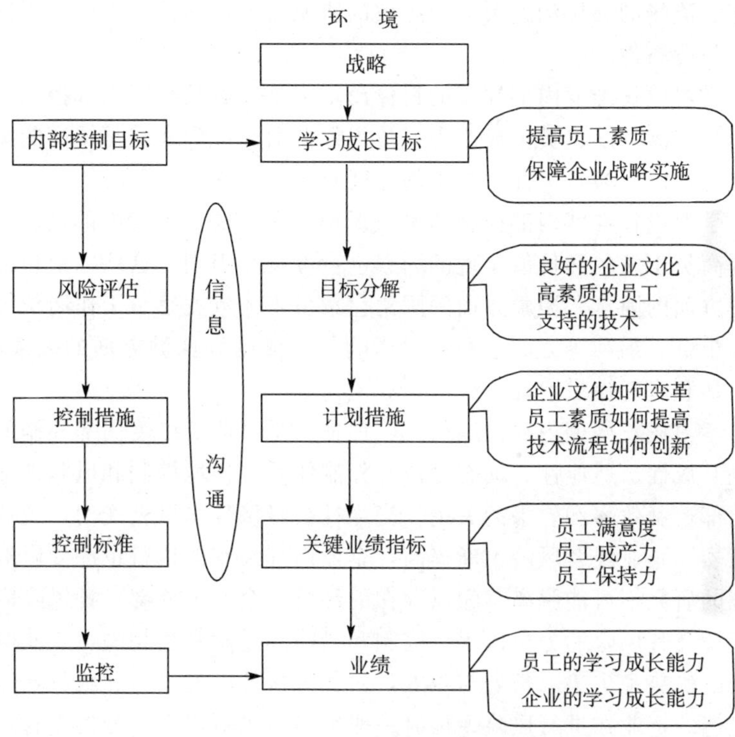

图 26　学习成长维度内控子系统

（1）学习成长维度内部控制的控制环境。学习成长维度内部控制的控制环境应该是以人为本，营造浓厚的学习氛围。企业控制环境包括公司董事会、企业管理者的素质及管理哲学、公司文化、组织结构与权责分派体系、信息系统、人力资源政策及实务等。控制环境直接影响到企业内部控制的贯彻和执行，以及企业经营目标及整体战略目标的实现。学习成长维度内部控制的构建，首先应注意企业内部控制环境的建设。学习成长维度内部控制环境应该是以人为本，学习氛围浓厚的，有利于学习型组织构建和发展的企业内部环境。企业中的任何改革都将遇到阻力，阻力有技术方面的也有观念方面的。在技术高度发达的今天，技术阻力已经很小了，但观念的阻力却日益凸显，内部控制的发展中也存在这样的问题。学习型组织理论注重企业文化建设，可很大程度地减少来自观念的阻力，将软控制与硬控制充分融合，使内部控制发挥最大效益。学习型组织要加强管理阶层的管理哲学、管理风格、操守及价值观等软控制环境的培养与建设，塑造长期、全面、健康的公司文化氛围，使其成员能自觉地把办事准则和职业道德放在首位。学习型组织要强化公司组织结构建设，界定关键区域的权责分配，建立良好的信息沟通渠道，使公司具有清晰的职位层次顺序、流畅的意见沟通渠道、有效的协调与合作体系，为公司内部控制提供良好的环境条件。

（2）学习成长维度内部控制的目标设定。学习成长维度内部控制的目标包括：提高员工满意度、员工成产力、员工保持力。说到底就是提高的员工的素质和满意度，以人为本，促进员工的发展和价值实现。

（3）学习成长维度内部控制的事项识别。学习成长维度内部控制的事项识别是对提高员工发展和价值实现的因素进行发现和识别。这些因素包括员工激励和保健方面的因素，激励方面的因素包括员工的成就感、工作岗位等，保健方面包括工资、福利等方面，通过对影响员工激励和保健方面的因素的识别，为风险评估和应对提供前提。

（4）学习成长维度内部控制的风险评估。学习成长维度内部控制的风险评估应该是开放性、适应性、动态的内部控制体系。环境控制和风险评估，是提高企业内部控制效率和效果的关键。当今社会经济环境风云变幻，企业间竞争越来越激烈，企业经营风险不断提高，企业内部控制的执行也深受影响。对于内部控制的研究不可能脱离其赖以存在的环境及企业内外部各种风险因素，而必须从环境及其风险的分析入手。控制和风险的概念密切相关，企业应该对内分析自身的优势和劣势、长处与短处，对外分析外界的机会和威胁，考虑自己的生存机遇。企业在进行风险评估时一般须经历风险辨别、分析、管理、控制等过程。特别要注意的是，当企业内外部环境发生变化时，风险最容易发生，因此企业应加强对环境改变时的事务管理，构建开放性、适应性、动态的内部控制体系。

（5）学习成长维度内部控制的风险应对。学习成长维度内部控制的风险应对的方法包括激励理论，强化理论，公平理论。以公平的手段，通过对员工的正强化和负强化，对表现好的员工给予奖励，给表现差的员工一定处罚，褒善除恶，从而提高员工的素质。

（6）学习成长维度内部控制的控制活动。学习成长维度内部控制的控制活动应该是柔性化的内部控制。控制活动是确保管理阶层的指令得以实现的政策和程序，旨在帮助企业保证其已针对使企业目标不能达成的风险，采取了必要行动。控制活动出现在整个企业内的各个阶层与各种职能部门，包括诸如核准、授权、验证、调节、复核营业绩效、保障资产安全以及职务分工等多种活动。控制活动是针对关键控制点而制定的，因此企业在制定控制活动时，关键就是要寻找关键控制点。学习成长维度内部控制活动是一种高度柔性化的活动，不是刚性的要求，不像传统的企业那样严格控制，要标准化的操作程序，业务要经过严格的层层审批。学习型组织是一个开放型、动态的组织，它组织内部管理者与员工之间是相互沟通的伙伴关系。

（7）学习成长维度内部控制的信息。信息与交流，就是向企业内各级主管部门（人员）、其他相关人员以及企业外的有关部门（人员）及时提供信息，通过信息交流，使企业内部的员工能够清楚地了解企业的内部控制制度，知道其所承担的责任，并及时取得和交换他们在执行、管理和控制企业经营过程中所需的信息。在信息方面，要注意内部信息和外部信息的搜集和整理，在交流方面也要注意内部和外部信息的交流渠道和方式，在信息技术的发展中注意控制信息系统。信息系统真正起到能动地帮助各个员工自觉正确地履行职责的作用，信息将高度共享，组织实现充分沟通，员工行为会自我优化，内部控制则成了全体员工及整个组织持续优化行为及绩效的保障性制度。

（8）学习成长维度内部控制的监控。学习成长维度内部控制的监督是导向型的内部控制。学习成长维度内部控制的组织内部员工和组织间有共同的愿景，员工把组织的生存与发展看成是与自己息息相关的事情，在组织中，每个员工都为组织竭尽自己的力量，所以监督他们是没有必要的，这时内部控制监督职能就应该是一种导向型的，引导员工朝着组织的目标前进，并不断纠正偏差，实现组织目标，也就是有效地控制并引导团队行为，内部控制必须努力促进公司内部控制团队的形成并让其充分地发挥积极作用。

第四节 基于平衡计分卡的战略导向内部控制的实现路径

基于平衡计分卡战略导向内部控制的实施路径可以分为以下几个步骤：①战略制定的风险控制；②利用平衡计分卡对战略分解的风险控制；③对四维度价值链的内部控制；④绩效考评和反馈的控制。

一、战略制定的风险控制

由于企业所处环境的不确定性，对于什么是符合要求的途径，人们很难有一个统一的认识。每个企业自身条件千差万别，对同样的环境也会作出不同的反应。企业决策需要研究历史的信息，分析现在的信息，预测未来的信息，需要掌握大量的经济的、非经济的、数量的、非数量的资料等等。决策过程中还需要决策人员综合利用直觉、判断、估计及评价等多种方式。这些都使得战略决策偏离目标的可能性不断增加。一旦战略决策出现失误，就会影响到企业的发展乃至生存，企业必须对战略决策过程实施控制。企业控制人员通过向企业最高层决策者提供客观的企业内外部环境的信息，支持战略决策过程。影响企业的外部环境因素非常多，各个行业和企业情况又不相同。一般外部环境因素可以划分为两大类：一是社会环境因素，具体包括影响企业的各种社会文化、经济、政治、法律、技术等因素。这些因素通过第二类外部环境因素间接和较长期地影响企业的战略决策。第二类外部环境因素就是任务环境因素，具体包括企业的竞争者、供应商、经销商、顾客、债权人以及各种特殊利益团体等。有效战略管理就需要对企业的竞争地位进行准确的分析，控制人员可从竞争入手来分析任务环境因素如何影响企业，通过对竞争力量进行系统分析，着重将其中对企业有影响的信息提请高层决策者注意。控制人员就外部环境对企业竞争力量的影响信息作出分析后，应弄清楚企业现时的状况，对此可对企业概况、产品市场、环境、以往战略等几方面内部因素加以考察，明了自身优缺点。由于战略决策影响到企业的生存与否，所需信息广泛又综合，内部控制人员只能在详细了解内外情况的基础上，为企业战略提供支持，并结合一些判断原则，避免企业决策偏离既定轨道。

二、平衡计分卡的战略风险控制

公司战略远景和目标往往比较长远和抽象，这时就需要借助平衡计分卡这个再恰当不过的工具对战略目标进行分解。由于内控目标是保证公司战略目标的实现，那么，通过平衡计分卡对战略目标进行分解，就为内部控制树立了具体的、可操作的内部控制目标。平衡计分卡在公司战略和内部控制之间架起了一座桥梁。利用平衡计分卡，分别从财务、客户、内部运营、学习和成长四个维度设立与战略目标内涵一致的各个维度的战略目标（见表4），作为内部控制要达到的总体目标。

表 4 A 公司 BSC 指标体系

维度	战略目标	序号	指标
财务	实现企业价值最大化	1	公司价值（以 EVA 来衡量）
		2	利润率
	销售收入持续增长	3	销售收入
	提高资本运营效率	4	存货周转率
			应收账款周转率
客户	持续扩大核心产品市场规模	5	用户数量
	提高客户满意度	6	客户满意度
	按承诺进行服务	7	目标市场客户保持率
			正确的订单比率
内部	领导产品创新	8	产品开发循环的时间
			产品开发项目的数量
	简化订单履行程序	9	每个订单的供货成本
			每个订单的供货时间
	降低运营成本	10	单位产品成本率
	提高产品质量	11	返工率
			质量达标率
内部	提升关键人才管理能力	12	核心岗胜任能力覆盖率
			员工满意度
	提高确定客户对产品的需求的能力	13	员工合理化建议数
			培训时间
	提高员工的客服导向的职业素养	14	员工合理化建议数
			培训时间

三、对四维度价值链的内部控制

内部价值链是平衡计分卡内部运营维度的基础，内部运营维度需要根据财务和客户维度的战略层目标在基本内部价值链的基础上确定自己的最佳业务流程。它是企业必须做好的关键内部过程，反映出企业主要的价值创造过程，反映出一个业务单位中各种活动的功能如何满足客户的需求，并且在这些活动过程中成本如何发生、效益如何增长。以平衡计分卡为主体的内部控制实施也主要是内部运营维度的控制活动实施。在依据基本价值链明确了能够对内控总体目标产生影响的价值活动即内控对象后，为加强对各价值活动的控制和管理，还需要对价值活动进行分析，明确各价值活动所能创造的具体价值，确定对这些活动进行控制所要达到的具体目标，据以建立相应的内部控制制度和作业。在明确了内部控制的对象和内部控制的具体目标之后，我们已经能够建立起相应的内部控制制度和流程，为了使内部控制做到以公司的价值及其增值过程为主线来进行，就必须进一步分解体现为战术指标的价值驱动因素，这些价值驱动因素是整个基于价值链管理的内部控制的重点。明确价值及其增值过程可以通过平衡计分卡战略地图的建立来完成。平衡计分卡战略地图的建立，也是在结合企业战略目标，在价值链分析的基础上，从财务、客户、内部流程和学习与成长角度形成了一环套一环的因果关系链，这个链条的一端是企业希望获得的结果，另一端是对这些结果的驱动因素。平衡计分卡的指标，也是根据这种因果关系，在对企业的战略目标进行划分的基础上制定的。这一步的目的，是要在明确具体价值驱动因素的条件下，确定控制关键点。

下面以产品的生产为例来进行说明。根据前文给出的内部价值链示意，和生产过程有关的基本价值活动包括：销售预测、生产计划、物资采购、产品生产、物料和产品仓储、质量保证。其中，基本活动包括：生产计划、物资采购、产品生产、物料和产品仓储；辅助活动包括：销售预测、质量保证。根据各价值活动的内涵以及价值活动之间的价值联系，可以初步分析各价值活动所能创造的价值所在：

（1）销售预测控制。销售预测是对企业产品的未来销售量（包括产品系列和规格品种的销售量及使用量）的预测，销售预测直接指导生产计划的制定并影响其后的生产过程，因此，销售预测创造的价值主要体现在销售预测准确度的提高，有利于减少库存成本和因缺货带来的市场机会损失等。故对销售预测这一价值活动进行控制的具体目标就应当是销售预测的科学、精确。

（2）生产计划控制。生产计划是确定每一具体的最终产品在每一具体时间段内生产数量的计划，它来源于销售预测，同时又能为销售部门提供可供销售的信息。因此，生产计划同销售计划类似，创造的价值大体也主要体现在计划的准确性，以及减少库存成本和因缺货带来的市场机会损失。对生产计划这一价值活动进行控制的具体目标也应当是计划制定的科学、准确。

（3）质量保证控制。质量保证活动指确证与其他活动质量的各种活动，例如监督、视察、检测、核对、调整和返工等。因此，质量保证的价值主要体现在提高产品质量和客户满意度，减少返修率、返工率，节约生产成本。那么，质量保证活动的控制目标就应当是提高客户满意度，减少产品返修率，节约成本费用等。

（4）物资采购控制。物资采购主要指购买用于企业价值链各种投入的活动，它是生产经营的必然要求和前提条件，物资采购活动质量的好坏直接影响到企业库存成本的高低以及生产过程的质量。故物资采购的价值主要体现在保证物料的及时供应和物料的质量，它也能够直接影响到返修率、返工率等质量保证活动的效率。所以，对物资采购活动的控制目标就要定位在采购计划的合理和采购质量的保证上。

（5）产品生产控制。产品生产指将投入转化为最终产品相关联的各种活动。产品生产受前面生产计划、物资采购活动的影响，也直接对其后的产品储备和销售负责。产品生产的价值主要体现在及时生产高质量的产品，这直接影响到产品因缺货带来的损失额度以及产品的返修率等。对产品生产的控制目标就应该是产品的数量充足、质量达标。

（6）物料和产品仓储控制。物料和产品仓储是产品生产、流通过程中因订单前置或市场预测前置而使产品、物品暂时存放。它是连接生产、供应、销售的中转站，对促进生产、提高效率起着重要的作用。物料和产品仓储的价值主要体现在完好无损地保存各原材料、半成品和产品。那么对这一环节的控制目标就要定位在确保存储物资的完好无损，完整无缺。

通过对价值活动的分析，为内部控制活动明确了具体的目标，据此就可以建立与价值活动对应的内部控制，如购货环节的内部控制、生产环节的内部控制、仓储环节的内部控制等，通过相关的控制制度和流程，对这些价值活动以及价值活动相关的人员和消耗的资源进行控制，就可以保证各价值活动的有效增值。这一步骤中所确立的具体内控目标，是总目标的具体化，为了对总目标的执行情况进行评估和考核，使这些目标能够反映各内部控制活动的执行情况以及各价值活动的增值情况，要把这些目标尽可能地量化。

四、绩效考评和反馈的控制

根据各价值活动执行情况及所创造的价值，对内部控制绩效做出评估分析并进行适当的激励，平衡计分卡体系为内部控制绩效评估提供了一个全面的考核体系。

（1）根据平衡计分卡指标设置情况，以各部门的指标，确立评价目标，并在评价目标指引下选定评价对象和考察重点；

(2) 依据平衡计分设置的指标体系，落实指标负责人对指标进行数据收集、整理，将内部控制实际完成情况所达到的结果同指标目标值进行比较，分析差异及差异产生的原因。

(3) 针对差异及差异分析的结果，与评价对象进行沟通，与之交换意见，对结果中不确定和不完全的部分进行修改，对不合实际的指标进行相关调整，对影响战略目标实现的重要因素，加强后期投入和控制，并明确后期内部控制工作计划和目标；

(4) 以绩效评价的结果为依据，对各部门给予薪酬调整、晋升等激励措施，促进各级人员的积极性，保证公司高效而稳健的实现内部控制目标。

以平衡计分卡体系为路径展开基于价值链管理的企业内部控制，其基本步骤可以总结为：用平衡计分卡管理控制工具，引入价值链分析，对各价值活动及价值驱动因素进行详细分析，为内部控制设置具体目标和标准，由此确立内部控制制度和作业流程并明确内控重点，明确内部控制的方向，同时确立内部控制的考核依据。平衡计分卡体系战略导向内部控制的过程，满足了构建原则的要求：内控目标的设定关注到了战略和整体；指标体系的建立因为基于价值链分析和价值活动分析，基本上体现了各控制点的要求，同时指标之间因为拥有因果关系，能够反映控制点运作的情况；通过借助战略地图对价值驱动因素的分析，使控制活动遵循了价值及其增值过程；因为整个内控活动立足于战略和整体，建立在价值链分析基础之上，并以平衡计分卡体系为依托展开，已经能够满足协调均衡的要求。

本章主要参考文献：

[1] Committee of Sponsoring Organizations of the Treadway Commission (COSO). Internal Control-Integrated Framework [R], 1992

[2] Committee of Sponsoring Organizations of the Treadway Commission (COSO) —Enterprise Risk Management Framework (draft) [R],2003

[3] Criteria of Control (COCO) Board of the Canadian Institute of Chartered Accountants. Guidance for Directors—Dealing with Risk in the Boardroom [R]. COCO, Toronto, 1999

[4] Black, F. Beta and Return. Journal of Portfolio Management, 1993, (20)

[5] Grunbb, Tomas M. & Robert B. Lamb. 2000 Capitalize on Merger Chaos, New York: Free Press.

[6] The Institute of Chartered Accountants in England&Wales. Internal Control—Guidance for Directors on the Combined Code [R] . ICAEW, London, 1999

[7] The Turnbull Report. Guidance for Directors on the Combined Code [R] . ICAEW, London, 1999

[8] Grant, J. L. Foundations of Economic Value Added, John Wiley &Sons, 1997.

[9] Basle Committee on Banking Supervision. Framework for Internal Control System in Banking Organizations [R], 1998

[10] Yang Yiyi & Li Biqiang. Research on Comparison and Integration of JIT and TOC Proceedings of 2004 International Conference on Innovation& Management. Wuhan [1] Black, F, Capital Market Equilibrium with Restricted Borrowing, Journal of Business, 45, 1972

[11] Ensen, M. The Modern Industrial Revolution, Exit, and the Failure of Internal Control Systems [J] . Journal of Finance, July, 1993

[12] 罗伯特·R. 卡普兰著．高级管理会计 [M]．吕长江译．东北财经大学出版社，1999.

[13] 杰瑞·考夫曼著，贾广焱、李一川译．价值管理 [M]．北京：机械工业出版社，2003.

[14]（日）今井正日．现场改善——低成本管理方法 [M]．机械工业出版社，2000

[15]（美）弗雷德·R. 戴维著．李克宁译．战略管理 [M]．经济科学出版社，1998.

[16] 彼德·德鲁克著．苏伟伦译．管理思想全书 [M]．九州出版社，2001.

[17]（美）罗伯特 .S. 卡普兰，安东尼 A. 阿特金森．高级管理会计 [M]．东北财经大学出版社，1999.

[18]（美）罗伯特 .S. 卡普兰，戴维 .P. 诺顿．综合记分卡——一种革命性的评估．新华出版社，1998.

[19] 罗伯特·R. 卡普兰：平衡计分卡：良好的业绩评价体系．哈佛商业评论精粹译丛 [M]．中国人民大学出版社，1999.

[20] 罗伯特·S. 卡普兰．把平衡计分卡作为战略管理体系的基石．哈佛

商业评论 [J] .1996.

[21] 吴安妮．实施平衡计分卡应注意的问题．会计研究月刊（台湾）[J]．第182.

[22] 罗伯特·S. 卡普兰．平衡计分卡的实际应用 [J]．哈佛商业评论，1993.

[23] 阎达五，杨有红．企业内部会计控制系统 [M]．北京：中国人民大学出版社，2004.

[24] 刘明辉．审计学 [M]．大连：东北财经大学出版社，2004.

[25] 李凤鸣．内部控制学 [M]．北京：北京大学出版社，2002.

[26] 张国康，黄金曦，罗彬．内部控制制度 [M]．上海：立信会计出版社，2003.

[27] 赵保卿，内部控制设计与运行 [M]．北京：经济科学出版社，2005.

[28] 汪海粟，企业价值评估 [M]．上海：复旦大学出版社，2005.

[29] 林钟高，尤雪英，徐正刚．独立审计理论研究 [M]．上海：立信会计出版社，2002.

[30] 张文贤，孙琳．内部控制会计制度设计——理论、实务、案例 [M]．上海：立信会计出版社，2004.

[31] 杜胜利．企业经营业绩评价 [M]．北京：经济科学出版社，1999

[32] 张蕊．企业战略经营业绩评价指标体系研究 [M]．北京：中国财政经济出版社，2002

[33] 汪家常，魏立江．业绩管理 [M]．大连：东北财经大学出版社，2001

[34] 财政部．企业内部控制基本规范，2008.

[35] 王化成，佟岩．财务管理理论研究的回顾与展望——20世纪后20年中国财务理论研究述评 [J]．会计研究，2001/12.

[36] 阎达五，宋建波．双元控制主体构架下现代企业会计控制的新思考 [J]．，会计研究，2000（3）．

[37] 阎达五，杨有红．内部控制框架的构建 [J]．会计研究，2001（2）．

[38] 阎达五．价值链会计研究：回顾与展望 [J]．会计研究，2004（2）．

[39] 吴水澎，陈汉文，邵贤弟．企业内部控制理论的发展与启示 [J]．会计研究，2000（5）．

[40] 吴水澎，陈汉文，邵贤弟．论改进我国企业内部控制—由“亚细亚”失败引发的思考［J］．会计研究，2000（4）．
[41] 张炎兴，公司治理结构与会计控制观［J］．会计研究，2001（8）．
[42] 王湛．内部控制外部化的思考［J］．会计研究，2001（11）．
[43] 于增彪等．现代企业内控制度：概念界定与设计思路［J］．会计研究，2001（11）．
[44] 刘金文．“三要素”．内部控制理论框架的最佳组合［J］．审计研究，2004（2）．
[45] 朱荣恩．建立和完善内部控制的思考［J］．会计研究，2001（1）．
[46] 朱荣恩，贺欣．内部控制框架的新发展——企业风险管理框架[J]．审计研究，2003（6）．
[47] 朱荣恩等．关于企业内部会计控制应用效果的问卷调查［J］．会计研究，2004（10）．
[48] 李凤鸣，韩晓梅．内部控制理论的历史演进与未来展望［J］．审计与经济研究，2001（7）．
[49] 林钟高，王书珍．企业内部控制与企业价值相关性研究［J］．财贸研究，2006（5）．
[50] 陈继云．COSO 报告与内部控制研究［J］．上海会计，2002（6）．
[51] 程新生．论公司治理与会计控制［J］．会计研究，2003（2）．
[52] 罗勇．内部控制基本理论研究［J］．财务与会计导刊，2004（4）．
[53] 李斌．关于企业内部控制与企业价值相关性研究［J］．经济师，2005（11）．
[54] 王海林．价值链内部控制模型研究［J］．会计研究，2006（2）．
[55] 刘成立．价值增值动因：财务、会计、审计共同的逻辑起点［J］．财务与会计导刊，2004（7）．
[56] 赵保卿．基于价值链管理的内部控制及目标定位［J］．北京工商大学学报（社会科学版），2005（6）．
[57] 吴大军，高荣祥．平衡计分卡评说［J］．财务与会计，2001（11）．
[58] 林文雄，胡奕明．如何编制有效的平衡计分卡［J］．财务与会计，2002（7）．
[59] 杨臻黛．业绩衡量系统的一次革新——平衡计分卡［J］．外国经济管理，1999（9）．
[60] 华金秋．美国企业经营绩效平衡表：一种革命性的评价工具［J］．

管理现代化，2001（6）.

[61] 唐邵玲．战略管理绩效评估体系的创新：平衡计分卡［J］．经济管理，2002（6）.

[62] 吕鹏．平衡记分卡法与我国企业业绩评价方法的改进［J］．经济管理，2002（13）.

[63] 王芳，张笑莉．平衡计分卡：一种新的经营业绩评价方法［J］．中南财经大学学报，2001（4）.

[64] 余杰，曾龙祥．平衡记分卡建立过程的几点思考［J］．四川会计，2002（7）.

[65] 杨克智．战略导向内部控制研究（D）．安徽工业大学硕士学位论文，2008.

第四章

内部控制、价值管理与企业价值

在过去的20年里，资本市场尤其是股票市场的迅速发展使得资本的流动性大大增加，发达的信息技术促使资本能够迅速积聚到价值增值最快的地方，由此导致企业的市场风险不断增大。同时，现代资本市场的迅速发展，极大地促进了企业资源在不同所有者之间的流动。近年来，企业购并、重组、股权交易、风险投资等产权交易活动蓬勃开展，因此，企业估价问题就成为产权交易能否达成的核心问题之一。在这样的背景下，许多管理学家提出了价值管理（Value Management），如波特的价值链（Value Chain）理论、詹姆斯·迈天的价值流（Value Flow）、卡普兰的平衡记分卡（BSC）和Steward公司的经济增加值（EVA）等。企业价值是20世纪60年代初期伴随产权市场的出现由美国管理学者率先提出的一个概念，西方国家的企业界普遍认为，企业价值将是21世纪企业的共同语言。当把价值这个范畴放入内部控制领域之中时，我们最关心的是如何看待价值管理与内部控制之间的关系，通过内部控制实现企业的价值增值最大化（阎达五，2004）。利用内部控制可以优化资本结构和降低理财风险，从而提高企业价值。李斌（2005）通过分析折现现金流量模型和资本资产定价模型，得出企业内部控制同未来现金流量和折现率有着紧密的内在联系，它直接增加或减少企业价值。

内部控制的产生和发展与委托受托经济责任关系及其制度化的公司法人治理结构有着密切的关系，也与企业价值链和价值管理活动等有着一定的联系。赵保卿（2005）认为内部控制体现价值链管理理论的基本内涵，实现企业价值最大化构成内部控制的目标，内部控制可以实现企业价值链整体增值。王海林（2006）则认为，内部控制是价值链企业开展全面业务合作，实现价值链管理目标的保证。价值链内部控制是一个过程，它是为了达到既定的价值链管理目标，而在价值链内部实施的组织、计划、方法和程序。他用现代控制理论的思想对价值链内部控制问题进行了深入研究，提出了价值链内部控制、价值链内部控制系统及其相关概念；并从价值链内部控制的特点出发构建了价值链内部控制模型。COSO 框架（1992）认为内部控制是旨在合理保证财务报告的可靠性、经营的效果和效率、符合适用法律和法规的一个由企业的董事长、管理层和其他人员实现的过程，并提出了对企业价值具有高度相关性和影响意义的五个组成要素，内部控制是一种旨在为实现组织目标提供理论依据的过程，目的是增加价值并提高组织的运作效率。

从目前有限的文献看，学者们也已经注意到内部控制、价值链管理都可以成为提升企业价值的重要工具，目前国内外已有部分文献论及企业价值与价值链管理、企业价值与内部控制、内部控制与价值链管理之间关系，但这些探讨往往是两两相联系，没有将三者有机结合，且总体的研究成果在数量和质量上都显得比较狭窄和深入程度不足，基本上停留在定性分析与规范论证阶段，没有运用模型设计和数理分析等定量方法进一步厘清和验证它们的关系。同时，从何处以及如何使内部控制与价值链管理这两类价值管理工具有机对接与融合，却是众多文献所忽略的。

企业能否在激烈的竞争中不断地提高经济收益，在很大程度上是由企业的战略思维方法决定的。随着经济的全球化以及科技的进步，使企业、顾客和供应商有更多的选择机会，成功的关键因素不再只是从价值链上找到定位和战略环节以及为战略环节附加价值，更为重要的是构造价值的新成分，即构造超脱于企业甚至产业的整个价值创造系统。以价值最大化为目标的企业不可能直接作用于价值，必须挖掘能促进企业价值不断增值的各个驱动因素，内部控制与价值链管理就是重要的价值管理工具，更是促进企业价值不断增值的重要驱动因素。本章试图通过对内部控制与价值链管理有机结合与对接，从战略视角，以追求和创造企业价值为基础，以内部控制与价值链管理为价值管理工具，以正确的战略决策、完善的经营规划、有效的价值驱动策略，来探讨提升企业价值途径。

第一节　基于价值创造的公司治理与内部控制

公司治理是由股东、董事会、监事会和经理层组成的一定的制衡关系，是用来监督、约束管理经营者行为的控制制度，体现着一种由所有者、董事会、监事会和高级经理人员组成的制衡关系，其核心是让所有者的约束力量可以到达公司管理层，从而尽可能使管理层的目标和所有者的利益相一致。公司制企业出现后，剩余索取权和控制权在一定程度上产生分离，随之产生了代理问题，内部控制由此而生，内部控制是企业董事会及经理阶层为确保企业财产安全完整、提高会计信息质量、实现经营管理目标等而建立和实施的一系列具有控制职能的措施和程序。内部控制的实施离不开完善的公司治理结构，而实现企业价值最大化的终极目标必须有赖于执行有力的内部控制的支撑。因此，只有将两者有机地结合起来，才能为企业创造更大的价值。

目前，我国的上市公司的内控机制尚不完善，上市公司造假案件的数量有逐渐上升之势，从“深圳原野”，“琼民源”，“郑百文”到“银广厦”，各种违规造假使股民和公司受到极大的损害。失去内部控制的公司治理结构，不仅损害了投资者的利益，而且使企业失去竞争活力。因此，只有将两者有机地结合起来，才能为企业创造更大的价值。公司治理和内部控制是目前会计学界讨论得比较多的话题，在我国，由于公司治理缺陷而导致内部控制薄弱已是不争的事实，公司治理与内部控制已引起我国会计学界的关注，并引发了激烈的讨论，许多学者从不同的角度论述了它们之间的关系，提出了很多有价值的结论和建议。但是，目前对公司治理和内部控制关系的研究，主要是从二者各自的概念、内涵及所涵盖的内容出发来阐述它们之间的区别与联系，本节拟从价值创造的角度，提出价值创造是公司治理和内部控制共同的终极目标，并基于价值创造分析公司治理以及公司治理与内部控制的整合。

一、公司价值与价值创造

从经济意义上讲价值具有效率的特征，即强调收益与投入之比，而且以货币作为计量参数。价值是凝结在商品中的无差别的人类劳动。如把资金的概念引入，价值可以看成是资金的生成和增值，它所体现的是一种被物的外壳掩盖着的人与人之间的关系。① 公司价值是企业发展到较高阶段出现的一个全新概念。真正意义上的公司价值产生于现代公司，只有在市场机制较为完善且作为配置资源的方式和手段行之有效的前提下，公司价值才能被准确评估、测量和发挥作用，不断提高公司价值才能成为一种新的制度安排，成为公司发展的一种全新模式。公司价值内涵有两个层次：一是企业整体价值。企业整体价值使企业未来收益资本化，即现值化，企业整体价值增值是通过企业价值增值活动实现的，是由长期的企业价值增值活动所决定的。这一层次的企业价值是长期与动态的概念。二是企业具体价值活动。企业价值具体活动是指企业的每一项具体经济活动都形成一定价值，扣除各种成本后，各项业务活动最终累计为企

① 唐建君．价值管理背景下的企业内部控制．会计监督，2006（1）：38－39．

业价值的增值，它是一个静态概念。企业价值还有其具体表现形式：一种是企业外在价值，即企业外部投资者认定企业的投资价值，对于上市公司而言就是股票市值；另一种是企业内在价值，即企业自身所固有的功能价值，如生产特殊产品的技术与能力等，主要决定于公司盈利能力，公司创新能力，公司抗风险能力，并且受治理结构等多种因素的影响。

价值的源泉就是价值是由谁创造的，而价值创造其实就是价值形成过程，只不过促使价值形成的是具有主观能动性的人，所以我们称其为价值创造。企业价值最大化已成为人们普遍接受的公司目标假设，也成为贯穿公司管理活动的一个基本思路，即所有的管理活动都以了解企业价值为始，以企业价值最大化为终。惟有价值创造出来并得以实现，企业才能在激烈的市场竞争中占据一席之地，得到持续发展。而企业只有把自身改造为价值创造者，以为股东、顾客、员工乃至整个社会创造新价值作为目标，才能实现企业的持续发展。企业要实现持续性发展，必须要不断地创造价值。

二、基于价值创造的公司治理

企业的生命力源于价值创造，完善的公司治理结构是企业创造价值的基础。基于价值的公司治理是以创造价值和实现价值增长为目标，使价值增值和实现价值最大化的理念贯穿于公司治理的过程，从而保证基于价值的管理处于正确的运营轨道而进行的公司治理结构设计。[①] 企业要获得生存就必须不断地创造价值。企业的价值大部分来源于经营活动产生的利润，且与企业的核心业务密不可分。而企业的价值创造能力，是建立在完善的公司治理结构基础之上的。从公司创造价值和价值实现角度看，基于价值的公司治理是公司治理的核心。按照新制度经济学家的理解，公司治理是一项正式制度安排，并且这项制度安排直接决定着公司的所有者和经营者和其他利益相关者在实现公司价值最大化中所采取的态度。这种态度的不同显然会给公司价值带来极大的影响。公司治理结构的完善与否直接影响公司价值。公司治理结构是公司管理活动运作的组织与制度保障，它通过绩效评估和薪酬规划来激励管理人员（员工）致力于企业价值的创造。[②] 公司治理主要是通过绩效评估指标体系、管理者薪酬规划这两种方式来保证价值创造活动的实施。

① 张先治，甄红线．基于价值的公司治理——股东价值与利益相关者价值的比较．财经问题研究，2006（6）：31－36.

② 林钟高，王书珍．论内部控制与企业价值．财贸研究，2006（5）：117－122.

（一）基于价值创造的绩效评估指标体系

我们把公司（企业）绩效即公司创造的价值，统称为公司价值。从公司财务角度，对公司治理效率的评价标准是公司绩效，所以，在公司治理的研究中，公司绩效是一个非常关键的指标。基于价值的绩效评价指标有很多，如经济增加（EVA）、股东总收益率（TSR）、投资现金流收益率（CFROI），股东价值增值（SVA），经济利润（EP）等。而在现有的相关研究中，大多使用传统的会计指标作为公司绩效的度量，但事实上，传统的会计指标不能真正地反映企业创造的价值；也有许多使用股票的收益率、Tobin’s Q、市净率作为公司绩效评价指标，但由于我国股票市场的投机性强，股票的价格脱离公司基本面的情况时有出现，且股票价格在一段时间内呈现了较大幅度的波动，所以以与股票价格相关的评价指标作为公司绩效的度量，很可能会使研究结果在一定程度上偏离实际。没有一个评价指标能够满足公司的各种需要，价值管理者可以根据不同的公司性质、公司规模以及不同的公司层次按照一定的评判标准来选择、组合适用的绩效评估指标体系。

（二）基于价值创造的管理者薪酬规划

基于价值的管理者薪酬计划的目标就是吸引、维系和激励管理人员使其目标集中在企业价值创造上，并通过薪酬组合如工资、奖金、津贴和长期股票期权来平衡股东和管理者之间长期利益和短期利益的冲突。[①] 有效的激励和监督机制，可以确保管理人员的创新动力不受侵害。并将公司战略分解成一系列的价值推动要素，根据价值推动要素和时间期间来设计绩效评价指标，使管理者的变动薪酬与绩效指标挂钩，引导管理者将其注意力集中在企业的价值创造上。

三、基于价值创造的公司治理与内部控制整合

内部控制是企业董事会及经理层为确保企业财产安全完整、提高会计信息质量、实现经营管理目标等而建立和实施的一系列具有控制职能的措施和程序。内部控制的产生与发展受制于委托受托经济责任关系及其制度化的公司法人治理结构，内部控制同时又是企业加强价值管理活动，实现价值增值的重要

① 任翠玉. 对公司治理与管理控制的再认识——基于公司价值创造模型的研究. 营销论坛，2006（2）：72—73.

手段。

价值管理可以具体化为各种形式，内部控制就是其中的具体形式之一，也是能促进企业价值不断增值的因素之一。[①]公司治理与内部控制作为实现企业目标的重要手段，两者互为促进，在经营实践中，单纯强调其中之一，都不利于企业目标的实现。

（一）公司治理与内部控制的终极目标：价值最大化

企业价值最大化作为企业的目标已成为不争的事实。企业价值创造过程实质上包含了两个阶段，即战略决策与战略执行。企业的价值取决于企业创造的自由现金流量，而自由现金流量又是企业高层管理人员作出的公司战略所形成的一系列投资和运营决策所产生的，所以，公司战略是企业价值创造的源泉。但是具有持续竞争力的战略的形成与实施是离不开公司治理与内部控制的。科学的公司治理结构应该是一套有利于企业剩余索取权和控制权合理配置的契约与制度安排，其目的是制衡企业各相关利益者之间的权力，保证公司科学决策。也就是说，科学的公司治理结构应该以企业价值最大化为目标，即为企业创造更多的价值。在利益相关者共同治理企业这个逻辑下，公司治理的核心是为了控制内部人控制，使企业价值达到最大，这样就能照顾到各利益相关主体的利益。而要保证各利益相关者的利益，内部控制就是不可或缺的关键手段，内部控制是通过追求效率经营来达到企业价值最大化的。内部控制在设计与执行过程中有其特殊的基础作用，恰恰是协调企业各方利益关系的一种最佳手段，成为企业价值最大化目标得以实现的强有力保证之一。公司治理和内部控制都是通过公司战略的直接影响而间接地达到创造企业价值的目的。公司治理与内部控制的终极追求目标是一致的，都统一于企业价值最大化。

（二）公司治理与内部控制的整合：基于价值创造

内部控制与公司治理不能割裂，需将内部控制纳入到公司治理路径之上。只有从源头实施内部控制，才能维护各利益相关者的权益。有效的内部控制应当能够维护所有利益相关者的合法权益，而不是维护某一类或少数利益相关者的权益。如果内部控制不能与公司治理兼容，将导致治理成本骤增；如果没有健全的内部控制，公司治理留下的空间将导致机会主义行为。公司治理与内部控制的整合是以价值创造为基础的，价值创造是公司治理与内部控制共同的终极目标。公司治理与内部控制相整合创造价值的模型如图27。

---

① 林钟高，王书珍．论内部控制与企业价值．财贸研究，2006（5）：117－122.

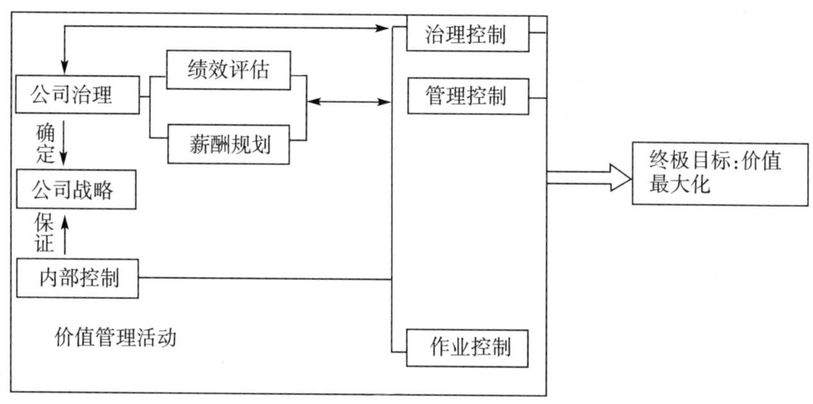

图 27　公司治理与内部控制整合的价值创造模型

战略是影响企业价值实现的重要的内部因素之一。良好的公司治理可以推动公司各个利益主体协调一致，共同努力通过公司战略来实现价值创造，为选择和实施能创造公司价值的战略提供了一个制度环境，而内部控制则是保证战略得以正确实施和执行的有力手段。内部控制可以约束与激励管理人员（员工）致力于价值创造，因此，内部控制反过来又决定着企业战略制订实施的流程和效果，影响着企业战略的效益和效率的发挥。内部控制与企业战略是相互影响、相互促进的关系，所以，要实现企业价值最大化的目标，首先要制订以增加企业价值为目标的战略，然后通过内部控制来保证战略的有效执行。

企业是将投入的物质资本和人力资本融为一体并能够创造价值的经济组织，是一个有机构成的系统。企业正是由作业层、管理控制层和战略层的价值增值活动来实现企业目标的。要对它实施有效的控制就必须从系统整体的角度来考虑，必须从企业整体的角度来定义控制系统。根据内部控制五要素（控制环境、风险评估、控制活动、信息与沟通、监督）与控制机理的差异，可以把企业内部控制进一步分为企业治理控制、管理控制、作业控制。

（1）企业治理控制。企业治理控制（控制环境与风险评估）是内部控制的最高层次，企业治理控制通过所有权的适当配置，建立合适的委托代理契约关系。保证企业投资者的利益能够得到企业内部代理人的有效维护。治理控制的目标是战略与风险控制，其表现形式主要是董事会与高级管理人员之间的控制，约束管理既包括显性组织结构上的职权分配控制，又包括各种隐性的激励机制，它要保证企业长期的战略目标和计划得以确立，确保整个管理机构能按部就班实现这些计划和目标，还要确保整个管理机构能够维护企业的向心力和完整，保持和提高企业的声誉。公司战略是公司价值创造的源泉，在基于价值创造的情况下，战略管理是公司治理与治理控制的连接点。公司战略选择将以创造公司价值为导向。战略目标是企业内部控制最高层次的目标，为保证战略目标的实现，战略目标分解实际上是根据价值创造环节，或价值链进行的。通过战略目标分解，保证短期价值目标与长期价值目标相协调，局部价值目标与整体价值目标相协调。公司治理的核心目的在于公司价值，公司价值也是公司能够存在的基础。在企业治理控制这一层次上，应把公司治理结构的设计与内部控制的机理相结合，公司治理结构的设计不仅要体现股东大会、董事会、监事会、经理层间的制衡，还必须从治理机制设计上为上述机构间的分级授权和不相容职务间的制衡提供制度保障，要使企业治理机制发挥有效作用，就需要完善董事会构建机制，加强董事会在内部控制中的核心地位。

（2）企业管理控制。企业管理控制（控制活动、信息与沟通）是内部控制的第二层次，以经营管理权为基础，控制主体一般包括高级管理层，中级管理层，内部审计组织，一般员工等。涉及的范围主要是企业日常管理的控制与约束，当企业设定了目标之后，就开始制订计划，向各部门分派任务，对人员进行培训和激励，为了保证业务活动按既定计划进行，就需要监控其组织绩效，将实际表现与预定的目标比较，若出现任何显著的偏差，就采取措施使其回到正确的轨道上来。所以，管理控制是企业管理的直接控制，它直接对企业生产经营中的各种资源进行监督和控制，直接影响到企业利润目标的实现。基于价值创造的管理控制，主要是指从公司目标确定、公司战略选择到战略执行，都以创造股东价值，实现公司价值增值为目标和导向，从而在管理控制全过程实施价值管理。管理控制从程序看主要有五个步骤：战略目标分解、控制标准制定、管理控制报告、经营业绩评价、管理者报酬。[①] 公司治理与管理控制的整合主要体现在：①通过建立完善的管理者绩效评估体系，保证管理控制活动对公司战略的有效实施。建立完善的管理者绩效评估体系是公司治理的一项重要内容。在基于价值创造的情况下，公司的经营业绩应主要体现在公司价值创造上，以是否为公司创造价值为评价的根本标准。在设计绩效评估体系时要充分考虑把企业战略目标与绩效评估体系紧密结合在一起。企业应该根据各指标的特点选择组合适用的绩效评估指标体系。②设立完善的高层管理人员薪酬计划，引导管理者将注意力集中在企业长期的可持续价值创造上，薪酬计划将公司战略分解成一系列价值推动要素，并分解到合适的时期内，产生激励效果。只有为高层人员设计一套有效的薪酬体系才能促进管理者的努力方向集中在为企业创造长期价值的战略制定和战略实施上。在基于价值创造的情况下，对管

① 任翠玉．对公司治理与管理控制的再认识——基于公司价值创造模型的研究．营销论坛，2006（2）：72－73。

理者的激励要与价值创造相联系，使公司价值增加与经营者报酬成正比。

(3) 作业控制。作业控制（监督）是内部控制的第三层次，是基层的控制，是以部门以及部门内部的职责分工为基础，是企业员工与作业之间的一种控制关系，作业控制主要由中层管理者以下的员工来完成，所面对的主要是企业内的日常业务和事项。

从企业整体上来看，企业治理控制、企业管理控制、作业控制是企业整体内部控制的三个子系统，每个系统都有各自的运行机制，又通过系统间的有机联系和作用结合在一起构成整个内部控制系统。通过内部控制内涵的扩展，在企业治理控制和管理控制这两个层次可以实现内部控制与公司治理有机地结合起来，为企业创造更大的价值。

第二节 内部控制与企业价值：一个规范性的分析视角

内部控制作为一种先进的组织管理制度已经成为企业管理一个重要的组成部分。对于追求价值最大化的现代企业来说，内部控制在企业的生产经营活动中发挥着越来越重要的作用，内部控制执行的好坏将直接影响企业价值最大化的实现。从内部控制的发展历程及其目标可以看出，内部控制与企业价值有着密切的联系。因此，以价值最大化为目标的企业若要实现价值的增长，就必须完善企业内部控制。

一、文献回顾与研究进展

早在20多年以前，阎达五教授就提出了“会计管理”概念，认为会计是人们从事的一种管理活动，会计工作是一种管理工作，会计部门是企业的一个管理部门，会计管理的内容可以抽象为“价值管理”。当把价值这个范畴放入会计学领域之中时，我们最关心的是如何通过价值管理，实现企业的价值增值最大化（阎达五，2004）[①]。企业价值的主流学派，美国麻省理工学院的Modigliani和Miller两位教授对企业价值作了如下阐述：“定理1：企业价值与企业资本构成无关（在不考虑所得税和其他交易摩擦的情况下），对企业而言，只应关注资产负债表左边的项目，而不在乎企业债权与股权的结构比例；定理2：企业价值只与企业未来现金流量的现值有关。”由于公司理财可以减少资本

① 阎达五．价值链会计研究：回顾与展望．会计研究，2004（2）：3—7。

成本、降低风险，并因而提高投资溢价和公司的价值，可以说公司理财是公司价值的主要影响因素。利用内部控制可以优化资本结构和降低理财风险，从而提高企业价值。李斌（2005）[①] 通过分析折现现金流量模型和资本资产定价模型，得出企业内部控制同未来现金流量和折现率有着紧密的内在联系，它直接增加或减少企业价值。

内部控制的产生和发展与委托受托经济责任关系及其制度化的公司法人治理结构有着密切的关系，也与企业价值链和价值管理活动等有着一定的联系。赵保卿（2005）[②] 认为内部控制体现价值链管理理论的基本内涵，实现企业价值最大化构成内部控制的目标，内部控制可以实现企业价值链整体增值。王海林（2006）[③] 则认为，内部控制是价值链企业开展全面业务合作，实现价值链管理目标的保证。价值链内部控制是一个过程，它是为了达到既定的价值链管理目标，而在价值链内部实施的组织、计划、方法和程序。他用现代控制理论的思想对价值链内部控制问题进行了深入研究，提出了价值链内部控制、价值链内部控制系统及其相关概念；并从价值链内部控制的特点出发构建了价值链内部控制模型。

从更大的范围来看，企业价值与财务、会计、审计均有着一定的渊源。刘成立（2004）[④] 就认为人们实施财务、会计、审计工作的目的是实现价值增值。价值增值动因能概括财务、会计、审计的产生和发展，具有逻辑起点的简单性、本源性和一致性的特征。价值管理系统中的财务、会计、审计只有以价值增值为己任，才能使整个系统协调发展。实现价值增值是它们的共同目标。

中国电信集团公司在财务工作会议上明确提出了企业转型期财务工作的指导方针：贯彻落实科学发展观，以实现企业价值最大化为核心理念，支撑和服务于企业转型，实施财务精确管理，优化经济资源配置，持续改善财务结构，加强内部控制，防范财务风险，引导并保障企业价值的实现。可见，加强内部控制，实现企业价值最大化已成为企业管理当局密切关注的问题。

二、内部控制与企业价值的关系

在内部控制发展和目标变迁中，企业目标经历了利润最大化、股东价值最

---

① 李斌. 关于企业内部控制与企业价值相关性研究（J）. 经济师，2005（11）：177－178。

② 赵保卿. 内部控制设计与运行（M）. 北京：经济科学出版社，2005，35－43。

③ 王海林. 价值链内部控制模型研究（J）. 会计研究，2006（2）：60－65。

④ 刘成立. 价值增值动因：财务、会计、审计共同的逻辑起点. 财务与会计导刊，2004（7）：10－12。

大化和企业价值最大化的发展过程。现在，企业价值最大化已成为人们普遍接受的企业目标，它也成为贯穿财务管理或企业管理活动的一个基本思路。所有的财务管理或企业管理活动从最初的由利润最大化、股东价值最大化为目标演变为现在的以企业价值最大化为目标，这也反映了内部控制的发展规律和企业利益相关者的共同目标。可见，内部控制与企业价值有着密切的联系，其主要体现在以下几个方面：

1. 内部控制的发展促进了企业价值理论的发展

内部控制的发展经历了内部牵制、内部控制制度、内部控制结构和内部控制整体框架四个阶段。内部牵制的特点是：公司里任何个人和部门不得单独管理任何一项或一部分业务，以及独立管理某项财产物资，即任何一项业务或者任何一方面的财产物资，都应当由多人一道管理，进行交叉检查与交叉控制。内部控制是在内部牵制的基础上发展起来的，它进一步强调公司在某一个经济业务程序或某一个经济业务方面的控制，其控制面要比内部牵制广得多。在这一阶段中，“企业价值”这一名词伴随着现代企业制度的建立和产权市场的不断发展诞生了，因为在市场经济条件下，人们日益清楚地意识到作为商品生产者的企业本身也是一种商品。既然是一种商品，求生存求发展的企业就要不断寻求增加价值的途径。正因为随着内部控制的范围不断扩大，控制的方法逐渐科学与完善，内部控制的发展才为人们认识企业价值以及促进企业价值理论的发展带来了极大的推动作用。内部控制框架是企业内部控制完善后的结果，它从多角度、多方面强调企业整体控制，将企业作为一个整体，通过多方面的要素进行控制。随着企业价值理论的发展，人们也逐渐意识到企业本身的价值是一种整体价值，企业商品的价值是由各个生产要素的价值及其有机组合决定的。在内部控制进入成熟完善阶段后，企业价值理论也日益完善。可见，内部控制理论的每一个阶段性成果无不与企业组织形式、管理的环境和企业的价值目标密切相关，随着社会经济环境和内部管理的变化，内部控制和企业价值理论也必会获得新的发展。

2. 内部控制的目标就是实现企业价值最大化

所谓企业价值最大化就是指企业在经营发展过程中，充分考虑资金的时间价值以及风险与报酬的关系，在保证企业长期稳定发展的基础上使企业总价值最大。经济效益最大化是整个经济管理的基本目标，因此，实现企业价值最大化则必然是企业内部控制的目标，这是实施内部控制、确保企业经济管理目标实现的总体要求，也是衡量企业内部控制好坏的最终标准。一个真正以价值为中心的企业是不会仅仅关注利润的影响的，它也会注重企业目前的发展会产生的未来利益，以及对企业未来的价值有什么样的影响。因为企业价值最大化目标比传统的利润最大化目标更能全面反映企业的经营状况，利润指标只是企业在某一时段的绩效反映，对企业整个存续期间的行为无法描述。而且企业价值还可以反映不确定情况下企业的经营状况。另外，企业价值比利润更能反映人们对企业以及企业所处行业增长状况的预期。目前，企业价值最大化目标已经被大部分企业所认可，根据对华北地区 105 家不同所有制企业的调查，有 83%的企业认为企业的财务目标应该是企业价值最大化①。

从内部控制理论的发展进程看，内部控制与会计有着天然的血缘关系。内部控制的发展经历了丰富多彩的历程，维护资源的安全、保证信息可靠、提高经营的效率和效益构成内部控制的基本目标，会计控制（含财务控制）始终是内部控制的核心（阎达五，杨有红，2001）②。刘成立（2004）认为，财务、会计、审计的根本目标是一致的，都是源于企业的目标，都是为了利益相关者的价值增值。因此，作为企业管理的一个有机组成部分，并且与会计有着天然的血缘关系的内部控制，其目标也应当和企业的总目标一致，而且内部控制的目标应当有助于企业总目标的实现，是总目标的具体化。现代企业制度的实质是企业所有权与经营权相分离后各种权利相互制约、相互依存的一种企业制度安排。在多元利益主体结构中，不同利益相关者对企业权利和经济利益要求及所承担责任的不同，实施内部控制的目的也各不相同。从内部控制理论的演变过程和现代公司治理结构特点看，内部控制目标就是实现各相关利益主体价值的最大化，这是基于价值链管理理论的内部控制目标定位③。内部控制是由控制主体根据企业总体目标而建立的，目的已不再局限于传统的查弊和纠错，而是涉及企业经营管理的各个方面，是参与企业经营的各利益相关者权益要求的实现途径，进而成为公司法人治理结构的具体体现，这与企业组织形式的演化及公司法人治理结构的发展相一致。总之，内部控制的根本目标就是确保企业总目标的顺利实现，它既包括管理者对采购、生产、销售及财务会计等工作职责和权限所制定的各种手续、方法和记录，也包括对各种信息的收集、加工、处理、汇总和报告等过程以及分析检查的相应程序与步骤，还包括企业所制定的各类业绩考核标准及相关的措施和手段等。

3. 内部控制是企业进行价值管理的具体化形式之一

以价值最大化为目标的企业不可能直接作用于价值，但可以作用于能促进

---

① 万解秋，徐锦荣，贝政新. 企业价值提升与财务管理. 第 1 版. 上海：复旦大学出版社，2005：5—9。

② 阎达五，杨有红. 内部控制框架的构建. 会计研究，2001（2）：9—14。

③ 赵保卿. 基于价值链管理的内部控制及目标定位. 北京工商大学学报（社会科学版），2005（3）：42—46

企业价值不断增值的各个因素，价值管理可以具体化为各种形式，内部控制就是其中的具体形式之一，也是能促进企业价值不断增值的因素之一。因为从内部控制的发展历程及其目标来看，都体现了这一点。在内部控制的创立期——内部牵制中，企业就要求对公司中经济业务发生的各环节、各财产物资管理部门，采用职务分离的要求，以钱、财、物等会计事项为主要对象，提供有效的制度，控制其组织与经营活动过程，并防止相关人员在这些活动过程中发生错误和非法的业务行为。可见，这些都体现了会计控制的内容，在一定程度上促进了企业价值的增值，构成了价值管理活动的具体形式。在内部控制的发展时期，内部控制被分为内部会计控制和内部管理控制，这些均是价值管理活动的具体形式。到了内部控制整体框架时期，企业强调从多角度、多方面进行整体控制，强调内部控制应该与企业的经营管理过程相结合，以实现价值的整体增值。前已论及，内部控制的目标是企业价值最大化这个总目标的具体化，所以内部控制活动也应该是企业价值管理活动的具体化。

每一个企业的活动都包括了设计、生产、营销、储存、服务等基本活动以及财务、计划、人力资源管理、技术开发、采购等支持性活动，所有这些活动都是企业价值活动的具体体现。这些价值活动将企业在价值上的内部与外部、整体与个体、总部与分部、各种业务环节等互动关系清晰地勾画出来，能较好地实现企业价值的增值。因此，可以将企业内部控制具体目标按照企业业务循环分解为：货币资金的内部控制、购货环节的内部控制、销货环节的内部控制、生产环节的内部控制、筹资环节的内部控制以及投资环节的内部控制。所有这些具体的内部控制活动都有助于企业价值的增长，可以认为是企业价值活动的具体化形式。

4. 企业价值活动在内部控制的控制范围之内

要想知道企业价值活动是否在内部控制的控制范围之内，就要先弄清楚内部控制系统的受控对象，即内部控制的客体。一般认为，内部控制的客体是人、财、物及其在经营过程中所形成的一系列组合关系和组合形式。企业价值增长的技术和方法固然很重要，然而价值增长的过程仍然要依靠人来实现。按照马克思的劳动价值理论，企业作为商品，同样是人类劳动的产品，是人类体力和脑力劳动的结晶，其价值是生产和再生产企业这一商品的社会必要劳动时间决定的。企业财务活动是企业价值管理活动的聚焦点，财务部门是企业价值管理活动的核心部门，所以对财务进行控制是实现企业价值增长的重要手段。企业本身包含了价值流动，在企业经营过程的各个阶段和各个环节都存在着价值的流动。在供应、生产、销售等阶段均有作为企业价值的价值物在流动，而且价值物只有通过流动才能实现企业整体价值的增值。既然内部控制的受控对象是人、财、物及其在经营过程中所形成的一系列组合关系和组合形式，那么离不开人、财、物的价值管理活动也就应当在内部控制的控制范围之内。

由于现代企业制度的实质是企业所有权与经营权相分离后各种权利相互制约、相互依存的一种企业制度安排，所以，作为保证企业各利益相关者权益得以实现的内部控制，其总体目标就是实现企业价值最大化。尽管企业各利益相关者最终目标是一致的，但是他们在各具体目标及其实现途径上却是不同的，有时甚至相互矛盾、相互冲突（林钟高，2006）。价值管理把企业作为一个整体来考察和进行经营管理，在对企业活动进行分解的基础上，通过考察各项活动本身及其相互之间的关系来确定企业的竞争优势。而内部控制在设计与执行过程中有其特殊的基础作用，恰恰是协调企业各方利益关系的一种最佳手段，成为企业价值最大化目标得以实现的强有力保证之一。

综上所述，内部控制与公司治理的目标都是实现企业价值最大化，内部控制是企业进行价值管理的具体化形式之一。企业正是由作业层、管理控制层和战略层的价值增值活动来实现企业目标的。其中，公司治理结构是公司管理活动运作的组织与制度保障，它通过绩效评估和薪酬规划来激励管理人员（员工）致力于企业价值的创造，而公司战略是企业价值创造的源泉。内部控制作为由管理当局为履行诸管理目标而建立的一系列规则、政策和组织实施程序，与公司治理及公司管理是密不可分的（阎达五，2001）。由图28可以看出它们之间的关系。

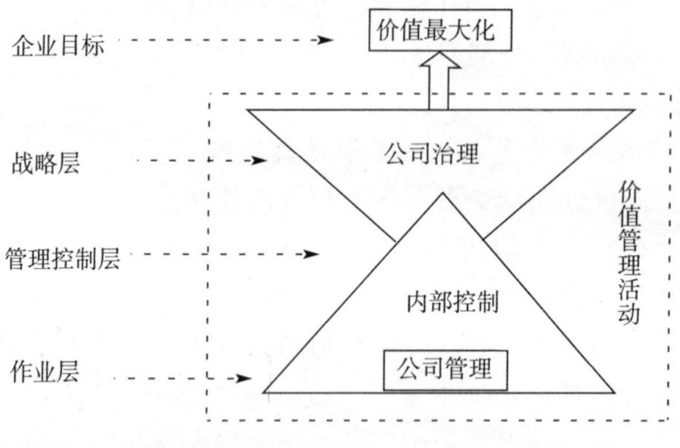

图28　内部控制与企业价值关系

另外，各种形式的内部控制均与企业价值有着密切的关系。按照控制主体的不同划分，可以将内部控制分成股东、经营者、管理者和员工为不同主体的四种内部控制。以价值最大化为目标的企业，其成功的标志就是企业价值的提高。正因如此，价值管理便受到许多企业的追捧，当前价值管理是企业面临的主要任务和挑战①。价值管理注重在企业发展中考虑各方利益关系。如果把企业的价值比作一块蛋糕，并分属于内部控制的各主体——股东、经营者、管理者以及员工，当企业的价值增加后，这四个主体的利益都会有所增加，同时也有利于企业价值的增加。因此，以股东、经营者、管理者和员工为主体的内部控制就要致力于价值创造，以实现企业价值最大化为内部控制的最终目标。

内部控制渗透于企业经营活动的各个方面，只要存在经营管理活动或环节，就需要有相应的内部控制。企业只有好的内部控制制度，才能保证各级管理层授予下属各级的职责得到正确履行。如果经营管理环节失控，内部控制实效，就会影响企业目标的实现。所以，内部控制在以股东、经营者、管理者和员工为主体的一层层的正确执行中，就会形成企业的价值管理活动，从而能够逐步实现企业价值最大化。企业价值最大化的理念可以渗透到企业生产、经营和管理的方方面面，例如，它要求营造企业与股东之间稳定协调的关系；要求加强与债权人之间的沟通与联系，培养可靠的资金供应者；要求重视客户利益，提高市场占有率等等。总之，只有其他利害相关者包括债权人的利益得到保护和合理的满足，才有利于实现企业价值最大化的目标，股东的财富才能持续增加，而企业价值实现了最大化，各利益相关者的利益都能有所增加。

三、完善企业内部控制，提高企业价值

正因为内部控制与企业价值有如此紧密的联系，所以内部控制的执行好坏就会直接影响企业价值的增长。内部控制执行得好就会促进企业价值的增长，反之，则会阻碍企业价值的增长。因此要完善企业内部控制，以提高企业的价值。

1. 针对现金流量考虑提升企业价值的途径

从衡量企业价值的角度定义，企业价值是指它在未来各个时期产生的净现金流量的折现值之和。即企业价值：

$$FV=\sum_{t=1}^{n}CF_t/（1+r)^t$$

其中，CF_t代表企业在 t 期的现金流量；r 代表能够反映各期现金流量风险的折现率；t 代表各期现金流入的时间；n 代表产生现金流量的总的期数。

由此可以看出，企业价值与各期现金流量成正比，与折现率成反比。对于一个企业来说，若能获得稳定的现金流量，就能不断地提高企业的价值，企业

① Tom Copeland, Tim Koller & Jack Murrin. 1997. Valuation. New York: John Wiley & Sons.

获得未来现金流量的能力直接决定了企业价值的大小。所以决定企业价值的直接因素是企业未来现金流量，要提高企业价值就要努力提高企业未来现金流量，降低企业风险。

现金流量的基本组成要素有四个：流量、流程、流向和流速。根据李斌（2005）的研究，流量、流程、流向和流速及折现率与内部控制的五要素有一定的相关性[①]。既然现金流量与企业内部控制有着密切的联系，就可以通过现金流量来提升企业的价值。在通过现金流量来提升企业价值时，需要考虑以下各因素的影响：①营业活动的现金流量。来自于营业活动的现金流量主要是指销售商品以及提供劳务所取得的现金收入。因此，增加生产，扩大销售是提升企业价值的根本途径；②营运资本变动状况。这里的营运资本指流动资产与流动负债的差额，因此，营运资本增加意味着现金流出，营运资本减少意味着现金流入。在其他因素不变的情况下，过多的营运资本占用意味着企业价值的降低，所以要提升企业价值也要考虑营运资本的变动状况。③折旧。折旧在现金流量分析中起着重要的作用。一方面由于折旧资金是留在企业内由企业自行支配的，所以折旧不属于现金流出，另一方面由于折旧可以作为成本项目从销售收入中扣除，可以降低企业的应纳所得税额，进而减少企业的所得税支出。另外，采用加速折旧可以使企业的折旧额先大后小，从而使企业的现金流入量先多后少。所以折旧的数量大小会影响到企业现金流量的多少，最终影响企业价值的多少。④资本支出状况。企业通常会留存一部分资金在企业进行再投资，从而增加新的资产，也可以增加企业未来的现金流量。一般情况下，高增长企业需要较多的资本支出，较多的资本支出应当能够带来以后各期现金流量较大程度的增加，也就带来企业价值的增加。因此，加强对企业现金流量的控制，对影响现金流量的各因素实施严格的内部控制，就会有利于企业价值的增加。

2. 制定可以提升企业价值的发展战略

企业的价值取决于企业的未来现金流量，而现金流量又是企业高层管理人员作出的公司战略所形成的一系列投资和运营决策所产生的，因此，企业战略是企业价值创造的源泉。战略是影响企业价值实现的重要的内部因素之一。美

---

① 企业内部控制外部环境直接影响和制约企业的现金流量。风险识别将直接影响到企业在投资项目上的现金流向，企业管理当局对风险进行确认和分析可以确定适当的折现率。企业在市场经济中，必须要面对各种经营风险和财务风险，企业管理当局在进行控制活动时必须要对风险进行适当操控，这往往通过体现现金流速的各种周转性指标达到目的。信息与沟通也包括企业内部员工在执行、管理和控制企业生产经营活动中所需要的现金流向信息，并相互交换这些信息。从理财学的视角来看，整个内部控制的过程其实是现金流动的过程，由于现金流量是分散的，企业应当把现金流量按其生成、流出的方向，在企业中建立严密的现金内部控制制度。

国哈佛商学院教授安德鲁斯认为，企业战略是一种决策模式，它决定了企业的目的和目标，提出实现目的的重大方针与计划，确定企业应该从事的经营业务，明确企业的经济类型与人文组织类型，以及决定企业对员工、顾客和社会做出的经济与非经济的贡献。战略是企业价值创造的决定性因素，是价值创造的源泉，它能对企业价值产生持续的重大影响并能长期提升企业价值。而内部控制是企业价值最大化目标能够实现的制度保障因素，它通过控制和协调企业各个利益主体去积极通过企业战略来实现企业价值最大化。所以要实现业价值最大化目标，完善内部控制是保障，而制定以增加企业价值为目标的战略则是前提。企业价值理论确定了企业战略目标和决策判断的标准，即获取存续期间持久的盈利性和现金流量贴现值的最大化（汪海粟，2005）①。

在战略制定过程中，首先要对战略环境进行分析，并专注于影响企业价值的因素。影响企业价值实现的外部因素包括政治、经济、社会及文化、技术等，它们对企业价值提升均有一定的影响。其次要分析影响企业价值的核心优势和核心竞争力，因为企业制定战略，目的是建立明显的竞争优势，在国内外市场的竞争中获胜，企业在市场中的竞争地位加强，企业价值的实现和增加才有可靠保证。通过对影响企业价值的内部因素的分析，考察企业是否具备人才资源优势、技术资源优势、管理优势、产品质量和成本优势、原材料供应优势、企业品牌优势等，这些优势相应地形成产品竞争能力、技术开发能力、市场开拓能力等企业核心竞争能力。管理人员通常会提出不同战略方案，价值管理则要求对不同战略进行评估，选择可以获得最大价值的战略（原毅军，陈艳莹，1999）②。内部控制是企业管理活动运作的组织与制度保障，它通过约束与激励管理人员（员工）致力于价值创造，因此，内部控制反过来又决定着企业战略制订实施的流程和效果，影响着企业战略的效益和效率的发挥。内部控制与企业战略是相互影响、相互促进的关系，所以，要实现企业价值最大化的目标，首先要制订以增加企业价值为目标的战略，然后通过内部控制来保证战略的有效执行。

3. 完善公司治理结构

公司治理结构与内部控制密切相关，公司治理结构既是内部控制的运行环境，又与内部控制的内容交叉。公司治理结构是促使内部控制有效运行，保证内部控制功能发挥的基础。所以，一个企业能不能搞好，在很大程度上取决于它的治理结构是否有效。合理的公司治理结构应该以企业价值最大化为目标，

---

① 汪海粟．企业价值评估［M］．上海：复旦大学出版社，2005：22－25.

② 原毅军，陈艳莹．论企业的价值．大连理工大学学报（社会科学版），1999（6）：21－24。

Bai、Liu、Lu、Song 和 Zhang（2002）[①] 通过构建上市公司综合衡量指标 CGI，综合考察了公司治理水平和企业价值的关系。他们发现中国上市公司治理和企业价值之间存在着正相关关系，并通过分析证实中国投资者确实愿意为公司治理水平较高的公司支付股票溢价，而且中国的投资者在一定的程度上能够区分出公司治理水平的好坏。Ken Thompson（2003）也认为，一个花时间关注它的公司价值并且一以贯之的公司，也一定会拥有良好的公司治理[②]。

目前，我国许多企业在治理结构上存在着较大问题，影响了企业价值最大化目标的实现。同时，要使内部控制能有效地发挥作用，也需要营造一个良好的控制环境，所以要完善公司治理结构。首先，要强调利益相关者的共同治理。研究表明，股权过于集中或过于分散都会引起公司治理的低效问题，所以要使股权相对集中并引入机构投资者等法人股东，形成各大股东之间的产权联合与监督制衡。同时，还可以扩大企业的债权资本，形成由股权和债权为主导、由利益相关者共同治理企业的局面。以企业价值最大化为目标就包含了在企业价值增长中要满足各方面的利益，企业的效率应建立在利益相关者共同治理的基础之上，不仅要重视股东的利益，也要重视其他利益相关者对经营者的监控，这样才能提高企业的治理结构效率，促使企业的经营向价值最大化方向迈进。此外，要优化董事会结构，加强董事会的独立性和董事会对管理层的监督。这样可以直接达到提高企业效率的目的，从而间接实现企业价值最大化的目标。管理的实践也证明了价值管理的重要性，麦肯锡全球研究机构在 1997 年对欧美企业进行的一项调查发现超过 30％的被调查企业采用了价值管理的思想，其中包括可口可乐在内的许多大型跨国公司取得了很好的业绩。

4. 优化内部控制的评价系统

内部控制评价是对企业内部各组织机构内部控制执行过程的监控，是内部控制体系的组成部分，其根本目的是保障内部控制体系能有效地开展控制活动，以实现控制的目标。企业内部控制制度的制定、执行和评价，三者是一个密不可分的有机整体。只有通过三者的高效互动，企业才可能达成既定的内部控制目标。而在此过程中，内部控制评价起到了承前启后的重要作用。一方

① Bai，Liu，Lu，Song & Zhang. Corporate governance and firm valuation in China. Working Paper，2002（3）：20－26.

② 该话为肯·汤普森（Ken Thompson）在 2003 年 5 月 28 日加拿大女王大学 McCol 商学院公司治理论坛上的讲演。肯·汤普森为美联银行董事会主席、CEO、2003 年全美优秀银行家。一般认为，一个良好的公司治理体制应当能够提供三种有效的机制，即激励机制、约束机制和决策机制。我们认为，激励机制和约束机制是运作层面的问题，最终由决策机制制定。因此，只有决策机制才是公司治理体制的核心问题。内部控制既有激励约束问题，又有决策问题。

面，内部控制评价指标是公司内部控制目标的细化，是内部控制制度对实际执行的具体引导，其评价对象是内部控制的执行过程；另一方面，内部控制评价体系也是形成公司及部门关键控制指标的主要来源，是公司整个内部控制执行的依据。因此建立科学严格的内部控制评价体系，不仅是内部控制制度本身实施的要求，也是保证企业经营战略有效执行的基石，对促进企业价值的增长也具有十分重要的意义。

内部控制评价系统的优化需要内部和外部的共同作用。内部控制评价的主体即企业内部审计①，通过内部控制审计、监督、检查、纠正和处理执行过程中出现的偏差和错误，可以使内部控制更趋于完善。内部审计主要是检查和评价内部控制执行其既定的控制责任和效率的质量，使内部控制生效，并维护内部控制的各种政策。最新的国际内部审计师协会理事会通过、颁发并于 2002 年 1 月 1 日实施的《内部审计职业实务准则》导言中关于内部审计的定义是："内部审计是一项独立、客观的保证和咨询活动。其目的在于增加价值和改进组织的经营。它通过系统化和规范化的方法，评价和改进风险管理、控制和治理过程的效果，帮助组织实现其目标。"可见，内部审计是为增加价值和改进经营、实现组织的目标服务的，其对内部控制的评价也必会促进企业价值最大化的实现。

第三节 内部控制与企业价值研究：基于沪深两市 A 股的经验分析

一、引言

企业价值是 20 世纪 60 年代初期伴随产权市场的出现由美国管理学者率先提出的一个概念，西方国家的企业界普遍认为，企业价值将是 21 世纪企业的共同语言。当把价值这个范畴放入内部控制领域之中时，我们最关心的是如何看待价值管理与内部控制之间的关系，通过内部控制实现企业的价值增值最大化（阎达五，2004）。利用内部控制可以优化资本结构和降低理财风险，从而提高企业价值。李斌（2005）通过分析折现现金流量模型和资本资产定价模

① 按照 COSO 框架的理论，董事会是内部控制监督与评价的核心，而建立和实施企业的自我评估体系则（CSA）是实现内部控制监督评价的主要方法。

型，得出企业内部控制同未来现金流量和折现率有着紧密的内在联系，它直接增加或减少企业价值。

内部控制的产生和发展与委托受托经济责任关系及其制度化的公司法人治理结构有着密切的关系，也与企业价值链和价值管理活动等有着一定的联系。赵保卿（2005）认为内部控制体现价值链管理理论的基本内涵，实现企业价值最大化构成内部控制的目标，内部控制可以实现企业价值链整体增值。王海林（2006）则认为，内部控制是价值链企业开展全面业务合作，实现价值链管理目标的保证。价值链内部控制是一个过程，它是为了达到既定的价值链管理目标，而在价值链内部实施的组织、计划、方法和程序。他用现代控制理论的思想对价值链内部控制问题进行了深入研究，提出了价值链内部控制、价值链内部控制系统及其相关概念，并从价值链内部控制的特点出发构建了价值链内部控制模型。

从更大的范围来看，企业价值与财务、会计、审计均有着一定的渊源。刘成立（2004）认为人们实施财务、会计、审计工作的目的是实现价值增值。价值增值动因能概括财务、会计、审计的产生和发展，具有逻辑起点的简单性、本源性和一致性的特征。价值管理系统中的财务、会计、审计只有以价值增值为己任，才能使整个系统协调发展。实现价值增值是它们的共同目标。

遗憾的是国内外关于内部控制与企业价值关系的规范研究文献很少，目前还没有内部控制与企业价值关系的实证研究文献。可见，对内部控制给企业价值带来的影响的研究还不是很深入。为了研究内部控制与企业价值的相关关系，本节构建了中国上市公司内部控制综合评价指数（ICI），基本涵盖了COSO框架下的控制环境、风险评估、控制手段、信息与沟通及监督五个主要方面。通过运用实际数据进行实证研究，发现我国上市公司的内部控制的建立和完善确实对企业价值有高度显著的正向促进作用，并随着改革的深入和证券市场的规范化，呈现出逐年强化的趋势。

二、研究设计

（一）内部控制综合评价指数设计原则

第一，理论与现实相结合原则。综合评价指数必须切实反映中国上市公司内部控制大体现状。中国上市公司的发展历程有历史的因素影响，也受到一系列外来因素的推动作用，在发展过程中所出现的问题也带有中国特色的鲜明印记，指标设计应该充分地考虑这一现实。

第二，成本效益与重要性原则。综合评价指数应当对当前企业内部控制最突出的问题给予关注，比如控制环境紊乱、公司治理结构不健全、国有股大股东的代表者不能有效约束代理人的违规行为、高管人员监管失效，甚至与大股东联合侵害中小股东的利益。因此，在内部控制综合评价体系的各项分指标里的权重是不同的。

第三，可操作性原则。综合评价体系应当以内部控制整体机制为基础，以内部治理指标为主，同时以外部治理指标为辅。我们研究中国特定转轨时期的市场环境下的内部治理机制时，应当以真实的反映内部治理机制情况的指标作为我们分析的重点。

（二）内部控制综合评价指数的指标设置

在选择评价指标时，既要选择反映企业内部控制的主要定量指标，也应将定性分析的标准定量化，加入分析评价中。我们借鉴了 COSO 报告规定的内部控制五大要素的基础上，结合潘福祥（2004）文中关于公司治理指标设计的部分内容，经过整理，形成表 5 的指标体系：

表 5　企业内部控制评价指标

控制环境[①]	独立董事比例（A1）	独立董事人数占董事会人数比例
	第一大股东持股比例（A2）	本年末第一大股东持股比例
	第一大股东是国有股还是非国有股（A3）	若是国有股取 1，非国有股则取 2
	第二到第十大股东持股比例和（A4）	第二大到第十大股东持股比例之和
	董事长或副董事长是否兼任总经理（A5）	如果兼任则取 1，否则取 0
	高管人员是否持有本企业股份（A6）	若企业五大高管持股取 1，否则取 0
	企业是否注重企业文化建设（A7）	若注重则取 1，否则取 0
风险评估	年报中是否有风险提示及对策措施（A8）	年报中有则取 1，否则取 0
	企业八项计提的政策符合度（A9）	符合则取 1，否则取 0
控制活动	董事会日常工作中关于内部控制活动安排（A10）	年报中说明安排则取 1，否则取 0
	企业是否有绩效评价制度（A11）	有则取 1，否则取 0

① 在指标设置过程中，我们认为企业的公司治理状况是评价内部控制的一个重要指标，决定着内部控制的健全性和有效性，出于方便定量和数据收集可能性的考虑，我们选择了一部分说明公司治理指数的指标，以此说明内部控制环境问题。

（续表）

信息与沟通	独立董事参加会议的情况（A12）	独立董事占参加会议的人数比例
	董事会会议次数（A13）	该年度内董事会会议总次数
	企业是否有投资者关系管理制度（A14）	有则取 1，否则取 0
监督	监事会对该年度内有关事项的独立意见（A15）	年报内披露讨论则取 1，否则取 0[①]
	财务报表的审计报告类型（A16）	若无保留意见取 2，保留意见取 1 否定意见取 0，拒绝表示意见取 −1
	企业是否受到证监会或交易所谴责（A17）	受到谴责则取 0，否则取 1

（三）解释变量的界定和假设的提出

我们将企业内部控制大体设计为五个方面和三个层次，主要出于两个目的：一是 COSO 的五大要素精髓必须反映出来；一是反映出来后能否用指标进行替代，如果可以替代，其数据是否能获得以及获得是否真实。以上两个原因促使我们只能细化主要要素为分指标，必须用真实可靠的数据（主要来自上市公司披露的年报）来说明问题[②]。

1. 控制环境

我们在控制环境中选用公司治理结构指标、外部注册会计师审计意见以及是否受到证监会和证交所的批评来反映控制环境。

许多公司治理的研究者均认为，过于集中的股权结构并非一种有效的机制，其原因是大股东可随意挪用公司的资源以谋求自身利益。但是，当控股股东所占的股份非常大时，其自身的利益与公司的利益会逐步趋同，因此假设我国公司的经营业绩和第一大股东的持股量之间可能存在一个非线性的 U 型关系。

① 监事会是企业内部控制体系中负责监督活动的主要部门之一，我们选取这个指标，因为监事会有权对企业管理层活动是否存在违法行为进行监督，此外，监事会还必须对企业的财务状况，公开募集资金的使用情况，以及企业收购、出售资产交易价格和企业集团内部的关联交易情况进行监督，并且以上这些情况是必须在年报中公开披露的。前几年，由于我国上市公司频繁利用内部关联交易造假，现在我们要求上市公司必须在报表附注中披露企业间的关联交易，加强信息披露。加强企业内部控制（治理），必须加强监事会的监督职能。

② 由于存在有关的内控要素细化后数据难以获得或者数据本身的真实性等问题，所以笔者选取的很多的分指标（或变量）体现在公司治理和企业价值的关系上，造成相关的分指标在综合评价体系中相对较少，并且量化取值比较单一，这样的实际情况可能造成回归的结果比较粗糙，但总体结论是符合实际的。

我们定义企业第一大股东时，考虑到政府的目标可能是扩大就业、增强社会稳定性等，而很可能不是追求某个企业的利润最大化。控制公司的政府机构很可能把上市公司当作完成这些政策目标的工具，而这往往与股东利益相互矛盾。另外，在转型经济环境下，软预算约束可能是众多国有企业所面临的主要问题。因此，我们使用这一变量来描述政府机构对上市公司内部控制机制的潜在影响。

一般情况下，企业高层能够以企业利益最大化为目标的机制是合理的薪酬制度。虽然大多数的实证研究都受到了数据方面的限制，但仍有研究结果表明，在美国、德国和日本，管理者的薪酬与公司的经营业绩之间存在正相关关系，笔者这里也假设两者之间存在正相关关系，从而有动力加强内部控制的建设，追求企业价值最大化。

我们把 A4 变量定义为第二大至第十大股东持股量比例和。我们假定此变量将通过三种途径对公司治理水平产生正面的影响。第一，这些大股东是第一大股东实施“隧道行为”的主要障碍。第二，当公司经营情况不善时，这些股东手中的股权越集中，就越有可能去争取对公司的控制权，或协助外来者争夺公司的控制权。第三，这些大股东也可以对企业的经营管理实施监督。

La Porta 等人（1998）的一系列研究发现在实施普通法的国家里，公司治理的水平通常都比较高，小股东也得到了很好的保护。相反，实施大陆法系的国家通常对小股东的保护比较薄弱，公司治理的水平相应也比较低。在我国的法律体制尚不健全的情况下，企业的外部控制环境中，最直接的控制因素就是注册会计师的审计意见和证监会以及交易所的监控，并且李增泉在对 1993—1997 年非标准意见审计报告的上市公司样本所做的实证研究表明，审计意见对投资者的决策行为会产生重要的影响。

2. 风险评估

在风险评估中，我们认为管理当局对企业的风险的意识是最为重要的，管理当局的控制意识是企业内部各种条件和环境的组合，这些条件和环境反映着管理当局对内部控制的态度，而态度又决定了管理当局对该组织的内部控制的态度和行为。笔者以年报中董事会关于风险评估的讨论和企业八项计提的政策符合度这两个指标来说明管理当局对内部控制的态度和行为。

3. 控制活动

在内部控制活动中，管理当局要采取一定的手段和方法，以达到对内部控制客体进行制约、检查和调节的目的。笔者用董事会日常工作中关于避免风险的活动安排、企业是否有绩效评价制度来说明管理当局对内部控制实施的情况，虽然不能全面整体地反映企业内部控制活动，但是从某方面还是能说明一定问题的。

4. 信息与沟通

一个良好的信息与沟通系统可以使企业及时掌握组织发生的各种情况，从而保证企业的经营和管理顺畅地进行。笔者用独立董事参加会议的情况、董事会会议次数，以及企业是否有投资者管理管理制度来反映公司管理当局的沟通情况，这些制度越完善，执行情况越好，可能更熟悉企业内部控制情况，更好地为企业献计献策。

5. 监督

监督又可以分为持续性监督和独立性评估，一般是两者的结合。在我国的公司法中，监事会富有监督董事会工作的重任，笔者将监事会对该年度内有关事项的独立意见、财务报表审计报告类型，以及企业是否受到证监会或交易所的谴责等纳入到持续性监督中，共同反映企业的监督状况。

在计算内部控制指数时，关键是如何选取指标和赋予权重。在选定评价指标后，必须给每个指标一个权重，指标权重应反映出评价指标对内部控制效果的影响。在本文研究过程中，我们参考了很多文献，关于上表中所列的17个指标的重要程度我们发函调查，很多老师都给出了宝贵的意见，最后综合大家的意见我们将全部分指标设定为重要性程度不同的三个层次[①]。COSO报告强调了控制环境是内部控制的基础，因此应当放在相当重要的层次，但是这一指标下的各二级指标的权重又应当有所不同，A3和A5就是相对于其他指标来说比较重要的指标，因为就我国目前情况来看，存在国有股控制缺位现象，所以我们认为第一大股东是非国有股的企业其内部控制执行的效果要比第一大股东是国有股的企业好；董事长或副董事长兼任总经理的企业，其内部控制也会好些。此外，A8体现了企业的风险意识以及对投资者的风险提示，应属于第一层次；同样属于这个层次的还有A11，因为绩效评价是控制活动的具体内容；A14作为企业与外部投资者的沟通情况，能够反映出企业与外部投资者的关系，所以属于第一层次；A16是企业内部控制情况的首要反映，因此，也应当放在这一层次。考虑到目前在我国独立董事并没有国外那么起作用，在很多企业就是“摆设”，所以我们把A1和A12放在第二层次；A2代表的是第一大股东持股比例，目前关于第一大股东持股比例的多少会对企业内部控制产生好的影响并无定论，所以把它放在第二层次；A10是董事会日常工作中对内部控制的安排情况，也应放在较为重要的第二层次；同样属于这一层次的还

① 我们设计了调查函，对17个指标的重要性程度征求全国著名财务会计学者、政府官员和上市公司财务主管的意见，先后发出了500份调查函，收回398份，回收率79.6%。

有 A9，A17。第二到第十大股东持股比例和在控制环境中并不是处于重要的位置，所以应该把 A4 放在第三层次；在我国，高管人员持股的数量并不多，因此把 A6 和其余的指标一起放在第三层次。在计算内部控制指数时，要把内部控制良好的企业与不良的企业完全区分开，就要赋予不同的权重，所以我们将第一层次的指标权重设置为 5，第二层次的指标权重设置为 3，第三层次的指标权重设置为 2，最终的内部控制指数计算公式如下：

ICI＝(A3＋A5＋A8＋A11＋A14＋A16)×5＋(A1＋A2＋A9＋A10＋A12＋A17)×3＋(A4＋A6＋A7＋A13＋A15)×2

三、企业价值指标及模型的建立

（一）企业价值指标

在理论上，用于衡量企业价值的指标最有名的是托宾 *Q* 值（Tobin’s *Q*），这是企业的市场价值与企业重置成本的比率，即：

Q＝企业市场价值/总资产的重置成本

值得注意的是，运用托宾 *Q* 理论，事实上变相承认了企业的价值与它的重置资产价值之间存在着某种固定的对应关系，如果 *Q* 值偏小，就证明企业的管理或生产效率抑或市场环境出现了问题，如果出现 *Q* 值小于 1 的情况，即企业资产重置价值大于企业价值，那么对于市场投资者来说，意味着公司的股票价值低估，这绝对是一个难得的投资机会。

当然，托宾 *Q* 理论也存在着很大的问题。首先，企业价值是不是一定与企业净资产的重置价格有完全的正相关的固定关系，尚是一个值得进一步探讨的问题。企业的价值，不仅与企业的资产有密切联系，还往往取决于市场的环境、企业的战略、企业的组织结构效率、企业的财务方案、企业的人力资源利用状况以及不同的企业价值评估目的，而且这些软环境因素往往更是决定企业价值的重要方面。因此，我们必须结合具体情况进行具体分析，认真考虑企业价值资产价值的相关度，这样才能避免得出错误的答案。其次，运用托宾 *Q* 理论进行企业价值判断，往往得到的价值估计与实际出入较大[①]。

在现实中，由于具体操作上的问题，中国上市公司的重置成本难以获取，我们采用上市公司年末的总资产替代。公司的总市值等于流通市值加上非流通

---

① 俞明轩等．企业价值评估．北京：中国人民大学出版社，2004：132－134.

股份的价值。非流通股份的价值用非流通股份占年末净资产的金额计算。即：

Q=企业市场价值/总资产的重置成本

=（年末流通市值+非流通股份价值+长期负债合计+短期负债合计）年末总资产

其中：非流通股份价值=每股净资产×非流通股份数

M/B 比率：即流通股份市场价值与企业账面价值的比率。在欧美国家资本市场中，由于流通股在公司全部股份中所占的比例很大，因此，这一比率能够充分反映市场对企业的评价。但是由于我国上市公司的流通股股数所占股权总数的较小比例，所以 M/B 比率用于反映企业价值可能存在误差。鉴于此，在我们的研究中，我们主要考察 Q 值与自变量的关系，M/B 比率仅作为对比参考用。

（二）相关外生变量

在这里我们必须指出的是，在进行内部控制与企业价值两者相关分析时，我们把相关的外生变量纳入到我们的研究范围。这样做是因为，内部控制与企业价值之间的关系决不能独立于其他经济因素而存在。一方面企业内部控制可能会对企业价值有直接的促进作用，另一方面，我们认为内部控制也有可能通过别的因素加以促进，体现出间接促进作用。所以在分析内部控制和企业价值的关系时，必须考虑与内部控制和企业价值都有关系的外生变量，见表 6：

表 6 与内部控制和企业价值都存在关系的外生变量

企业是否属于垄断行业（Ind）	是取 1，否取 0
企业是否在境外上市（Shore）	是取 1，否取 0
企业上市时间长度（Year）	
企业资产规模（Lnasset）	
企业近三年每股收益的平均值（EPS）	
非流通股占所有股数的比例（Rate）	

在构造这些和内部控制相关的外生变量时，我们认为企业的行业属性与其内部控制状况存在负相关的关系。因为企业处于垄断行业，企业的利润水平较高，可能管理当局会不重视内部控制，当企业处于非垄断行业下，企业必然面临着激烈的市场竞争，企业管理当局对内部控制的依赖性会增强。同时我们也认为企业成立时间和企业内部控制水平也存在一定的关系，企业成立的时间越长，内部控制的具体控制程序磨合的时间越长，各方面可能会更加协调，我们

假设它和内部控制是正相关的。

在研究和企业价值的相关关系时，我们假定企业内部控制指数（ICI）和企业资产规模（Lnasset）以及企业近三年每股收益的平均值（EPS）和企业价值存在正相关的关系。因为企业规模的大小必定会影响企业内部控制水平和相关机构评估企业价值问题，在目前日益激烈的市场竞争中，企业的规模能越来越大，相关的内部控制水平可能越来越高，从而向市场传递出企业非常具有前景的利好信息，导致企业价值上升（我们认为用企业近三年来的每股收益增长率的平均值也在一定程度上显示了企业的成长速度）；在不考虑宏观经济环境、产业结构等外部条件下，如果企业每股收益增幅较大，说明企业的内部控制水平进入一个良性的轨道，必定能折射出企业价值会有上升的趋势。

（三）内部控制与企业价值计量模型的建立

根据前面的分析，我们发现这些变量间是相互作用、相互影响的，存在一定的因果关系，而这些看上去不确定的关系需要运用回归分析来找出隐藏在其中的统计规律性。因此我们构建了内部控制和企业价值关系的计量模型：

$$\boldsymbol{Q}=c(1)+c(2)*\mathrm{ICI}++c(3)*\mathrm{Ind}+c(4)*\mathrm{Shore}+c(5)*\mathrm{Year}\ c(6)*\mathrm{Lnasset}+c(7)*\mathrm{EPS}+c(8)*\mathrm{Rate}$$

模型中的方程用于研究影响企业价值水平的各因素的显著性，研究企业内部控制水平是否能够积极地促进企业价值的提高，有助于达到本文的研究目的。

（四）样本选择

本文的研究样本由 2005 年底前在沪深两市公开发行股票的 300 家上市公司组成，并且按照证监会规定的上市公司行业标准对样本观察值进行了分类，其中包括了各种行业的上市公司①。为了使样本更具有代表性，更能很好地说明内部控制与企业价值的关系，我们按照随机性原则抽取样本，并没有排除被 ST 的公司，而是分两种情况考虑。首先研究包括 ST 公司的样本，其次用与 ST 公司同行业的公司来代替 ST 公司再研究剔除 ST 公司的情况。

---

① 2005 年末，在沪深两市中共有 1240 家上市公司发行 A 股，我们根据“四选一”的原则选取了 300 家（符合统计大样本规律）作为分析样本，其中农林牧渔业 6 家；采掘业 5 家；食品饮料业 13 家；纺织服装皮毛业 13 家；木材家具业 2 家；造纸印刷业 5 家；石化塑胶行业 32 家；电子行业 11 家；金属非金属行业 27 家；机械、设备、仪表 48 家；医药、生物制品 22 家；其他制造业 3 家；电力、煤气及水的生产供应业 15 家；建筑业 7 家；交通运输业 13 家；信息技术行业 19 家；批发零售贸易业 17 家；金融保险业 3 家；房地产业 13 家；社会服务业 11 家；传播与文化产业 2 家；综合类 13 家。

四、内部控制与企业价值实证研究结果

本文数据分析全部借助于 Eviews 3.1 完成。我们首先研究了包括 ST 公司的样本，结果发现内部控制指数 ICI 与 Q 之间的相关系数呈现负值（－0.100617），这在一定程度上表示若要达到本文研究的目的就应该剔除 ST 公司。因此，接下来主要研究剔除 ST 公司之后的样本情况。研究主要分两步进行，第一步研究托宾 Q 与企业内部控制和其它相关外生变量的相关关系；第二步运用最小二乘法进行回归，进一步研究托宾 Q 与企业内部控制和其他相关外生变量的相关程度是否显著。

计量模型中各指标的相关系数呈现出表 7 所示的关系：

表 7　方程中各变量的相关关系

	Q
ICI	0.120192
Ind	－0.056219
Shore	0.024872
Year	0.126727
Lnasset	－0.336918
EPS	0.048862
Rate	－0.087953

从表 7 可以看出，内部控制指数 ICI 与 Q 之间的相关系数为正值，这在一定程度上说明，作为由各二级指标计算出来的 ICI 和 Q 之间存在正向的关系。Ind、Lnasset 和 Q 之间的关系都是负的，这说明属于垄断行业的企业以及资产规模较大的企业其企业价值反而小。我们认为，由于属于垄断行业的企业其资产规模一般都较大，相应的企业股票流通盘也大，就会导致市场炒作几率小，相对来说就会造成公司市值较低，也就是说其 Q 值反而小。Year 与 Q 之间的相关系数呈现正值，这说明公司成立的时间越长，企业价值越高，这在理论上看来是完全成立的。EPS 和 Q 之间的相关系数是正的，这与现实情况是比较吻合的，企业每股收益与价值水平是有正相关关系的。Rate 与 Q 之间的相关系数是负值，这说明非流通股占所有股数的比例越高，企业的价值反而越小。

另外，采用最小二乘法回归，得到计量方程的回归结果见表 8：

表 8 计量方程最小二乘法回归结果

Variable	Coefficient	Std. Error	t-Statistic	Prob.
C	2.071074	0.172589	12.00005	0.0000
ICI	0.001941	0.000954	2.033849	0.0429
Ind	0.047699	0.035036	1.361410	0.1744
Shore	0.144598	0.080425	1.797931	0.0732
Year	0.011756	0.004188	2.806959	0.0053
Lnasset	−0.206542	0.027279	−7.571473	0.0000
EPS	0.142124	0.044009	3.229386	0.0014
Rate	−0.001631	0.001040	−1.568832	0.1178
R-squared	0.197372	Mean dependent var		1.111933
Adjusted R-squared	0.178131	S. D. dependent var		0.237084
S. E. of regression	0.214933	Akaike info criterion		−0.210672
Sum squared resid	13.48934	Schwarz criterion		−0.111905
Log likelihood	39.60081	F-statistic		10.25787
Durbin-Watson stat	1.914604	prob. (F-statistic)		0.000000

从回归结果可以看出，D. W. 值为 1.914604，距离 2 较近，因此可以认为残差序列不存在自相关；F 检验的相伴概率为 0.000000，反映变量间呈高度线性，回归方程高度显著，但是各变量间的关系不一定显著。通过回归结果可以看出，Ind、Rate 以及 Shore 前的系数都不显著，这说明，尽管在前面的相关系数分析中，Ind、Rate 以及 Shore 确实体现出与 Q 存在细微的相关性，但是运用计量方程进行回归检验时这种相关性却并不显著。也就是说，是否属于垄断行业、非流通股占所有股数的比例以及是否在境外上市与企业的价值水平并无显著关系。而 ICI、EPS、Lnasset、Year 前的系数在 5%下显著，说明内部控制指数、EPS、资产规模以及公司成立的时间长度对因变量 Q 的解释力度较强。ICI 前的系数为 0.001941，则意味着内部控制的提高能够促进企业价值的提高，而且这种促进作用是相当显著的。EPS 前的系数为正值，而且非常显著，这表明 EPS 的提高会带来企业价值的提高，这点是不容置疑的。Lnasset 前的系数为负值，说明资产规模的扩张并不一定会带来企业价值的提高，反而会使企业价值下降，这应引起我国上市公司的高度重视，也值得我们进一步研究其中的原因。Year 前的系数为正值，这说明对于我国上市公司来

说，公司上市时间越长，其企业价值越高，也就进一步表明，公司长远健康发展需要建立一套完善的内部控制机制来促进企业价值不断提高。

五、结论和局限

（一）结论

本节在前面已经阐明，在设计计量模型时有两个目的：第一，考察影响企业内部控制的相关外部因素。通过上面的研究，我们发现企业成立时间和企业资产规模对企业内部控制水平的提高有显著影响；第二，内部控制和企业价值的关系究竟如何？经过上面的分析，可以看出企业内部控制水平的提高对企业价值的促进有着异常显著的影响，当然，企业价值的提高还受到资产规模的因素的影响。这些结论表明，企业内部控制和企业价值的研究是非常必要的，它至少阐明企业在提高内部控制水平时应该关注企业内部和外部哪些方面，以及要提升企业价值，必须在注意市场外部变化的时候，兼修“内功”，这样才能相得益彰。

我们收集了中国上市公司 2002—2005 年的数据，建立了一个由企业内部控制指数体系、企业机制、公司行业性质、企业成长速度等指标组成的联立方程组进行检验，发现企业的内部控制水平确实对企业价值有正向促进作用，而且这一关系呈高度显著性。随后我们对 2005 年的数据进行了后续检验，发现企业财务报表的审计意见的不同、公司是否受到过证监会或证交所批评、公司第一大股东持股比例、年报中是否有董事会关于风险评估的讨论确实影响到企业内部控制和企业价值的关系。并且，我们对 2003 和 2004 两年的数据采取同样的模型进行回归分析后发现，结果和 2005 年基本类似，但是在企业内部控制和企业价值的关系上，确实存在着逐年增强的趋势，这说明随着证券市场的规范化和企业股改的进一步深化，上市公司治理结构可能越来越合理，企业的外部环境对企业内部控制水平的提升产生了一定的促进作用，上市公司内部控制水平的提高对企业价值的促进作用越来越显著，随着我国改革的进一步加快，企业价值必然还有进一步的飞跃。

（二）局限

除了本节在研究的过程中考虑到的影响企业内部控制水平的一些因素，我们认为，影响企业内部控制还有其他因素。如企业文化，优秀的企业文化必定有助于企业内部控制的健全和发展，更有助于企业价值的提高[①]，在COSO框架中，非常强调企业文化建设的必要性。还有企业是否在境外（包括在香港地区）上市也影响企业内部控制水平，虽然我国理论界还在解析中航油事件，但是发达国家先进的制度和经验，如上市前详细的审批手续和上市后严密的监管体系，通过企业外部控制权市场和职业经济层的市场化，比较有效地促进了代理问题的解决等仍给新兴国家和转型国家健全企业内部控制提供了示例和方法。我们在研究企业价值时还有些指标没有考虑进来，比如一个国家对投资者利益的保护程度，投资者保护程度高的国家，企业价值也必然大，如果投资者受保护程度较低，必然存在控股股东侵犯中小股东的利益[②]。

本节仅仅选取了沪深两市的300家上市公司的数据作为样本进行分析，由于未能进行全样本分析，同时我们在模型的构造上可能存在一定的问题，以及上市公司呈报数据本身的真实性问题，使以上相关结论的解释程度不高，但是我们坚信，内部控制和企业价值的研究绝不仅仅局限于以上这些思路，必定还有新的研究方法和研究路径，我们期待这方面的研究会有更大的进步。

第四节 内部控制、价值管理和企业价值

自上世纪80年代以来，企业管理经历了一个由混沌管理到职能化管理再到整合管理的历史变迁。混沌管理意味着无论在经济领域还是管理领域都不会发生职能的分工，不会存在专业化和专家化的特征。随着社会的发展，信息技术的更迭，分工的出现，企业间竞争的加剧，必然带来体现管理分工与专业化特征的各种职能部门。随着经济全球化的发展，世界范围内的分工的广度和深度日益加深，协同效应也就凸显出来，21世纪的管理必然伴随着分工的深化和扩展更具整合管理的特征。人们对管理已从注重个别和局部转向强调系统和整体，日益兴起的管理组织的扁平化体现了这一趋势。注重整合管理就必须把紧密相关的内部控制、价值管理和企业价值放在一起来考虑。

---

① 张维迎（2002）表明，尽管文化传统对信誉有影响还存在争议，但是毕竟还是存在影响，一个人的耐性可能与文化传统有关，在中国，地域文化的影响主要是体现在南北差异上，人们认为北方人更值得信任。而信任对经济绩效有明显的影响，信任对企业的规模、企业的规模分布、企业的效益、外资引进等因素都具有影响。

② Rafale La Porta，Florencio Lopez-Silanes，Andrei Shleifer，Robert Vishny（1999）从理论上和经验上证明，投资者受保护程度高的国家，企业价值大。他们给出了一个比较简单的模型，模型描述投资者保护程度对企业价值的影响。

一、问题的提出

随着价值最大化上升为公司整体的管理思想，价值管理作为一种以创造价值、实现价值增长为目标，在公司的经营管理和财务管理中遵循价值理念，依据价值增长规则和规律，探索价值创造的运行模式和管理技术，逐渐成为企业现代管理实践的最佳模式。1985 年，波特在《竞争优势》中提出价值、价值链以及价值管理的思想，在过去近 20 年的时间里获得了很大的发展，被列为现代先进管理思想，成为研究竞争优势的有效工具。但其更多的是基于静态的概念分析，和对企业价值管理的常态描述，主要针对在某一时点如何进行价值定位、价值创造。现实中的情形与波特的理论构建有一些区别，因为企业总是处于一个纷繁复杂的、动态的环境中，并且这种变化有愈来愈快的趋势，所以企业必须在动态中进行价值管理，着重考虑如何在时变过程中动态地实现企业整体价值最大化，即企业如何持续地创造价值并实现企业自身整体价值增加，这就是时变过程中企业的价值管理问题。显然，引入时间变量之后，我们有必要在波特竞争理论的基础上作出新的探讨，拓展企业价值管理的理论研究，着眼于持续地创造价值并实现企业自身整体价值的增加，以使理论更接近现实的世界。

现代企业理论的一个核心观点是，企业是一系列（不完全）契约（合同）的有机组合（nexus of incomplete contracts），是人们之间交易产权的一种方式。企业是不同的要素投入主体之间组合的一组契约，这组契约可能是显性的，也可能是隐性的。不同的要素投入主体可能拥有不同的偏好、资本、技能、信息和禀赋，理性的要素拥有主体参与到企业的契约中，向企业贡献自己的资源，以试图从企业的运营中获得回报。这组契约治理着企业发生的各种交易，使得其企业内部发生的交易费用低于由市场组织这些交易时所发生的交易费用，但由于现实世界的复杂性、经济人的有限理性和机会主义的影响，这组契约通常又是不完备的，所以相对于市场而言，企业的契约是一种不完备契约。为了在取得低交易成本收益的同时弥补企业契约的不完备性，就需要在企业内部存在一个控制机制，来弥补企业契约的不完备性，以保证企业的正常运作和发展，这可视为企业内部控制的本质（刘明辉，张宜霞，2002）。而林钟高等（2007）认为内部控制应该是协调企业利益相关者相互利益关系，保障各利益主体的特定利益机制的根本性制度。[①]

实际上，无论是为了弥补企业契约的不完备性，还是为了协调企业利益相关者相互利益关系从而保障各利益主体的特定利益，都离不开企业利益相关者对企业的共同治理。在涉及利益相关者共同治理的错综复杂的利益关系中，企业要综合考虑其不同的主要互动对象的要求，进行自身定位。最重要的是，企业要避免与互动对象在价值取向上的冲突，如此才能保证长期稳定的合作关系。同时，企业必须考虑其所处的社会环境，尤其是社会的文化传统、价值取向，企业的价值理念应顺应社会的价值取向（刘旭等，2005）。在新经济、新时代下，如何创造价值，以及实现价值在利益相关者共同治理的和谐分配，企业如何认识和把握内部控制的职能成为关键所在，同时它也是培育和提高企业核心竞争力，实现可持续增长的重要手段。综上所述，把紧密相关的内部控制、价值管理合二为一，整体促进企业价值提升成为本书思索的重要理论课题。

二、内部控制和价值管理的融合研究：基于时变特征的互动性分析

进入新世纪后我们迫切地认识到，我们正处在一场变革的初始阶段，这场变革已从根本上改变了企业及其运作模式。组织再造、流程创新等名词变得十分流行，企业的概念不再局限于企业内部组织，已扩展到企业外部整个供应链上，包括供应商和客户以及其他利益相关者。随着研究的深入，逐渐发现影响企业经营的因素是多方面的、立体的，成本、质量、时间、服务和环境都是促使企业赢得客户、创造价值的关键竞争因素，衡量企业优劣的标准不再是利润，而应该是一个综合的竞争能力指标，这个能力指标就是“企业的价值”。如何使得企业价值最大化，自从出现现代意义上的企业开始，就已经成为困扰我们的世界性难题。正是基于上述认识，以价值为基础的管理已经成为西方企业界的一种新的企业管理模式。与传统的企业管理模式主要着力于企业的生产经营和利润最大化不同，这种新的企业管理模式突出了企业价值在企业管理理念中的核心地位，立足于企业整体价值的提升，强调企业的外部市场价值与内在经济价值的统一，因而企业价值管理理论是企业管理理论的现代延伸和最新

---

① 内部控制通过明确企业内部各成员的职责，以及制定各种交易规则，保护相对于距离企业较远的一方正当利益，同时对交易的另一方进行监督，最大限度地维护了企业内部交易的公正和公平，内部控制系统通过对组织内部的资产专用性交易制定日常的交易管理制度，减少了博弈的数量和频率，大大降低了企业内部的交易费用。建立有效的内部控制体系是所有要素投入主体之间经济利益博弈的必然选择。

发展。正如《哈佛商业评论》资深编辑玛格丽特在其著作《什么是管理》中总结道：管理的本质首先也是最重要的就是创造价值，进行价值管理。

基于不同的企业价值观的形成和完善，不同的企业价值观由于其对企业价值的理解和评价企业价值的方法不同，而形成了对企业价值内容的不同界定，从而形成了多种多样的关于价值管理的定义和内容。汤姆·卡普兰等（2003）认为价值管理，又称为基于价值的企业管理（Value-Based Management，VBM）是指以价值评估为基础，以价值增长为目的的一种综合管理模式。企业价值管理是一个管理结构，通过评价和管理企业活动为股东创造长期的价值。并通过股票价格的增加、股利的增长来给予奖励（Marsh，1999）。价值管理本质上是一种管理模式、一整套指导原则，是一种以促进组织形成注重内外部业绩和价值创造激励的战略性业绩计量行动（Mark，2002）。本文认为，从根本上说，价值管理是以价值持续创造为核心，以价值的实现和分配为主要内容的活动过程。[①] 其中，价值的持续创造、增加与企业自身价值的实现是两个紧密承接、相互依存、相互促进的中心环节。价值的持续创造与增加是企业自身价值实现的前提，而后者又是前者赖以持续进行的基础。尤其是在不断发展变化的动态环境中，这两个环节的顺利进行是企业持续发展的关键之所在。价值的持续创造是实现企业持续发展的一些具有战略意义的创造性活动，只有通过这样一些活动，价值管理的核心理念才能具体化。正如汤谷良（2003）认为："价值管理根源于企业追逐价值最大化的内生要求而建立的以价值评估为基础，以规划价值目标和管理决策为手段、整合各种价值驱动因素和管理技术，梳理管理和业务过程的新型管理框架。"价值的持续创造需要找到对应的驱动因素，而这个驱动因素就存在于企业需要的各种资源之中，但是资源的相对稀缺会随着时间的变化而变化，能实现企业资源相对动态配置的企业就能实现可持续发展，能提升企业的整体价值。进一步分析我们发现，由于持续创造价值的驱动要素存在于企业需要的各种要素之中，由于企业需要的要素众多，必然产生要素主体之间的价值取向发生冲突。将要素投入主体价值取向的协调融入价值管理中，再将整合后的价值管理绩效信息完整、系统地反映于资本市场，实现企业创造的价值在要素投入主体之间和谐分配，使社会了解企业承担的公共责任，成为未来价值管理理论研究的重要目标之一。而实现这一目标的主要技术支撑是建立基于企业要素投入主体共同治理的内部控制体系，使企业

① 价值管理可以理解为一种管理模式，就是一系列对价值驱动因素进行全面的管理以提高企业总体价值为目标的管理方法和程序，也可以理解为一套指导思想，就是以价值创造为核心的新型企业管理理念。

反映和披露完整的价值信息（是一种主要反映企业承担社会责任等价值管理的集成信息），体现科学发展观，实现可持续发展，实现企业整体价值最大化的终极目标。

这可能促使人们担心主要源于企业内部的控制可能会过度而导致企业失败的问题。因为对要素投入主体价值取向的协调和使企业顺应社会公共的价值取向预期的追求需要设计一套复杂、烦琐的控制程序，以便将错弊控制在人们可以接受的范围之内，这会导致企业的决策和行动速度缓慢、对市场的反应速度和能力下降，从而引发企业失败。人们最开始往往是忽视企业内部控制，现在内部控制涵盖的内容越来越多，可能造成“矫枉过正”，从而如何正确地把握和认识企业内部控制职能成为理解上述问题的关键。在企业制度的业主制和合伙制下，就经济模式的基本特征而言，虽说是采用市场经济模式，但因会计信息不对称性而导致的利益冲突，主要局限于企业内部利益相关者之间，在此背景下的企业内部控制职能，主要是承担因企业内部利益冲突及分工协作关系引起的相关管理职能；在有限责任公司制下，企业主体的权益所有者与债主之间以及生产经营控制者与非控制所有者之间因会计信息不对称而产生利益冲突，相对于业主制和合伙制而言，要严重得多，由此而导致内部控制职能扩展，即对企业经营控制者和权益所有者的道德风险和逆向选择行为治理职能的产生，从而使得内部控制模式顺应了治理目标；在股份公司上市环境下，因会计信息不对称而引起的利益冲突扩展到单个企业主体与整个证券资本市场参与者之间，已经影响到资本市场的健康运行，由此内部控制模式现在出现走向统一的模式，由权威机构统一制定内控规范或指引，保证整个资本市场有效运行；在计划经济模式下，企业制度采用国家所有制或全民所有制，企业目标主要是服从国家宏观计划目标，政府直接参与企业管理和治理，分配机制和分配方式直接由政府决定，由此决定了其内部控制模式主要是服从国家宏观经济计划和政府直接参与企业管理的目标。

由此看来，内部控制的职能，即内部控制能解决什么问题，取决于企业发展的需要，特别是企业发展的经济环境以及与此匹配的经济模式。换言之，在企业的需要会不断发展变化的环境下，特别是不同的经济环境下，所采用的经济模式不同，经济调节机制和调节手段不同，企业治理模式和管理模式不同，从而对内部控制职能的需求不同，由此导致对内部控制定位不同，进而提出不同的内部控制职能模式。在当前价值管理时代背景下，由于企业是真实的社会存在，不强调企业整体要素投入主体的价值最大化，就无所谓企业整体价值最大化。只有持续创造价值，以及协调和平衡企业全体要素投入主体的价值取向，保障企业要素投入主体和谐共处，才能使企业顺应社会公共的价值取向预期，从而提升企业整体价值。建立基于企业利益相关者共同治理机制的内部控制体系，成为企业持续创造价值，实现企业价值最大化的重要手段之一。

我们所处的这个时代是一个开放包容的时代，进行学科交叉研究已成为现行理论研究的主流方向之一。在进行理论研究的同时，必须敏锐地把握住时代特征脉络，才能深刻地抓住隐藏在表象下的本质。所以，在研究内部控制的同时，我们必须注意到当前已经进入价值管理时代，既然内部控制和价值管理的共同目标都是使得企业价值最大化，如何使两者有机结合，形成促进企业价值提升的两支“助力臂”，提高企业核心竞争力，就是本书研究的意义所在。

三、内部控制和价值管理的耦合机理：基于资源结构理论的拓展性分析

协同论认为：无论原子、分子、植物、动物乃至人类社会等各种系统，都具有协同作用。系统之所以形成，之所以从无序状态转变为有序的结构，正是各子系统之间、系统与环境之间相互作用的结果。因此可以说，协同导致有序。系统的促协力支配着系统的行为，当促协力为正值时，能促进系统内部各子系统的相互作用；当促协力为负值时，则破坏各子系统的相互协同作用。内部控制、价值管理是提升企业价值决策系统中的子动力系统、子信息系统，理应发挥两者的协同作用。但同时我们也认为，要发挥两者协同作用的前提是建立一个共同的理论框架，选择一个共同的逻辑起点。

（一）资源结构理论的导入

在我国，内部控制研究绕不开要素投入主体的共同治理问题。由于我国的特殊经济背景，在现代股份公司，特别是上市公司中，股东并非一个利益取向完全一致的整体，由于不同股东拥有不同的利益相关者群，由于大小股东对公司治理的影响不同，管理当局联合大股东代表攫取中小股东利益，中小股东的利益保护成为我国公司内部控制研究不能回避的问题。本文认为，内部控制研究的内容不能局限于对要素投入主体的治理和控制问题，还必须注意平衡和协调要素投入主体的价值取向和利益分配问题。因为，企业这块“蛋糕”无论做多大，都不应该影响其在要素投入主体之间进行合理分配，这也是实现价值能被持续创造的驱动要素之一。“企业资源结构”有效配置理论不但是理解企业治理结构的一把钥匙，而且是实施内部控制的关键所在，因此，它理应是公司

治理与内部控制互动的逻辑起点。[①] 同时理所当然，也就成为发挥内部控制和价值管理两者的协同作用研究的共同逻辑起点。

企业资源观点思想萌芽已久，经过较长时间的发展，后来大体上分为资源依赖观和资源基础观。资源依赖观大致上始于上世纪 70 年代，Pfeffer and Salancik（1978）认为，组织的生存有赖于其获得和保持资源的能力，如果组织能够完全控制其所需要的资源，那么组织的生存和发展就毫无问题。但是，事实上，组织并非生活在真空中，而是处于由其他组织和不同社会参与者（social actors）构成的“开放系统”中（Katz and Kahn，1966）。这样，获得和保持资源就意味着与控制这些资源的人发生关系，于是，与关键资源的提供者保持良好的关系就是组织存在的关键。资源依赖观的核心思想是：如果其他组织参与者认为某种资源更为“关键”，这种资源的提供者就应该拥有更大的影响或控制力，也就是说，其参与程度取决于组织对这种资源依赖的程度，权利配置围绕着关键的或者需要的资源展开。总之，资源依赖观要求企业必须更多地考虑那些组织生存必需的关键资源所有者的要求，这些关键资源的所有者也应具备对组织重要的权利或影响力。资源基础观的研究开始较早，[②] 但作为一个独立分支始于 1984 年，Wernerfelt（1984）和 Rumelt（1984）正式提出了资源基础观，奠定了这一学说的基础。但到了 80 年代后期，实证研究发现，不仅不同产业的企业存在业绩差异，而且同一产业的不同企业间，业绩差异也同样存在（Cubbin，1988；Hansen，1989），这是波特的竞争优势理论所无法解释的。后来人们反思企业的特有资源，逐渐采纳了资源基础观，开始重点研究企业的特殊资源。资源基础观的核心思想是：企业是各种资源的集合体，而每个企业拥有的资源各不相同，具有异质性，这种异质性决定了企业竞争力的差异。资源基础观主要研究内容包括企业竞争优势的来源、竞争优势的持续性

① 公司治理机制的不断完善，能推动内部控制不断发展，促使内部控制外部化，保证企业行为的合理化。反过来，内部控制的不断完善有利于促进所有者和经营者之间的权力制衡，有利于解决股权高度集中和所有者缺位带来的问题，有利于董事会有效行使控制权，有利于保障其他相关主体的利益。

② 早在 20 世纪 30 年代，张伯伦（Chamberlin，1993）和罗宾逊（Robinson，1933）就开始研究企业的“异质性”（heterogeneity）问题，认为特有的资产或能力是使企业处于不完全竞争状态下获取经济租金的重要因素。张伯伦重点研究了企业的几种关键资源，如技术能力、品牌知名度与美誉度、管理者独立工作或与他人合作的能力、商标、专利等，这些资源在以后被广泛引用。1959 年潘罗斯（Penrose）进一步发展了资源基础观点，他认为企业不仅仅是一个管理单位，还是一个由各种生产资源组成的集合，管理者通过管理决策将这些资源在不同的使用者或部门之间进行配置。潘罗斯研究了管理者在培育和配置资源过程中所起的作用以及资源和企业界限之间的关系，并且对资源的性质和作用提出了许多敏锐的看法。潘罗斯的理论具有重要意义，但由于当前的主流经济学理论忽视甚至否定企业异质性的存在，资源基础观没有得到普遍的认可。

和特殊资源的获取与管理。[①]

（二）资源结构理论：内部控制与价值管理的共同逻辑

从上文的理论回顾我们发现，企业资源观点的研究无疑丰富了资源的内涵，比起新古典理论将资源等同于生产要素是一种进步，但他们将一切能够形成企业可持续竞争优势的因素都归结为“特异性资源”，未免过于宽泛和难以计量。所以，我们还是回到企业生产本身，从资源对价值创造影响的角度来讨论。

企业本质的研究始于科斯，迄今为止，关于企业本质的企业理论研究仍然是交易成本经济学的核心。科斯认为企业本质上体现为对价格机制的一种替代，继科斯之后，张五常大大地弥补了科斯理论的不足。实际上，当张五常（1983）把企业解释为“一种契约对另一种契约的替代”的思想开始，他们的观点已经隐藏了把企业作为“企业联结”的思想。第一个明确地把企业表述为“契约联结”的还是阿尔钦和德姆塞茨。他们在描述团队生产特征时，把企业当作一个不同资源投入者的联合生产过程，事实上是表达了这一思想。但是，正如詹森和麦克林（1976）指出的那样，“阿尔钦和德姆塞茨有关联合生产的观点太狭窄了，以至存在误导，契约关系是企业的本质，不仅对于雇员，对于供应商、客户和债权人也是如此……联合生产只能解释与企业有关的个人行为的一小部分”。在此基础上，他们明确把企业定义为“一组个人间契约关系的一个联结”。但是简森和麦克林并不认为企业这一定义有何实质内容，除了说明企业的契约本质以及作为“法律假设”之外并没有说明太多东西。法玛（1980）进一步把企业表述为“生产要素间的一系列契约”，同时提出把管理和承担风险作为两种不同的要素投入，这样就解释了现代大公司中所有权与控制权分离的现状。这时，我们可以发现，主流企业理论中已经开始考虑到利益相关者的位置，虽然他们仍然坚持自有物质资本所有者——股东才能充当核心签约人并拥有企业的所有权，但无疑不经意间也为利益相关者融入主流企业理论埋下了伏笔。[②] 另外，继续推动企业契约思想并作出重要贡献的还有格罗斯曼和哈特（1986）、哈特和穆尔（1990）。他们研究的重要意义在于构建了企业不完全契约分析框架。但是由于他们混淆了企业所有权和财产所有权，而且过于强调物质资本的重要性，完全将人力资本和其他资源提供者排除在企业之外，

---

① 以上相关内容作者在写作过程中参考了王辉（2005）、杨政等（2007）的理论研究成果。

② 王辉．企业利益相关者治理研究——从资本结构到资源结构．第1版．北京：高等教育出版社，2005：47－122。

从这个层面上说，他们的某些观点是企业关于利益相关者观点的倒退。

至此，正如主流企业理论所说，企业中的权利或控制权的来源主要在于物质资本的所有权，那么除非企业人力资本和其他利益相关者同时是企业的股东，否则不可能会参与企业治理。但企业演进的历史告诉我们，物质资本的所有者并非企业权利的唯一来源，如果把企业中的权利视为运用各种资源实现特定目标的能力，或者说是企业决策权，那么物质资本就因其具备的独特风险承担功能而成为权利的基础，然而随着决策复杂程度的提高，物质资本的风险承当功能对于决策成功的影响在下降，专业化的决策知识和信息越来越成为决策成功的决定因素，于是，所有权与经营权发生了分离，经理人员因其特殊的经营决策能力而获得了企业权利。这还不是问题的全部，以上隐含假定了企业存在于一个封闭的环境中，没有与外界的资源交换和依赖关系，但是企业恰恰生存在一个时刻需要和外界进行资源交换的网络中，对外部其他资源的提供者存在某种依赖关系，这就带来了企业权利的另外一种来源——资源依赖关系，现实中关键的专家、技术人员或特殊才能的拥有者、依赖性的供应商或客户等都有可能成为企业权利的拥有者。对任何关键性资源的控制权都是权力的一个来源（华詹、辛格斯，中译本，1998）。这样，可以看到囿于物质资本是企业权利或控制权唯一来源的观点一开始就存在某种局限性，以资本结构理论为基础的企业控制权配置也存在着天生的狭隘性，为了适应新经济、新时代的发展，必须寻找新的、更为广阔的企业控制权配置理论。

正是这样一种思路指引着我们继续向前，既然企业可以理解为一系列不完全契约的有机组合，那么在结合了上文分析的企业权利的另外一个重要的来源——资源依赖关系，本文就可以这样认为，企业可以理解为“一组不完全相同的、具有特定相互依赖性的资源投入契约的履行过程的集合体”，而在企业联合生产过程中投入的各种资源（包括物质资本、决策知识和信息、特殊依赖性资源等）是企业中的权利或控制权的终极来源。也就是说，从更广义的角度来看，企业中权利或控制权的根本来源就是企业资源拥有主体联合生产过程中投入的资源，谁掌握了对企业生存、发展至关重要的“关键性资源”，谁就应该掌握企业中权利或控制权。也就是说，在企业的整体利益相关者中，谁拥有对企业持续创造价值最为关键的资源，那么他就应该处于企业利益相关者共同治理的核心地位。事实上，我们可以从企业最优的委托权配置思想出发进行分析。在企业效用最大化的前提下，最优委托权或控制权的配置是由资源本身的特点决定的，在生产中的边际贡献率越高、黏合性越大的资源要素投入主体，就应该获得越大的权力，这才能保证企业持续地拥有关键资源，持续地创造价值。这就是企业“资源结构理论”的核心思想。那么，更进一步，在传统物质资本居于主导地位的条件下，公司的控制权配置很大程度上是基于所有权结构或资本结构，而在其他关键性资源居于主导地位的情况下，公司的控制权配置毫无疑问应该是基于企业资源结构。也就是说，企业资源结构决定了企业的权力结构，企业资源结构决定了企业价值持续创造以及分配，企业资源结构决定了不同资源要素投入主体在内部控制中的定位。

综上所述，企业的价值管理的核心理念就是持续创造价值，拥有关键资源的要素投入主体的和谐参与就成为保障价值被持续不断的创造的重要前提条件，因此，资源结构理论能够成为解释企业实现价值管理的理论基础。企业中理性的资源要素拥有主体参与到企业的契约中，向企业贡献自己的资源，以试图从企业的运营中获得回报。如果各资源要素投入主体的合法利益不能得到保障，则资源要素投入主体将会退出企业契约，因此，基于全体资源要素投入主体参与治理的内部控制体系通过明确企业内部各要素投入主体的职责，以及制定各种交易规则，对关键要素投入主体进行监督，保护非关键要素投入主体的正当利益不被关键要素投入主体攫取，实现企业持续创造价值（租金）的合理分配，最大限度地维护企业内部交易的公正和公平，大大降低了企业内部的交易费用。至此，资源结构理论作为企业资源要素拥有主体共同治理的内部控制机制提供了坚实可靠的理论基础，这样，资源结构理论作为发挥内部控制和价值管理两者的协同作用研究的共同逻辑起点就无可厚非了。

四、基于资源结构理论的内部控制的动态发展观：来自产权理论和契约理论的诠释

（一）内部控制对企业内外部产权的监控机理分析

沿着现代企业理论和资源基础观进行延伸分析，企业是一系列（不完全）契约（合同）的有机组合（nexus of incomplete contracts），是资源要素投入主体之间交易产权的一种方式。企业是不同的资源要素所有者之间组合的一组契约，这组契约可能是显性的，也可能是隐性的。不同的资源要素所有者可能拥有不同的偏好、资本、技能、信息和禀赋，理性的要素所有者参与到企业的契约中，向企业贡献自己的资源，以试图从企业的运营中获得回报。此时整个企业的产权结构和产权关系比较复杂，超出了原先由要素所有者直接“监督”其他要素所有者的能力范围，因此企业一个最重要的特征是所有权和控制权出现了某种分离，职业经理取代了要素所有者控制了企业的日常经营和管理，从而使现代企业作为一组理性的利益相关主体的产权交易契约的联结更具有代表

性。要素所有者委托产权的目的是为了在产权价值保值基础上追求最大化增值，而产权价值要实现在保值基础上的增值最大化只有借助于企业这种契约才成为可能。现代企业产权主体的多样性决定了产权价值运动过程中的曲折性。这是因为，现代企业作为一组要素所有者交易产权的契约联结，其特别之处在于，契约中包含了对专用性人力资本——管理才能的使用，且按两权分离来理解，这种专用性人力资本是不归要素所有者而是归职业经理所有的。与非人力资本与其所有者可分离的产权特征相比，专用性人力资本的产权天然属于其所有者，且无法分离，非“激励”难以调动。这种产权特性，会造成当对人力资本的激励机制出现问题时，非人力资本有可能被人力资本当作“人质”而受到“虐待”。由此决定了现代企业契约只能采用一种不完全契约，换言之，契约签订之时就是有“漏洞”的。

正是因为企业的“漏洞”（不完备性），要素所有者之间由于信息的不对称，加上对委托产权在缺乏必要的控制时，其安全性和要素所有者追求的产权价值在保值基础上的增值最大化目标的实现难以得到有效保障。因此，要素所有者为维护自己的权益，需要对委托产权进行控制。同时，鉴于现代企业内部的层级委托代理关系和团队生产特征，经营者为了有效履行产权受托责任，也需要对产权价值在企业内部的运动过程实施控制，以提高企业内部的产权交易效率。[①]

所以，我们认为，一个完整的现代企业内部控制体系应该包括上述委托人对代理人的监督控制机制以及代理人向委托人报告有效履行受托责任的机制，同时也必须包括这两者之间的讨价还价能力等其他影响其行为能力的相关因素。但委托人和代理人两者之间的利益关系是互动共生的，因为双方实际上都是为了追求自身投入到企业中要素的产权价值在保值基础上的增值最大化目标的实现，该目标的实现必须付出一定的信息成本。然而，由于企业的要素所有者众多，必然导致各所有者的价值取向相互冲突。为了弥补企业的不完备性，保障要素所有者的正当利益不被其他要素所有者非法攫取，平衡、协调要素所有者的价值取向，这就需要一定的管理、控制和监督机制确保上述目标得以顺利实现，即构建内部控制体系成为全体要素所有者签订契约弥补企业契约“漏洞”的根本出发点。由于信息的不对称是绝对存在，加上现实世界的复杂性、经济人的有限理性和机会主义的影响，这种契约“天生”就带有不完备性。

① 笔者在写作过程中参考了蔡吉甫（2006）、戴彦、汪艳（2005）的研究成果。

（二）内部控制的契约属性分析：一种持续均衡利益关系的契约装置

综上所述，内部控制的本原可以认为在符合成本效益的原则下，要素所有者之间为了弥补原先企业契约的不完备，保障自身产权价值能够保值增值而补充签订的（不完备）保护契约。

然而，由于企业的要素所有者众多，必然导致各所有者的价值取向相互冲突，同一类型的要素所有者内部的主体之间的价值取向可能都不一致，这种为了弥补企业的不完备性而构建的、由全体要素所有者共同参与的内部控制体系是否能够满足要素所有者效用最大化原则呢？是否具有实际效率呢？即内部控制体系是否能保护、平衡以及协调要素所有者的正当利益及价值取向，这是无法回避的问题。除此之外，我们还必须回答以下问题：①在动态发展的企业中，能否识别关键的资源要素投入主体；②对关键的资源要素投入主体负责，可能导致对其他主体都不说明责任；③相关的资源要素投入主体可能通过相对完备的企业保护，股东相对则不能。这些都是目前现代企业理论研究中的薄弱环节。本文认为，在引入资源结构理论后，以上问题基本上都能得到相对解决。

诚如前文，不同资源要素投入主体在内部控制中的定位不同，企业内部控制体系中的权力的根本来源就是全体要素投入主体在联合生产过程中投入的要素，谁掌握了对企业生存、发展至关重要的关键性要素，谁就应该掌握企业内部控制体系。对于企业目前来说，生产中的边际贡献率越高、黏合性越大的资源要素拥有主体就是最为关键的资源要素投入主体，那么内部控制体系就会首先保护该关键资源要素投入主体的产权利益，如果不能首先保护其合法利益，无疑该资源要素拥有主体将会退出企业，使企业持续价值创造成为不可能。[①]如果对关键的资源投入主体利益得到了保护，此时其他要素投入主体也会要求保护自己的合法利益不被关键主体攫取而积极参与到内部控制中来，对关键的要素投入主体进行监督和控制。随着时间的变化，对企业目前是关键的资源也会变为相对不关键、不稀缺，最后可能沦为相对富余的资源。我们认为，理解内部控制体系必须把握时间因素，提升到动态发展的高度是非常必要的，也是异常关键的。

---

① 企业发展的历史沿革已经作出了最好的注释，在传统物质资本居于主导地位的条件下，企业的内部控制体系必然是由物质资本占据主导地位的，而在其他关键性要素（如在目前高新技术企业中最关键的资源是人力资本等）居于主导地位的情况下，企业的内部控制体系则应该依赖于企业的要素结构。

综上所述，内部控制体系的根本功用都在于：在资源稀缺性动态变化、竞争激烈的企业环境中，如何来设定内部控制主体的行为规则，如何来调整内部控制主体的行为规范，以至于企业的各种经济活动能够顺利地进行，以至于激励与约束企业内部经济交易中的各种行为，减少不确定性，节约交易成本。从这一意义上说，内部控制就是企业内部各个控制主体之间为实现作为专业化结果的交换收益，因而使其财富最大化而作出的合约安排，其本质属性是一种持续均衡利益关系的契约装置[①]。也就是说，内部控制的合约关系规定了每个控制主体在交易关系中的权利与义务，界定了控制主体在交易关系中可以做什么与不可以做什么，谁违反了这些规则应该受到怎样的惩罚或补偿，以及衡量控制主体是否违反这些规则的标准。

内部控制是基于企业内部产权契约衍生的私人合约的一部分，由于有限理性（Simon，1978，1979）以及交易成本，契约是不完备的（Grossman and Hart，1986），致使内部控制的演化呈现出“点状均衡”（Stephen Jay Gould，1977；Niles Eldredge，1977）[②]。即在内部控制制定或修订的那一时刻，内部控制是静态的、相对完备的，之后，随着情势的变化，内部控制就呈现滞后性而显示出动态的不完备性。在估计修订的收益大于成本的前提下再进行修订，从而又呈现出相对的完备性，如此不已[③]。这就意味着，作为处于这个过程中的我们，只能追求其相对真理性的认识（因为绝对真理性认识是一个没有终点的过程）。同时，由于制度的自增强机制（W. Brain Arthur，1988），使得制度的演进具有路径依赖（path dependence），进而在企业系统内部形成内生性制度安排机制及治理结构。于是，“点”状内部控制的持续不断，就形成内部控制的动态变迁。

本章主要参考文献：

［1］阎达五．价值链会计研究：回顾与展望［J］．会计研究，2004（2）．

---

① 夏恩·桑德在《会计与控制理论》（方红星等译，东北财经大学出版社，2000年版，第3页）一书的开头就开宗明义地指出：组织内的控制是参与者利益之间的持续的平衡或者均衡。内部控制就是这样一种典型的组织内控制。

② 转引自：科斯·诺斯，威廉姆森等著．制度、契约与组织——从新制度经济学角度的透视．刘刚，冯健等译．北京：经济科学出版社，2003：39。

③ COSO框架提出内部控制的本质是“合理保证”特定目标的过程，强调内部控制应该是一个与企业的经营管理过程相结合的“动态过程”，内部控制的有效性也只是“过程”中某个时点上的一种状态，是一个不断发现和解决问题的循环往复的动态过程。

[2] 李斌. 关于企业内部控制与企业价值相关性研究 [J]. 经济师, 2005 (11).
[3] 赵保卿. 内部控制设计与运行 [M]. 第1版. 北京: 经济科学出版社, 2005.
[4] 王海林. 价值链内部控制模型研究 [J]. 会计研究, 2006 (2).
[5] 刘成立. 价值增值动因: 财务、会计、审计共同的逻辑起点 [J]. 财务与会计导刊, 2004 (7).
[6] 潘福祥. 公司治理与企业价值的实证研究 [J]. 中国工业经济, 2004 (4).
[7] 林钟高等. 企业内部控制研究——理论框架与实现路径 [M]. 第1版. 北京: 科学普及出版社, 2006.
[8] 朱荣恩著. 内部控制评价 [M]. 第1版. 北京: 中国时代经济出版社, 2002.
[9] 杨雄胜. 内部控制理论研究新视野 [J]. 会计研究, 2005 (7)
[10] 陈小悦, 徐晓东. 股权结构、企业绩效与投资者利益的保护 [J]. 经济研究, 2001 (11).
[11] 徐晓东, 陈小悦. 第一大股东对公司治理、企业业绩的影响分析 [J]. 经济研究, 2003 (2).
[12] 吴水澎, 陈汉文, 邵贤弟. 企业内部控制理论的发展与启示 [J]. 会计研究, 2000 (5).
[13] 朱荣恩. 建立和完善内部控制的思考 [J]. 会计研究, 2001 (1).
[14] 白重恩, 刘俏等. 中国上市公司治理结构的实证研究 [J]. 经济研究, 2005 (2).
[15] 张维迎. 信任及其解释: 来自中国的跨省调查分析 [J]. 经济研究, 2002 (10).
[16] 宋怡萱, 张翩. COSO企业风险管理整体框架解析 [J]. 财会通讯 (学术版), 2006 (3).
[17] 李凤鸣, 韩晓梅. 内部控制理论的历史演进与未来展望 [J]. 审计与经济研究, 2001 (7).
[18] 陈秧秧. COSO之企业风险管理综合框架简介 [J]. 财会通讯 (综合版), 2005 (2).
[19] 杨斌, 孙莉萍. 内部控制和企业文化 [J]. 当代审计, 2002 (6).
[20] 万解秋, 徐锦荣, 贝政新. 企业价值提升与财务管理 [J]. 第1版. 上海: 复旦大学出版社, 2005.

[21] 阎达五，杨有红. 内部控制框架的构建 [J]. 会计研究，2001 (2).
[22] 赵保卿. 基于价值链管理的内部控制及目标定位 [J]. 北京工商大学学报（社科版），2005.
[23] 汪海粟. 企业价值评估 [M]. 上海：复旦大学出版社，2005.
[24] 原毅军，陈艳莹. 论企业的价值 [J]. 大连理工大学学报（社科版），1999 (6).
[25] 张宜霞，舒惠好. 内部控制国际比较研究 [M]. 北京：中国财政经济出版社，2006.
[26] 李心合. 内部控制：从财务报告导向到价值创造导向 [J]. 会计研究，2007 (4).
[27] 丁君凤，翟俊生. 企业价值管理：企业管理模式的一种新探索[J]. 经济师，2004 (4).
[28] 汪平，基于价值的企业管理 [J]. 会计研究，2005 (8).
[29] 杨雄胜. 内部控制理论面临的困境及其出路 [J]. 会计研究，2006 (2).
[30] 林钟高，王书珍. 论内部控制与企业价值 [J]. 财贸研究，2006 (5).
[31] 陈良华. 价值管理：一种泛会计概念的提出 [J]. 会计研究，2002 (10).
[32] 杜胜利. CFO管理前沿：价值管理系统框架模型 [M]. 北京：中信出版社，2003.
[33] 唐建军. 价值管理背景下的企业内部控制 [J]. 冶金财会，2006 (1).
[34] 刘金文. “三要素”：内部控制理论框架的最佳组合 [J]. 审计研究，2004 (2).
[35] [美] 鲁特著. 超越COSO—强化公司治理的内部控制 [M]. 刘霄仑译. 北京：中信出版社，2004.
[36] 谢峻峰，鲁婷婷. 对企业价值链风险管理的思考 [J]. 山东行政学院学报，2005 (12).
[37] 马志娟，何亮. 英特尔公司供应链内部控制分析 [J]. 财会通讯，2006 (3).
[38] 王辉. 企业利益相关者治理研究——从资本结构到资源结构 [M]. 第1版. 北京：高等教育出版社，2005.

[39] 杨政，董必荣，施平. 智力资本信息披露困境评析 [J]. 会计研究. 2007 (1) .

[40] 蔡吉甫. 内部控制框架构建的产权理论研究 [J]. 审计与经济研究. 2006 (6) .

[41] 戴彦，汪艳. 内部控制本原的经济学思考 [J]. 财会通讯 (综合版). 2005 (6) .

[42] 张先治. 甄红线. 基于价值的公司治理——股东价值与利益相关者价值的比较. 财经问题研究，2006 (6) .

[43] 朱开悉，王小朋. 公司治理能力的价值探讨. 系统工程，2006 (4) .

[44] 张利华. 公司治理结构与内部控制结合分析——中航油事件的启示. 价值工程，2006 (3) .

[45] 任翠玉. 对公司治理与管理控制的再认识——基于公司价值创造模型的研究. 营销论坛，2006 (2) .

[46] 冯淑惠. 内部控制与公司内部治理的互动结研究 [J] . 理论探索，2006 (1) .

[47] 唐建君. 价值管理背景下的企业内部控制 [J] . 会计监督，2006 (1) .

[48] 任翠玉. 基于价值创造的公司治理与管理控制 [J] . 经济研究参考，2005 (94) .

[49] 潘福祥. 公司治理和企业价值研究最新进展 [J] . 证券市场导报，2004 (6) .

[50] 王桂莲. 公司治理、内部控制制度与战略管理的协调和配合 [J] . 经济纵横，2004 (8) .

[51] 杨有红，胡燕. 试论公司治理与内部控制的对接 [J] . 会计研究，2004 (10) .

[52] 侯仁勇，胡树华. 企业价值创新的风险识别及防范 [J] . 科学与科学技术管理，2003 (4) .

[53] 迈克尔·波特. 竞争优势 [M] . 北京：华夏出版社，1997.

[54] 刘明辉，张宜霞. 内部控制的经济学思考 [J]. 会计研究. 2002 (8) .

[55] 刘旭，张艳新. 从利润管理到价值管理 [J]. 现代企业. 2005 (11) .

[56] [美] 玛格丽特 (Magretta，J.)，(美) 斯通 (Stone，N.) . 李钊

平译．什么是管理［M］．北京：电子工业出版社，2003.

［57］［美］蒂姆·科勒、（荷）马克·戈德哈特、（美）戴维·威赛尔斯著，高建等译．价值评估［M］．第4版．北京：电子工业出版社，2007.

［58］汤谷良，林长泉．打造VBM框架下的价值型财务管理模式［J］．会计研究．2003（12）．

［59］Mark Grinblatt，Sheridan Titman. 金融市场与公司战略［M］．英文影印本．北京：清华大学出版社，2002.

［60］Robert Vishny. 1999. Investor Protection and Corporate Valuation. NBER Working Paper No. 7403，http：//www. nber. org.

［61］Shleifer，Andrei and Robert W. Vishny . 1986. Large Shareholders and Corporate Control. Journal of Political Economies，1994，(3)：42～46，461－468.

［62］Tom Copeland，Tim Koller & Jack Murrin. 1997. Valuation. New York：John Wiley & Sons.

［63］Bai，Liu，Lu，Song & Zhang. 2002. Corporate governance and firm valuation in China. Working Paper，3：20－26.

［64］Robert N. Anthony，Vijay Govindarajan. Management Control System. McGraw-Hill，Inc. 1998：7.

［65］Marsh D. G. 1998. Making or breaking value［M］. New Zealand Management：232.

［66］Pfeffer，J.，and Salancik，G. R. 1978. The External Control of Organizations［M］. New York：Harper & Row：189.

［67］Katz，D. & Kahn，R. L. 1966. The Social Psychology of Organizations［M］. New York：John Wiley & Sons，Inc：206.

［68］Wernerfelt，B. 1984. A Resource-Based View of the Firm［M］. Strategic Management Journal：171－180.

［69］Cubbin，John，Simon Domberger. 1988. Advertising and Post-Entry Oligopoly Behaviors［J］. The Journal of Industrial Economics，(37)．

第五章

内部控制信息披露及其效应：基于上市公司经验证据的分析

为了监督和促进企业建立完善的内部控制，减少财务舞弊行为，并满足广大投资者了解企业内部控制建立和实施状况的要求，对内部控制的信息披露开始应运而生。“阳光是最好的防腐剂，灯光是最好的警察”，在美国接二连三地爆发一系列财务事件后，美国国会通过了萨班斯法案，在内部控制及其信息披露上实施严刑峻法，要求公司首席执行官、首席财务官或类似职务人员必须书面声明对内部控制的设计和执行的有效性负责，并且强制要求随定期报告一同对外披露管理当局对有关财务报告内部控制的评价报告，这份内控报告还必须经负责公司定期报告审计的注册会计师审核。之后，日本等其他国家和地区的证券市场也纷纷建立了与内部控制有关的披露制度。在中国，2005 年 10 月国务院发布被称为“26 条意见”的《国务院批转证监会关于提高上市公司质量若干意见的通知》，要求上市公司“对内部控制制度的完整性、合理性及其实施的有效性进行定期的检查和评估，同时要通过外部审计对公司的内部控制制度以及公司的自我评估报告进行核实评价，并披露相关信息”。为落实该通知，随后上交所和深交所分别发布了《内部控制指引》，要求上市公司董事会在年度报告披露的同时披露相关的内部控制信息，并且鼓励有条件的上市公司单独出具内部控制自我评估报告，并披露会计师事务所对内部控制自我评估报告的核实评价意见。

内部控制信息披露，一般是指企业管理当局定期根据一定的标准对本单位内部控制设计和执行的有效性进行评估，并报告给外部信息使用者。内部控制信息披露的方式有两种：一是包含在董事会报告、监事会报告或年报的其他部分；另一种就是单独提供内部控制报告。美国已强制要求上市公司按第二种方式提供内部控制报告。我国在《公开发行证券的公司信息披露内容与格式准则第 2 号——年度报告》（2001 年颁布，2004 年修订）第四十二条规定，年度报告中，监事会应对“公司决策程序是否合法，是否建立完善的内部控制制度，公司董事、经理执行公司职务时有无违反法律、法规、公司章程或损害公司利益的行为”发表独立意见。2008 年 6 月 28 日财政部发布的《企业内部控制基本规范》、2008 年 6 月 12 日财政部颁发的《企业内部控制评价指引》、《企业内部控制应用指引》以及《企业内部控制鉴证指指引》三个征求意见稿，2008 年 7 月 1 日中注协颁发的《企业内部控制鉴证指引（征求意见稿）》，都明确规定了企业内部控制信息披露的具体要求。本章从企业价值的视角分析企业内部控制信息披露的动机与市场反应，并从规范与实证的角度提出进一步完善内部控制信息披露制度、提高内部控制信息披露质量的设想和建议。

第一节 会计信息对内部控制有效性的影响：基于产权视角的分析

会计信息的真实完整既是企业内部会计控制的基本目标，又是企业内部控制的基本的、非常重要的手段。对于会计信息与内部控制的这种相互依存、相互促进的关系，我们似乎更关注于把内部控制作为减少会计信息失真可能性的手段来研究，而忽视了在现代企业的产权关系下，研究企业内部不同层次下的控制主体之间如何利用会计信息降低内部控制失控的可能性。在此情况下，我们认为企业内部控制执行的有效性应主要考虑如何充分利用会计信息来提高。也就是说，会计信息是内部控制提升的重要因素。本节从 COSO 框架的五要素入手，探讨内部控制和会计信息对于委托代理问题的意义，最后，我们从所有者、经营者、管理者的角度分析了会计信息产权制度对控制效率的影响。

一、会计信息与内部控制的关系

对于内部控制，根据 COSO 委员会的整合框架，信息能够承载各种控制行为，从而成为其五要素之一，即信息与沟通要素。COSO 委员会提出的内部控制报告指出，围绕在控制活动周围的是信息与沟通系统。能否及时鉴别、挖掘、获取、处理丰富的内部信息和外部信息，能否实现信息在各个部门、各个层次、内部外部之间顺畅地传递，能否很好地沟通、理解和利用信息，决定了组织目标的实现程度，也是组织及其员工履行职责的必要条件。信息与沟通系统使企业内部的员工能取得他们在执行、管理和控制企业经营过程中所需的信息，并交换这些信息。因而，会计信息的产生与有效传递能够影响到内部控制有效性的发挥，高质量的会计信息，是内部控制有机整体有效运转的一个不可或缺的因素。反过来，内部控制各组成要素对会计信息的整体加工过程又能够起到保证的作用，要解决会计信息的质量问题就必须建立和完善内部控制制度。

二、两者的共同基础：委托代理关系

为了进一步考察内部控制与会计信息之间的关系，必须首先考察导致二者产生的共同基础——委托代理问题[①]。企业内部形成多层次的委托代理关系，委托代理关系带来了委托代理问题，即：由于代理人的目标函数与委托人目标函数不一致，存在不确定性和信息的不对称性，代理人可能偏离委托人的目标函数，而委托人由于处于信息劣势而难以观察和监督，从而导致代理人损害委托人利益的现象。为了解决委托代理问题，委托人需要通过严密的契约关系和对代理人的严密监督，以及设计激励机制，来限制代理人的行为，以使代理人约束自己，保证其行为的合理性。会计信息对于代理问题的作用是不容忽视的，会计系统是信息系统，也是控制系统。作为信息，它是契约的一个组成部分。会计信息往往被当作是衡量代理人努力程度的主要变量，更是契约签订、执行及解除相关责任的核心与关键，是委托人与代理人共同认可的沟通语言。在委托代理契约中，委托人不具有信息优势，代理人是信息的提供者，具有信息优势。所有者与管理人员，上级管理人员和下级管理人员之间所拥有的会计信息存在差异。代理人出于自身某些利益会损害委托人的利益，但却向委托人提供对自己有利的或虚假的信息，从而造成会计信息的不对称。

现代企业由于所有权和经营权的分离，委托人需要了解代理人的实际业绩，会计系统是代理人向委托人报告其托管责任的主要手段。不论是外部委托代理关系或是内部委托代理关系，委托人都是根据代理人所提供的会计信息，来了解代理人受托责任的完成程度，并通过激励、评价等对代理人进行管理和控制。也就是说，所有者想利用会计信息来对管理当局进行监督和控制其受托责任的履行情况，而经营管理当局则希望通过会计信息的披露来解除自己的受托责任，员工则通过会计信息来证明自己人力资本价值，解除自身对管理当局的受托责任。

---

① 郭晓梅等认为，内部控制制度和会计信息共同基础是委托代理问题，由于同为解决代理问题的监督机制而具有共同的联系。它们相互作用、相互影响。

三、会计信息对内部控制的重要作用

会计信息是企业管理信息的一种，是企业各类参与主体（包括内部主体和外部主体）的共同语言。控制制度能否生效，在于是否在适当的时间、适当的地方取得适当的信息，会计系统本身成为内部控制制度的一个组成要素，会计信息的存在与有效传递，影响到控制制度有效性的发挥。

（一）会计信息规范对内部控制的影响

对于内部控制来说，在企业内部建立一个科学的会计乃至信息沟通体系是至关重要的。内部控制的提出，使我们开始关注到会计信息范围和源头——经济业务活动或会计事项。只有强调从会计信息源头的真实性和责任性的控制，才能保证企业内部控制的有效执行。会计信息分为对内会计信息和对外会计信息。内部会计信息涵盖了企业会计系统所提供的所有会计信息，对外会计信息只是内部会计信息的一部分而已。但是，内部会计信息提供的手段没有固定模式，不受会计制度法规及会计惯例的约束，而完全服从于企业管理者的需要和内部管理的特定要求。目前，对外信息的规范已经趋于成熟和完善，而那部分未被规范的“内部”会计信息因为都不对外，最易于被掩盖和造假，严重影响了会计信息在企业内部人之间的沟通与传递，阻挠了内部控制的有效执行。对这部分会计信息的规范就要求对企业所有会计信息形成的全员、全过程、全方位进行的规范。对未规范的会计信息的规范是内部控制的政策和基础，也是内部控制的有效保障。

（二）会计信息在内部控制过程中的结合

会计信息①首先是对内的，然后才是有选择性对外的，对外会计信息只是内部会计信息的一部分而已。内部会计信息涵盖了企业会计系统所提供的所有会计信息，具体来说，内部会计信息主要包含会计计划信息、会计分析信息、会计核算信息。会计计划信息，是指以会计核算和分析资料为基础，结合其他有关资料做出的预测、决策和计划等的会计信息，这类信息多载于成本计划表和相应的附件上。会计分析信息，是指在会计核算资料基础上，对会计核算资料进行加工、改制、延伸后的能更清晰反映企业经济活动过程和结果的会计信

---

① 会计信息从广义上可分为财务会计信息（数字化信息）、非货币性和非数字化的信息、会计主体内部管理信息。

息。这类信息除少量载于分析表上之外，其多数并无固定的信息载体，并且往往是根据需要进行分析。会计核算信息，是指在对经济业务发生的原始数据采集、记录、计算、分类、汇总等过程中所产生的能连续、系统、全面、综合地反映企业经济活动的信息。这些信息是会计信息中最基本的信息，它们主要载于会计记账凭证、会计账簿和会计报表之上。

控制如果按时点划分，可以分为前馈控制、实时控制、后馈控制。而从内部控制的过程来看，同样也可以划分为事前、事中、事后控制。信息是控制的依据和基础，控制的全过程离不开信息。内部控制在它的三个阶段控制依次对应了上述三种会计信息。一是进行生产经营活动和财务决策的事前信息，即会计计划信息；二是对生产经营活动进行分析的事中信息，即会计分析信息；三是财务状况、生产经营活动过程和结果的事后信息，即会计核算信息。由于在控制过程中，离不开事前的计划信息、事中的分析信息、事后的核算信息，因此，在内部控制过程中，将广泛运用前三类会计信息。

内部控制说到底就是对企业内部人的行为进行控制，它要求会计提供的信息由资金运动延伸到企业内部人的责任，即提供能反映人的责任的信息。责任会计信息，是对生产经营活动的外在反映——资金运动和人的行为进行控制的信息。为了对企业实施控制，必须建立一套适用于内部控制的企业"语言"系统，责任会计信息堪当此重任，并且会计提供的责任信息也囊括前面提到的三类内部会计信息。会计计划，通过各种分解，形成各种责任者所负担的责任；会计核算则是对各责任者责任执行情况的反映；会计分析是通过计划与实际的对比，找出两者之间的差异和差异产生的原因；评价与考核则是按分析结果，给责任者一定的奖励或惩罚，使之修正行为误差，以保证其履行所负的责任，完成计划。如无健全的责任会计信息，内部控制者将无法准确地掌握各责任者履行责任的实际情况，无法正确地评价、考核责任者，也无法下达调整行为误差的命令；同时，责任者本身也不知道自己行为的对错，而无法进行自我调控。会计责任信息的引入，使得内部控制和会计信息达到实质性的结合。通过会计的计划、分析、核算信息，使得组织每一层级、每一部门都有畅通的会计信息流上下左右快速有效传递，同时结合责任信息，使企业承担的各种经济责任，通过层层分解落实到各部门、车间、班组和个人，形成各种责任者。由此组织内各层级之间形成多个委托代理关系微元①，此时内部控制的作用就分解

① 不同的企业有不同的管理幅度和管理层次，在企业内部各个层级之间存在委托代理关系，所说的委托代理关系微元就是相邻层级间的委托代理关系。这样，整个企业的内部控制就由各个小的微元控制所取代，其各层级控制效果的好坏决定了最终内控的有效性。

为各个控制微元，在各个不同层级上对受托责任进行控制，即形成层层分解、层层控制的微元责任控制。

四、会计信息产权对内部控制有效性的影响

任何组织从本质上都呈现为一种层级结构，其中相互关联的活动被分解为各不相同的任务单元，为了实现一定的组织目标，要求各任务单元具备畅通的信息关系和协调一致的活动水平，因此在现代企业组织中，层级间存在着一系列委托代理关系：股东会与董事会、股东会与监事会、董事会与总经理、总经理与各部门经理、部门经理与员工等，正如詹森和麦克林（Jenson and Meckling，1980）所指出的，这种委托—代理关系，“存在于一切组织、一切合作性活动中，存在于企业的每一个管理层级上”。由此，“一级盯住一级”的层级制也就应运而生了，它是一种增进效率的秩序形式，可以帮助解决由团队生产的外部性所导致的失灵问题，通过为下级与上级创造激励来重新协调好个人对自我利益的追求与群体效率之间的关系，使得在团队生产情况下的个人的卸责不再符合他们的利益（Archian and Demsetz，1972），通过这种“一级盯住一级”的微元责任控制使企业目标得以实现。

但是，我们要清楚这种微元控制的效率来源于激励机制。激励的目的是内部化个人行为的外部性，让每个人都尽可能地为自己的行为承担责任，以最大化企业价值，而所有权是内部化个人行为的外部性的最基本方法，或者说，是最基本的激励机制。对于会计信息来说，合理的产权激励可以内部化会计信息的外部性。所谓“产权”，是使自己或他人受益或受损的权利，会计信息的交换实质上是一种权利的交换。会计信息的产权可看成是会计信息的“所有权结构”。产权是相对的，不是绝对的，产权具有不完全性。产权不同于所有权，但却与所有权有关，它涉及的是两种所有权之间的关系，即平等的所有权主体之间的责权利关系。

因此我们说要实现这种“一级盯住一级”的微元责任控制有效实施，就必须对会计信息产权进行界定。

（一）会计信息产权的界定有利于消除其外部性

会计信息的供求蕴涵着外部性，而且外部性具有相互性[①]。会计信息外部

① 杜兴强（2002）认为，管理当局的盈余操纵行为可能给投资者的决策带来损害，而投资者的过分挑剔行为同样可能使企业在市场竞争中居于不利的地位，甚至丧失竞争优势。

性在于利益相关者之间的效用函数的不一致性：股东主要关注企业的持久性盈利能力和竞争优势，债权人主要关注企业的长短期偿债能力，企业的管理当局则主要关心自我效用的最大化。利益相关者之间效用函数的不一致带来的直接后果就是，企业通过财务报告提供的会计信息具有一定的经济后果，企业通过一整套通用财务报告提供的会计信息（包括质量和内容两个方面）不可能满足所有利益相关者的普遍需要。那么，必然就存在着部分利益相关者将因会计信息而受益，而另一些利益相关者则可能因会计信息而受损的情况。会计信息的外部性的存在，意味着利益相关者可能因会计信息供求而产生冲突。冲突的解决必然要求对会计信息的产权进行界定。若没有明确界定的会计信息产权，那么将给会计信息的供求带来极大的不确定性，而且利益相关者也将因此耗费巨大的交易费用，也容易引发与会计信息相关的不公平现象。

（二）会计信息产权的合理界定

会计信息的传递和交换过程中存在着供需双方，因而其产权的界定首先要对会计信息的提供方主体和需求方主体进行界定。

1. 提供方主体的明确界定

我们知道，在现代企业中，管理人员、内部审计人员或董事会，都对内部控制负有责任。企业董事会和经营者（管理当局）是现实的内部控制主体；建立和维持恰当的内部控制是管理当局受托责任的重要组成部分。由于目前有相当一部分财务报表是会计部门在管理阶层的指手画脚下产生的，因而这些会计报表反映的正是“经营者会计”，出了成绩由管理阶层独享，有了问题责任似乎全是会计部门的事。这在很大程度上打击了会计部门工作的积极性，阻碍了会计信息在企业内部控制中的正常传递。而会计正是通过货币计量来反映企业经营过程，只有提供真实合理的会计信息，才能使内部控制发挥应有的作用。

由此可见，管理当局在内部控制的建立和执行中拥有很高的控制权。在这样的权利掌控下，会计信息提供方主体的不明确客观上激励了拥有企业控制权的管理当局利用会计信息不对称操纵会计行为。我们对会计信息提供方主体的界定，其目的在于理清会计部门和管理当局的责任，迫使企业管理当局对会计信息真实的责任“回归”，是必要和紧迫的。因为，只有公司管理当局对此负有责任，才能从根本上保证会计信息在企业内部及时、准确地传递，满足内部人的信息需求，使不同层次的内部控制得以有效地执行。

2. 需求方主体的明确界定

企业是利益相关者们追求利益而形成的契约集合体，不同的利益相关者与企业有不同性质的经济联系，其在企业中的地位、作用和分配方式、分配比重也不相同，从而对会计信息的产权要求也就不同。利益相关者主要包括债权人、企业员工、权益投资人、管理当局或经营者等。

企业会计信息是反映企业价值运动的经济信息，是对企业经济事项的价值反映和对资金运动的过程控制监管，既是企业利益相关者了解企业经营和财务状况以及财务物资增减变动情况的依据，也是企业利益相关者对企业经营过程加以监督和控制的手段。在企业中，谁掌握了会计信息，谁就了解了具体情况，谁就具有发言权。因此，企业会计信息的本质就是利益相关者知情权和话语权的体现。换句话说，会计的职能之一是对企业经济活动过程的反映，会计信息内容回答的是要反映什么，会计信息本质回答的则是为什么要反映。同样，会计的职能之二是对企业经济活动过程的控制，会计信息内容回答的是要控制什么，会计信息本质回答的则是为什么要控制。与会计信息需求方——利益相关者知情权相对应的是会计信息供应方的反映职能；与会计信息需求方——利益相关者话语权相对应的是会计信息供应方的控制职能。

企业员工对企业投入的主要是劳动和人力资本所承担的责任是工作责任，所承担的风险是与企业风险相联系的收益减少风险。员工对与其工作绩效有密切联系的会计信息十分关注。作为一个利益相关者群体，企业员工在没有组织起来的情况下，是一个弱势群体。因为无论是知情权还是话语权都常常被边缘化，其利益很容易被其他强势集团所侵占。权益投资人是企业资源最重要的主人，是企业净资产的使用者。他们对企业的生存做出了最大贡献，同时也对企业生存承担着最大的责任。他们应当得到企业资产经营产生的剩余净收益的最终索偿权，他们应当拥有对其财产使用的最大决策权和知情权，他们对会计信息的的内容和质量极其关注。管理当局是企业的执行机构，他们既要承担对投资人投入财产的经管责任，又要避免和降低企业绩效风险、财务风险、法律风险和个人的职业风险，所有必须要拥有对企业的最大知情权，对企业会计信息优先决定权和使用权。

（三）不同的会计信息产权对内部控制效率的影响

1. 从所有者角度看，会计信息产权制度支配着所有者对经营者的控制效率

股东是企业的所有者，对企业生产经营具有最终索偿权，对其财产使用拥有最大决策权和知情权。所有者对会计信息的内容和质量要求高，为了更好地监督经营者受托责任履行情况以保证股东资产的安全和增值，股东应以企业内部控制主体的身份进入企业。以股东为主体的内部控制的控制主体是股东，包括董事会和监事会，是最高层次的企业内部控制主体，控制客体是经营者及整个企业的业务经营活动。他们之间的产权受托责任是因为经济资源的所有者向经营者让渡财产的保管权和使用权而发生的。通过合理会计信息产权界定，会计部门基于法律和会计规范向所有者提供及时完整的财务会计信息。股东利用这些信息敦促经营者为企业利益而一心一意地、最大善意地使用财产，获取盈利和确保企业发展；经营者能够如实地向股东报告企业的经营成果、财务状况和其他重大事项，他们也能解除受托责任。切实加强所有者对经营者的控制效率，会计部门就必须明确所有者和经营者各自对会计信息的要求权大小及质量内容方面的差异。

2. 从经营者角度看，会计信息产权制度支配着经营者对管理者的控制效率

经营者将企业整个业务活动在不同层级上进行分解，按照责与权对等的原则将受托责任分解到各个单元。以经营者为主体的内部控制的控制主体是经营者，控制客体是管理者及整个企业的业务经营活动。经营者利用会计信息对管理者进行控制，确保企业经营目标的实现。切实加强经营者对管理者的控制效率，会计部门需要明白经营者对会计信息具有优先决定权和优先使用权。经营者不但需要财务会计信息，还需要管理会计信息。另外，由于公开披露的会计信息时效性弱，不利于经营者的经营决策，所有会计部门往往还需对经营者提供内部信息。

3. 从管理者角度看，会计信息产权制度支配着管理者对员工的控制效率

以管理者为主体的内部控制的控制主体是管理者，控制客体是员工，具体而言就是员工的积极性及其操作活动。管理者控制是内部控制中具体、实质性的控制层级，它将直接影响到员工行为的适当性。管理者应该合理利用会计信息，通过岗位设计、建立作业程序与方法、员工业绩评价、员工报酬与激励等手段对企业员工进行控制。切实加强管理者对员工的控制效率，会计部门必须向管理者提供管理会计信息，同时向企业员工提供与其薪酬相关的财务会计信息。企业员工对与其工作绩效密切相关的会计信息十分关注，如实、准确地反映其工作绩效的会计信息能激励员工保持和创造更大的工作业绩。

四、结语

要实现真正的内部控制就应处理好企业内部各相关利益主体的责权利安排的层次性，切实加强各层级的控制。在现代企业的产权关系下，内部控制的关键在于企业内部不同层次下的控制主体之间如何利用会计信息，会计信息的产权合理界定成为必需。会计信息是衡量代理人努力程度的主要变量，更是契约签订、执行及解除相关责任的核心与关键，是委托人与代理人共同认可的沟通

语言。因此，现代企业必须加快推进会计信息产权改革，优化内部控制环境，提高控制效率。

第二节 股权结构、内部控制信息披露与公司价值
——来自沪深两市上市公司的经验证据

2001 年 11 月，安然公司财务丑闻曝光，6 个月后，世界通讯公司丑闻接踵而至，由此引发的多米诺骨牌效应，造成了这一期间美国 300 多家上市公司、总计 4000 多亿美元的资产申请破产保护。同样，在我国从郑百文案，到中航油巨额亏损、四川长虹巨额应收款欠款案，无不显示公司治理环境中内部控制的薄弱及其信息披露的缺乏。

一系列财务丑闻使越来越多的投资者意识到，一家有投资价值的上市公司不仅需要具有良好的经营业绩和发展前景，还必须拥有健全的内部控制，而投资者必须依赖获取的信息才能形成对其内部控制的判断并做出投资决策。因此，上市公司内部控制信息披露的重要性不言而喻。

一、文献回顾

（一）国外内部控制信息披露的研究成果

公司内部控制对财务报告质量的影响是现代公司的重要特征之一（Kinney，2000）[①]，内部控制的有效性直接影响到财务报告的可靠性（PCAOB，2004）[②]。美国 SOX 法案对内部控制披露作出了一系列规定，为直接观察内部控制质量提供了依据，促进这个领域经验研究迅速发展。管制机构希望通过加强对内部控制的关注减少经理人机会主义会计选择，并由此提高财务会计信息质量，促进财务会计信息在投资者保护中定价功能的发挥。Li 等（2006）[③] 将与内部控制重大缺陷（ICMW）披尽相关的经验研究分为四类：①披露内部控

---

① Kinney，W. Research opportunities in internal control quality and quality assurance. Auditing，A Journal of Practice & Theory. 2000（19）：83－90.

② Public Company Accounting Oversight Board. Auditing Standard No. 2，An Audit of Internal Control over Financial Reporting Performed in Conjunction with an Audit of Financial Statements，PCAOB，2004.

③ Li，C.，Seholz，S. and Wang，Q. Internal control over financial reporting：is the market indifferent? Working Paper，University of Kansas，2006.

制重大缺陷公司的特征；②内部控制重大缺陷与信息质量；③内部控制重大缺陷与市场反应；④内部控制重大缺陷与权益风险。Raghunandan 和 Rama (1994)[①] 对财富（Fortune）100 家公司的年报进行检验发现，有 80 家提供了某种形式的涉及内部控制的管理报告。McMullen、Dorothy 和 Ragahunandan (1996)[②] 对 1993 年 2221 家公司的年度报告进行了研究，结果表明，有 742 家公司提供了内部控制报告，占总体的 33.4%。他们还选取 1989—1993 年样本公司进行分析，发现平均有 26.5 %的公司提供了内部控制报告，而那些有财务报告问题的公司中，仅有 10.5 %提供了内部控制报告，对小公司而言，内部控制报告与财务报告问题的相关关系更为明显，从而得出结论，财务报告有问题的公司不大可能会提供内部控制报告。Hermanson (2000)[③] 以问卷调查的方式（有效问卷 363 份）对 9 种财务报表的使用者进行了调查，分析了他们对内部控制报告的需求。结果发现，调查对象认为自愿披露和强制披露内部控制报告都能促进公司内部控制信息的披露，但自愿披露比强制披露在决策方面更有作用。Harnmersley 等 (2007)[④] 检验了股票价格对管理者披露的内部控制缺陷特性（如严肃性、管理者对内部控制效果的结论、审计能力、披露的模糊性等缺陷）及其他重要公告的反应，还研究了管理者的报酬与实质性控制缺陷之间的关系。Ge，McVay (2005)[⑤] 通过选取《萨班斯法案》颁布后的样本公司进行了调查统计分析，认为上市公司披露的实质性缺陷和公司经营的复杂性有关，但和公司规模、盈利能力关系不大。Doyle，Ge 和 Mcvay (2006)[⑥] 选取了 2002 年 8 月至 2005 年 8 月披露有内部控制实质性缺陷的 779 个样本公司，并对这些样本公司的内部控制实质性缺陷的影响因素进行了分析。证实了

---

① K. Ragahunandan and D. V. Rama. Management Reports after COSO. Internal Auditor，1994，8：54－59.

② Dorothy A. McMullen & Ragahunandan，K. Internal Control Reports and Financial Reporting Problems. Accounting Horizons. 1996，12（10）：67－75.

③ Heather M. Hermanson. An Analysis of the Demand for Reporting on Internal Control. Accounting Horizons. 2000（9）：325－341.

④ Jacqueline S. Hammersley，Linda A. Myers，Catherine Shakespeare. Market Reactions to the Disclosure of Internal Control Weaknesses and to the Characteristics of those Weaknesses under Section 302 of the Sarbanes Oxley Act of 2002，Working Paper Series，January 2007，http：//papers. ssrn. com/so13/papers. cfm

⑤ Jeffrey T. Doyle，Werli Ge，Sarahe. Mcvay. Determinants of weaknesses in internal control over financial reporting and the implications for earning's quality. March 1，2005，SSRN Working Paper，http：//papers. ssrn. com/.

⑥ Jeffrey T. Doyle，Werli Ge，Sarahe. Mcvay. Determinants of weaknesses in internal control over financial reporting. May 15，2006，SSRN Working Paper，http：//papers. ssrn com/.

那些规模小、成立时间短、业务复杂、成长速度快、财务状况不佳的公司更有可能存在重大缺陷。通过调查盈余质量与内部控制之间的关系，发现内部控制实质性缺陷与没有实现现金流的盈余估计有关。Chan 等（2005）[①] 通过证据表明那些按照 404 条款披露内部控制实质性缺陷的公司相对于其他公司有更多的盈余质量管理和更低的投资回报。从国外关于内部控制信息披露的研究文献看，大部分的研究基本上局限于对内部控制信息披露状况的研究，除此之外还研究了内部控制信息披露的成本（如 Maria 等，2006[②]；J. Efrim Boritz，Ping Zhang，2006[③]）、研究内部控制的审计师报告及管理风险（Margaret 和 Jae-nieke，1997[④]；Chuleeporn 等，2001[⑤]；Chuleeporn，2001[⑥]）、研究内部控制报告及其影响（如 Bryan 和 Lilien，2005[⑦]）等，几乎没有发现研究内部控制信息披露影响因素及其与企业价值相关性的实证文献。

（二）我国内部控制信息披露的研究成果

我国理论界关于内部控制信息披露的研究主要集中在分析其现状并提出改进措施方面，其中相当一部分集中在借鉴国外内控信息披露方面经验的基础上，根据我国现实情况，提出系统建议。

刘秋明（2002[⑧]）对 2001 年核准制下实施配股的 34 家 A 股上市公司内部控

---

① Kam C. Chan, Barbara R. Farrell, Picheng Lee. Earnings Management and Return-Earnings Association of Firms Reporting Material Internal Control Weaknesses Under Section 404 of the Sarbanes-Oxley Act. Working Paper Series, 2005, http: //papers. ssrn com/.

② Maria Ogneva. K. R. Subramanyam, K. Raghunandan, 2006. Internal Control Weakness and Cost of Equity: Evidence from SOX Section 404 Disclosures. July, AAA 2006 Financial Accounting and Reporting Section (FARS) Meeting Paper.

③ J. Efrim. Boritz, Ping Zhang. How Does Disclosure of Internal Control Quality Affect Management's Choice of that Quality? April 5, 2006, CAAA 2006 Annual Conference Paper.

④ Margaret O. Reilly-Allen, Dr. Henry Jaenicke. The Effect of Management and Auditor Reports on Internal Controt on Financial Analysts Perceptions and Decisions. Doctor of Philosophy, June 1997.

⑤ Chuleeporn Changchit, Clyde W. Holsapple, Ralph E. Viator. Transferring auditors' internal control evaluation knowledge to management. Expert Systems with Applications, 2001 (20): 275—291.

⑥ Chuleeporn Changchit, Clyde W. Holsapple, Donald L. Madden. Supporting managers' internal control evalualions: an expert system and experimental results. Decision Support Systems, 2001 (30): 437—449.

⑦ Stephen H. Bryan, Steven, B. Lilien. Characteristics of Firms with Material Weaknesses in Internal Control : An Assessment of Section 404 of Sarbanes Oxley. Working Paper, http: //papers. ssrn com/.

⑧ 刘秋明．我国上市公司内部控制信息披露的问题及改进．证券市场导报，2002 (6): 38—43.

制信息披露现状进行了分析，认为由于我国上市公司内部控制信息披露的内容缺乏统一要求，导致了上市公司会尽可能选择对其有利的信息进行披露，而且披露的形式不统一，致使信息使用者的成本增加。李明辉等（2003）[①] 对 2001 年年报内部控制信息披露的调查表明，1147 家上市公司中，除了 4 家银行和证券公司全部披露了有关信息外，其他上市公司有 880 家披露了内部控制有关信息，但绝大部分只有简单的一句话。内部控制信息的披露主要是在监事会报告中，在董事会报告中自愿披露的公司只有 88 家，在披露内控信息的 884 家公司中不足 10%。张立民等（2003）[②] 对 2001 年和 2002 年 A 股的 ST 公司内部控制信息披露的研究表明：ST 公司 2002 年的披露状况比 2001 年有所改善，但是不少公司年报当中披露前后矛盾，且以说“好话”为主。对此他们建议：对 ST 公司必须强制披露标准的内部控制报告，同时需要经过注册会计师的外部审核，有关监管部门也应该加强对内部控制报告的外部监督和管理。陈关亭、张少华（2003）[③] 采用问卷调查的方式（有效问卷 206 份）对上市公司内部控制的披露与审核进行了研究，赞成强制性要求上市公司在年度报告中披露内部控制报告，且内部控制报告应经注册会计师审核并发表意见。蔡吉甫（2005）[④] 以 2003 年 A 股上市公司为样本，对我国上市公司内部控制信息披露问题进行实证研究。研究发现，我国上市公司内部控制信息披露受到公司盈利能力、财务报告质量以及财务状况是否异常的显著影响，即经营业绩好、财务报告质量高的上市公司倾向于披露内部控制信息，而财务状况存在异常的上市公司披露内部控制信息的动力则明显不足。周勤业、王啸（2005）[⑤] 从美国《萨班斯—奥克斯利法案》以及 SEC 出台的有关规则出发，研究关于内部控制信息披露的几个重要问题：披露性质、披露内容、审计验证、评价依据及责任主体等，并结合我国公司治理环境、制度背景，提出了我国内部控制信息披露的系统建议。张先治、张晓东（2004）[⑥] 采用问卷调查方法（有效问卷 249 份）考察投资者对内部控制的需求，得出结论：投资者对上市公司内部控制有着较强的需求，并且对内部管理控制和内部会计控制需求呈现出层次性。邵珍（2007）[⑦] 以 2005 年年底在

---

① 李明辉，何海，马夕奎．我国上市公司内部控制信息披露状况的分析．审计研究，2003（1）：38—43.

② 张立民，钱华，李敏仪．内部控制信息披露的现状与改进——来自我国 ST 上市公司的数据分析．审计研究，2003（5）：10—15.

③ 陈关亭，张少华．论上市公司内部控制的披露及其审核．审计研究，2003（6）：34—39.

④ 蔡吉甫．我国上市公司内部控制信息披露的实证研究．审计与经济研究，2005（2）：85—88.

⑤ 周勤业，王啸．美国内部控制信息披露的发展及其借鉴．会计研究，2005（2）：24—31.

⑥ 张先治，张晓东．基于投资者需求的上市公司内部控制实证分析．会计研究，2004（12）：55—61.

⑦ 邵珍．农业上市公司内部控制信息披露研究．陕西农业科学，2007（1）：125—127.

深、沪两市公开发行A股的1350家上市公司为背景，研究了农业上市公司内部控制信息披露的现状。通过比较发现：我国农业上市公司内部控制信息披露比例低于其他行业，自愿披露的动力强于其他行业。陈共荣、刘燕（2007）[①]对2006年上海证券交易所A股上市公司内部控制信息披露状况进行了分析，在此基础上结合超额收益法和多元回归分析方法考察中国资本市场对内部控制信息披露的市场反应，发现：详细披露内部控制信息的公司在年报公告日前后的累积超额收益较之简单披露的公司显著为正。进一步的回归分析显示：内部控制信息披露详细程度与事件期内的累积超额收益显著正相关。

遗憾的是，目前关于内部控制信息披露的研究主要囿于内部控制来研究其信息披露，而且研究内部控制信息披露的实证性文献更是缺乏。基于此，我们认为应该在前人研究的基础上进一步设问和检验，深入研究我国内控信息披露问题。本书将内部控制信息披露作为会计信息披露的一种特殊形式，将其回归到会计信息披露的范畴内，运用理论界关于会计信息披露的丰富成果来研究它。同时，根据已有成熟的信息披露模型，构建我国内控信息披露指数，对内控信息披露水平进行相关实证研究。

（三）内部控制信息披露的拓展研究

目前，我国内部控制披露方式以自愿性披露为主，强制性披露为辅。中国证监会的有关文件对内控信息强制性披露的规定也仅仅局限于银行、保险及证券等特殊行业和再融资的少数上市公司，除此以外，对于资本市场众多的上市公司而言，内控信息披露仅仅体现为自愿性的信息披露。

此外，作为内控信息强制性披露的典范，Sarbanes—Oxley Act（SOX法案）自2002年7月生效以来，因其严厉性和高昂的执行成本而备受争议。谢志华（2006）[②]从成本与效率（收益）的角度分析了SOX法案存在的缺陷。崔宏（2005）[③]对SOX法案实施三年来的实践效果做了简要回顾与检查，认为该法案实施效果：对公司而言，面临的压力不断增大，法案遵从成本十分高昂；对注册会计师而言，执业更为谨慎，服务收费大幅增加。就连美国法学界对SOX法案的评价也不高，认为其“渲染有余，变革不足”（heavy rhetoric, light reform）。另据英国《金融时报》报道，截至2007年3月末，欧洲股市

---

① 陈共荣，刘燕．内部控制信息披露的市场反应．系统工程，2007（10）：40－45.

② 谢志华．萨班斯法案孰是孰非：基于成本与效率（收益）的分析视角．审计与经济研究．2006（7）：3－7

③ 崔宏．萨班斯法案实施效果的初步分析．中国注册会计师．2005（12）：68－70

的总市值已经超过了美国股市，为第一次世界大战以来首次。这一最新动态再次表明，受困于强制性披露等监管措施过于严苛，美国资本市场在全球的竞争力正在逐渐削弱①。

从长期看，严厉的强制性披露要求对提高上市公司的信息披露质量，更好地保护广大中小投资者的利益是有帮助的，但是短期内，必然会导致本国资本市场存量资源的退出和增量资源的稀缺，对上市公司的发展与资本市场的国际竞争力造成重大不利影响。而且，从我国目前的现状来看，短期内是实现内部控制信息强制披露也是不太现实的。因此，根据我国内控信息披露以自愿性披露为主的现实情况，以及国外强制性信息披露在实践中存在的争议，本书将我国内控信息披露作为一种自愿性披露方式，试图引入自愿性披露的丰富理论成果，分析其与股权结构、企业价值之间相关性，并在此基础上，寻求有效变量对上述三者进行替代，对其相关性进行实证检验，以期发现三者之间相互作用的证据，为进一步完善内部控制信息披露提供有益的建议。

国内外对于信息披露，特别是自愿性信息披露的研究成果丰硕。鉴于本书的研究目的和篇幅限制，我们仅从股权结构和企业价值的角度，对自愿性信息披露的文献进行简要回顾，以期对内控信息披露的研究有所裨益。

在股权结构与自愿性信息披露方面：Haskins（2000）② 的研究认为，股权结构影响自愿性信息披露行为，欧美公司股权分散，数量众多的股东对信息披露的要求很高；而亚洲公司股权相对集中，股东不像西方股东那样对信息披露要求苛刻，自愿性信息披露程度就低。李远勤、刘艳萍（2006）③ 以深交所上市的A股国有上市公司为例，采用2004年度的数据，从股权集中度、机构投资者、高管持股等多个角度研究了股权结构与自愿披露水平之间的关系。

在自愿性信息披露与企业价值方面：Wesley（2004）④ 通过构建自愿性信息披露指标，进行实证检验，结果表明信息披露程度越高，公司价值越高。汪炜、蒋高峰（2004）⑤ 以上交所516家上市公司为样本进行实证研究，结果表

① 详见证监会《公开发行证券公司信息披露的内容与格式准则》的第1、2、11号以及《公开发行证券公司信息编报规则》的第7、8号，强制要求银行、保险及证券等特殊行业的企业和再融资的上市公司对其内控制度的完整性、合理性和有效性做出说明，并要求会计事务所对其内控制度及风险管理系统的完整性、合理性和有效性进行评价，提出改进建议，并出具内控评价报告。

② Haskins，M. E.，Ferris，K. R. and Selling，T. I. 2000. International financial reporting and analysis：a contextual emphasis（2nd ed.）. Irwin McGraw-Hill，Boston.

③ 李远勤，刘艳萍．股权结构与自愿性信息披露．统计与决策，2006（10）：97—99.

④ Wesley Mendes da Silva. 2004. The Voluntary Disclosure of Financial Information on the Internet and the Firm Value Effect in Companies across Latin America. SSRN Working Paper.

⑤ 汪炜，蒋高峰．信息披露、透明度与资本成本．经济研究．2004（7）：7—18.

明上市公司资本成本随着公司透明度的增加而下降，自愿性信息披露有利于降低中国上市公司的资本成本，从而提升公司价值。

由以上分析，我们认为内控信息披露作为会计信息披露的一种特殊形式，其受股权结构的影响，并且影响企业价值。

二、理论分析与研究假设

股权结构是公司内部治理结构的产权基础，决定着一个公司所有权的配置效率，直接影响公司的激励约束机制及公司的经营绩效，从而影响公司管理层的信息披露。实际上，各国在信息披露水平方面的差异，在很大程度上可以用该国公司股权结构的差异来解释（La Porta 等，1999）[①]。股权结构的合理性取决于股权构成和股权集中与分散的程度：①从股权构成来看，机构投资者持股和管理层持股比例增加，能有效激励他们监督公司的财务报告（Beasley，1996）[②]；但是当机构投资者为最大股东时，机构投资者追逐短期投资收益的特性导致经理人员的短视行为，操纵短期盈余以迎合机构投资者；而当管理层持股比例超过一定限度，导致“内部人控制”和所有者缺位，管理层为了获取控制权私人收益而利用手中绝对的会计权，滥用会计政策甚至提供虚假的会计信息；②从股权集中与分散程度来看，一方面，股权分散有利于提高公司决策效率和更有效地利用信息，Mitchell（1995）[③] 发现股权越分散，信息披露水平越高。但是股权的过度分散使公司的控制权实际上转移到职业经理人手中，加之众多中小股东出于自身能力和成本效益的考虑，普遍存在“搭便车”的心态，参与公司经营的程度低，导致会计信息需求不足；另一方面，最近的研究表明，现代公司的股权并非分散型，而是普遍集中在控制型股东或家族手中（Shleifer & Vishny，1988，[④] 1997[⑤]；La Porta 等，1999；Claessens 等，2002[⑥]），由于控制型股东或家族在公司中存在重大的经济利益，他们存在强

① La Porta. Corporate Ownership around the World. Journal of Finance，1999（2）：471－517.

② Beasley，M. S. An Empirical Analysis of the Relation between the Board of Director Composition and Financial Statement Fraud. The Accounting Review，1996，71（4）：443－466.

③ Mitchell J. Cancelling，transferring or repaying bad debt：cleaning banks'balance sheets in economies in transition. Mimeo：Cornell University，1995.

④ Shleifer A R Vishny. Managerial entrenchment：the Case of Manager Specific Investment [J]. Journal of Financial Economics，1988（25）：42－67

⑤ Shleifer，Vishny. A Survey of Corporate Governance. The Journal of Finance，1997，（2）.

⑥ Claessens S.，D. Jankov S.，Fan J.，et al. Disentangling the Incentive and Entrenchment Effects of Large Shareholdings [J]. Journal of Finance，2002（6）：2741－2771.

烈的动机监督管理层。因此，股权的集中在一定程度上产生“利益协同效应”(Morck 等，1998)①，使控制性股东和中小股东的利益趋于一致，从而有利于公司治理效率的提高，会计信息披露越透明；但是，控制性股东或家族也可能通过背离“一股一权”、交叉持股和金字塔控股等方式以少量的现金流权控制大量的投票权来提升对公司的控制力，不仅使他们牢牢掌控了公司的经营决策，也控制着公司的信息披露政策。特别是，当公司的控制权与现金流权偏离程度越大，诱使控股股东提供会计信息的目的可能不是为了反映真实的交易，而是基于掩饰利益侵占，利用披露管理、不披露或虚假披露与外部股东攸关的信息（Fan & Wong，2005）②。以上分析表明，机构投资者和管理层持股比例过多或过少，股权过度集中和分散，都无助于公司治理效率和信息披露质量的提高。

（一）股权结构与内部控制信息披露

理论上，股权结构可以理解为企业剩余控制权和剩余收益权的分布状况与匹配方式，实际运作包括公司股东的构成和各类股东的持股比例及股权集中度。股权结构决定着一个公司所有权的配置效率，影响公司管理层的信息披露行为，进而影响信息披露质量。实际上，各国在信息披露水平方面的差异，在很大程度上可以用该国公司股权结构的差异来解释（La Porta 等，1999）。我们综合了国内外信息披露研究成果和内控信息披露的特点，特别选取了股权集中度、机构投资者持股比例、高级管理层持股比例等几个指标来考察我国上市公司股权结构与内部控制信息披露的关系。

国外实证研究早已证明，股权适度集中能够在一定程度上产生趋同效应，使控股股东和中小股东的利益趋于一致，有利于公司治理效率的提升。但是，我国上市公司是通过董事会代表全体股东的利益行事，由于通常存在着一股独大、股权高度集中的状况，控股股东或者大股东通常完全掌握着董事会的实际控制权，大股东侵害中小股东利益的事件在我国频频发生。在这种情况下，控股股东或大股东为了追求自身的利益最大化，通常会攫取中小股东的利益。所以，在通常状况下，上市公司股权集中度越高，很可能意味着该上市公司的大股东或控股股东对公司的控制权越大，再加上我国监管机制还存在缺陷，造成

① Morck R. , A. Shleifer and Vishny. Management ownership and market valuation—an empirical analysis [J]. Journal of financial economics, 1998 (20): 293－315.

② P. H. Fan T, J. Wong and Tianyu Zhang. The Emergence of Corporate Pyramids in China. Working Paper, 2005.

上市公司内控信息披露不充分或披露质量低下。因此提出：

（1）研究假设1：股权集中度与内控信息披露水平负相关。

机构投资者作为重要的外部股东，对公司内控信息披露的影响主要表现在两个方面：一是机构投资者具有专业能力和丰富经验，相对于个人投资者更具信息分析能力，拥有更充分的信息，有能力要求公司提供更充分的内控信息披露。另一方面，机构投资者出于保护自己投资、降低代理成本的目的，有动力对管理层实施密切的监督，这有利于提高内控信息披露的质量。因此提出：

（2）研究假设2：机构投资者持股比例与内控信息披露水平正相关。

高级管理人员持有公司股票是对高管层的重要激励机制，可使高管利益与公司和股东利益趋向一致，从而有助于提高内控信息披露质量。代理理论认为，当管理层持有公司权益份额较多时，所有权和控制权的差距缩小，在个人利益最大化目标的约束下，管理层有动机追求促进公司价值最大化的行为，如减少在职消费，增加企业相关信息披露的数量和质量，以期能够提升企业价值，进而实现其个人利益最大化。因此提出：

（3）研究假设3：高级管理层持股比例与内控信息披露水平正相关。

2. 内部控制信息披露与公司价值

会计信息披露影响着公司利益相关者之间的信息流动和财富分配，而信息披露很大程度上是因公司治理的需要而逐步形成的。会计信息披露在公司治理结构中的作用表现在：一是信息披露在内部治理结构中发挥监督、评价和契约沟通的作用；二是会计信息披露有助于外部治理机制的有序运作。即：公司信息披露程度提高有利于激励相容，形成外部治理机制来提升公司价值（Rahman，2002）[①]。

由于信息不对称导致“次品车市场”，增加信息披露水平有利于促进与外部投资者的信息沟通（Healy & Palepu，2001）[②]，价值较高的上市公司倾向于增加信息披露来揭示自身价值。Madhavan（1995）[③] 检验表明，公司股价

① Rahman A. R. 2002 . Incomplete Financial Contracting，Disclosure，Corporate Governance and Firm Value—With evidence from a moderate market for corporate control environment. Nanyang Business School Working Paper，Nanyang Technological University.

② Healy，P. M. ，Palepu，K. G. Information asymmetry，corporate disclosure，and the capital-market：A review of th eempirical disclosure literature [J] . Journal of Accounting and Economics，2001，31.

③ Madhavan A. 1995. Security Prices and Market Transparency. Journal of Financial Intermediation，255～283.

和透明度呈正相关，信息披露规范、透明度高的上市公司，容易得到外部投资者认可，公司股价相对较高。Chauvin & Hirschey (1993)[①]、Fombrun (1990)[②] 等实证表明，公司声誉价值提高有利于改善上市公司与外部投资者之间的关系，对公司价值产生积极的正向效应。Wesley (2004)[③] 通过构建自愿性信息披露指标，对拉美三国信息披露增量和公司价值之间的关系进行了实证，检验结果表明信息披露程度越高，公司价值越高。从国内的研究来看，对于信息披露和公司价值关系方面的研究并未多见，仅处于研究起步阶段。汪炜、蒋高峰 (2004)[④] 以上海证券交易所上市的 516 家 A 股上市公司为样本进行实证研究，从信息披露与公司透明度角度，论证了信息披露、透明度和资本成本之间的关系，结果表明上市公司资本成本随着公司透明度的增加而下降，自愿性信息披露有利于降低中国上市公司的资本成本，从而提升公司价值。张宗新等 (2005)[⑤] 认为，业绩优良的公司采取积极信息披露策略向外部投资者揭示公司价值，并利用深沪交易所 1998—2003 年上市公司自愿性披露信息数据进行了检验证明。张宗新、朱伟骅 (2007)[⑥] 利用托宾 Q 对 2002—2003 年中国证券市场数据进行实证分析。通过对研究样本的实证检验，结果显示托宾 Q 与公司信息披露增量之间显著正相关，采取积极信息披露策略的上市公司市场价值相应较高；而信息供给程度低的上市公司市场价值相应较低。段盛华 (2004) 对 2001—2002 年深交所上市公司发生控制权转移时控制权披露的市场反应进行检验，检验结果表明在自愿信息披露的环境下披露控制结构样本公司的市场价值明显高于未披露同类信息的样本公司。

由于存在信息不对称和“逆向选择”，价值高的上市公司，为了显示其自身的优势和揭示自身公司价值，上市公司倾向披露更多的信息。同时，在信息披露增加的过程中，将有利于促进上市公司与投资者有效的沟通，降低资本成本，从而提升公司价值。

---

① Chauvin, K. W., and M. Hirschey, Advertising, R&D Expenditures and the Market Value of the firm, Financial Management, 1993: 128－140.

② Fombrun, Shanley. What's in a Name Reputation Building and Corporate Strategy [J]. Academy of Management Journal, 1990 (33): 233－258.

③ Wesley M. S. The Voluntary Disclosure of Financial Information on the Internet and the Firm Value Effect in Companies across Latin America. SSRN Working Paper, 2004.

④ 汪炜，蒋高峰. 信息披露、透明度与资本成本. 经济研究，2004 (7): 7－18.

⑤ 张宗新，张晓荣，廖士光. 上市公司自愿性信息披露行为有效吗？基于 1998—2003 年中国证券市场的检验，经济学（季刊），2005 (1): 369－386.

⑥ 张宗新，杨飞，袁庆海. 上市公司信息披露质量提升能否改进公司绩效——基于 2002—2005 年深市上市公司的经验证据，会计研究，2007 (10): 16－23.

由于存在信息不对称和逆向选择，根据信号传递理论，价值较高的上市公司倾向于增加信息披露来揭示自身价值。在信息披露增加的过程中，将有利于促进上市公司与投资者有效的沟通，降低资本成本，进一步提升公司价值。从公司治理的角度来看，公司信息披露程度提高有利于激励相容，形成外部治理机制来提升公司价值（Rahman，2002）。

内部控制作为公司治理、保证公司有效运营的一种措施，与公司的价值最大化目标存在良性互动关系。对于内部控制信息披露，目前的法律法规和契约除了对个别特殊行业和企业有强制性要求以外，绝大多数上市企业还是自愿性披露，但相对价值高、业绩优良的上市公司，为显示其自身经营效率优势和揭示自身公司价值，更倾向于增加内控信息披露，将公司有关内控信息向投资者公布，提高内控信息披露程度以减轻信息不对称程度，显示公司核心竞争能力和揭示公司内在价值。基于此，本书得出研究假设 4：公司价值与内控信息披露水平正相关。

三、研究模型和样本、数据

（一）研究思路

股权结构影响内控披露水平，内控披露水平又会影响企业价值。因此，我们一方面可以从内控披露水平的内在影响因素——股权结构分析，另一方面还可以从外部引导诱致性信息披露的角度，分析其与企业价值的相关性。

本书研究思路是：通过对已有文献的收集整理，选取股权集中度、机构投资者持股比例、高级管理层持股比例替代股权结构，验证股权结构如何影响内控信息披露。进而以托宾 *Q* 值（Tobin's *Q*）等指标作为企业价值的替代变量，分析其与内控信息披露水平的关系。通过上述研究，我们期望能够从内控信息披露的“前因”——股权结构和“后果”——企业价值两个方面来发现内部控制信息披露与两者之间相互作用的证据，为内部控制信息披露提供有益的建议。

（二）内控信息披露水平衡量标准：内控信息披露指数的构建

如何计量内控信息披露水平，是进行内控信息披露实证研究的前提与基础。采用信息披露指数（Disclosure Index）来定义信息披露水平是国内外研究中普遍采用的方法（谢志华、崔学刚，2005）[①]。参照国外的 Botosan 指数

① 谢志华，崔学刚．信息披露水平：市场推动与政府监管．审计研究．2005（4）：39－45．

和国内的 $CCGI^{NK}$ 指数[①]的思路，我们构建了我国内部控制信息披露水平测量表，用以计算内控信息披露指数。Botosan 指数的测量表中信息条目共分为五类，分别是：背景信息、历史信息、关键性非财务信息、预测信息、管理层讨论和分析。每类信息包括若干子项目，每个子项目赋予不同的分值（0—3），其中定量信息的分值比定性信息高。然后据此对样本公司信息披露行为打分，某个公司的信息披露指数等于该公司分别在五个部分得分的加总。$CCGI^{NK}$ 指数的测量表中信息条目共分为六类：股东权益、董事会、监事会、经理层、信息披露和利益相关者，包括六个一级指标、十九个二级指标的综合评价体系，该指数采用百分制形式，最高值为 100，最低值为 0。

基于以上分析，本书参照上述指数的计量思路，以上交所与深交所的《上市公司内部控制指引》为参照系，并结合王咏梅（2003）[②]、巫升柱（2007）[③]文中关于自愿性信息披露指标设计的部分内容，构建了适用于我国上市公司的内部控制信息披露的指标体系（见表 9）。

表 9　我国上市公司的内部控制信息披露的指标及其评分体系

背景性信息	企业文化建设	具有定性分析 1 分，同时具备定量及例证分析 3 分，最高分值 12 分
	内控环境及行业背景信息	
	关键技术与核心竞争能力	
	年报中是否有风险提示及对策措施	
关键性内部控制信息	内控制度是否建立健全	具有定性分析 2 分，同时具备定量及例证分析 5 分，最高分值 25 分
	内控制度是否有效实施	
	对本年度内部控制检查监督工作计划完成情况的评价	
	完善内控制度的有关措施	
	内控制度及其实施过程中出现的重大风险及其处理情况	

① 通过理论界关于信息披露指数（Disclosure Index）的分析，我们根据内部控制信息披露的具体特点及其发展趋势进行调整和重新整合，最后设计出适用于我国上市公司的“内部控制信息披露指数”，将其作为实证检验中内控信息披露的替代变量。

由于目前国内主要借鉴国外信息披露指数研究，尚没有形成独立的信息披露指数，但南开大学公司治理研究中心借鉴国外一流公司治理评价指标体系、充分考虑中国公司治理特殊环境的基础上，构建 $CCGI^{NK}$ 指数。由于内控控制与公司治理具有紧密的内在联系，我们认为 $CCGI^{NK}$ 指数对我们构建我国内部控制信息披露指数有一定的借鉴价值。

② 王咏梅．上市公司财务信息自愿披露指数实证研究．证券市场导报．2003（9）：45—49.

③ 巫升柱．中国上市公司年度报告自愿披露影响因素的实证分析．当代财经．2007（8）：121—124.

（续表）

预测及反馈信息	下一年度内部控制有关工作计划	具有定性分析 2 分，同时具备定量及例证分析 5 分
	内部控制检查监督工作情况	如无重大缺陷及风险，则同上；如有重大缺陷及风险，扣除 3 分；具有原因分析加 2 分，相关责任追究加 2 分，补救措施加 2 分
	财务报告的审计意见类型	若无保留意见取 2 分，保留意见取 1 分，否定和拒绝表示意见取 0

我国上市公司的内部控制信息披露的指标及其评分体系包括三个不同信息类别，共有 12 个信息条目，按照其与内控相关的紧密程度，分别赋予不同数值，例如背景信息，我们赋予较小的分值，而对关键性内控信息与预测及反馈信息，我们赋予了较高的分值。披露信息可以是定性的或定量的，如果同一项指标的定量与定性信息同时披露，就会获得比仅披露定性信息的指标更高的加分。

我们以样本公司对外公布的年报信息资料为基础，按规定的标准对每家上市公司进行评分，并计算出每家上市公司内部控制信息披露的分值，然后用所得分值除以指标体系的满分分值 52（体系中有 12 项指标，各指标总得分为 52 分），便得到样本公司的 IDI。

某个公司内控信息披露指数的计算方法为：

$$\mathrm{IDI}=\frac{\sum_{i=1}^{3}\mathrm{SCORE}i}{52}$$

（其中，$i=1$，2，3，代表三类不同的信息类别，SCOREi 代表每一类别的得分）

上述两个测量表均通过了有效性检验，所以本书的测量表是具备有效性的。此外，我们邀请两位相关领域的学者对照测量表分别对 300 个样本公司的 2006 年年报进行打分，当出现双方打分不一致的情况时，我们在深入细致的讨论后重新打分，直至双方打分一致。所以，测量表的测量结果是可以信赖的。

（三）研究模型的建立与变量设置

为了检验上述假设，我们建立模型如下：

$$IDI=\alpha_0+\alpha_1 SC+\alpha_2 IIR+\alpha_3 SMP+\alpha_4 Lnsize+\alpha_5 Lev+\alpha_6 Indu+\varepsilon \quad (1)$$

$$Q=\beta_0+\beta_1 IDI+\beta_2 SC+\beta_3 Lnsize+\beta_4 Lev+\beta_5 ROA+\beta_6 Indu+\varepsilon \quad (2)$$

在模型（1）中，IDI 是被解释变量，SC、IIR、SMR 是解释变量，Lnsize、LEV 是控制变量。在模型（2）中，Q 是被解释变量，IDI、SC、IIR、SMR 是解释变量，Lnsize、LEV、ROA 是控制变量。有关变量的具体含义等如表 10 所示。

表 10　研究变量描述

变量名称	变量符号	计算公式
企业价值	Q	企业市场价值/总资产的重置成本
内控信息披露指数	IDI	$\sum SCORE i/52$
股权集中度	SC	前十大股东持股比例之和
机构投资者持股比例	IIR	前十大流通股东中机构投资者持股比例
高级管理层持股比例	SMR	高管所持股份数额与总股本之比
公司规模	Lnsize	公司资产总额的自然对数
公司杠杆	LEV	资产负债率
公司盈利能力	ROA	总资产报酬率

之所以选择这些控制变量，我们认为除了股权结构和企业价值外，其他一些因素也可能影响到公司内部控制信息的披露。为控制其他公司特征对内控信息披露的影响，我们引入公司规模、公司杠杆和公司盈利能力作为控制变量，以控制其对公司价值研究可能带来的影响，以期能够达到更好的研究效果。

1. 公司规模

Atiase（1985）① 和 Freeman（1987）② 发现，盈余以外的信息的公开披露增加了公司规模的作用，即公司规模可能对公司信息披露行为产生一定的影响。同时，会计研究人员认为，大企业的政治敏感性和所承受的财富转移额均

① Atiase，R. K.，Pre-disclosure information，firm capitalization，and security price behavior-around-earnings announcements [J]. Journal of Accounting Research（Spring），1985，21－36.

② Freeman，R.，The association between accounting earnings and security returns for largeand-small firms [J]. Journal of Accounting&Economics，1987（9）：195－228.

大于小企业（瓦茨、齐默尔曼，1999）[①]，因为大企业相对来讲更容易引起政府的关注，这将对公司内部控制信息披露产生一定的影响。另一方面，从代理成本角度看，公司规模越大，对外部资金的依赖和需求就越大，为减少由于信息不对称而产生的代理成本，越有动力披露更多信息。另外，由于大规模公司为塑造良好的公司形象或受社会关注度高，减少发布信息的成本，会自愿披露信息。

2. 公司杠杆

非对称信息论和 Ross 信号传递理论认为，由于管理当局与投资者之间存在着信息不对称现象，管理当局往往比投资者掌握着更多的信息，公司的杠杆结构可以视为管理层传达给外部投资人有关公司品质的信号，管理层会依照公司未来的前景及营运状况来决定杠杆结构，站在股东利益最大化的立场上，当公司未来前景看好而目前股价低估时，管理者会倾向于使用负债融资；然而当公司未来的前景看淡而目前股价相对较高时，采用权益融资对公司较为有利。也就是说，杠杆代表公司融资行动是一种高品质的信号。因此杠杆结构可看作是公司业绩情况的一种间接反映。

契约理论认为，随着公司资本结构中债务比例的提高，股东侵占债权人利益的可能性增大。为此债权人会随着公司债务比例的提高，倾向于采取提高债权价值的保护措施（例如要求更高的利息率）。为减少债权人的这种保护性倾向所带来的潜在影响，公司管理层有动力披露更多信息以表明其愿意接受监督的态度，增强债权人的信任，从而提高信用等级。随着公司杠杆比例的提高，公司财务失败的风险将大大提高，无论债权人还是股东都要求更多的信息来及时评价公司财务的健康状况。

3. 公司盈利能力

契约理论认为，高盈利公司的经理层更有积极性对外披露信息，从而为维持他们的地位、声誉和薪酬安排提供理由（Wallace et al.，1995[②]；Inchausi，1997）[③]。信号理论也有相同的暗示，认为绩效较好的公司将自愿披露更多信息，以使市场正确评价其盈利水平，从而吸引更多的资本或避免股票的价值被

① 罗斯.L. 瓦茨，杰罗尔德.L. 齐默尔曼著. 实证会计理论［M］，陈少华等译. 大连：东北财经大学出版社，1999.

② Wallace，R. S. O.，Naser，K. Firm-specific determinants of comprehensiveness of mandatory disclosure in the corporate annual reports of firms on the stock exchange of Hong Kong. Journal of Accounting & Public Policy，1995 (14)：311－368.

③ Inchausi，B. G. The influence of company characteristics and accounting regulation on information disclosed by Spanish firms. European Accounting Review，1997，6 (1)：45－68.

市场低估（Grossman and Hart，1980[①]；Milgrom，1981）[②]。与上述理论预期相一致，Lang 和 Lundlholm（1993）[③] 根据1985至1989年间公司信息披露的评分，研究影响企业自愿性信息披露的因素，实证结果发现：绩效越好的公司其披露的评分等级越高。Forker（1992）[④] 选择了多伦多证券交易所上市的80家最大的上市公司实证研究得出结论：业绩因素会促进上市公司自愿披露更多的信息。Miller（2002）[⑤] 也发现随着公司盈利水平的提高，公司的信息披露水平也会相应提高。国内学者乔旭东（2003）[⑥]、诸葛栋，封思贤（2005）[⑦]、崔学刚，朱文明（2003）[⑧] 等实证研究得出结论：中国上市公司自愿性披露程度与公司盈余业绩呈正相关关系。

（四）研究样本与数据

本书的研究样本由2006年在沪深两市公开发行A股的300家上市公司组成，并且按照中国证监会（CSRC）《上市公司行业分类指引》对样本观察值进行了分类，其中包括了各种行业的上市公司[⑨]。为了使样本更具有代表性，我们按照随机性原则与上市公司行业分布比例选取研究样本，并且剔除了金融保险业上市公司和被ST和PT处理以及数据不全的公司，最终得到有效观察样本272家。相关财务指标数据一部分来源于CECR数据库，一部分通过手工收集得到。我们采用SPSS13.0进行数据分析，并将年报中数据和CSMAR

---

① Grossman，S J & Hart，O D，1980. Disclosure Laws and Takeover Bids. Journal of Finance，American Finance Association，vol. 35 (2)：323－34，May.

② Milgrom，P (1981) . Good news and bad news：Representation theorems and applications. Bell Journal of Economics，12，380－391.

③ Lang，M. and R. Lundholm，1993. Cross-Sectional Determinants of Analysts Ratings of Corporate Disclosures. Journal of Accounting Research，31，246－271.

④ Forker J J. Corporate governance and disclosure quality. Accounting and Business Research，1992，22 (86)：111－124 .

⑤ Miller 2002. G. S. Miller，Earnings performance and discretionary disclosure. Journal of Accounting Research，2002，40 (1)：173－204.

⑥ 乔旭东．上市公司年度报告自愿披露行为的实证研究．当代经济科学．2003 (2)：74－82

⑦ 诸葛栋，封思贤．公司业绩与自愿性信息披露的实证研究．技术经济．2005 (7)：66－68

⑧ 崔学刚，朱文明．上市公司信息披露水平、公司特征与信息监管．第二届实证会计国际研讨会论文集，中国北京．

⑨ 所选样本公司的行业分布情况是：农、林、牧、副、渔业类8家，占2.7%，采掘业6家，占样本公司的2%，制造业177家，占59%，电气、煤气及水的生产和供应业12家，占4%，建筑业6家，占2%，交通运输、仓储业14家，占4.7%，信息技术业16家，占5.5%，批发和零售贸易业22家，占7.3%，房地产业8家，占2.7%，社会服务业10家，占2.3%，传播与文化产业3家，占1%，综合类18家，占6%。

进行了抽样核对，以保证数据的可靠性。

四、实证研究分析

（一）描述性统计

变量的描述性统计结果显示（见表11）：

表11 样本数据描述性统计

变量	数量	最小值	最大值	均值	标准差
公司价值	272	0.0522	3.8795	1.1294	0.4200
内控信息披露指数	272	0.1154	0.5769	0.2538	0.059
股权集中度	272	0.1791	0.9171	0.5520	0.1400
机构投资者持股比例	272	0	0.5564	0.0565	0.0782
高级管理层持股比例	272	0	0.5061	0.0085	0.0547
公司规模（取自然对数）	272	18.6	27.1	21.6441	1.0744
公司杠杆	272	0.0207	0.8489	0.5054	0.1799
公司盈利能力	272	0.001	0.193	0.0407	0.0362

企业内部控制披露指数（IDI）最高值达到0.5769，而最低值仅为0.1154，平均值为0.2538。这说明目前我国上市公司内部控制信息披露整体水平较低。究其原因，我们认为：由于大多数上市公司并没有建立健全内控制度，即使有比较健全的内控制度，也没有得到有效的实施，致使目前内控信息披露主要以背景信息为主，缺乏关键性内部控制信息、预测与反馈信息。

同时，我们也能看到我国上市公司股权集中度普遍偏高，平均值达到55.2%；而机构投资者与高级管理层持股比例较低，平均值分别仅为5.65%和0.85%。正是由于机构投资者和管理层持股较少，导致我国上市公司缺乏有效监督与激励，没有压力与动力更多地披露有关内部控制信息。这种现象也部分解释了我国内控信息披露水平偏低的原因。

（二）实证检验结果

在相关变量回归分析中，对解释变量和控制变量的多重共线性进行检验（见表12）。一般认为，进行多元回归分析时，变量之间的相关系数不应超过0.5，本书研究变量的相关系数均未超过0.5，变量均可纳入模型中。

表 12　各变量的相关系数表（Pearson Correlations）

变量	Q	IDI	SC	IIRR	SMR	Lnsize	LEV	ROA
Q	1							
IDI	0.1721***	1						
SC	−0.0484	0.1604***	1					
IIR	0.3947***	0.3766***	0.3106***	1				
SMR	0.1956***	0.0685	0.0741	0.0639	1			
Lnsize	−0.229***	0.372***	0.1416**	0.2302***	−0.1099*	1		
LEV	−0.0882	0.2527***	−0.0386	0.072	−0.1226**	0.2769***	1	
ROA	0.438***	0.1958***	0.3226***	0.417***	0.237***	0.1122*	−0.3338***	1

注：***、**，*分别代表在1%，5%和10%的水平显著。

1. 股权结构与内部控制信息披露的验证（见表 13）

表 13　股权结构与内部控制信息披露

变量名称	变量符号	预期影响	系数	T 值	P 值
截距	INTERCEPT		−0.113	−1.71*	0.088
股权集中度	SC	−	0.0141	0.6	0.552
机构投资者持股比例	IIR	+	0.218	5.06***	0.000
高级管理层持股比例	SMR	+	0.106	1.83*	0.069
公司规模（取自然对数）	Lnsize	+	0.0146	4.66***	0.000
公司杠杆	LEV	+	0.057	3.11***	0.002
N	272				
Adj. Rsq	0.248				

注：***，**，*分别代表在1%、5%和10%的水平显著。

从模型（1）的多元线性回归结果（见表 10）可知，机构投资者持股比例（SC）系数为正，并且通过了在1%的显著性水平检验，表明机构投资者持股比例越大的上市公司越有可能选择披露内部控制信息，假设 2 得到验证。作为控制变量，公司规模（Lnsize）、公司杠杆（LEV）系数为正，并分别通过了1%的显著性水平检验，与预期相符。

高级管理层持股比例与内控信息披露水平正相关，并且通过 10%显著性水平的检验，这一结果与预期相符，假设 3 得到验证。可能的原因一是目前我国上市公司管理层持股比例偏低，根据代理理论可知，管理层持有公司权益份额越少，所有权和控制权的差距就会越大，进而难以形成对管理层的有效激励；二是存在某种干预作用，由于管理层在持股激励下会倾向披露内控信息，但披露的诉讼压力与控股股东的干预可能会致使管理层披露动机减少；三是高级管理层持股比例对内控信息披露的正向促进作用具有滞后效应，这种影响可能会在若干期间后才能体现出来。

股权集中度与内控信息披露水平正相关，并且没有通过显著性检验，这一结果与预期相悖，假设1没有得到验证。我们进一步以 Z 指数（第一大股东与第二大股东持股比例的比值）替代 CR 指数（前十大股东持股比例之和），仍然得到了与前文一致的结论，更进一步以 H 指数（前十大股东持股平方和），则股权集中度与内部控制信息披露水平正相关，且通过10%的显著性水平检验[①]。根据代理理论，在所有权集中的公众公司中，壕沟效应（Entrenchment Effects）和利益协同效应（Alignment Effects）是两个关于大股东治理效果的相对理论。根据壕沟效应，大股东会利用控制权侵害小股东的利益，大股东持股比例越高，上市公司信息披露程度越低。La Porta（1998）发现，股权集中度与财务报告质量负相关。Chau 和 Gray（2002）[②] 研究了香港和新加坡上市公司股权结构与信息披露水平的关系，发现大部分香港上市公司的控股股东是某个家族，家族股东持股比例与信息披露水平显著负相关。刘立国和杜莹（2003）[③] 以财务报告舞弊代表信息披露质量，发现我国上市公司的信息披露质量与股权集中度显著负相关。此外，由于大股东通过控制经理层而成为"内部人"，具有获取信息的渠道，因此会相应减少对外披露信息。但是，根据利益协同效应，大股东具有动机和能力监督经理人。股权集中度越高，控制权的公共利益所产生的激励越高。"掏空"公司的边际成本越大，大股东越有可能发挥积极作用，监督经理层增加信息披露，减少信息不对称程度，从而获得

---

① 有研究成果认为，在低股权集中度即稀释的（diluted）所有权结构状态下，股东们虽有对管理层行为加强监控的需要，但限于其每一个体参与监督的力量不足，导致他们监督管理层、实施代理权斗争的动力变得很小，此时，事实上处于"内部人控制"地位的管理层自愿披露公司信息的动机也就相对较弱；随着股权集中度的加大，部分股东的监督能力逐渐增强，这就使自愿披露水平有上升的可能；然而，当股权过度集中时，将可能产生利益侵占效应，即控股股东与管理层合谋，利用不公开披露的内幕消息，共同侵蚀中小股东的权益。由此可以得到假设：自愿披露水平随股权集中度的提高呈先上升后下降的倒U型趋势。对于提高信息披露水平这个目标来说，当前上市公司的股权集中度不仅远未达到最优值，而且处于对自愿披露水平产生正负效应的临界状态。由于本书没有进行时间序列分析，对于这种倒U型趋势的结论是否也适用于本书，我们并没有作进一步的验证。

② Chau, G.K., Gray, S.J. (2002). Ownership structure and corporate voluntary disclosure in Hong Kong and Singapore. The International Journal of Accounting, Vol. 37: 247—65.

③ 刘立国，杜莹．公司治理与会计信息质量关系的实证研究．会计研究，2003 (2)：28—36.

较低的融资成本、减少诉讼等良好的经济后果。Makhija 和 Patton（2004）[①]发现，当外部股东持股比例高于内部股东，并且外部股东的初始持股比例较低时，信息披露水平与股权集中度正相关。何卫东（2002）[②]发现，对于我国上市公司而言，与股权集中度低（控股股东持股比例低于 30%）的公司相比，股权集中度高（控股股东持股比例超过 50%）的公司规模更大，信息披露质量更高，财务业绩更好。两者在 1%的水平上显著相关说明控股股东能够影响信息披露的质量随着第一大股东持股比例的加大，其“掏空”和偷盗的动机逐渐减弱，而利益趋同效应逐渐明显和强化。第一大股东为了获取资本市场的正面形象，博取中小股东、债权人、监管机构等利益相关者的好感，以便以较低的成本融资，会有意识地监督经理层改善并逐步提高信息披露质量。也就是说，股权集中对公司信息披露质量有积极的作用，这支持了大股东利益协同效应，说明大股东对信息披露质量的影响更多的是激励作用，而不是负向效应。

2. 股权结构、内部控制信息披露与公司价值的验证（见表 14）

表 14　股权结构、内部控制信息披露与公司价值

变量名称	变量符号	预期影响	系数	*T* 值	*P* 值
截距	INTERCEPT		4.09	10.16***	0.000
内控信息披露指数	IDI	+	0.821	2.19**	0.029
股权集中度	SC	−	−0.742	−5.04***	0.000
机构投资者持股比例	IIR	+	1.734	5.94***	0.000
高级管理层持股比例	SMR	+	0.417	1.15	0.251
公司规模（取自然对数）	Lnsize	?	−0.147	−7.35***	0.000
公司杠杆	LEV	+	0.235	1.89*	0.06
公司盈利能力	ROA	+	4.808	7.19***	0.000
N	272				
Adj. Rsq	0.4225				

注：***，**，*分别代表在 1%、5%和 10%的水平显著。

从模型（2）的回归结果（表 11）可知，公司价值与内控信息披露水平正相关，并且通过 5%显著性水平的检验，这一结果与预期相符，假设 4 得到验证。

① Makhija，K.，Patton，M. The impact of firm ownership structure on voluntary disclosure：empirical evidence from Czech annual reports. Journal of Business，2004，77（3）：457−491.

② 何卫东．所有权结构、资本结构、董事会治理与公司价值．南开管理评论，2002（2）：17−21.

五、研究结论与局限

本节实证研究结果表明，我国上市公司的股权结构影响内部控制信息披露水平，而股权结构与内部控制信息披露水平会影响企业的价值，当然，内部控制信息披露还受到公司规模、公司杠杠、公司盈利能力等因素的影响。

此外，在对内控信息披露指数进行评分的过程中，我们还发现企业的历史性信息的披露较多，前瞻性信息的披露较少；定性信息较多，定量及例证信息较少。这种现象的主要原因是历史性信息容易获得，准确性较高，披露起来比较容易。而前瞻性信息要更多地依靠判断和估计，准确性较低，上市公司为了维护自己的声誉，避免日后可能出现的诉讼，往往不大愿意披露过多的前瞻性信息，即使披露了，也多是定性信息，定量及例证信息较少。

为此，本节建议：第一，随着改革的深入，应逐步壮大我国机构投资者队伍，使之成为重要的外部股东，从内部促进企业的内控信息披露；第二，建立一种“安全港”制度[①]，鼓励广大上市公司披露更多的前瞻性信息、定量及例证信息，提升我国内控披露水平；第三，积极完善资本市场的制度环境，促使内控信息披露与企业价值的良性互动，使上市公司自愿进行信息披露，提升自身价值；第四，为了提高资本市场的有效性，在自愿披露的基础上加强法定的强制披露十分必要，相关部门与机构应对内控信息披露的具体内容和要求做出统一规定，并加强信息披露的监管。

本节仅仅选取了沪深两市的300家上市公司的数据作为样本进行分析，由于未能进行全样本分析，除本书考虑的影响企业内部控制信息披露水平的一些因素外，还有其他层面因素也对内部控制信息披露产生着影响，如公司治理结构，是相对于股权结构更为基础性的分析层面；再如股权集中度的产权性质，是与股权集中比例同等重要的分析因素；还有企业经营绩效及财务业绩等因素，这些都为后续研究提供了有益的思路和指引，我们期待这方面的研究会有更大的进步。

---

① “安全港”制度是美国的一种保障正常预测性信息披露不受民事责任追究的制度，其体现了立法者对预测性信息披露的支持与鼓励。美国证监会最初于1979年采纳了安全港原则，规定只要预测性信息是建立在合理的基础上，且以诚实信用的方式披露或确认，就可以免于承担证券欺诈的责任。1995年的美国《私人证券诉讼改革法案》对安全港原则进行修正，规定了安全港的基本构成要件，即预测性信息应当伴有适当的警示语句，预测性信息陈述人在披露时不确知该陈述是虚假或误导的。此外，信息披露人还应及时更正先前披露的信息。披露预测性信息的公司只要遵守了上述的规则，即使后来的现实与预测不符，也不被视为虚假或误导。

第三节　内部控制信息披露与公司治理

——基于我国沪深两市上市公司的实证分析

一、研究背景

研究表明，内部控制信息披露一直受到理论界的关注。内部控制信息披露就是企业管理当局或其委托人，按照一定的法律法规的要求，定期对本企业内部控制的完整性、合理性和有效性进行评价，并通过某种形式对外披露的过程。内部控制披露的手段可以是自愿披露，也可以采取强制披露。在美国，内部控制信息披露经历了由自愿披露到强制披露的发展历程。在 2002 年 7 月美国总统布什签署了《萨班斯—奥克斯利法案》，对美国公众公司和注册会计师的监管体制做出了历史性的重大变革。其中第 404 条对公众公司提出了评价及披露内部控制的要求，强制要求公众公司的管理当局对内部控制做出有关的保证，并提供经注册会计师验证的内部控制报告。《萨班斯—奥克斯利法案》将上市公司的内部控制信息纳入强制信息披露的范围之内。

内部控制信息的披露能够使股东和其他投资者更加了解公司的管理现状和财务状况，评价公司经营风险的大小，有助于投资者进行重大投资决策，有利于促进公司治理的完善。我国上市公司内部控制信息披露经历了从无到有的过程，信息披露的数量和质量在不断提高，但是我国上市公司内部控制信息披露现状不容乐观，公司治理的不完善影响内部控制信息披露的质量。股权结构的不合理为提供虚假的内部控制报告创造了机会。内部控制权过于集中影响内部控制信息披露的透明度。目前由于股权的过分集中，法人股比例低，公众股分散，使得董事会由大股东控制。这种状况不仅使中小股东的权利受到抑制，而且影响了内部控制信息披露的透明度。国外一些研究表明，公司治理结构会对自愿性信息披露产生影响。自愿性信息披露是指除强制性披露的信息外，上市公司基于公司形象、投资者关系、回避诉讼风险等动机主动披露的信息。目前我国对上市公司的内控信息披露的强制要求主要局限于银行、保险及证券等特殊行业的企业和再融资的上市公司，要求他们在招股说明书正文中专设一部分，对其内控制度的完整性、合理性和有效性作出说明。对于一般上市公司我国尚未正式提出权威性很高的内部控制标准体系，对于内部控制的完整性、合理性及有效性更是缺乏一个公认的标准体系，虽然陆续出台了一些法规规定，但基本上都是小范围的规定，缺少统一具体可操作性的指南，对投资者来说可比性差。因此本书所指的内部控制信息披露特指自愿性内部控制信息披露。

本节以 2006 年上市公司为样本，以资产负债率、公司规模、盈利能力和公司所在地为控制变量，重点分析独立董事比例、董事会规模、股权集中度与审计意见这几个公司治理结构因素对我国上市公司内部控制信息披露的影响。

二、文献综述

回顾以往的研究成果，多数学者是从规范的角度来研究内部控制信息披露与公司治理的关系，如毛乾梅（2006）结合美国内部控制信息披露的发展历程，特别是《萨班斯—奥克斯利法案》这一影响最为深远的改革，针对我国上市公司内部控制信息披露存在的问题，指出应加强董事会和管理层对内部控制信息披露的责任，只有健全公司治理机制，内部控制才能发挥其功效，公司披露的内部控制信息才能更有用。周鲜华，姜宁宁（2007）从自愿性信息披露的动因分析，指出公司治理对自愿性信息披露的相互影响，提出改善公司治理结构、提高信息的自愿性披露的途径。马志娟（2006）[①] 认为公司治理与内部控制信息披露之间存在着密切的关系，公司治理的完善程度制约着内部控制信息披露质量，而内部控制信息披露有助于促进公司治理的改善。

相比之下，相关文献主要是从自愿性信息披露与公司治理的关系进行实证研究。李明辉、何海和马夕奎（2003）对我国 2001 年 1147 家 A 股上市公司内部控制信息披露状况进行了研究，发现除了 4 家商业银行和证券公司因中国证监会的特殊要求披露内部控制和内部审计信息较为详尽外，其他 880 家披露内部控制信息的上市公司中，大多数披露流于形式，且上市公司自愿性披露动机不强。张立民、钱华和李敏仪（2003）对我国 2001 年 75 家和 2002 年 132 家 ST 上市公司进行了对比分析，分析结果表明，ST 公司 2002 年内部控制信息披露比例略高于 2001 年，但仍有部分没有披露，并有高达 40％的上市公司监事会报告中披露的内部控制信息与董事会报告中披露的内部控制信息自相矛盾；同时还认为独立董事制度有利于内部审计客观评估公司内部控制制度。李豫湘等（2004）的实证结果表明自愿信息披露指数与第一大股东持股比例呈 U 型关系，与独立董事在董事会中的比例、董事长总经理是否两职合一无显著相关性，规模大的上市公司，更倾向于实施自愿信息披露。蔡吉甫（2005）以 2003 年 A 股上市公司为样本，对我国上市公司内部控制信息的披露进行了实

① 马志娟．公司治理和上市公司内部控制信息披露．现代管理科学，2006（10）：42－44．

证研究。研究发现我国上市公司内部控制信息披露存在自愿披露积极性不高、披露流于形式和隐瞒不利消息的问题，公司规模和控股股东的性质对上市公司内部控制信息披露决策没有显著影响。傅建源、杨奇平（2006）对上市公司的公司治理结构与其自愿信息披露水平进行了实证研究。结果表明：自愿信息披露指数与第一大股东持股比例，董事长和总经理是否合一显著负相关；与第二大股东至第十大股东股权集中度显著正相关；董事会中独立董事比例和是否国有控股并无显著相关性。殷枫（2006）选取了169家中国上市公司作为研究样本，检验了公司治理结构的四个因素即董事会中独立非执行董事的比例、监事会人数、审计委员会、董事长是否兼任总经理与自愿性信息披露程度的关系。研究结果表明，董事长不兼任总经理的公司，其自愿性信息披露程度就比较高，而其余三个公司治理因素并没有对自愿性信息披露程度产生影响。章甬，严广乐（2007）：以我国20家上市钢铁公司近7年的年度报告为研究对象，采用实证方法对上市公司自愿披露程度关系进行检验。在目前的钢铁行业中，独立董事的比例与上市公司自愿披露程度正相关，随着独立董事的增加，公司将更趋于自愿性披露来揭示公司的财务状况。周心（2007）分析了我国2003—2005年民营上市公司年报中的内部控制信息披露状况，提出了改进民营上市公司内部控制信息披露的建议，指出监事会是目前内部控制信息披露的主要主体。李红霞、齐爱年（2007）从公司治理的角度出发，利用熵权理论建立数学模型，对我国上市公司治理结构与自愿性信息披露程度之间的关系进行了研究。

通过上面的文献回顾，不难看出，上述学者的研究仅限于对公司内部控制信息披露状况进行描述性分析，缺少运用模型化的方法对公司内部控制信息披露与公司治理之间的关系进行研究。本研究克服了上述学者研究的缺陷，通过建立回归模型拟对我国上市公司内部控制信息披露进行实证研究。

三、研究假设

1. 独立董事比例

独立董事可被视为一个监控经理层行为的工具，从而董事会中独立董事的比例越大，监控经理层的机会主义行为就越有效，经理层进行自愿披露的意愿就越高，较高比例的独立董事能提高财务信息的监控作用并减少经理层隐瞒信息的利益，Chen 和 Jaggi（2000）发现了两者正相关的实证证据，因此假设1：其他条件不变的情况下，内部控制信息披露水平与独立董事比例正相关。

2. 董事会规模

董事会的规模将影响董事会监督经理层的有效性。规模大的董事会中成员会有更多的代表性，成员的专业知识和经验越丰富；因此假设 2：董事会规模与内部控制信息披露正相关。

3. 股权集中度

公司治理的核心任务是为了降低管理者代理成本和大股东代理成本，所以股权过于分散和股权过于集中的公司自愿披露的程度都较高。整体上看，中国上市公司的股权集中度较高，且第一大股东持股比例明显高于第二、第三大股东持股比例，故本书以第一大股东持股比例代表股权集中度。股权的适度集中能够在一定程度上产生趋同效应，使控股股东和中小股东的利益趋于一致，有利于公司治理效率的提升。但是，我国上市公司通常存在着一股独大、股权高度集中的状况，控股股东或者大股东通常完全掌握着董事会的实际控制权，大股东侵害中小股东利益的事件在我国也常常发生。在这种情况下，控股股东或大股东为了追求自身的利益，发生财务舞弊的可能性非常大。所以，上市公司股权集中度越高，很可能意味着该上市公司的大股东或控股股东对公司的控制权越大，再加上我国监管机制的缺乏，因此假设 3：股权集中度与内部控制信息披露负相关。

4. 审计意见

上市公司的年度财务报告须经注册会计师审计并出具审计报告。如果一家上市公司的年度财务报告被出具了非标准审计意见，说明这家公司的年度财务报告的编制基础在合法性、公允性或其他方面或多或少出现了问题，这也间接地反映出公司的内部审计存有某种不足。通常在没有强制性要求的情况下，上市公司一般不主动披露不利于自身的消息。因此，假设 4：财务报告被出具标准无保留审计意见与内部控制信息披露正相关。

四、研究方法

（一）样本选择与数据来源

以 2006 年为研究窗口，由于我国对上市公司的内控信息披露的强制要求主要局限于银行、保险及证券等特殊行业的企业和再融资的上市公司，本书试图分析一般上市公司自愿性内部控制信息披露，因此，剔除了商业银行、证券公司以及保险类公司以及被 ST、PT 的公司，然后按照随机抽样的方法，选取了 181 家公司进行研究，实证检验影响我国上市公司内部控制信息披露的因素。上市公司年报资料来源于巨潮资讯网（http：/ /www. cninfo. com. cn）。本研究选用的分析软件是专业统计分析软件 SPSS13.0。

（二）被解释变量

按控制范围和具体要求可以把内部控制分为内部管理控制和内部会计控制，将年度报告中的内部控制披露项目分为内部管理控制信息和内部会计控制信息两类，按投资者信息需求的调查分析并结合未来信息披露的发展趋势，按 COSO 框架的五个要素对内部控制信息进行总结，然后把这些内部控制信息归入内部管理控制信息和内部会计控制信息，得到表 15 的上市公司内部控制信息披露指标体系。如果上市公司的内部控制披露的某项信息包括在所建立的指标体系内，就计算 1 分，否则 0 分。把各指标得分进行加总，所得分值作为被解释变量的值。我们并没有区分各项指标的权重，主要是基于两点考虑：一是权重选择有很强的主观性；二是我们的研究面对的是年报的所有使用者而不是特定的使用者。

表 15　上市公司内部控制信息披露指标体系

内部管理控制信息	内部会计控制信息
1. 管理理念与运营风格	1. 全面预算控制信息
2. 人力资源政策和实施	2. 内部财务管理控制信息
3. 组织机构的权限划分	3. 信息系统控制信息
4. 风险因素以及采取的措施	
5. 内部监控	
6. 规章制度遵守程序	

（三）控制变量

上市公司内部控制信息披露的程度也会受到一些公司特征的影响。资产负债率是反映公司经营理念的一个指标。负债比率高的公司由于风险更高，常常需要承担更多的监督成本，而信息披露能够帮助债权人评估公司的风险和债务成本，从而降低监督成本。根据信号理论，具有高品质商品（在这里为公司的盈利能力）的公司有动机将自身商品品质的信息传递给买方，并在众多买方的推动下获得高于一般盈利水平上市公司的市场价值。Singhvi 和 Desai 也认为，为了增强投资者的信心，盈利能力高的公司倾向于披露更多的信息。公司规模越大，就越需要投资者的资金，而通过股票市场筹资已成为大企业的首选方式。因此，为了取得投资者的信任，就越有可能多披露信息。施卓晨（2005）通过对198家企业的问卷调查，发现规模越大的企业，其内部审计总体应用效果要好于规模较小的企业，他们有相对完善的管理和内部控制制度。因此我们可以预期，规模较大的公司越有动力披露内部控制信息。范德林、刘春林、殷枫等对我国上市公司进行了研究，发现公司规模、盈余业绩和公司所在地等公司特征与自愿性信息披露呈现显著的相关关系。因此，我们选取了资产负债率、公司规模、盈利能力和公司所在地作为影响上市公司内部控制信息披露程度的控制变量。

（四）回归模型

以nkpl为因变量，以反映公司治理结构的指标（X1—X4）和其他指标（X5—X8）为自变量，各变量定义如表16。构建如下多元回归模型：

$$nkpl=\beta 0+\beta 1X1+\beta 2X2+\beta 3X3+\beta 4X4+\beta 5X5+\beta 6X6+\beta 7X7+\beta 8X8+\xi$$

表16　变量定义

变量类型	变量名称	预测符号	变量定义及说明
被解释变量	NKPL		上市公司内部控制披露分值
解释变量	X1	+	独立董事比例
	X2	+	董事会规模，董事会人数的自然对数
	X3	—	股权集中度，第一大股东持股比例
	X4	+	审计意见，上市公司的年度财务报告审计意见为标准无保留意见时取1，其他取0
控制变量	X5	+	资产负债率
	X6	+	盈利能力，净资产收益率=净利润/净资产
	X7	+	公司规模，总资产的自然对数
	X8	+	公司所在地，上市公司所在地在发达地区取1，否则取0

五、实证研究过程

（一）描述性统计分析

表 17 给出了样本公司各变量的描述性统计分析。从分析结果看，我国上市公司内部控制信息披露的分值从 0 到 9，均值为 2.5193，标准方差为 1.9482，说明我国上市公司内部控制信息披露整体不高。

表 17　样本公司基本变量统计表

变量名称	变量定义	Minimum	Maximum	Mean	Std. Dev.
NKPL	上市公司内部控制信息披露分值	0	9.0000	2.5193	1.9482
X1	独立董事比例	20.00	50.00	34.7063	3.9589
X2	董事会规模	1.6094	2.9957	2.2576	0.2352
X3	股权集中度	11.15	78.91	38.0212	14.7903
X4	审计意见	0	1	0.9227	0.2679
X5	资产负债率	0.0436	0.8465	0.5155	0.1780
X6	盈利能力	−0.1109	0.9437	0.0485	0.0881
X7	公司规模	18.1572	27.6313	21.5513	1.1460
X8	公司所在地	0	1.0000	0.4252	0.4958

（二）相关性检验

在多元回归分析中，Hossain 等的研究表明，解释变量之间的相关系数只要没有超过 0.8 或 0.9，回归结果不会产生多重共线性问题，因而也就不会对多元回归分析产生影响①。为此，对自变量间进行了 Pearson 相关性检验，其结果见表 18。

① Hossain M.，Perera M. H. B.，Rahman A. R. Voluntary Disclosure in the Annual Reports of New Zeal and Companies［J］. Journal of International Financial Management and Accounting，1995 (6)：6987.

表 18 Pearson 相关系数表

NKPL	X1	X2	X3	X4	X5	X6	X7	X8	
NKPL	1								
X1	−0.081	1							
X2	0.078	−0.169 *	1						
X3	0.017	−0.041	−0.077	1					
X4	0.354 **	−0.007	0.039	0.144	1				
X5	−0.032	−0.158 *	0.163 *	0.072	−0.068	1			
X6	−0.019	−0.009	−0.033	0.015	0.047	−0.139	1		
X7	0.188 *	−0.06	0.252 **	0.173 *	0.239 **	0.27 **	0.047	1	
X8	0.196 **	0.068	0.019	−0.053	0.165 *	0.117	0.05	0.149 *	1

** 表示在 0.01 水平上具有显著性；* 表示在 0.05 水平上具有显著性

从表 15 知，各自变量间的 Pearson 系数不高，表明各自变量之间的相关性不会导致严重的多重共线性问题，因而不会影响回归分析的结论。

（三）多元回归分析

利用 SPSS 软件的数据分析功能，按照回归方程，将被解释变量即上市公司内部控制信息披露程度与有关信息披露的各个解释变量采用普通最小二乘法（全部纳入法）进行回归拟合。回归结果见表 19、表 20、表 21。

表 19 回归统计

Multiple *R*	*R* Square	Adjusted *R* Square	Std. Error of the Estimate
0.429	0.184	0.141	1.8059

表 20 各解释变量对内部控制信息披露（NKPL）的回归方差分析

	Sum of Squares	df	Mean Square	*F*	Sig.
回归分析	125.479	9	13.942	4.275	0.000
残差	557.703	171	3.261		
总计	683.182	180			

表 21 各解释变量对内部控制信息披露指标的回归系数

Model	*B*	Std. Error	*T*	Sig.
Constant	－2.241	3.030	－0.74	0.461
独立董事	－4.393	3.575	－1.229	0.221
董事会规模	0.188	0.612	0.308	0.759
股权集中度	－0.007	0.009	－0.759	0.449
审计意见	2.367	0.53	4.464	0.000
资产负债率	－1.447	0.822	－1.761	0.08
盈利能力	－1.523	1.556	－0.979	0.329
公司规模	0.212	0.132	1.604	0.111
公司所在地	0.569	0.281	2.028	0.044

由表 20 和表 21 可以看到，当用所有解释变量和控制变量对上市公司内部控制信息披露程度（NKPL）指标进行回归拟合时，得到的回归方程为：

$$NKPL = -2.24 - 4.393 \times 1 + 0.188 \times 2 - 0.346 \times 3 + 2.367 \times 4 - 1.447 \times 5 - 1.523 \times 6 + 0.212 \times 7 + 0.569 \times 8$$

从表 20 中可以看出，回归方程的 F 检验值为 4.275，显著性水平<0.001，说明该回归模型具有统计学意义。从表 19 中可以看出，方程的拟合度即 R_2 检验值不大，但考虑到变量较多，结果还是可以接受的。

从回归方程的系数来看，审计意见与内部控制信息披露正相关显著，假设 4 到验证。然而，独立董事比例、董事会规模、股权集中度没有表现出足够的显著性，与假设不一致，尤其是独立董事比例的回归系数符号与假设符号相反。另外，结果显示，控制变量即公司规模和公司所在地与内部控制信息披露程度呈正相关关系，说明公司规模越大、在发达地区的上市公司，其内部控制信息披露就越强。资产负债率与盈利能力在统计上不显著，显示出对内部控制信息披露不具有影响力。

（四）多元回归分析结果的讨论

通过对影响内部控制信息披露的各个公司治理结构因素进行多元线性回归

分析，可以看出审计意见与年报中的内部控制信息披露程度之间呈显著正相关关系，这与假设 4 一致。

假设 1：独立董事比例越高，内部控制信息披露程度就越大并未得到证实，对于这个结论的解释是：中国的独立董事有可能只是确保公司遵守相应的强制信息披露要求，但不会给公司施加压力使得公司披露更多的非强制信息。我国上市公司虽已引进了独立董事制度，但独立董事在加强内部控制信息披露方面的效果并未凸显出来。

假设 2：董事会规模越大，内部控制信息披露程度就越高也未得到证实。可见董事会保持较小规模有助于提高董事会的效率。当董事会超过 7 或 8 个人时，更难以有效执行任务，且更容易被控制。

假设 3 没有通过检验，即股权集中度与内部控制信息披露质量负相关但未通过显著性检验。研究结果显示：我国上市公司的股权集中度样本平均数高达 38.02%，样本中最高数高达 78.91%，说明我国上市公司的股权高度集中。在股权较为集中的情况下，大股东有能力控制股东大会，从而导致投资者制衡机制失效，上市公司无动力自愿对外进行内部控制信息披露。

六、结束语

本节对我国上市公司内部控制信息披露与公司治理的因素即独立董事比例、董事会规模、股权集中度以及审计意见的关系进行了实证研究。结果显示我国上市公司审计意见是影响内部控制信息披露的重要因素。可见应加强内部审计，内部审计的独立性越高越可以改善控制环境，以使内部审计在公司治理方面发挥更大的作用。

内部控制信息对于投资者而言是一项重要的决策依据。样本公司或多或少自愿披露了内部控制信息，但是总体披露程度不高，各公司披露程度存在一定差异，我国上市公司内部控制信息披露质量不高，投资者难以获得充分的信息。借鉴美国《萨班斯—奥克斯利法案》，应该完善内部控制制度以及公司治理结构，与西方国家相比，中国公司上市是解决国有企业困境的制度安排，这种特殊的制度安排导致公司治理结构的先天不足，只有健全公司治理结构，内部控制才能发挥其功效，公司披露的内部控制信息才能更真实、更有用。为了保护投资者的利益，证监会应对上市公司内部控制信息披露进行监管，对发布虚假信息或拒绝发布信息或刻意隐藏重要信息的违规事件制定相关的惩罚措施，并追究责任主体的法律责任，对信息披露进行硬性约束。加强内部控制信息披露的法制建设，从而提高内部控制信息披露的质量。

研究的局限性：①内部控制信息披露的渠道很多，除年报外还包括半年报和季报披露、网上披露、临时公告等，仅选择了年报中的自愿性内部控制信息披露，未分析其他渠道的自愿性内部控制信息披露。②对于公司治理结构因素，仅选择了四个因素，没有考虑行业因素以及其他的公司治理结构因素。③自愿信息披露指数是根据年报披露的相关内容手工打分的结果，可能存在主观认识上的偏差。

第四节　我国企业内部控制信息披露研究：国际借鉴和路径选择

——来自沪深两市特殊行业和垄断行业的实证分析

综观内部控制的发展脉络，其经历了内部牵制阶段、内部控制制度阶段、内部控制结构阶段和内部控制整体框架阶段到现在的第五阶段——全面风险管理阶段的过程。伴随着内部控制概念的发展成熟，相关的问题也一并凸显出来：是否应该强制上市公司管理层就企业内部控制效果出具报告？报告是否须经注册会计师的审核？报告内容是否应限制在财务控制之内？这些问题从一开始就引发了包括监管当局、注册会计师、管理当局、社会公众等各方的广泛争议。不久，美国安然、世通等会计丑闻充分暴露出公司管理层的关键人物凌驾于内部控制之上，内部控制信息披露徒具形式等问题。鉴此，美国监管当局立即针对性地出台了《萨班斯—奥克斯利法案》来解决内部控制及其信息披露的问题[①]。

我国上市公司内部控制方面的问题同样是触目惊心，从几年前郑百文案，后来的中航油巨额亏损、四川长虹巨额应收款欠款案，无不显示我国上市公司的内部控制的意识薄弱以及有关信息披露的缺乏。综观我国目前与内部控制有

① 萨班斯法案在内部控制及信息披露方面实施严刑峻法，规定公司首席执行官、首席财务官或类似职务人士必须书面声明对内部控制的设计和执行的有效性负责，并且要求随定期报告一同对外披露管理当局对有关财务报告内部控制的评价报告，这份内控报告还必须经过负责公司定期报告审计的注册会计师的审核。

关的法律法规[①]可发现：指导性意见较多，强制性要求较少；原则性意见较多，具体性要求较少，在内控信息披露上主要处于自由披露阶段。而且，我国内部控制的法治化建设进程较为缓慢，对内部控制的重视程度相比国外（尤其是美国）尚存较大差距。尽管我国对内部控制的关注较晚，但我们发挥了后发优势，如2006年我国上交所和深交所分别出台对上市公司的内部控制指引就说明这一情况。内控指引的发布实施，标志着我国上市公司内部控制信息披露进入了强制披露阶段。

尽管我国针对内部控制的政策规定在不断完善，但对影响上市公司内部控制信息披露因素的研究仍然处在初级阶段，目前的相关规定仅仅要求对极少数行业的内部控制信息披露给出了相关规定，所以并不能反映影响上市公司内部控制信息披露情况的全貌。同时，也并不能为上市公司、上市公司信息的使用者和监管者提供足够的参考。鉴此，本节重点讨论内部控制信息披露的几个关键问题：是否强制性披露、披露内容是否限定、是否需要审计验证、内部控制评价标准是否需要统一指定以及内部控制信息披露的实质及其是否适度披露等，并尝试针对我国现实情况提出内部控制信息披露的有益建议。

一、内部控制信息披露的本质

内部控制的产生和发展，总是和社会生产力、人类经营管理方式等客观生态环境密切相关的，内部控制作为根植于一定控制环境之中的管理制度，经济生态环境影响并制约内部控制具体内容和表现特征。

现代企业理论的一个核心观点是，企业是一系列（不完全）契约（或合

① 我国对内部控制信息的披露要求从2000年11月中国证监会发布《公开发行证券公司信息披露编报规则第7号——商业银行年度报告内容与格式特别规定》和《公开发行证券公司信息披露编报规则第8号——证券公司年度报告内容与格式特别规定》开始，其后又发布了《公开发行证券公司信息披露的内容与格式准则第2号——年度报告的内容与格式（修订稿）》、《国务院批转证监会〈关于提高上市公司质量意见〉的通知》等。上海证券交易所于2006年发布了《上海证券交易所上市公司内部控制指引》（以下简称“《指引》”）。《指引》要求一般上市公司披露董事会编制的（或由审计委员会编制的，经董事会审议的）内部控制自我评估报告和会计师事务所的核实评价意见，同时《指引》对自我评价报告的内容及在注册会计师对公司内部控制有效性表示异议时，董事会、监事会针对涉及事项所作说明的内容做出了要求。《指引》的目的是通过信息披露监管来督促上市公司完善内部控制，它与前期的政策法规注重防范市场风险而没有强调内部控制制度本身的完善相比有很大的进步。我国在2006年7月成立了企业内部控制标准委员会，对企业内部控制的必要性、指导原则、基本框架、结构内容以及时间表等问题达成共识，并颁发了《企业内部控制规范（基本规范和17项具体规范）》. 在2008年又正式颁布了《企业内部控制基本规范》，可见，我国有关内部控制及内部控制信息披露的政策规定正在不断地发展和完善。

同）的有机组合（nexus of incomplete contracts），是人们之间交易产权的一种方式。企业是不同的要素投入主体之间组合的一组契约，这组契约可能是显性的，也可能是隐性的。不同的要素投入主体可能拥有不同的偏好、资本、技能、信息和禀赋，理性的要素拥有主体参与到企业的契约中，向企业贡献自己的资源，以试图从企业的运营中获得回报。这组契约治理着企业发生的各种交易，使得其企业内部发生的交易费用低于由市场组织这些交易时所发生的交易费用，但由于现实世界的复杂性、经济人的有限理性和机会主义的影响，这组契约通常又是不完备的，所以相对于市场而言，企业的契约是一种不完备契约。为了在取得低交易成本收益的同时弥补企业契约的不完备性，就需要在企业内部存在一个控制机制，来弥补企业契约的不完备性，以保证企业的正常运作和发展，这可视为企业内部控制的本质（刘明辉，张宜霞，2002）。

夏恩·桑德在《会计与控制理论》一书中根据企业的契约理论，结合会计和控制在实施契约组合中的功能，考察了会计的五个重要职能。[①] 我们认为，会计的这五个职能恰恰说明了内部控制的重要性和必要性。企业就像一个大舞台，理性的要素投入主体参与到企业的契约中，向企业贡献自己的资源，但要素投入主体彼此之间存在着复杂的契约关系，内部控制作为企业契约机制的重要组成部分，要对要素投入主体投入企业的资源及其应获得的利益予以正确计量。内部控制使得由企业编制并公开的财务报告具有很强的可靠性，企业通过实施内部控制合理保证了要素投入主体所需要的会计信息的真实性和完整性，因而保证了对各个要素投入主体的投入和收益的正确计量[②]。当内部控制对要素投入主体的某些投入和收益不能直接计量时，就产生了企业契约监督权和剩余索取权的配比问题，此时内部控制也表现为一组内部契约关系，它通过对企业内部剩余控制权和剩余索取权的合理安排，使得内部控制不能直接计量的贡献投入和应获收益得以顺利计量。

我们认为，不管如何理解内部控制制度，其功用都在于：在资源稀缺、竞争激烈的企业环境中，如何来设定内部控制主体的行为规则，如何来调整内部控制主体的行为规范，以至于企业的各种经济活动能够顺利地进行，以至于激励与约束企业内部经济交易中的各种行为，减少不确定性，节约交易成本。从这一意义上说，内部控制就是企业内部各个控制主体之间为实现作为专业化结

① 参见［美］夏恩·桑德．会计与控制理论．第1版．方红星等译．大连：东北财经大学出版社，2000，19－20．

② 我国《企业内部控制基本规范》提出了内部控制的五大目标，并且特别强调指出，有义务对外提供财务报告的企业，应当确保财务报告及管理信息的真实、可靠和完整。

果的交换收益，因而使其财富最大化而作出的合约安排，其本质属性是一种持续均衡利益关系的契约装置①。也就是说，内部控制的合约关系规定了每个控制主体在交易关系中的权利与义务，界定了控制主体在交易关系中可以做什么与不可以做什么，谁违反了这些规则应该受到怎样的惩罚或补偿，以及衡量控制主体是否违反这些规则的标准（林钟高等，2007）。

既然内部控制制度涉及各个控制主体的经济利益，那么内部控制制度的执行情况也就必须为各个控制主体所知晓，为了缓解信息不对称，减少交易成本，内控信息披露成为必然。虽然目前学术界就内部控制信息是自愿披露还是强制披露还存在不同意见，但一个不争的事实是：萨班斯法案的颁布，标志着美国上市公司的内部控制信息开始纳入强制性信息披露范围。虽然我国直到近期上市公司内部控制信息披露才进入了强制披露阶段，但我国很多上市公司在此之前都自愿对内部控制信息进行了披露。杨雄胜等（2007）在考虑到我国很多上市公司在年度报告中对内控信息的披露现状后，经统计发现，上市公司通常选择在年报中的“公司治理结构”、“股东大会简介”、“董事会报告”、“监事会报告”、“重大事项”、“报表附注”等部分披露内控信息，少数公司也会在年报附件中单独披露企业内部控制“三性”说明书和会计师事务所出具的内部控制评价报告。笔者认为，企业利益相关者为了维护自身合法权益不受侵害，利用各种介质来采集、加工、处理、存储和使用内控信息，这些介质的性能如何，依附于这些介质而存在的内控信息是什么内容，涉及的经济行为是什么、涉及的数量金额有多少等等，只能说明内控信息的内容和具体存在形式，不能说明内控信息的本质。内控信息的本质是什么？从内控信息的作用来看，企业内控信息是企业要素投入主体了解企业管理层对企业经营和财务状况以及生产要素增减变动情况的依据，也是要素投入主体对企业经营过程加以监督和控制的手段。在企业中，谁掌握了对企业生存、发展至关重要的关键性资源，谁就掌握了企业中的权利或控制权，谁就应该在企业内部控制中占据主导地位。但是，在信息不对称的条件下，拥有关键性资源的要素主体可能不具有信息优势，因此，要想在企业内部控制中占据事实上的主导地位，还必须掌握内控信息。谁掌握了内控信息，谁就了解具体情况，谁就具有发言权。因此，企业内控信息的本质就是要素投入主体的知情权和话语权的体现。换句话说，内控的职能之一是对要素投入主体缔约持续均衡利益过程的反映，内控信息内容回答

---

① 夏恩·桑德在《会计与控制理论》一书的开头就开宗明义地指出：组织内的控制是参与者利益之间的持续的平衡或者均衡。内部控制就是这样一种典型的组织内控制。见夏恩·桑德著. 方红星等译. 会计与控制理论. 第1版. 大连：东北财经大学出版社，2000：3.

的是要反映什么，内控信息本质回答的是为什么要反映；同样，内控的职能之二是对要素投入主体缔约持续均衡利益过程的控制，内控信息内容回答的是要控制什么，内控信息本质回答的是为什么要控制。与内控信息需求方——处于信息弱势地位的要素投入主体知情权相对应的，是内控信息供应方的反映职能；与内控信息需求方——处于信息弱势地位的要素投入主体话语权相对应的，是内控信息供应方的控制职能。

二、对内控信息强制性披露的适度理性的成本收益分析

（一）内控信息强制性披露适度的必然选择

从美国的实践来看，20 世纪 70 年代以来是否应该强制要求管理层提供内控报告一直存在着争议。外国公司贿赂法案（FCPA）、美国证券交易委员会（SEC）、Treadway 委员会、审计总署（GAO）、联邦储蓄保险协会（FDIC）、公共监督委员会（POB）、美国注册会计师协会（AICPA）等机构都对内部控制的披露有重要影响。虽然有上述诸多机构建议强制提供内部控制报告，但是直到法案之前，并没有强制一般公众公司必须提供。

目前我国现行上市公司内控信息披露的规定非常类同于美国处于纷争时期的状况，就是否强制性披露还没有达成一致。这主要表现为：不仅不同层次（证监会与证交所）的要求不同，而且同一层次（上交所与深交所）的规定也存在差异。从证交所颁布的内控指引性质来说，应是引导性的；但《上交所内控指引》及《深交所内控指引》均采用的是“强制性要求”，而且从颁布到实施分别只有 1 个月和 6 个月时间，所有这些都表明制定上述指引的心情是迫切的、意愿是良好的，但对其能否得到有效实施我们存在疑虑。笔者认为，内控信息披露制度的制定固然重要，但制度能否被上市公司普遍认同和接受进而被有效实施和落实往往更重要，唯有此，制度才不致被束之高阁或流于形式。如果不能就是采取“引导性”还是“强制性”有一个统一的认识，内控执行主体就会感到莫衷一是，无法适从，敢问这样的内控主体披露的信息是否真正切实体现了处于信息弱势地位的要素投入主体知情权和话语权？

从前文对内控的作用分析可知，既然内部控制是一种企业要素投入主体之间持续均衡利益关系的契约装置，那么内部控制信息披露必定就成为维护这种契约装置正常运转的“润滑剂”。特别是在信息不对称的条件下，相对于离企业更近的内部信息拥有者（主要是企业的管理层）利用信息优势攫取属于相对于离企业较远的另一方（主要包括股东、债券人、顾客、供应商以

及作为征税者的政府[①]）的正当利益时，内部控制信息披露就将成为企业利益相关者中广大信息弱势群体维护自身合法利益的重要手段。从这个角度看，对企业内部控制信息披露应该进行管制，即内部控制信息必须强制企披露，具有信息优势的公司管理层应该具有基本的勤勉职责来对内部控制的设计和执行的有效性负责，并且要求随定期报告一同对外披露管理层对有关财务报告内部控制的评价报告，同时这份内控报告还必须经过无利害关系的第三方的审核。

相对于自愿性信息披露，强制性披露可以缩短上市公司内控信息自愿披露供给和广大处于信息弱势地位的企业要素投入主体信息需求期望之间的差异，并维持一个能兼顾公平和效率的理性水平。笔者认为，当内部控制制度患上顽疾，企业出现某种程度上的非正常寻租行为时，人们总是习惯性地寻求政府的庇护，这也是萨班斯法案和我国内控信息披露规定的法旨和精髓所在。因此我们看到，萨班斯法案力图通过强制性信息披露，使内部控制置于公众监督之下。SEC 为落实该法案，制定出财务报告内部控制信息披露的具体规则。“阳光是最好的防腐剂，灯光是最好的警察”。

企业内控信息要体现出处于弱势信息地位的要素主体的知情权和话语权，必须具备一定的质量。即，只有向要素主体或信息使用者提供具备了一定质量的内控信息，如真实、及时、完整、合规等等，才能使企业要素主体的知情权和话语权得以实现。由此利害关系所决定，企业的要素主体必定高度关注内控信息披露及其质量。沿着这个逻辑向前，企业内控信息的内容和质量必定由企业要素主体来决定，即内控信息披露的内容和质量由内控信息的需求者来决定。本书将内控信息的需求者界定为企业的要素投入主体，理由有二：其一，只有有效需求才能决定商品的供给，在企业中，内控信息的供给成本的“最终买单人”就是要素投入主体，他们扮演着内控信息有效需求者的角色，所以才能获得相应的知情权和话语权，才有资格对内控信息的内容和质量提出要求；其二，内控信息的直接服务对象也只要是面向企业的要素投入主体，信息内容的质量高低的受益和受损者是要素投入主体，只有要素投入主体才有动机和能力监督管理层是否侵害了他们自身的合法权益。

---

① 其实不难发现，政府与企业的关系实质上包括两种不同的内容：一种是作为征税者的政府，另一种是作为社会管理者的政府。因此，很难把作为提供公共产品的以社会的管理者身份自居的政府说成是某一个具体企业的要素投入主体。当然，从全社会的角度来考虑，政府可以作为社会所有企业的要素投入主体。

（二）内控信息强制性披露的适度的经济学诠释：基于成本效益的比较分析

成本收益分析，主要是通过成本和收益的比较来决定策略或行动的效率与效益。在现实世界的经济生活中，成本和收益是影响行为人行为选择的重要因素，上市公司的信息披露行为同样也受其成本与收益的影响。上市公司管理层在进行内控信息披露时并不是盲目地决定对哪些信息予以披露，哪些信息不予披露，而是根据披露信息能够给公司带来的成本与收益即企业的私人成本与效益来作出决定。

内控信息强制性披露带来的效益是不言而喻的，内控信息披露能够使企业要素投入主体更加了解公司的管理层的受托责任履行状况，切实体现要素主体的知情权；要素主体评估企业经营风险的大小，进行重大经济决策，充分体现要素主体的话语权。对于上市公司自身来说，披露内控信息并不是加重企业负担，而是促进企业加强自身管理的重要举措[①]。就像美国电讯 Ameritech’s 的总审计师布鲁斯·埃德蒙科所说的那样："这样做能使投资者了解公司管理机构和审计委员会在财务报告编制过程中的职责，从而给投资者和雇员一个信号，管理机构和审计委员会很重视企业的内部控制，管理机构能够确保自身及审计委员会的控制是有效的，最高管理者和审计委员会的签字也使其在履行内部控制职责时保持高度的警觉和兴趣"。内部控制信息的披露有利于促进管理层发现目前公司所存在的内控缺陷，进一步改进内部控制制度和执行机制，提高会计信息质量（蒋平、董惠良，2007）。

因此，要切实维护和体现企业所有要素投入主体的知情权和话语权，保证第三方提供的审计报告的可信度，确保上市公司会计信息的质量，提高企业管理的效率，就必须要健全、完善上市公司的内部控制，就必须对上市公司的内

---

① 内控信息披露带来的效益必将是多维的。如企业缓解资本市场上的信息不对称从而使得企业资本融资成本下降。夏威夷大学的 Partha Sengupta 在《公司披露质量与借款成本》中做了一个 102 家公司的样本分析，发现 1%披露指数的上升可以带来 0.02%的借款成本下降，披露质量与资本成本呈负相关。内控信息披露对融资成本影响，其负相关性还是被遵循的。内控情况强制性适度披露可以从很大程度上缓解整个资本市场上的信息不对称性和不确定性，降低市场风险，从而提高会计信息的质量，增加投资者或借款者对它的信心，银行或信用风险评级机构也会对应它的内控信息披露做出其风险评价的调整，从而降低企业的融资成本。如对产品市场逆向选择的治理带来诉讼成本的降低，因为产品市场类同于资本市场，也会因为信息不对称导致逆向选择后果。这种逆向选择主要源于产品成本、质量和功能以及外部负效应等信息不对称，企业故意不披露可能的重大产品成本、质量和功能以及外部负效应等方面的问题会导致消费者做出不当判断而蒙受损失，会遭到大量的诉讼事件。企业发现其重大的内控弱点却意欲遮掩的在被揭发后很可能会引发诉讼，造成大量的成本，如实客观的内控信息披露可避免企业的这一损失。

控进行评价并对外披露其信息。

另一方面，对内控信息强制性披露的追求往往会导致过分关注内控缺乏而忽视控制过度问题。实际上，控制过度的问题在现实中是很常见的。迈克尔·詹森（2004）显然是注意到了这个现象，他在观察了众多公司失败和重组的案例后发现，“内控体制有两大缺陷：他们反应太迟，以及为了实施重大变革花费时间太久”（李心合，2007）。内控的完善与相关的信息披露会花费大量的人力物力和财力，它还分散了企业管理层对关键商业活动的注意力，挤占管理活动和研发投入，有可能降低公司的竞争力。笔者认为，对内控信息强制性信息披露的成本效益问题进行研究，必须同时注意宏观和微观两个层面的影响因素，如前文所述，内控信息披露制度能否被上市公司普遍认同和接受进而被有效实施和落实比制定披露制度更为重要，唯有此，制度才不致被束之高阁或流于形式，所以强制性披露带来的经济成本问题就成为本书认定的适度披露的关键所在。

目前，由于萨班斯法案在这方面的要求是世界上最为严格的标准，但是后来 SEC 在某种程度上做出了一定的让步，本书认为一向非常强硬的 SEC 之所以这么做，背后还存在成本效益方面的考虑，同时也是经过重重阻力后折中的结果。毕竟内部控制报告及审核都需要追加成本，带来的效益如何也还未知。SEC 的担心并非多余，事实证明，由于公司和审计师准备不够充分，被迫于 2004 年 3 月宣布决定将最终规则的生效日推迟至 2004 年底或 2005 年 7 月。因此本书以萨班斯法案带来的成本为例阐述强制性内控信息披露的成本问题是非常合适的，也是在指导我国内控制度及其信息披露制度时必须关注的。

2005 年 3 月美国《新闻周刊》报道，虽然美元疲软令美国企业高层颇为困扰，但严格的公司管理法案才是令他们最为头疼的原因。文章称，尽管美元持续下滑造成海外对美国公司投资减少等一系列问题，但仍不及美国国会 2002 年通过的萨班斯法案带来的问题棘手。美国 CFO 执行委员会的报告更是明确地指出，由于执行 404 条款，未来三年中将阻碍超过 30 万个工作岗位的创造以及导致 GDP 增速放慢近 0.5%。

萨班斯法案导致的最大的成本并非来源于法案的设计，而是来源于对法案要求的执行。法案严苛规定的直接影响就是令某些上市公司产生了退市的打算，这主要表现在两个方面：一方面，美国国内的上市公司，尤其是中小上市公司，很多在对遵守萨班斯法案治理规定的成本和进入资本市场的好处进行权衡后，选择了退出资本市场。根据沃顿商学院的统计数字，1999 年美国股市中的退市公司仅有 30 家，2004 年升至 135 家。而 Foley & Lardner 律师事务所2004年5月公布的一项调查也显示，在超过100家接受调查的上市公司中，约有20%的公司因法规负担加重而考虑退市。另一方面，相当一部分在美国上市的外国公司，因不堪萨班斯法案带来的高额遵循成本，选择了退出美国的资本市场，而新近打算在美国上市的外国公司也大大减少了。根据纳斯达克的统计数据，该市场2004年总计有13家外国公司上市，但主动退市的外国公司却达到了11家。在纽约证交所，2004年有8家外国公司上市，仅是2003年的半数，却有2家公司主动退市。2006年7月，我国的徐工集团表示，该公司已经完全打消了赴美上市的计划，其主要原因就是萨班斯法案对于公司业务流程的要求过于苛刻和繁琐，公司未来可能会选择香港主板或其他地区上市[①]。

美国相当多的企业界人士从企业经营的角度指出，萨班斯法案尤其是第404节的要求，增大了企业经营成本。根据萨班斯法案第404条款，上市公司应当每年对公司的内部控制情况进行评估，对公司的内部治理提出了严苛的要求，这一条款给上市公司带来了巨大的遵循成本。此外，还有法律费用和董事费用的增加，也令企业苦不堪言。根据国际财务执行官对321家企业的调查结果，每家需要遵守萨班斯法案的美国大型企业第一年实施404条款的总成本超过460万美元。由于该法案要求，每个公司都要将公司任何一个岗位的职务、职责描述得一目了然，同时，上市公司要保证在对交易进行财务记录的每一个环节都有相应的内控制度。此外，还要指出内控的缺陷所在。显然，要完成这些工作绝非易事，对于组织分散、业务范围复杂的跨国公司而言，这促使他们不得不投入更多实施404条款所要求的内控措施。而业务简单、管理集中的小型公司虽然实施工作会相对简单，却恰恰可能是受到最猛烈冲击的。受规模所限，他们在执行404条款中更显捉襟见肘，所要花费的遵循成本可能将占收入更大的比重。虽然404条款的遵循成本每年都会发生，但遵循的第一年是代价最高的，其中包括关键内部控制的初始存档和补救。一年过后遵循成本会大幅度减少，甚至可能会下降高达50%（庞松玲，2007）。与此同时，404条款的遵循带来的竞争劣势成本是无法估量的。竞争劣势的成本，即企业对自身具有的竞争优势甚至商业机密进行披露会在竞争者面前处于劣势。但内部控制是一整套的制度设施，是一种不断演变的、很难在短时间内模仿的意识形态的东西，所以即使有这方面的成本也是较少的。

萨班斯法案带来的执行成本是巨大的，本书认为对强制性信息披露规则产

① 以上相关内容转引自刘刚. 安然事件五周年回顾. 无忧会计网，2006－9－14，http://www.51kj.com.cn/showdetail.aspid=82843

生动因的成本收益分析可知强制性信息披露规则也应有其必要的限度，即进行适度的强制性信息披露，使其披露成本小于披露收益。当披露带来的社会效益不能弥补所产生的社会成本时，这种制度就失去了意义，同时它也在一定程度上侵害了上市公司的合法权益，尽管披露保障了企业要素主体的知情权和话语权，但他们的根本目的还是通过内部控制保证自身的合法权益不受侵害，此时不再是企业管理层侵害他们的权益，而国家则成为间接的侵害主体，进而本书认为这种信息披露状态带来的绝不是一种帕累托改进。

总之，随着企业要素主体的专业素养的整体提高，其对内控信息需求的量将可能呈自然减少的趋势，从而会在某种程度上降低强制性信息披露的操作空间；与此同时，由于受成本的制约，上市公司对内控信息的供给存在一个上限，强制性信息披露的作用不能超出上市公司的承担能力。这就形成了上市公司内控信息披露的度。

三、基于中国特殊行业和垄断行业的内控信息强制性披露的制度背景

当我们从信息外部使用者的要求和宏观经济环境及市场秩序视角研究企业内控信息披露问题时，我们潜在的前提条件是将内控信息作为宏观经济环境中的信息子环境来看待，更进一步而言，则是将内控信息自愿性披露和强制性披露分别看作市场价格机制与政府权威调节机制，它是以信息经济学、新制度经济学以及其他经济学理论为其研究的理论源流，据此来研究和解决信息不对称性所导致的市场失灵和分配机制紊乱的问题，实现对市场逆向选择后果的治理，充分释放市场的高能激励能量都有很大的帮助。

按照信息经济学的理论，在非对称性信息市场中，由于信息的不完全和不完备，必将导致道德风险和逆向选择行为。就资本市场来分析，如果没有强制性会计信息披露，最终可能导致资本市场因为人气稀薄而面临崩溃或无法正常运转[①]。产品市场在某种程度上类同于资本市场，同样会因为信息不对称性导致逆向选择后果，但相较于资本市场而言，产品市场逆向选择还不至于造成其无法正常运转的程度，毕竟进入者积累了丰富的直接生产经验，而消费者也能

---

① 投资者无法评估和判断企业价值和证券价格，最多只能按贝叶斯定理评估证券价格并以此报价，但企业内部信息控制者由于有用相关会计信息优势，并能据此更为准确地评估证券价格，这样，绩优企业由于投资者出价大大低于企业真实价值，致使绩优企业退市或不进入资本市场，于是，投资者将进一步下调证券的评估价格，结果是次优企业也只好退市或不进入市场，最后结果只能是绩差企业愿意进入资本市场融资，但此时，现实投资者将因资本投资亏损而退市，潜在投资者将采取不入市行动，最终资本市场因为人气稀薄而面临崩溃或无法正常运转。

亲身体验到产品的功能效果，不像资本市场属于虚拟资本投资，没有会计信息披露，投资者完全无法评估和判断投资的价值。正是由于产品市场逆向选择所引致的经济冲突没有资本市场严重，产品市场中的信息不对称性并没有引起会计学术界的注意。肖正再等（2007）显然注意到了这一状况，他们认为将财务会计信息公开披露不仅作为一种对公司相对于外部投资者的道德风险行为和逆向选择行为治理手段看待，而且将其作为一种对市场秩序的治理手段看待，并以此与政府的其他管制方式进行比较分析研究，是有现实价值的。本书根据这个逻辑演进，认为内控信息强制性披露不仅可以解决以上资本市场和产品市场由于信息不对称性所导致逆向选择后果，更加可以利用充分释放市场的高能激励能量来治理当前某些的特殊行业和垄断行业的巨大外部负效应性问题和垄断福利问题。

无论是从理论还是从历史实践上，随着生产力提高、经济发展和社会进步，人类需要发展的层次递进性都是显而易见的，人们越来越偏重于追求生活质量的提高。而社会的和谐程度，主要体现为消费的外部负效应性问题和收入差距持续扩大问题，显然是生活质量提高的重要变数。如房地产行业，房价因房地产开发商追逐高额垄断租金而不断上升，达到畸高的程度，将严重危害经济社会发展；医药企业生产维护人类生命健康的产品，关注自然资源、生态环境、劳动权益和商业伦理，承担对利益相关者的社会责任，但是由于其监督审批的漏洞和产品质量监督不利以及如影随形的商业贿赂，导致药品价格虚高和药品质量下降，严重地损害了广大人民群众的身心健康和经济利益；目前社会对垄断企业背靠国家权利、享受高薪福利的指责已是不绝于耳，也成为“两会”上委员们探讨的热门话题。特殊行业的高额租金和垄断行业高薪现象不仅仅只是一个简单的分配不公问题，还有着更多的危害性。

房价高、看病难以及反垄断已成为今年来最为引人注目的三个关键词条。以房价一再上涨、药价黑洞巨大以及垄断行业的“霸王条款”和“垄断福利”为核心的公共利益事件接连上演。人们日益认识到，为了保障自身作为最终消费者的知情权和话语权，维护社会公平和正义，构建和谐社会，必须将反寻租、反垄断进行到底[①]。当前垄断企业背靠政府权力，通过行政性垄断，过多地吞吃了全社会的福利。如电信、电力、民航、金融、铁道、邮政等部门形成了垄断地位，其利润也大幅度上升。特殊行业和垄断行业企业在产品成本信息严重不对称性信息环境下，更有可能采取垄断高价策略，由此导致两种后果，一是损害了消费者利益，降低了消费者剩余；二是更有可能推动物价上涨，以上两种后果无一不是以侵害了消费者的知情权和话语权为代价来造成行业垄断福利的。这还只是一个静态的认识而已。实际上，长此以往，很有可能遏止整个社会的发展动力。对垄断行业与其他行业工资悬殊的危害性，哈佛大学经济系教授安德瑞·史莱弗做过专门研究。他认为，人才的流动是沿着工资的方向往上走的，一旦某些行业出现高工资的时候，大批高素质的人才就会向这些行业流动。很显然，如果这些高工资的行业配置给那些富有创新潜力的高科技行业，那么高素质的人才流向这些行业之后就会大大增强这些行业的发展，形成一个创新性很强的社会结构。但是，如果将这些高工资的行业配置给垄断行业，情况又会如何？史莱弗教授认为，这就会形成一个典型的寻租性社会，人人都想挤入这些垄断行业。由此，我们很容易想象，连高素质的人才都配置在

① 我国医药行业的高额租金一直是药价虚高的原因之一。如原国家药品监督局局长郑筱萸等人在“地标”升“国标”中的巨额寻租，在GMP认证中对全行业“忽悠”，在中成药企业的规范中，在GSP药企的认证中，很多是在利益博弈以及非制度化操作中进行的。当前我国的房价虚高，其中以土地的拍卖价格持续上涨为首要原因。价格土地出让方式主要是协议出让与招标和拍卖出让。招标与拍卖出让与协议出让相比，有着可以在一定程度上提高建筑市场信息的透明度、为供求双方相互选择创造条件、促进竞争的优点。然而，当前有下面几种情况：现有的建设体制，项目法人都不是本质意义上的法人，它是各级政府公共财政的委托代理人，从法律上为他们提供了弹性空间。一般性建筑产品的承包合同清单项目众多，工程实施及结算具有一定伸缩度，工程成本控制及账务处理较具弹性，为招投标的暗箱操作提供了条件。建筑产品招投标需要对某些内容及过程保密，客观上不利于社会监督。政府也是有着很大的经济利益动机的经济人，地方部门保护主义现象突出。正是由于上述原因，招标与拍卖出让方式存在大量的暗箱操作，由此产生了大量的寻租行为。在“两会”上，多位代表、委员将矛头直指“垄断福利”现象，有代表诘问道：垄断行业享受“免费午餐”的权利从何而来？2006年6月末，列入立法规划12年之久的《反垄断法》草案首次提交全国人大常委会审议。10月，最高人民检察院反贪总局局长王建明在国际反贪局联合会第一届年会上指出，中国的垄断行业已成为腐败的“重灾区”。在社会舆论的重压之下，部分垄断行业开始采取一些举动。国家电网公司发出紧急通知，要求“各网省公司必须立即停止执行各种名目对系统内职工用电实行优惠的办法”。厦门市公交总公司宣布停用家属卡、监督员卡和优惠卡。而后电力系统又被迫掀起了一场“减薪风暴”。11月末，劳动保障部、财政部联合发出通知，要求收入过高行业工资浮动比率由0.75降至0.6，就是说，企业效益增长1%，员工工资总额最多可增加0.6%。近年来，主要垄断行业的利润增长率一直保持在60%～90%的高位，而全国主要行业工业企业的利润增长尚不及20%；垄断行业160%～180%的企业景气指数也远高于各行业平均的130%左右。然而这些利润没有被全民共享，而是被垄断行业内部吞吃。当前垄断企业背靠政府权力，通过行政性垄断，过多地吞吃了全社会的福利。如电信、电力、民航、金融、铁道、邮政等部门形成了垄断地位，其垄断利润也大幅度上升（钱静，2007）。

这些寻租性行业，那么凭借他们的聪明才智无疑会更加增强这些寻租机制，而作为社会发展动力的生产机制将陷于瘫痪，整个社会则往一个更差的均衡点演进。另外，把社会的大部分精英都配置在服务性的公共部门或者各种垄断行业。这些精英既有能创造出经济奇迹的能力，同样也有摧毁经济的能力，而且他们的摧毁能力要比一般人更强。因此，腐败、贫穷、贫富差距继续拉大等等都是这一类型社会结构的常态。毫无疑问，这种社会结构是极度危险的。如果任垄断行业高工资、高福利发展下去，极大可能会将转型中的中国引向这一倒挂的社会结构，扼杀社会经济发展的动力，从而使我们的改革事业前功尽弃（钱静，2007）。以上这些话题吸引着各方的神经，这成为本书研究内控信息强制性披露的目的所在。

如何解决特殊行业和垄断行业的巨大外部负效应性问题和收入差距持续扩大问题？外部性既是市场失灵的一个主要方面，也是政府管制必要的前提条件。政府管制会影响到社会经济主体外部性的变化。为了保证资源的有效配置，政府对社会经济主体提供的负向外部性进行矫正，利用一系列的惩罚性措施和组织性措施来减少外部性给社会带来的损失。政府管制主要依靠的是行政手段，其劣势在于：一是管制成本较高；二是管制机构难以详细了解各企业的具体信息，据此采取灵活应对措施，再加上本位思想，往往是事后解决，效果并不理想（肖正再，王平，2007）。而本书认为，以内控信息强制性披露作为治理手段，恰好具有此两个优势，一是利用企业现成会计核算系统和内部控制制度的优势，成本增加较少；二是内控信息治理机理主要通过市场竞争压力和社会公众压力实现，社会责任这个无形压力往往比产品市场竞争的有形压力更为及时、持久、灵活具体和强大，其效果可能更佳。为此，本书认为房地产业、医药行业以及垄断行业的内控信息强制性披露研究重点应该包括关于企业产品成本和外部负效应的信息治理机理及披露问题，以此实现对特殊行业和垄断行业的巨大外部负效应性问题和收入差距持续扩大问题的治理。目前，国内已经有学者开始关注关于成本信息不对称引致巨大的逆向选择后果[①]。本书认为，政府应研究以采用强制性成本信息披露作为治理房地产、生物医药和垄断企业高价策略行为的手段，采用强制性产品或服务质量控制信息披露作为治理房地产、生物医药和垄断企业产品或服务质量低下的手段，同时采取强制性薪酬信息披露作为治理垄断行业（如电力输配行业、电信行业）垄断福利的手段，对以上性质不同的行业，重点披露不同的信息内容，但都纳入到内控信息强制性披露中来[②]，以此作为治理手段，充分释放市场的高能激励能量和形成社会公众压力，其效果可能会比行政手段更加良好。

四、内控信息自愿性披露向强制性披露转变的必然性

从一个国家内部或法律制度的角度看，自愿性信息披露和强制性信息披露的内容是互补的。自愿性信息披露的定义就可以为我们证明这一点。

从信息披露的历史路径演变的历程来看，内控信息报告经历了从自愿性披露向强制性披露转变的螺旋式上升过程。在历史的长河中，自愿披露的信息和

---

① 肖正再等（2007）认为，成本信息不对称将会引发如下逆向选择后果：第一，产品成本信息不对称性导致信息壁垒。按博弈论模型，在非对称性信息市场中，由于产品成本信息不对称，进入者和在位者将按不完全信息博弈模型实现贝叶斯纳什均衡，但进入者实际进入机会非常有限，并不符合“大数法则”。因此，进入者在做出是否实际进入决策时将会更加审慎，这就有可能导致现实中的贝叶斯纳什均衡难以实现；退一步而言，即使贝叶斯纳什均衡能实现，由于人的有限理性，在不对称性信息环境下，进入者对预期收益和在位者成本高低判断的准确性概率会出现较大误差，从而使进入者失败可能性加大，由此导致资源配置效率降低。第二，产品成本信息不对称性将导致信息型垄断。依据市场竞争理论，市场效率源自市场竞争压力，市场竞争压力决定于进入市场的自由度。市场自由度越大，现实和潜在的进入威胁越大，市场竞争程度越高，竞争机制所形成的市场压力越大，在竞争压力的一定范围内，对企业家创新精神的激发程度越高，技术创新和制度创新的可能性越大，资源的生产效率越高。但在信息不对称性极高的信息环境下，市场自由度大幅降低，由此导致垄断的可能性更大，从而降低资源的生产效率。

② 实际上，本书这里的内控信息强制性披露是以前文的强制性适度披露为前提向前拓展的，如无特殊说明，本书后面所论述的强制性披露本质上都是适度强制性披露。

强制披露的信息会相互转换①。从上市公司信息披露的发展历程来看，信息披露经历了一个相互转换和融合的过程，即由自愿性信息披露为主向强制性信息披露为主动态发展过程。在股票市场发育初期，信息披露基本上完全由上市公司自己决定，使得市场上披露虚假信息和投机操纵市场的行为盛行一时，爆发了 1929 年的大萧条。为了遏制虚假信息披露，美国国会于 1933 年和 1934 年颁布了《证券法》和《证券交易法》，成立了专门的监管机构，从此信息披露方式由自愿性披露向强制性披露转变。阳光是最好的杀毒剂，强制性披露的目的是使公司在“阳光下运作”，以保护投资者的利益。此时主要还是考虑的加大会计信息披露程度，内控信息披露基本上还未予以考虑。从 60 年代起，一些学者（如斯蒂格利茨等）都开始批评市场管制和强制性信息披露。他们认为，证券法并没有起到提高上市公司信息披露质量的作用。此后，随着证券市场的发展和公司生存环境的变化，机构投资者和证券分析师队伍发展壮大，投资者和其他利益相关者群体对环境保护、社会责任和人力资本等方面信息的需求不断增加、上市公司自愿披露信息的动机不断增强并付诸实践。进入新世纪后，安然、世通等公司的财务丑闻爆发，引发了资本市场的广泛担忧。因此，美国的萨班斯法案的出台标志着美国进入内控信息强制性披露时期，法案要求公司首席执行官、首席财务官或类似职务人士必须书面声明对内部控制的设计

---

① 实际上不同国家的经济、政治、法律和社会环境大相径庭，从而导致了各国在信息披露立法方面的差异，同时也造成各国在信息披露管制方面的差异。在某些国家的公司法律框架体系下必须强制披露的信息，在另一些国家的公司法律体系下可能是自愿披露的信息。例如，关于公司雇员的信息，在英国、澳大利亚属于强制披露的信息，而在欧洲大陆的许多国家是自愿披露的信息；环境保护方面的信息在欧洲大陆多数国家属于强制披露的信息，而在亚洲的一些新兴市场经济国家则被列入自愿披露的范畴。即使目前是自愿披露的信息，随着政治、社会和经济的发展，以后可能会成为强制披露的信息。例如，环境保护方面的信息，在我国目前属于自愿披露的信息，但在加入 WTO 一段时间，等我国经济发展到一定程度以后，证监会就会把环境保护方面的信息列为强制披露的范畴；相反，强制披露的信息也可能转换为自愿披露的信息。例如，在我国证券市场上，公司的盈利预测在 2000 年 4 月前是强制披露的，但在 2000 年 4 月 6 日以后，根据新的法规规定就属于自愿披露的信息。

1929 年以前，美国信息披露方式以自愿性信息披露为主。自 1929 年经济危机爆发之后，美国信息披露方式的发展过程经历了以下五个阶段：强制性信息披露阶段（20 世纪 40 年代以前）、预测性信息披露阶段（20 世纪 40 年代至 80 年代）、未来性信息披露阶段（20 世纪 80 年代至 90 年代）、鼓励自愿性信息披露阶段（90 年代之后），目前基本处于强制性信息披露和自愿性信息披露相结合的阶段，美国上市公司在按照 SEC 的要求作出及时、准确、公开的信息披露即强制性信息披露的基础上，自愿披露更具相关性、可靠性、透明度高的信息。在强制性信息披露作为基本信息披露方式，保障信息使用者对信息基本需求的同时，自愿性信息披露对其进行深化和扩充，以提供更高质量的信息。两者披露方式相互结合、相得益彰。实际上，强制性披露与自愿性披露的区分也不是绝对的。强制性披露有时存在披露方式与披露时间的自愿性选择问题，自愿性披露同样也可能是由强制性披露诱致产生的，或者是对强制性披露的必要补充或深化。但是，无论是强制性披露还是自愿性披露，信息披露均应做到诚信、及时、准确和完整。

和执行的有效性负责，并且要求随定期报告一同对外披露管理当局对有关财务报告内部控制的评价报告，这份内控报告还必须经过负责公司定期报告审计的注册会计师的审核。监管体制如此发达的美国资本市场都暴露出上市公司内部控制形同虚设的问题，引发了许多国家的反思。当前许多国家纷纷效仿美国，颁布各种法律法规指导上市公司内控制度的建立和完善。目前上市公司的内控信息披露正朝着以强制性信息披露为主的方向发展。

从政府管制的目标来看，内控信息报告走向强制性披露是保护投资者这一弱势全体的重要手段，以及兼顾效率和公平的结果。经济问题无外乎效率和公平两类，资本市场也不可能例外。效率是指资本市场中的一些人处于更有利的地位而无人处于不利地位的一种帕累托最优状态，公平与财富如何在市场参与者之间进行分配有关。威廉·比弗（1999）认为政府管制与这两类问题密不可分，政府要扮演“终极裁判员”的角色有很多方式来处理这些问题，如私人合约的执行、产权界定与执行、税收、规范乃至直接控制。针对信息不对称性引发的舞弊，政府颁布法律提供了反欺诈条款和强制性信息披露两种形式。尽管借助法律阻止欺诈已习以为常，但强制性信息披露却是治理资本市场和产品市场逆向选择后果所独具的特色。强制性信息披露一直是以效率和公平作为其合理性的基础：经验数据有力证明了强制性信息披露的运用减少了价值的偏离，增强了资本市场的配置效率（小约翰·科菲，2002）。在另一些学者（如伊斯特布鲁克、费雪等）的评价中公平是主要的评价因素，认为强制性信息披露可以防止欺诈、保护投资者的信心与利益。会计信息是分配财富和配置资源的主要依据，因此会计信息在市场参与主体之间的分布状态也会影响公平和效率。然而会计信息分布的不均匀，不仅表现为上市公司与投资者之间，而且表现为大中小投资者信息分布状态的不均衡，强制性信息披露有利于减少会计信息分布不均匀的状态。我们看到，内控信息披露不仅可以解决上市公司会计信息垄断的问题，还可以帮助解决中小投资者的关于企业内控实施情况的信息劣势问题，内控信息强制性披露过程其实就是一个帕累托改进过程。

五、国内外相关文献回顾

目前，国内外对自愿性信息披露的研究非常丰富，McMullen、Dorothy 和 Ragahunandan（1996）[①] 对 1993 年 2221 家公司的年度报告进行了研究，结

① Dorothy A. McMullen & Ragahunandan，K. Internal Control Reports and Financial Reporting Problems. Accounting Horizons，1996，12（10）：67－75.

果表明，有742家公司提供了内部控制报告，占总体的33.4%。他们还选取1989—1993年样本公司进行分析，发现平均有26.5%的公司提供了内部控制报告，而那些有财务报告问题的公司中，仅有10.5%提供了内部控制报告，对小公司而言，内部控制报告与财务报告问题的相关关系更为明显，从而得出结论，财务报告有问题的公司不大可能会提供内部控制报告。Hermanson (2000)[①] 以问卷调查的方式（有效问卷363份）对9种财务报表的使用者进行了调查，分析了他们对内部控制报告的需求。结果发现，调查对象认为自愿披露和强制披露内部控制报告都能促进公司内部控制信息的披露，但自愿披露比强制披露在决策方面更有作用。Ge，McVay (2005)[②] 通过选取《萨班斯法案》颁布后的样本公司进行了调查统计分析，认为上市公司披露的实质性缺陷和公司经营的复杂性有关，但和公司规模、盈利能力关系不大。Doyle，Ge和Mcvay (2006)[③] 选取了2002年8月至2005年8月披露有内部控制实质性缺陷的779个样本公司，并对这些样本公司的内部控制实质性缺陷的影响因素进行了分析，证实了那些规模小、成立时间短、业务复杂、成长速度快、财务状况不佳的公司更有可能存在重大缺陷。通过调查盈余质量与内部控制之间的关系，发现内部控制实质性缺陷与没有实现现金流的盈余估计有关。Harnmersley等 (2007)[④] 检验了股票价格对管理者披露的内部控制缺陷特性（如严肃性、管理者对内部控制效果的结论、审计能力、披露的模糊性等缺陷）及其他重要公告的反应，还研究了管理者的报酬与实质性控制缺陷之间的关系。

目前，我国内部控制披露方式以自愿性披露为主，强制性披露为辅。中国证监会的有关文件对内控信息强制性披露的规定也仅仅局限于银行、保险及证券等特殊行业和再融资的少数上市公司，除此以外，对于资本市场众多的上市公司而言，内控信息披露仅仅体现为自愿性的信息披露。以上情况也从国内的研究现状得到验证。目前，对于内控信息披露的研究并不多见，仅处于研究起

---

① Heather M. Hermanson. An Analysis of the Demand for Reporting on Internal Control. Accounting Horizons，2000 (9)：325—341.

② Jeffrey T. Doyle，Werli Ge，Sarahe. Mcvay. Determinants of weaknesses in internal control over financial reporting and the implications for earning's quality. March 1，2005，SSRN Working Paper，http：//papers. ssrn. com/.

③ Jeffrey T. Doyle，Werli Ge，Sarahe. Mcvay. Determinants of weaknesses in internal control over financial reporting. May 15，2006，SSRN Working Paper，http：//papers. ssrn. com/.

④ Jacqueline S. Hammersley，Linda A. Myers，Catherine Shakespeare. 2007. Market Reactions to the Disclosure of Internal Control Weaknesses and to the Characteristics of those Weaknesses under Section 302 of the Sarbanes Oxley Act of 2002，Working Paper Series，January 2007，http：//papers. ssrn. com/so13/papers. cfm.

步阶段。我国理论界关于内部控制信息披露的研究主要集中在分析其现状并提出改进措施方面，其中相当一部分集中在借鉴国外内控信息披露方面经验的基础上，根据我国现实情况，提出系统建议。

六、研究思路和模型构建

目前会计学术界似乎还没有将会计信息披露作为一种治理手段和方式进行研究，倒是公司治理理论将会计信息的公开披露作为一种治理手段来看待（肖正再等，2007）。本书的研究目的是探求如何将内控信息强制性披露作为一种治理特殊行业和垄断行业的巨大外部负效应和垄断福利的手段或方式，内控信息披露不仅仅作为会计信息披露的一种特殊形式，更加将其回归到资本市场和产品市场信息需求的更广泛的范畴内，运用理论界关于会计信息披露的丰富成果来研究它。同时，根据已有成熟的信息披露模型，构建我国内控信息披露指数，对内控信息披露水平进行相关数据研究。因此本书特别选取生物医药、房地产、水电煤气业三个行业的上市公司为样本，生物医药和房地产业为典型的特殊行业，而水电煤气为典型垄断行业，且这个行业的垄断福利为目前的争论焦点，对其在2004—2006年所自愿披露的内控信息质量进行数据分析，来分析我国目前特殊行业和垄断行业的内控信息自愿性披露现状，以求寻找存在的问题，探究改良措施，从而促进我国上市公司内控信息披露的改进与优化。

如何计量内控信息披露水平，是进行内控信息披露实证研究的前提与基础。采用信息披露指数（Disclosure Index）来定义信息披露水平是国内外研究中普遍采用的方法（谢志华、崔学刚，2005）。本书采用自愿性信息披露指数（Voluntary Internal Control Disclosure Index，以下简称VICDI）来度量四个样本行业的内控信息自愿性披露程度。本书参照Botosan（1997）的VDI设计原则①，以我国财政部出台的《企业内部控制规范——基本规范》（征求意见稿）和沪深两市的内控指引以及COSO框架的内容为基本参照系，构建了适用于我国上市公司的内部控制信息披露的指标体系（见表22）。

---

① Botosan指数的测量表中信息条目共分为五类，分别是：背景信息、历史信息、关键性非财务信息、预测信息、管理层讨论和分析。每类信息包括若干子项目，每个子项目赋予不同的分值（0～3），其中定量信息的分值比定性信息高。然后据此对样本公司信息披露行为打分，某个公司的信息披露指数等于该公司分别在五个部分得分的加总。

表 22　我国上市公司的内部控制信息披露的指标及其评分体系

背景性信息	内控环境及行业背景 企业战略发展动态 企业对风险的评估和预测以及预防措施 竞争环境信息① 企业人力资源政策信息 企业文化建设情况	若仅具有定性分析 1 分，若同时还具备定量及例证分析 3 分，最高分值 18 分
关键性内控信息	内控制度建设信息 内控制度执行信息 企业管理层对直至本年末内控执行情况的检查、监督工作的自我评价 完善内控制度的有关措施的信息② 内控在发展及执行中出现偏差的预警机制及其效果评估	若仅具有定性分析 2 分，若同时还具备定量及例证分析 5 分，最高分值 45 分
	企业控股股东对内控建设和执行的关注信息 审计机构的权威性及其与企业的历史往来关系 公司治理结构信息（主要包括独立董事比例、股权结构、控股股东性质、中小股东对大股东的制衡机制、董事长和总经理是否合二为一、是否设立了“四会”等） 企业内部审计机构对企业内部会计控制的评价 企业财务报告的审计意见	若无保留意见取 2 分，保留意见取 1 分，否定和拒绝表示意见取 0
预测及反馈信息	董事会关于下一年度内控完善的工作计划 注册会计师对内控建设和执行情况提出的审核意见 独立董事对内控建设和执行情况的评价以及对下一年度内控计划的评估 负责内控的专职部门或个人对内控建设和执行情况的汇报及反馈意见信息	若仅具有定性分析 2 分，若同时还具备定量及例证分析 5 分，最高分值 20 分
其他关键信息	企业对产品质量和执行质量认证体系的情况的信息 企业产品功能和价值以及对环保的相关信息 企业管理层福利计划和职工薪酬信息 社会公益和环境保护信息 企业前五名的供应商/客户名对企业的重要性以及历史往来信息	若仅具有定性分析 2 分，若同时还具备定量及例证分析 5 分，最高分值 25 分

① 竞争环境信息主要披露企业所处整个行业内关键技术发展趋势变化风险以及企业核心竞争力风险，其内容主要以财政部出台的《企业内部控制规范—基本规范》（征求意见稿）中对技术风险所标识的内容为准。

② 完善内控制度有关措施的信息主要披露企业内控建设和执行中的主要障碍，以及是否确定职能部门和专职人员对这些障碍进行解决、跟踪和反馈等等。

上述公司自愿性信息披露条目虽然没有包括上市公司自愿性信息披露的所有信息，但确实已包含了满足利益相关者需求和管理者需要的大部分重大信息。这种方法在以前的研究中已被广泛应用。另外，基于每一个自愿性信息披露条目对投资者的投资决策和消费者的知情权保护都同样重要的假设，本书未对不同条目赋予不同权重进行加权评分，以避免主观因素的影响，况且两种方法得到的披露指数可以互相替代。因此，本书的内控自愿性信息披露指数可以反映样本公司的内控自愿性信息披露水平。

本书设计的我国上市公司的内部控制信息披露的指标及其评分体系包括四类不同信息类别，共有 26 个信息条目，按照其与内控相关的紧密程度，分别赋予不同数值，例如背景信息，我们赋予较小的分值，而对关键性内控信息与预测及反馈信息，我们赋予了较高的分值。披露信息可以是定性的或定量的，如果同一项指标的定量与定性信息同时披露，就会获得比仅披露定性信息的指标更高的加分。

我们以样本公司对外公布的年报信息资料为基础，按规定的标准对每家上市公司进行评分，并计算出每家上市公司内部控制信息披露的分值，然后用所得分值除以指标体系的满分分值 110（体系中有 25 项指标，各指标总得分为 110 分），便得到样本公司的 VICDI。

某个公司内控信息披露指数的计算方法为：

$$\mathrm{VICDI}=\frac{\sum_{i=1}^{4}}{110}$$

(其中，i=1，2，3，4 代表三类不同的信息类别，SCOREi 代表每一类别的得分)。

上述两个测量表均通过了有效性检验，所以本书的测量表是具备有效性的。此外，我们邀请两位相关领域的学者对照测量表分别对三个行业样本公司的 2004—2006 年报中的相关信息进行打分，当出现双方打分不一致的情况时，我们在深入细致的讨论后重新打分，直至双方打分一致。所以，测量表的测量结果是可以信赖的。

本书所需数据一部分来源于 CSMAR 中国股票财务数据库查询系统，一部分属于笔者对来源于网络（主要是由 http：//www. cninfo. com. cn 公布的 2004—2006 年沪深两市样本公司公开发布的资料进行整理并对所获取数据进行预处理，使其具有可比性、科学性，本书采用 Eviews3. 1 统计软件进行数据分析。

在选取样本的过程中，本书遵循如下原则：①剔除了在报告期内被 ST 或

PT 的上市公司；②剔除了净资产小于 0 的上市公司；③剔出了财务数据不全的上市公司；④剔除了在 2004 年以后的上市公司。在整理了相关数据后，其中符合以上原则的上市公司共有 157 家，其中房地产业上市公司为 48 家，占总样本的 30.57%；生物医药业为 59 家，占总样本的 37.58%；水电煤气业为 50 家，占总样本的 32.85%。

七、样本披露指数的描述性统计结果

2004—2006 年度样本公司内控信息披露的描述性统计结果经过整理如表 23 所示：

表 23　2004—2006 年样本行业内控信息披露指数率的描述性统计结果

		Observations	Mean	Median	Maximum	Minimum	Std. Dev.
2006	房地产业	48	0.3731	0.3800	0.5300	0.2800	0.0413
	生物医药业	59	0.3858	0.3800	0.4200	0.3600	0.0118
	水电煤气业	50	0.3852	0.3800	0.4300	0.3700	0.0116
	总体	157	0.3817	0.3800	0.5300	0.2800	0.0253
2005	房地产业	48	0.3000	0.2946	0.4196	0.2321	0.0337
	生物医药业	59	0.2960	0.2946	0.3125	0.2857	0.0062
	水电煤气业	50	0.2968	0.2946	0.3125	0.2857	0.0066
	总体	157	0.2975	0.2946	0.4196	0.2321	0.0193
2004	房地产业	48	0.2690	0.2679	0.3214	0.2232	0.0224
	生物医药业	59	0.2718	0.2768	0.2857	0.2500	0.0087
	水电煤气业	50	0.2718	0.2768	0.2857	0.2500	0.0087
	总体	157	0.2709	0.2767	0.3214	0.2232	0.0143

从以上表格中数据我们可以看出，我国内部控制信息披露整体水平比较低，处于最高状态的 2006 年 VICDI 的最大值为 0.5300 没有超过指标的半数得分 0.55，说明目前内控信息披露做得最好的上市公司都没有达到本书前文设计指数的半数水平，虽然本书的数据仅仅来自于三个行业，但是这至少在某种程度上说明了我国内控信息披露情况令人担忧。

同时，令人鼓舞的是，我国资本市场经过多年的发展，近年来我国内控信息披露平均水平呈连续上升的趋势，从 2004 年的 0.2709，到 2005 年的

0.2975，再到2006年的0.3817，说明随着2006年沪深两市关于内控指引的颁布，上市公司对内控的关注程度越来越高，其积极性也越来越强。但是，我们必须注意的是，上市公司对内控制度本身没有太大的兴趣，很有可能是被迫注重对内控信息的披露，这在某种程度上就达到证券监管机构的初步目的。

究其原因，我们在对样本行业的上市公司内控信息披露打分的最后结果进行分析后发现：绝大多数上市公司在2004年和2005年并没有建立或健全内控制度，即使有比较健全的内控制度，也没有得到有效的实施，致使目前内控信息披露主要以背景性信息为主，缺乏关键性内部控制信息、预测与反馈信息。进入2006年，基本上大部分上市公司都建立了基本的内控制度，但是所披露的内控信息大部分内容都是关于如何对财务报告中的相关内容进行控制，没有或很少对关键性内部控制信息、预测与反馈信息以及其他关键信息进行公开披露，基本上延续了2004年和2005年的模式。此外，我们进一步发现企业的历史性信息的披露较多，前瞻性信息的披露较少；定性信息较多，定量及例证信息较少。这种现象的主要原因是历史性信息容易获得，准确性较高，披露起来比较容易。而前瞻性信息要更多地依靠判断和估计，准确性较低，上市公司为了维护自己的声誉，避免日后可能出现的诉讼，往往不大愿意披露过多的前瞻性信息，即使披露了，也多是定性信息，定量及例证信息较少。如我们注意到，关于内控制度在发展及执行过程中出现偏差的预警机制的建立和评价基本上在所有的上市公司的内控信息披露中处于空白，在样本中没有发现任何上市公司对这方面的情况进行了定性描述，更加不用说披露内控执行过程中管理层会预计遇到的阻碍等相关信息。内控制度在执行过程中是处于不断发展和完善的过程中的，如果管理层没有预见到这一点，那么我们的上市公司建立的内控制度还处于严重的“亚健康”状态，在竞争日益激烈的今天，随时都有可能碰到“致命一击”而致使公司瞬时崩溃。

综上所述，本书认为我国上市公司内控信息披露制度的建立不是一朝一夕就能完成的，还需要各种辅助措施的配套和完善。吴蔚（2005）认为我国资本市场信息披露环境还存在各种缺陷，目前上市公司的内控信息披露在很大程度上还流于形式，上市公司自愿性披露动机不强，应进一步完善披露环境。谢德仁（1999）指出，如果企业的外部环境如政府、市场、债权人、投资者等对控股股东不能进行有效的监控和惩处，则控股股东可以直接利用控制权掠夺一般股东的财富。本书认为，就我国目前的现状来说，披露环境的改善并非短时期就能取得成效，如从完善公司治理等客观配套措施共同作用，经过长时期的协同方能显现成效。

目前，财政部出台的《企业内部控制规范——基本规范》（征求意见稿）

和沪深两市的内控指引都明确指出企业应该对控股子公司的内控建立和实施进行指导和监督，这在某种程度上说明了控股股东（或股权结构）对企业内控建设和实施有很大的关系，从而控股股东（或股权结构）对企业内控信息披露有直接影响。目前，当我们自己在反思我们这个投资者保护程度较弱的国家中的企业应如何防止控股股东掏空上市公司资产这个日益严峻的理论课题时，控股股东和内控信息披露之间的关系就成为本书的逻辑延伸。研究内部控制，公司治理是一个无法回避的问题。国内外众多的研究成果表明股权结构是公司治理的核心问题之一。在股权高度分散的英美国家，公司治理的主要问题来自于经理人与股东之间的代理冲突，而在股权高度集中的东亚和西欧国家，大股东具有足够的激励控制公司，因此，公司治理问题的实质演变为大股东与小股东之间的利益冲突，具体表现为大股东凭借其控制权地位进行侵害小股东利益的“掏空”行为（Shleifer and Vishny，1997；La Porta et al.，1999；Claessens et al.，2002 等）。在我国证券市场上，这种现象尤其突出。我国上市公司股权结构表现为非流通股东居主导地位的股权高度集中模式，在这种模式下，大股东具有足够的动因和能力掠夺小股东。从理论上说，小股东的剩余索取权和大股东的剩余索取权同属于最后一个层次的收益分配索取权，两者除要求的份额因持股比例不同而不同外，不存在任何差异。但是，剩余索取权的实现有赖于剩余控制权的保障，小股东因所持股票比例小而无法改变大股东的任何决策，因此可以认为小股东的剩余控制权形同虚设，从而享有的剩余索取权也缺乏保证。这一状况在外部环境不能很好保护投资者利益的情况下，为大股东侵占小股东的利益留下了空间。唐宗明和蒋位（2002）根据 1999—2001 年我国上市公司发生的 90 项大宗股权转让事件的样本，对我国上市公司大股东对小股东的侵害度问题进行了研究，其结果表明我国上市公司大股东侵害小股东的程度远高于美英国家。为此，研究有效抑制大股东掠夺行为的公司治理模式就成为当前我国理论界和实务界迫切需要解决的问题。

八、理论分析和研究假设

股权结构是公司内部治理结构的产权基础，决定着一个公司所有权的配置效率，直接影响公司的激励约束机制及公司的经营绩效，从而影响公司管理层的信息披露。实际上，各国在信息披露水平方面的差异，在很大程度上可以用该国公司股权结构的差异来解释（La Porta et al.，1999）①。最近国外的研究

① La Porta. Corporate Ownership around the World. Journal of Finance. 1999（2）：471－517.

表明，现代公司的股权并非分散型，而是普遍集中在控制性股东或家族手中（Shleifer & Vishny，1988[①]；1997[②]；La Porta et al.，1999；Claessens 等，2002[③]），由于控制性股东或家族在公司中存在重大的经济利益，他们存在强烈的动机监督管理层。因此，股权的集中在一定程度上产生"利益协同效应"（Morck 等，1998）[④]，使控制性股东和中小股东的利益趋于一致，从而有利于公司治理效率的提高，会计信息披露越透明；但是，控制性股东或家族也可能通过背离"一股一权"、交叉持股和金字塔控股等方式以少量的现金流权控制大量的投票权来提升对公司的控制力，不仅使他们牢牢掌控了公司的经营决策，也控制着公司的信息披露政策。特别是，当公司的控制权与现金流权偏离程度越大，诱使控股股东提供会计信息的目的可能不是为了反映真实的交易，而是基于掩饰利益侵占，利用披露管理、不披露或虚假披露与外部股东攸关的信息（Fan & Wong，2005）[⑤]。以上分析表明，控股股东和管理层持股比例过多或过少，股权过度集中和分散，都无助于公司治理效率和信息披露质量的提高。因此，我们综合了国内外信息披露研究成果和内控信息披露的特点，特别选取了股权集中度、控股股东性质、上市公司内外部监管机制对控股股东制衡度等几个指标来考察我国上市公司股权结构与内部控制信息披露的关系，从而研究企业内控信息披露是否适合作为一种制衡机制来治理控股股东掏空上市公司的手段。

实证研究早已证明，股权适度集中能够在一定程度上产生趋同效应，使控股股东和中小股东的利益趋于一致，有利于公司治理效率的提升。Tian（2003）收集了我国 1994—1998 年沪深两市的 826 家上市公司的股权结构和公司价值的纵列数据，他发现，国家作为股东对上市公司的价值的影响，总的来说是负的，但却不是单调的，呈现出一个开口向上"U"型结构，公司的价值首先随着国家股所占比重的上升而下降，当降到一定阶段的时候，公司价值随着国家股比重的上升而上升。宋敏等（2004）也发现控股股东持股率对公司业绩的影响为非线性的，显示出控股股东监督和隧道效应并存的双重效应。根据

---

① Shleifer A. R. Vishny. Managerial entrenchment: The Case of Manager Specific Investment [J]. Journal of Financial Economics, 1988 (25): 42－67

② Shleifer, Vishny. A Survey of Corporate Governance. The Journal of Finance, 1997 (2) .

③ Claessens. S., D. Jankov. S., Fan J., et al. Disentangling the Incentive and Entrenchment Effects of Large Shareholdings [J] . Journal of Finance, 2002 (6): 2741－2771.

④ Morck R., A. Shleifer and Vishny. Management ownership and market valuation—an empirical analysis [J] . Journal of financial economics, 1998 (20): 293－315.

⑤ P. H. Fan. T., J. Wong and Tianyu Zhang. The Emergence of Corporate Pyramids in China. Working Paper, 2005.

信号传递理论，当公司业绩较好时，企业倾向于多进行信息披露，使其自身显著区别于业绩较差的公司。

因此提出假设1：控股股东持股比例对内控信息披露水平的影响是非线性关系，存在控股股东监督和隧道效应并存的双重效应。

但是，我国上市公司是通过董事会代表全体股东的利益行事，由于通常存在着一股独大、股权高度集中的状况，控股股东或者大股东通常完全掌握着董事会的实际控制权，大股东侵害中小股东利益的事件在我国频频发生。在这种情况下，控股股东或大股东为了追求自身的利益最大化，通常会攫取中小股东的利益。刘峰、贺建刚（2003）发现控制性股东持股比例越高，控制性股东越倾向于通过大额派现、购销关联交易的方式来掏空公司；刘峰等（2004）从利益输送的角度研究了“五粮液”的高派现行为，发现控制性股东利用其控制权将上市公司的现金或其他资源转移到大股东手中，而在这一过程中中小投资者并未受惠；唐跃军、谢仍明（2006）从公司治理的角度，认为我国上市公司的大股东掏空行为源于股市的“同股同权不同价”。研究显示，前五大股东的持股比例、大股东控制力（或联合控制力）、大股东制衡度（或联合制衡度）对“掏空行为”存在重要影响。[①] 因此我们认为，在通常状况下，上市公司股权集中度越高，很可能意味着该上市公司的大股东或控股股东对公司的控制权越大，再加上我国监管机制还不健全，可能会造成上市公司内控信息披露不充分或披露质量低下。

因此提出假设2：控股股东持股比例与内控信息披露水平线性负相关。

控股股东的产权性质也是影响控股股东行为的重要因素。公有产权与私有产权的差异可能是经济学领域最引人入胜的发现，根据 Roland（2000）的总结，转轨经济中国有企业治理的根本问题在于政府干预的低效率；这种低效率一方面是由于政府可能出于政治目的对企业经营进行干预，例如，为了保障社会就业，强迫企业接受更多的雇员。另外，即使政府对企业的干预是以效率作为出发点，但由于政府在与国企的契约关系中，同时扮演“裁判员”与“运动员”的双重角色，而在与私企的契约关系中，却只作为“裁判员”，因此政府对国企的承诺要比对私企的承诺更容易失约，国企中普遍存在的“棘轮效应”（Ratchet Effect）和预算软约束（Soft Budgets）就是其具体的表现形式。当

---

① 对于这个问题也有不同的声音，张红军（2000）、陈小悦、徐晓东（2001）和姜秀华、孙铮（2001）以及徐晓东、陈小悦（2003）等研究都表明控股股东持股比例与企业业绩在某种程度上正相关。本书认为，股权集中度在一定程度上的集中，可能会缓解小股东“免费搭车”的难题，因而可能有助于股东权益的增值。

然，私企也可能同样存在棘轮效应与预算软约束问题，但是由于政府对私企干预的成本要显著高于国企，从而私企遇到的上述问题往往要比国企轻微得多(Shleifer 和 Vishny；1994)。我国特殊的制度背景说明，当上市公司的控制权仍然归原国企持有时，上市公司通常与控股股东在业务上存在千丝万缕的联系，而非国企控制的上市公司则很少与控股股东发生经营业务上的往来。最后，我国的国企在剥离上市的过程中，都将非核心资产留在了母公司，从而相对于非国企来讲，更需要上市公司的支持。李增泉等（2004）提供的证据表明，基于特殊的股票发行制度、企业改制模式和再融资的管制模式，控股股东和地方政府有强烈的动机和足够的能力通过资产重组从上市公司转移利润，以支持母公司的存续或地方的发展。

因此提出假设 3：控股股东的产权性质影响企业内控信息披露水平，控股股东具有国企背景的上市公司的内控信息披露水平低于控股股东为非国企背景的企业。

和控股股东不同，由于目标函数的差异，其他大股东（本书认为主要是第二大股东）可能并不热衷于或根本无法获得卷入“隧道效应”带来的收益，而是积极扮演监督和制衡的角色。Shleifer 和 Vinshny（1986）通过理论建模所证明的那样，公司其他大股东（主要是第二大股东）对控股股东的制衡是保护外部投资者的一种重要机制。Zwiebel（1995）较早对公司同时存在多个大股东的情形进行了分析，Gomes、Novaes（2001）进一步研究了多个大股东的存在对于抑制资产掏空等侵害行为发的影响，认为多个大股东的存在可以起到互相监督、制衡的作用。

因此提出假设 4：其他大股东对控股股东的制衡度与内控信息披露水平正相关。

内控信息披露与财务报告质量有一定的互动关系。一方面，在内部控制报告中，管理当局应对企业的内部控制制度的设计和执行是否有效作出评估，并表明其对财务报告和资产的安全完整无重大不利影响，这实际上表明了管理当局的一种（合理）保证，同时也有利于管理当局对内部控制存在的缺陷加以改进，提高企业的财务报告的可靠性，因此，可以在一定程度上缓解信息不对称。另一方面，披露内控信息（特别是自愿性披露），一定程度上表明了管理当局对财务报告质量的信心。McMullen 和 Ragahunandan（1996）在选取的1989～1993 样本公司中，平均有 26.5％的公司提供了内部控制报告，而那些有财务报告问题的公司（主要是以被 SEC 处罚或更正以前报表中数字作为财务报告有问题的标志）中，仅有 10.5％提供了内部控制报告，对小公司而言，内部控制报告与财务报告问题的相关关系更为明显。从而得出结论，财务报告有问题的公司不大会提供内部控制报告。

因此提出假设 5：上市公司是否被证券机构处罚影响其内控信息披露水平，没有被处罚的上市公司的内控信息披露水平高于受到处罚的上市公司。

九、研究变量和模型构建

被解释变量和解释变量：基于本书研究目的，本书采用内控自愿性信息披露指数（VICDI）作为被解释变量来反映样本公司的内控自愿性信息披露水平，其核算方法如上所述。我们选取 Share 作为解释变量来描述控股股东持股比例变量，由于我国“一股独大”的股权结构特征，在此期间，第一大股东持股比例均值为 43.31%，远远超过其他股东的持股比例，如第二大股东持股比例均值仅为 8.86%（刘星等，2007），从而对于第一大股东而言，其具有足够的能力控制公司。关于控股股东性质问题，我们选取哑变量 Background 为描述控股股东性质的变量，如果控股股东具有国企背景，为 0，否则为 1。其次，我们选取以下变量刻画其他大股东对控股股东的制衡作用：（1）哑变量 Block Dummy，反映公司是否存在其他大股东；如果第二大股东持股比例达到 10%以上[①]，为 1，否则为 0；（2）变量 Contestability，反映其他大股东对控股股东的股权制衡能力，定义为其他大股东累计持股数与控股股东持股数的比值。对于外部监督来说，本书选取哑变量 Punishment 为描述上市公司是否存在因为违规行为受到监管机构的处罚，其中 0 表示因为存在违规行为受到证券监管机构的处罚，否则为 1。

另外，本书设置了控制变量：（1）公司规模（Lnsize），定义为总资产账面值的自然对数值，一般认为，规模较大的公司处于其生命周期更为成熟的阶段，因而具有较低的市场价值，预期符号为正；（2）负债比率（Lever），采用资产负债率进行描述，负债有助于减少代理问题，但较高的负债率也与公司破产风险相关，由此认为负债比率（Lever）对公司内控信息披露水平的影响方向不确定；（3）企业成长机会（Growth），采用总资产利润率来描述，预期符号为正；（4）是否已经境外上市（Shore），宋敏等（2004）研究发现如果上市公司已经在海外市场发行股票，其对公司价值有显著正向效应。因此根据信号传递理论，此类上市公司有动机进行信息披露，因此其内控信息披露水平较高，预期符号为正；（5）上市公司上市年度（Year）以控制时间因素对内控

① 根据《公司法》第 104 条，拥有 10%股份的股东有权召开临时股东会议，故本书采取第二大股东持股比例是否达到 10%作为判断其他大股东存在的依据；此判断标准与陈晓、王琨（2005）的研究一致。

信息披露程度的影响，预期符号为正。

我们构建的方程如下：

$$VICDI=\alpha_0+\beta_1 Share+\beta_3 Background+\beta_4 BlockDummy+\beta_5 Contestability+\beta_6 Punishment+\beta_7 Lnsize+\beta_8 Lever+\beta_9 Growth+\beta_{10} Shore+\beta_{11} Year+\varepsilon$$

或者有：

$$VICDI=\alpha_0+\beta_2 Share^2+\beta_3 Background+\beta_4 BlockDummy+\beta_5 Contestability+\beta_6 Punishment+\beta_7 Lnsize+\beta_8 Lever+\beta_9 Growth+\beta_{10} Shore+\beta_{11} Year+\varepsilon$$

十、实证检验与分析结果

（一）股权集中和股权制衡的作用

表 24 的回归结果表明：股权集中度（Share）与 VICDI 负相关，且变量在 1%水平上高度显著。其他大股东的存在（BlockDummy）及其相对持股比例（Contestability）与 VICDI 正相关，但变量不显著。由此表明：股权集中不利于提高企业内控信息披露水平，这说明假设 2 成立，而且其他大股东对控股股东的制衡能力越强，企业内控信息披露水平也越高，但没有通过检验，这说明假设 4 部分成立。但是，股权集中度的另一个衡量指标（$Share^2$）与企业内控信息披露水平负相关，但是不显著。假设 1 没有得到证实。控制变量的影响与预期基本一致，资产规模、是否已经境外上市与企业上市的年数均与企业内控信息披露水平正相关，但是负债率和企业成长机会对企业内控信息披露水平的影响并不显著。

表 24　股权集中度、股权制衡和企业内控信息披露水平的回归分析

$$VICDI=\alpha_0+\beta_1 Share+\beta_2 Share^2+\beta_4 BlockDummy+\beta_5 Contestability+\beta_7 Lnsize+\beta_8 Lever+\beta_9 Growth+\beta_{10} Shore+\beta_{11} Year+\varepsilon$$

Variable	expected sign	(1)	(2) (3)	(4)	
Share	—	−0.61457*** (−30.82418)			
$Share^2$	+		−0.70486 (−36.70390)		
Block Dummy	+			0.54061 (2.52400)	
Contestability	+				0.43223 (3.21856)

（续表）

VICDI $=\alpha_0+\beta_1$ Share $+\beta_2$ Share^2 $+\beta_4$ BlockDummy $+\beta_5$ Contestability $+\beta_7$ Lnsize $+\beta_8$ Lever $+\beta_9$ Growth $+\beta_{10}$ Shore $+\beta_{11}$ Year $+\varepsilon$					
Lnsize	+	0.77642*** (27. 0607)	0.77023*** (26. 79304)	0.04918* (17. 73354)	0.01522* (18.30151)
Lever	?	−0.04124 (−2.727821)	−0.04478 (−0.295324)	0.05059 (0.33073)	0.03882 (0.25422)
Growth	+	−0.02529 (−0.52418)	−0.012998 (−0.23512)	−0.02678 (−0.47871)	−0.02648 (−0.47278)
Shore	+	0.07965*** (40.82806)	0.09410*** (56.98671)	0.07573*** (44.96138)	0.09178*** (54.68923)
Year	+	0.303392*** (40.85891)	0.32095*** (40.34011)	0.34512*** (40.24953)	0.31758*** (40.67454)
Constant		0.141801	0.132349	0.175539	0.16931
Adjusted R-squared		0.21547	0.20513	0.19792	0.22937
Durbin-Watson stat.		1.8471226	1.8352934	1.7813234	1.793743
Observations		471	471	471	471

注：括号内为 t 检验值，且***、**、*分别表示在1%、5%和10%的水平上显著。

（二）监督抑或共谋的分析：来自控股股东的性质和外部监督的影响

表25中，对具有国企背景的企业与不具有国企背景的企业的内控信息披露水平进行了比较，其结果表明：不具有国企背景的上市公司具有较高的内控信息披露水平，这为控股股东的产权性质能够对企业内控信息披露水平产生影响（也就是假设3）提供了初步证据。总体上，相对于具有国企背景的企业VICDI的均值为0.3030，其中值为0.2818，不具有国企背景的企业的VICDI的均值为0.3279，其中值为0.2946，两者均值相差0.0249，其中值相差0.0131，并在1%的水平上具有显著性，且这种差异在各个年份均具有显著性。这在某种程度上表明：在当前不健全的市场机制下，具有国企背景的上市公司的内控信息披露水平低于控股股东为非国企背景的企业，也在某种程度上说明具有国企背景的上市公司中的控股股东可能更具有“掏空”公司资源的能力和动机。

表 25　2004～2006 年样本行业内控信息披露指数率的描述性统计结果

	Observations	Mean	Median	F 检验值	H 检验值	
2006	国企背景	113	0.3081	0.2558	11.8047***	9.6335***
	非国企背景	44	0.3851	0.3744		
2005	国企背景	115	0.2759	0.2718	8.3283**	6.1336**
	非国企背景	42	0.2981	0.2981		
2004	国企背景	119	0.2528	0.2545	6.1888**	4.7435**
	非国企背景	38	0.2594	0.2636		
总体	国企背景	347	0.3030	0.2818	10.3218***	8.9325***
	非国企背景	124	0.3279	0.2946		

注：均值比较为 Anova—F 检验值，中值比较为 Kruskal—Wallis 检验值，***、**、*分别表示在 1%、5%和 10%的水平上显著。

前文的检验结果在一定程度上支持了其他大股东对控股股东的监督作用，然而其他大股东也可能和控股股东形成共谋以分享控制权收益，而这受到包括其他大股东性质在内的诸多因素影响。因此，下文主要通过考察在不同控股股东性质的上市公司中，内部股权制衡机制和外部监管机构共同监督机制对控股股东的“掏空”行为的约束效果分析。本书发现，如果不考虑控股股东性质对股权制衡效果的影响时，将容易得出股权制衡在一定程度上有利于提高内控信息披露水平的结论，当本书对控股股东性质不同的上市公司进行区分，以及再考虑到外部监管机构的积极监督作用，分别就两个样本进行检验，发现两类上市公司的内部股权制衡效果和外部监督作用均不显著。本书没有发现具有非国企背景的上市公司的内部股权制衡机制优于具有国企背景的上市公司，同时，也发现外部监管机制在两个样本中所起的监督作用也不显著。本书的研究结果认为：考虑到样本中具有国企背景的上市公司所占比重较大，由于我国“一股独大”的特殊背景，其他大股东很难对控股股东形成制约，同时如果其他大股东采取积极措施，他们将承担大部分成本，其所获得收益很难弥补其所付出成本，与其“两败俱伤”，不如形成“同谋”，同时我国特殊的市场背景，我国很多上市公司以前都是老国有企业改制过来的，其控股股东都和地方政府、外部证券监管部门等相关部门“关系密切”，因此他们有能力和可能比具有非国企背景的企业中的控股股东和外部监管容易达成“共识”，由此使得外部监管对具有国企背景的上市公司难以发挥其积极监督作用。需要说明的是，由于难以直接观察到其他大股东（主要是第二大股东）选择监督或共谋的行动，本书仅仅利用间接的方式，即用其他大股东累计持股数与控股股东持股数的比值和外部证券监管部门的监督来衡量制衡效果，凭借控股股东性质不同的上市公司中内控信息披露存在显著差异的结果，来反推或验证其他大股东和外部监管部门对监督或共谋的选择。然而，除股东性质之外，还可能存在影响其他大股东和外部监管部门这种选择的其他因素。因此，本书仅提供了其他大股东和外部监管部门选择监督抑或共谋的初步证据。

十一、研究结论和后续工作

本书对2004—2006年两市上市公司的内部控制情况进行的线性回归分析得到了一些证据，可见上市公司内部控制信息的披露与本研究所选取的因素还是存在着一些明显的因果关系。对影响上市公司内部控制披露因素的描述统计和相关分析仍可为我们提供一定的启示：第一，目前我国处于垄断行业和特殊行业的上市公司未按照《指引》和财政部的征求意见稿的相关要求来披露内控信息，造成我国目前内控信息披露整体水平还处于较低的位置；第二，内控信息披露制度可以作为治理上市公司控股股东掏空上市公司资产的机制进行进一步研究，本书主要包括从股权集中度、控股股东性质和股权制衡几个方面进行了简单的研究，发现指引和征求意见稿强调的控股股东（或股权结构）对企业内控的影响的规定是经过充分论证研究了的，是具有较高理论深度的；第三，在海外上市、总资产规模大、上市公司年数较大和控制人具有非国企背景的上市公司有一定强度的内部控制信息披露动机。

表26　控股股东性质、外部监督和企业内控信息披露水平的回归分析

$$VICDI=\alpha_0+\beta_3 Background+\beta_4 BlockDummy+\beta_5 Contestability+\beta_6 Punishment+\beta_7 Lnsize+\beta_8 Lever+\beta_9 Growth+\beta_{10} Shore+\beta_{11} Year+\varepsilon$$

Variable	(1)	(2)	(3)
BlockDummy	0.34823 (3.20142)	0.36012 (2.41538)	0.54176 (2.52351)
Contestability	0.59356 (4.87238)	0.34010 (3.12449)	0.44323 (3.23145)
Punishment	0.24867 (4.13862)	0.27386 (4.37048)	0.31879 (4.95430)
Constant	0.20017	0.17918	0.163379

（续表）

$VICDI=\alpha_0+\beta_3 Background+\beta_4 BlockDummy+\beta_5 Contestability+\beta_6 Punishment+\beta_7 Lnsize+\beta_8 Lever+\beta_9 Growth+\beta_{10} Shore+\beta_{11} Year+\varepsilon$			
Adjusted *R*-squared	0．22458	0．23276	0．28537
Durbin-Watson stat.	1．634443	1．643756	1．715693
Observations	347	124	471

注：表中（1）和（2）的分析对象分别为具有国企背景企业和不具有国企背景的企业，控制变量与表 3 相同，这里主要考虑篇幅问题，没有列出其具体估计结果。括号内为 t 检验值，***、**、* 分别表示在 1%、5%和 10%的水平上显著。

本书对前人研究的内部控制信息披露行为影响因素进行了扩充，并研究了 2006 年《指引》发布实施以后上市公司的内部控制信息披露行为，这也是在此研究领域中做出的初步的新探索。本书对样本的描述分析较为详尽，相关性分析和回归分析也考虑了一定范围的因素，尤其是将股权结构因素引入模型进行了分析。本书的局限性在于：本研究所选取的变量仅仅局限于股权结构范围内，而忽视了大多数可能影响内部控制信息披露行为的其他因素，但由于数据收集能力有限，研究并不能完全涵盖可能影响内部控制信息披露程度的每一个方面；另外，研究中多数变量为哑变量，故仅用回归模型不能很好地深入检验各因素与内部控制信息披露程度的相关性。

需要进一步说明的是，本书没有进一步区分其他大股东（实际上主要包括第二、第三、第四和第五大股东）的产权性质对监督控股股东的实际行为的影响；同时，本书以外部证券机构监管上市公司来衡量外部约束效果的时候没有进一步考虑中国的特殊制度背景，由于本书选取的样本较为特殊，目前这几类企业的业绩都较为优良，可能控股股东没有必要掏空上市公司或者掏空手段较为隐秘没有被外部监管机构所察觉，结果就是本书中作为样本分析的上市公司几乎都没有受到外部监管部门的惩罚的记录，从而使得本书检验结果不显著。笔者认为，检验结果不显著不能简单的作为判断外部证券监管机构存在共谋的迹象或者有监管不力的证据，本书认为只是存在这种可能。今后，以上这几个主题都是笔者继续钻研和努力的前进方向。

总之，内控信息披露作为体现了处于信息弱势地位的要素投入主体知情权和话语权，进行强制性披露乃是大势所趋。目前，虽然我国和其他一些国家还主要是自愿性披露，但是本书认为，房地产业、医药行业以及垄断行业的内控信息强制性披露研究理应成为必然，其重点应该包括关于企业产品成本和外部负效应的信息治理机理及披露问题，正是出于保护处于信息弱势地位的要素投入主体的知情权和话语权，垄断行业和特殊行业的内控信息披露才必须实行强制性披露。当前许多国家纷纷效仿美国，颁布各种法律法规指导上市公司内控制度的建立和完善。目前我国上市公司的内控信息披露也必须顺应潮流，朝着以强制性信息披露为主的方向发展，而实行强制性披露的路径选择就是由特殊行业和垄断行业的强制性披露开始，逐步进行过渡，最终实行所有上市公司都必须强制性披露内控信息，这样才能切实保证处于信息弱势地位的要素投入主体的知情权和话语权不受到侵犯。

综上所述，就原始状态和发展路径而言，内控信息披露在我国并未得到应有的关注和重视。这样，一方面应验了内控信息披露制度在我国不可能天然形成，不建设就没有，因此必须借助中国政府的强势推动；另一方面也表明，在我国公司治理虽已成为一个热门的话题，提高中国公司治理水平已成为人们的共识，但在实践中如何切实有效地建立和完善公司治理制度，尚未做出实质性的举措。既然如此，如何有效推动并唤起人们对内控信息披露制度的重视进而对公司治理的认同，从思想理念、行为标准、作业流程等具体层面切实地实践企业内控信息披露的本质要求，成为亟待我国内部控制研究的现实话题。这种研究要比就事论事地研究内部控制问题重要得多，这也是我们今后研究的前进方向，否则，内部控制只能是人们一种时髦的口号甚至只是一个时尚的名词说说而已，而难以在我国实务中真正发挥积极作用。

本章主要参考文献：

［1］Jensen，Meckling. Theory of the Firm ：Managerial Behavior，Agency Costs and Ownership Structure［J］. Journal of Finanicial Economics，1976，3（4）：305－360.

［2］Forker. Corporate Governance and Disclosure Quality［J］. Accounting and Business Research，1992，22（86）：111－124.

［3］Jason Ze-zhong Xiao，He Yang，Chee W. Chow. The Determinants and Characteristics of Voluntary Internet-Based Disclosures by Listed Chinese Companies［J］. Journal of Accounting and Public Policy，2004，23（3）：191－225.

［4］Paul M. Healy，Krishna G. Palepu. Information asymmetry，corporate disclosure，and the capital markets ：A review of the empiricaldisclosure literature［J］. Journal of Accounting and Economics，2001，31（1－3）：405－440.

［5］Ball R.，S. Kothari，and A. Robin. The Effect of International Institutional Factors on Properties of Accounting Earnings. Journal of Accounting&Economics，2000：29.

[6] Lachmann，L. The Legacy of Max Weber，Berkeley，CA：Gleendessary Press，1973.

[7] Richard Brown，A History of Accounting and Accountants. Edited and Partly Written，Frank Cass & Co. Ltd.，1905.

[8] Watts and Zimmerman. Agency problems，Auditing，and the Theory of the Firm：Some Evidence. Journal of Law and Economics，1983，Vol. 126.

[9] Thomas Raiser，1995，“Das lebende Recht”，2. Auflage，Baden—Baden，S·260—261.

[10] Tirole，J. Hierarchies and Bureaucracies：On the Role of Collusion in Organizations. Journal of Law，Economics，&Organization，1986，(2)：181－214.

[11] Tirole，J. Collusion and the Theory of Organizations. in J. -J. Laffont，ed.，Advances in Economic Theory，vol. I. Cambridge：Cambridge University Press，1992.

[12] Kofman F. &Lawarree J，Collusion in Hierarchical Agency Econometrica，1993 (61).

[13] Jean-Jacques，Laffont，David Martimort. Collusion under asymmetric information. Econometrica，1997 (61).

[14] F. Kofman &Lawarree J. Collusion in Hierarchical Agency. Econometrica，1993.

[15] Lee K. Property Rights and the Agency Problem in China's Enterprise Reform. Cambridge Journal of Economics，1993 (17) .

[16] Laffont J，Martimont D. Collusion under asymmetric information. Econometrica，1997 (65) .

[17] 黄晓红，余珊萍. 无形资产的自愿信息披露和公司治理的实证研究——以中国高科技上市公司为例［J］. 东南大学学报（哲学社会科学版），2006 (11).

[18] 陈澄. 上市公司治理结构与信息披露质量关系实证研究［J］. 经营与管理，2007 (11).

[19] 肖华芳，袁建国. 上市公司自愿性信息披露程度与公司特征的实证研究［J］. 财会月刊. 2007 (4).

[20] 刘海燕. 上市公司自愿性信息披露要引导与管制并举 [J]. 经济工作. 2006 (23).
[21] 殷枫. 公司治理结构和自愿性信息披露关系的实证研究 [J]. 审计与经济研究. 2006 (3).
[22] 金颖. 美国内部控制信息披露的现状及对我国的启示 [J]. 财会之友. 2006 (7).
[23] 邵珍. 农业上市公司内部控制信息披露研究 [J]. 经济论坛. 2007 (1).
[24] 施卓晨. 上市公司内部审计信息披露的实证研究——基于深沪 390 家上市公司的经验证据 [J]. 经济问题探索, 2007 (5).
[25] 蔡吉甫. 我国上市公司内部控制信息披露的实证研究 [J]. 审计与经济研究. 2005 (3).
[26] [日] 植草益著. 微观规制经济学 [M], 朱绍文等译. 北京: 中国发展出版社, 1992.
[27] 瓦茨、齐墨尔曼. 实证会计理论 [M]. 陈少华等译. 大连: 东北财经大学出版社, 1999.
[28] 林钟高, 赵宏, 会计准则经济论纲 [M]. 上海: 立信会计出版社, 2001.
[29] 何顺文, 李元莎. 内地公司治理水平的提升: 诚信·内部控制·信息披露 [M]. 会计论坛, 2005.
[30] 刘淑蓉, 姚晓琴. 提高会计信息透明度的若干对策 [M]. 会计之友, 2005.
[31] 王建民, 张小娥. 浅析我国会计信息二元治理结构 [M], 财会月刊, 2004.
[32] [美] 哈尔·R. 范里安. 费方域等译. 微观经济学: 现代观点 [M]. 上海: 上海人民出版社, 2006.
[33] 张瑞敏. HR 管理世界网, http: //www. hroot. com/viewhtml/html/13217. htm.
[34] 林钟高, 徐虹等. 企业内部控制研究 [M]. 北京: 科学普及出版社, 2006.
[35] 郭晓梅, 唐予华. 内部控制制度和会计信息 [J]. 上海会计, 2002 (11).
[36] 裘宗舜, 柯东昌. 企业内部控制与会计信息质量的关系研究 [J]. 财会通讯, 2005 (6).

[37] 王玉蓉. 企业产权、内部控制与会计角色 [J]. 经济体制改革，2004 (4).

[38] 刘素香. 企业内部控制应处理好的关系 [J]. 煤炭经济研究，2003 (11).

[39] 杜兴强. 会计信息产权：一个新视角 [J]. 财会通讯，2002 (2).

[40] 康芒斯. 制度经济学（中译本）[M]. 北京：商务图书馆，1997.

[41] 蒋平，董惠良. 论我国上市公司内部控制的信息披露问题 [J]. 商场现代化，2007 (8).

[42] 庞松玲. 论我国上市公司内部控制的信息披露 [J]. 商业经济，2007 (7).

[43] 肖正再，王平. 市场导向型会计信息披露模式构建 [J]. 会计研究，2007 (5).

[44] 黄京菁. 美国 404 条款执行成本引发争议的评述 [J]. 会计研究，2005 (9).

第六章 内部控制运行：合谋与效率的研究

有效的内部控制不仅能使企业资源合理配置，提高劳动生产率，而且更能防范和发现企业内部的各种合谋行为。防范企业内部合谋行为是内部控制的一项重要的功能与目标，然而当内部控制的作用具有局限性，局限性最典型的就是合谋问题。因为内部控制是一个整体系统，环环相扣，但是在各个原本相互牵制的环节中如果出现了合谋行为，并且行为把原本可以发现的错误和舞弊隐藏起来，内部控制就会失效。再好的控制的措施也无能为力。合谋行为破坏了整个内部控制的整体性，使每个环节的控制缺乏有效性。所以，探寻合谋产生的原因，并且采取措施防止或者能够解决合谋行为，提高内部控制的有效性是我们面临的一项重要任务。

内部控制制度效率是内部控制制度绩效和制度实施效率的统一。新制度经济学侧重研究制度绩效；博弈论注重制度实施效率的设计。制度效率一方面受制于制度设计本身的合理性与先进性，另一方面受制于制度执行的效率，特别是在制度设计与执行过程中对于合谋问题的考虑。本章在分析内部控制制度效率及其度量的基础上，引入新制度经济学和博弈论的基本理论，分析内部控制制度效率的影响因素，并从剩余控制权配置视角论证了增进控制效率的路径。

第一节　企业内部控制：合谋及其防范对策研究

设计完整、合理的内部控制在企业的生产经营过程中，能够得到持续的贯彻执行并发挥作用，为实现提高经营效率效果、财务报告的可靠性和法律法规的遵守提供合理保证。与任何一项制度一样，内部控制制度同样存在自身的局限性[①]，其中最重要也是最危险的局限来自于人员舞弊和串通舞弊[②]。人员舞弊，如果企业内部行使控制职能的管理人员滥用职权、蓄意营私舞弊，即使具有设计良好的内部控制，也不会发挥其应有的效能。另外，企业内部不相容职务的人员相互串通作弊，与此相关的内部控制就会失去作用。内部控制的一条重要原则就是将不相容职务进行分离。在实际工作中，如果处于不相容职务上的有关人员相互串通、相互勾结，失去了不同职务相互制约的基本前提，内部控制也就很难发挥作用。串通舞弊，不相容职务的分离可以为避免一个人单独从事和隐瞒不合规的行为提供基本的保证，但是，可能由于两个或更多的人员进行串通或管理层凌驾于内部控制之上而被规避。内部控制并不能完全防止两个或两个以上的人员和部门共同作弊行为的发生。例如出纳与会计共同作弊，财产保管与财产核对人员合伙造假，采购部门与会计部门联合舞弊，审计部门与会计部门合伙舞弊等。如果这样，再完备、再严密的内部会计控制措施也不能发挥其应有的作用。所以，当治理层和管理层可能因为粗心大意、精力分散或者出于个人或小团体利益的选择而无视控制甚至逾越控制等，那么内部控制固有的局限性就决定了已有的制度会成为一纸空文。以虚假会计信息为例，1999 年 COSO 发布的《虚假财务报告：1987—1997 美国上市公司的分析》显示，产生虚假财务报告的现象与内控环境有着密切的关系，主要涉及了高级管理层和董事会。“在 72%的会计报表舞弊中，涉嫌参与者为公司总裁”。中国上市公司的舞弊案件也无一不涉及公司的管理层。而舞弊的动力，无非是利益二字。正如我国《企业内部控制规范——基本规范》中所指出的，企业高级管理人员舞弊给企业内部控制和经营管理可能造成的重大影响或者员工单独以及串通舞弊给企业造成损失，是企业内部控制环境特别需要关注的。可见，一个环环相扣、整体系统的内部控制，如果在各个原本相互牵制的环节中如果出现了合谋行为，并且行为把原本可以发现的错误和舞弊隐藏起来，内部控制就会失效，再好的控制的措施也无能为力。合谋行为破坏了整个内部控制的整体性，使每个环节的控制缺乏有效性。所以，探寻合谋产生的原因，并且采取措

① 这里所指的局限性包括：受制于成本效益原则、受串通舞弊的限制、受管理越权的限制、受人为错误的限制以及受制度滞后的限制等等。中国注册会计师审计准则第 1211 号——了解被审计单位及其环境在“内部控制的局限性”一节就指出，内部控制存在下列固有局限性，无论如何设计和执行，只能对财务报告的可靠性提供合理的保证：①在决策时人为判断可能出现错误和由于人为失误而导致内部控制失效；②可能由于两个或更多的人员进行串通或管理层凌驾于内部控制之上而被规避。

② 不串通假设是内部控制制度建立和效用的基本假设之一。内部控制的核心是内部牵制，即不相容职务恰当分离。这样可以避免或减少一人单独从事和隐瞒不合规行为的机会。但是，如果两个或更多的人串通舞弊，则可以逃避控制，使内部控制形同虚设。这既是内部控制的局限之一，也是其建立的基本前提或假设。

施防止或者能够解决合谋行为，提高内部控制的有效性是我们面临的一项重大的任务。

一、文献回顾：关于合谋的基本研究

在国外上个世纪 80 年代中期，著名的经济学家 Tirole（1986，1992）[①②]，Kofman&Lawarree（1993）[③] 等，前瞻性地用代理理论开启了研究合谋的新大门，在他们经典的论文中研究了委托人、监督人、代理人层级结构中出现的合谋问题。

在 Laffont&Tirole（1991）[④] 的研究范式中，一般由委托人、监管者和代理人（P—S—A）三层的层级结构组成。能够生成两种类型的合谋：其一是作为代理人之间的合谋，即高效率的代理人和低效率的代理人在委托人面临着效率与信息租金的权衡时，可能会结成联盟，从而出现混同均衡的状况，这时产生第一类合谋。其二是拥有信息优势的监管者（包括事中的监督者和事后的审计者），可能和代理人在激励不足时结成联盟，从而形成第二类合谋，即代理人和监管者之间的合谋。这也是现实中大量存在的两类合谋。

F. kofman&Lawarree（1993）[⑤] 为破坏审计中的非正常的合谋，引入了第二个外生的审计人员（与内生的第一个审计人员在同一级上），但是他们假定只有内生审计人员和代理人（企业）之间会发生合谋，外生审计人员与前两者之间不会发生合谋。

Keun Lee（1993）[⑥]，姜纬（1995）[⑦] 提到了中国国有企业改革中出现的中层合谋——地方政府和企业之间的合谋，以及底层合谋——企业领导和职工之间的合谋。

---

① Tirole，J. Hierarchies and Bureaucracies：On the Role of Collusion in Organizations. Journal of Law，Economics，&Organization，1986（2）：181～214.

② Tirole，J. Collusion and the Theory of Organizations. in J.-J. Laffont，ed.，Advances in Economic Theory，Vol. I. Cambridge：Cambridge University Press，1992

③ Kofman F. &Lawarree J. Collusion in Hierarchical Agency. Econometrica，1993（61）.

④ Jean-Jacques，Laffont，David Martimort. Collusion under asymmetric information. Econometrica，1997（61）.

⑤ F. Kofman &Lawarree J. Collusion in Hierarchical Agency. Econometrica，1993.

⑥ Lee K. Property Rights and the Agency Problem in China's Enterprise Reform. Cambridge Journal of Economics，1993.

⑦ 姜 纬．国有企业改革与委托人——代理人问题．经济研究，1995（11）：18－24.

在国内对该领域进行过研究的学者有赵文华、安立仁、席酉民（1998）[①]，在文中他们首先界定了合谋的概念，他们认为合谋是除道德风险和逆向选择之外出现的又一代理问题，并分析比较了其行为方式，以及与其他代理问题的区别，探讨了当前国有企业委托代理关系中存在的种种合谋行为及其危害性。黄玉启、汪森军（2004）[②] 主要从合谋的信息性质和监督技术特性三个方面分析组织中的监督决策问题，他们认为合谋是影响监督决策的关键因素；存在合谋时，信息性质对监督决策具有绝对的影响。徐传谌、王国兵（2005）[③] 通过分析国有企业内部人控制中存在合谋问题，提出治理意见。雷光勇（2004）[④] 对审计合谋和财务报告舞弊现象进行了分析，认为对于两者的治理必须从审计意见供给方、需求方以及外界环境等方面着手，进行系统的治理。

如果把内部控制当成一种内部组织或一种内部制度，则合谋就属于组织内的合谋[⑤]。就我国企业来说，内部控制设计者、内部控制监督者以及内部控制执行者之间存在着组织内的合谋。从监管角度看，执行者与第三方监督机构如会计师事务所或其成员的合谋扭曲了真实信息的揭露，从而减少了监督和约束力度；而经理层内部成员之间的合谋导致公司治理结构的低效或失效。本书从我国企业实际情况出发，着重研究三层组织内的合谋：委托人（董事长、经理和总会计师）与监管者（审计委员会、内部审计）之间；代理人（内部控制各项业务或职务执行者）之间；代理人与员工之间的合谋问题。通过分析模型给出防范的建议。

---

① 赵文华，安立仁，席酉民．一个新的代理问题——串谋行为．西北大学学报，1998（3）：34－38.

② 黄玉启，汪森军．最优监督策略研究．浙江社会科学，2004（1）：37－82.

③ 徐传谌，王国兵．合谋与国有企业内部人控制问题．经济纵横，2005（11）：59－61.

④ 雷光勇．审计合谋与财务报告舞弊：共生与治理．管理世界，2004（2）：97－116.

⑤ 按照内部控制的服务对象，内部控制可以分为两个层次。内部控制的第一个层次是公司治理层次，即广义的内部控制内容，是指公司的股权结构安排，股东大会、董事会、监事会和经理层之间的契约安排，这个层次相当于结构观点或整体框架观点中的控制环境，这一层次的内部控制主要为公司的投资人（包括债权人和其他外部利益相关者）负责，其主要目标在于保证公司财务报告的可靠性、有关法律法规的遵循性，而对公司经营活动的效率与效果的关注则是第二位的内容。内部控制的第二个层次，属于公司的内部管理系统和会计控制系统，其实也可以说是狭义的内部控制，主要是为以公司总裁为最高管理者的公司管理当局服务的，这个层次的内部控制主要是为了避免或降低经营风险、保证公司经营活动的效率与效果，而较少关注公司财务报告的可靠性和有关法律法规的遵循性。从COSO框架和我国企业内部控制基本规范看，采取的是广义意义上的内部控制概念。本文也按照这一概念分析。

二、监管者与代理人之间的合谋

监管者与代理人之间的合谋，其产生的原因主要是由于信息不对称下的委托代理问题[①]。作为代理人来说，为了吸引更多的投资者进行投资或者免于受到相关部门的处罚等目的，需要“收买”监管者（审计委员会、内部审计）。一旦监管机构被收买时就出现了监管者与代理人之间的合谋问题。监管者与代理人之间的合谋是指委托人（董事长、经理和总会计师）与监管者（审计委员会、内部审计）之间相互勾结，出具虚假财务审计报告的社会经济行为。监管者与代理人之间的合谋在美国等监管制度相对完善的国家也照样存在，因为就内部组织而言，监管者和代理人是一个信息不对称下的利益共同体。正是鉴于发达国家的教训和我国企业监督中的实际情况，人们越来越关心公司监管者与代理人之间的合谋，而这种合谋的案件也在增加。安达信在废品处理公司案中就因为废品公司自1971—1997年期间所有的财务官员与会计师都出自安达信，使监管者丧失了起码的独立性和应有的职业谨慎，给合谋行为的发生提供了机会。

（一）监管者与代理人“风险—收益”模型分析

根据博弈论，当财务报表存在重大错报时，监管者与代理人之间存在着动态博弈的关系。代理人处于先动地位，拥有“贿赂”与“不贿赂”两种策略选择；监管者处于后动地位。在观察到代理人做出的策略选择后，拥有“接受贿赂”与“拒绝贿赂”两种策略选择。代理人和监管者之间的完全信息动态博弈模型可以用图30来表示。

---

① 内部控制思想源于委托代理。由于委托人和代理人的利益经常不一致，所以，在委托人看来，代理人会作出非最优决策和出现投机行为；而在代理人看来，委托人约束自身行为的原动力不足。委托代理是一对矛盾的统一体，它决定了内部控制在其本质上有与生俱来的缺憾：内部控制不可能消除一切滥用职权的可能性，而是创造一种为防范滥用职权而投入的成本与滥用职权的累积数额之比呈合理状态的机制。

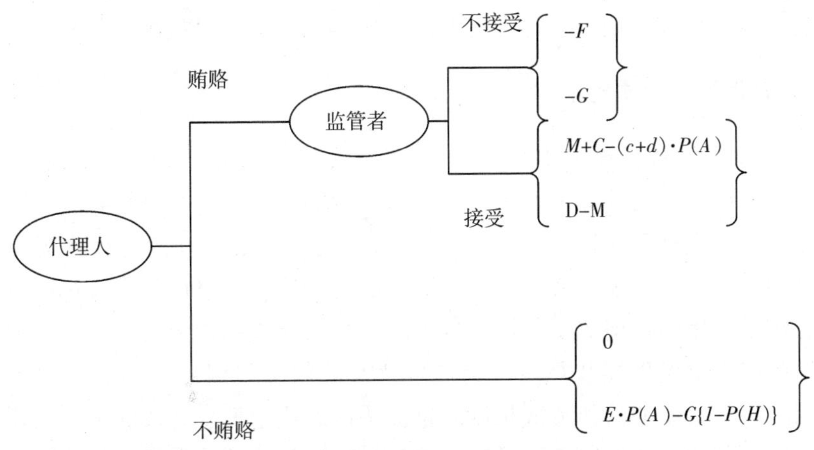

图 30　代理人和监管者之间的完全信息动态博弈模型①

代理人与监管者合谋的目的是要双方受益，实施的形式是代理人贿赂监管者，给予监管者额外好处，获得额外好处的监管者按代理人的意图提出审计报告，结果是代理人在低业绩的情况下获得了高业绩条件下的报酬。在这一过程中，当代理人愿意支付的额外好处与监管者愿意接受的额外好处取得一致时，就产生了合谋，从上面的博弈过程可以看出，代理人愿意支付的额外好处不会超过他从虚报高业绩中增加的报酬，否则他会出现负效用；监管者提供虚假审计报告是一种冒险的行为，他的作弊行为一旦被查出，不但额外好处得不到，而且会丧失正常的费用收入，会受到惩罚（被罚款，被吊销注册会计师证书等等），甚至会影响其未来的价值，即经理人市场的价值受损。因此，监管者愿意接受的额外好处必须能与他所承担的风险相适应，所以监管者在合谋中会有一个最低额外好处的考虑。因此从利益的角度，要提高监管的独立性，就需要打破代理人和监管者的合谋，也就是加大监管者承担的预期惩罚成本、潜在信

① 根据徐慧《审计合谋的动态博弈分析》，2007 年第 5 期基本的分析思路可以解释如下：代理人选择“贿赂”，监督者选择“拒绝贿赂”。在此情况下，由于监督者不接受贿赂，将面临着失去客源、被审计单位拖欠款项等带来的损失 $-F$，而代理人也将因为舞弊被发现，从而付出代价 $-G$。代理人选择“不贿赂”，在此情况下监督者没有接受或拒绝贿赂可言，其相对于正常工作的收益为 0，假定监督者的检查风险是 P（H），此时代理人面临财务报表中的重大错报被查处的可能，其期望收益是 EP（H），由于没有舞弊所以最终的收益为 EP（H）$-G*$［$1-P$（H）］。代理人选择“贿赂”，监督者选择“接受贿赂”。在此情况下，代理人的收益为 $D-M$（D 为代理人舞弊的风险收益；M 为代理人与监督者合谋时代理人付出的成本）；监督者的收益为 $M+C-$（$c+d$）$*P$（A）（c：预期惩罚成本；d：潜在信誉恢复成本；P（A）表示财务报表存在重大错报，被发现的概率；M 为代理人与监督者合谋时监督者的收益；C 是正常收入）

誉恢复成本、代理人购买会计准则的惩罚成本以及重大错报爆发的概率。①

（二）防范与治理对策

1. 建立声誉机制与处罚机制并重的监管者约束机制

声誉机制在重复博弈中对控制博弈参与者的欺骗行为很有效，尽管需要一定的条件作为基础（张维迎，2002）。代理人与监管者之间的合谋作为一种欺骗公众的行为，对于监管者来说，在强大的公众监督力量面前声誉机制对控制此类合谋是有用的。但需要有严厉有效的法律惩戒机制作为后盾，而我国在监管者欺骗案中重民事罚款惩戒、轻刑事惩戒的做法则制约了其应有功能的发挥，因此声誉机制与法律惩戒机制并重而法律惩戒中刑事惩戒的加重是扼制进而防范、控制此类合谋，不可或缺的重要条件。另外监管者还应保持真正业务方面的独立性，真正按照有关制度的规定建立健全审计委员会和内部审计组织，并独立行驶职权，在重大财务和经营事项发表独立审计意见。

同时，逐步将企业内部控制外部化。一是借助于外部监管力量，包括会计师事务所、证监会、外派财务总监、稽查特派员等等实施对企业未完全约束下的外部控制；二是借助外部环境中的配套市场体系，包括资本市场、经理人市场、企业产品供销市场等在内的整个市场体系。但这种“外部化”也有其固有的局限性，特别是在中国尤其明显。由于监管力量存在权力寻租的动机，其仍有可能被企业收买、同化，从而不仅对健全内部控制没有帮助，反而会成为内部控制失效的保护者，危害更甚。另外，我国的资本市场本身发育还不成熟，其对企业约束和控制的机能目前还比较薄弱。

2. 建立激励与约束相容的代理人报酬制度：解决内部控制动力不足问题

对于代理人来说，为了自身经济利益与控制权利益考虑就有极大的动机与

---

① 根据 Simunic（1980）的研究可知，其审计收费模型如下：

$E(u)=(a+b)*t+(c+d)*E(a)$

$E(u)$：审计收费或支付给会计公司（事务所）的审计成本；

a：每单位审计资源的耗费（或机会成本）；

b：每单位审计服务的正常利润；

t：CPA 投入的审计资源；

c：预期惩罚成本；

d：潜在信誉恢复成本；

$E(a)$：重大错报爆发的概率。

以前的研究表明，上式中主要受到被审计单位资产规模、被审计单位所面临的风险、经济业务和组织结构的复杂程度等因素的影响。审计服务的单位成本不仅要考虑实际投入的资源，更要考虑机会成本。

监管者进行合谋，对监管者意见的购买及相应地对监管者更换或解雇的威胁在很大程度上也与此相关，这就需要建立激励与约束相容的代理人报酬制度，以及与之相关的有效经理市场，从而使其提供虚假财务报告面临极大的机会成本约束与声誉资本损失；同时，要彻底改变依靠会计盈余等单一财务指标对企业经营业绩进行评价、考核的办法，建立起财务指标与非财务指标并重、功能完备、完善合理的业绩评价体系，这样就不至于因为仅靠会计盈余等单一财务指标考评经营业绩所可能导致的财务报告操纵行为（雷光勇，2003）①。

在投资者与企业管理当局委托代理契约不完备、内部人控制严重的企业，内部控制作为管理当局主导型的内部控制体系，至少存在两个难以克服的固有缺陷：一是没有任何人自愿将自己的手脚束缚而任由别人指手画脚，制定出制度来约束自己，因而管理当局对建设限制自己自由的内部控制动力不足；二是管理当局主导型的内部控制成本昂贵，而且花费在组织管理上的成本由企业自己承担，直接影响企业的业绩，而内部控制的收益则隐性化、长期化和社会化，当边际管理成本高于边际收益时，企业本身的内部控制动力不足。解决这一个问题的核心是不断完善法人治理结构，但即使在法人治理结构相对完善的企业，由于信息不对称引致的委托代理关系中代理人潜在的逆向选择与道德风险，也会导致内部控制失效，所以解决内部控制人或管理当局的动力不足问题，就是依靠选择高素质的高层管理者。管理层的素质是决定内部控制的完善程度和执行有效的重要因素，是切实健全企业内部控制的关键。

3. 建立诚信责任机制

需要将诚信责任机制引入到整个内部控制的行为约束中，不仅要对董事长、总经理等高管人员建立诚信档案，而且还要对其他高管人员如首席财务官、一般董事、监督者乃至整个企业的诚信责任履行情况建档记录，必要时予以公开曝光、公开谴责，这样使其难以在合谋过程中达成集体理性，破坏合谋机理的基本环节。

三、代理人之间的合谋

代理人同时具有人力资本所有者和股东代理人的双重身份，同时追求工资最大化和利润最大化的双重目标，这一现象本身极好地体现了委托人与代理人的产权合作关系。与此同时，代理人面临着一个如何处理私人目标与职务目标

---

① 雷光勇，谢芳．审计合谋与审计意见的关系：理论与证据．内蒙古财经学院学报，2003（3）：112－114.

的关系问题。代理人之间合谋现象存在的基本条件有三条：一是多代理人（包括多层级），当只有一个代理人时，就不存在代理人之间的合谋，这时的代理问题只包括败德行为和逆向选择；二是权力（包括评价其他代理人绩效的权力和决策权限），如果一个代理人没有这些权力，可以说他就不可能为他人带来额外效用，其他代理人也就没有激励与其合谋；三是委托代理双方主信息不对称，它又包括两个方面：一是代理人相对于委托人有信息优势，即委托人自然状态和代理人努力程度的信息劣于代理人；二是对于代理人之间合谋，委托人很难观察到它，或者观察到它的成本很大。当这三个基本条件同时存在时，合谋就有可能达成，合谋行为就有可能发生。代理人之间的合谋的目标就是合谋者的效用增大，结果是委托人的效用减少。

（一）代理人之间“囚徒困境博弈”模型分析

我们用 R 表示对二者合作“不作假”的奖励，T 表示“作假”的诱惑，P 表示由于不合作而受到惩罚的代理人的效用，S 表示在另一方“作假”时，不作假的傻瓜的效用。根据以上的表述，用变量表示的基本模型可以用以下矩阵（图 31）表示：

		经理人 B	
		不作假	作假
经理人A	不作假	（R，R）	（S，T−G）
	作假	（T−G，S）	（P−G，P−G）

注：方格中所示效用为（A，B）

图 31　代理人之间“囚徒困境博弈”模型①

如果执行的过程极为松懈，惩罚的力度很低，那么做假的问题只会愈演愈烈；如果执行的严格程度和惩罚力度较为中性，例如政府较少的直接管制，则只有可能通过无限次的博弈解决作假问题；随着执行过程的严格程度和惩罚力

① 在 R、T、S、P 一定的情况下，我们有：①如果 G 较小，使得 $S<R<P-G<T-G$，即 $G<P-R$，则此时（作假，作假）是博弈的唯一纳什均衡解结果。②如果 G 一般大，使得 $S<P-G<R<T-G$，即 $\min\{T-R, P-S\}>G>P-R$，则此时又回到囚徒困境，则（作假，作假）是单次和有限次博弈的唯一纳什均衡解结果。（不作假，不作假）是无限次博弈的一个纳什均衡结果。③如果 G 比较大，使得 $R>T-G$ 与 $S>P-G$ 两者只有一个成立，即 $\max\{T-R, P-S\}>G>\min\{T-R, P-S\}$，则一人作假、一人不作假是博弈的纳什均衡解结果。④如果 G 足够大，使得 $R>T-G$ 且 $S>P-G$，即 $G>\max\{T-R, P-S\}$，则此时（不作假，不作假）是博弈的唯一纳什均衡解结果。严格的囚徒困境还应满足：$R>(T-G+S)/2$，这里简化处理。

度的不断加大，参与作假的代理人会减少；如果严格程度和惩罚力度足够大，我们就会解决做假问题，严格程度和惩罚力度越大，就越能使代理人抵御更大的 T 和 P 的诱惑。

（二）防范与治理对策

合谋理论指出：对合谋防范和限制的一个重要措施是减少代理人的处置权。一个极端的推论就是，不给代理人任何处置权。但实际上，不管从私有制下的公司制企业还是我国的国有企业看，都必须设立代理人，并赋予他们一定的管理权限。这实际上意味着，为防范和治理代理人之间的合谋，我们只能促进代理人自我监督和对代理人权限的外部监督。为此，除了前文讨论的激励约束等措施之外，还有必要采取以下治理对策。

1. 建立职责分工机制

职责分工的主要目的是为了预防和及时发现在执行职责时所发生的错误同时对于代理人之间的合谋也有很好的预防作用。如果不相容工作过分的集中于个别的代理人，他们发生合谋的可能性就比较大。在相互制约与协调配合的原则下实行不兼容职务的分离，要求企业合理的设置相关岗位，明确职责权限，形成既相互制衡、又协同合作的有效机制，制约代理人之间合谋行为的发生。

2. 完善公司治理结构

在合理解决股东大会、董事会、监事会及执行董事、独立董事之间的角色定位、权力配置及其相互制衡的基础上，建立公司治理和内部控制相互关联的治理型控制系统。内部控制从内部牵制发展到今天的风险管理框架阶段，控制环境与控制主体的界限已经模糊，萨班斯法案将内部控制责任落实到首席执行官和财务执行官；风险管理框架明确指出董事会对企业的风险管理负监督职责，首席执行官对风险管理负最终责任；我国审计准则委员会发布的《独立审计具体准则第 29 号——了解被审计单位及其环境并评估重大错报风险》中，对内部控制定义为“由治理当局、管理当局和其他人员设计和执行的政策和程序”。由此可以看出，中外对内部控制的认识已上升到“治理控制”的高度。因此，要克服内部控制的局限性，就必须建立公司治理和内部控制相互关联的全方位、分层次的治理型控制系统，即：通过股东大会、监事会解决对“董事会——总经理”的控制、监督和激励问题；通过董事会实现对总经理以下执行部门和岗位的控制和激励，以保证董事会决策的贯彻执行。

联合国公共行政和财政处编制的《发展中国家政府审计手册》认为：在 20 世纪，政府审计的重要发展之一是对内部控制观念的确认，以及创建内部审计单位，并把它作为内部控制系统的关键部分。内部审计通过对一个单位的内部控制加以系统的检查和评估，提交审计报告，其中包括对各种经营活动无偏见的、公正的、实事求是的分析和经过证实以后而应采取改进行动的合理建议，以协助各级管理部门有效地履行其职责。其次，随着资本市场的不断完善，应加大注册会计师对企业内部控制的审计力度。注册会计师如实出具的内部控制评价意见，一方面能够监督制度执行者的行为，另一方面能有效防范风险，保护投资者的利益。

四、代理人与员工之间的合谋

一定程度上说，内部控制着重于处理代理人与员工的委托代理问题，其主要反映的是代理人与员工的一种利益博弈。而企业所有者作为企业经营结果的最终承受者，代理人与员工的行动选择将最终影响到委托人的利益。在国有企业，员工习惯了对代理人监督的漠视，使企业经理只追求着自身利益，而放松对企业价值目标的追求和对员工的监督，两者为了各自的目的，从而形成合谋。

（一）代理人与员工之间“智猪博弈”模型分析

在不建立内部控制时，由于员工行动全凭自觉，不受到控制，员工可以不费多少成本，损害企业利益来追求自己的利益，因而，员工选择欺骗所得 S_2 会大于其选择诚实 S1 所得，员工的选择会是采取欺骗行动。通过上面分析，内部控制虽然可以较有效地控制员工的行为，防止员工进行欺骗，同时也会使经营者对员工控制，可能共同串通损害所有者利益。如表 3 中，代理人对委托人所有者利益仍然存在两种行动选择：W1 诚实，W2 欺骗；此时员工对代理人也存在两种选择：S1 诚实、S2 欺骗（图 32）。

经理人		员工	
		S1 诚实	S2 欺骗
	W1 诚实	U_B，U_C	U_B，U_C-I_2
	W2 欺骗	U_B+M_3，U_C-I_3	U_B+M_4，U_C+I_4

注：方格中所示效用为（A，B）

图 32　代理人与员工博弈矩阵[①]

① U_B，U_C：代理人与员工都诚实的情况下各自的收益；I_2：代理人诚实员工欺骗的情况下，员工被发现的损失；I_3：代理人欺骗员工诚实的情况下，员工被惩罚的损失；M_4，I_4：代理人与员工合谋情况下各自的收益；M_3：代理人欺骗员工诚实情况下，代理人的收益。

代理人和员工在这个博弈中是个智猪博弈，小猪（员工）的理性选择时跟随大猪（代理人）。在建立内部控制时，当员工单独选择欺骗行动时，其行动受内部控制制度的制约，其理性选择是行动 S_1 诚实。而当代理人选择行动 W_2 欺骗时，由于代理人对企业的经营控制权，其可以利用其权力迫使员工与其合谋，如果员工选择诚实、不合谋，代理人则可以将其调离岗位等打击措施，以其他人替代，因而员工理性选择是跟随代理人选择欺骗 S_2。因此，当代理人选择行动诚实时，员工的理性选择也是诚实；当代理人选择欺骗时，员工的理性选择也是欺骗。最终，在仅内部控制的情况下，代理人和员工都选择欺骗所有者中是这个子博弈中的纳什均衡。而当委托人选择仅建立公司治理时，由于没有内部控制的信息支撑，公司治理成了空中楼阁，委托人与代理人之间的信息不对称更为严重，委托人甚至无法正确判断代理人的行动类型是诚实还是欺骗。而代理人则掌握绝对的信息优势，其可以以诚实之形式行欺骗之实质，其选择欺骗行动所得将远大于其诚实行动所得，从而代理人理性选择会是 W_2 欺骗，而员工也会追随代理人选择 S_2 欺骗，（W_2 欺骗，S_2 欺骗）是此子博弈均衡。

（二）防范与治理对策

在不完全信息和信息不对称情况下，代理人所了解的信息远远高于员工个人，代理人与员工的合谋中，员工处在一个十分被动的位置上。只要本着员工和代理人的双向激励和监督的原则，对照“智猪博弈”的演进方案，在以下几个方面采取有效的防范与治理对策：

（1）订立契约。订立契约必须要求小猪对他们的对手有选择的权力，对国有企业而言，即建立完备的经理人市场，以便利用优胜劣汰的选择机制。经理市场除对经理的人力资本起到估价作用外，还通过市场的竞争机制起到约束经理人员的作用。但我国国企的最高经营者一直由政府部门控制，政府任命方式使经理市场的竞争作用不能有效发挥作用，因此，应进一步改善经理人员的选拔机制。

（2）加大激励力度。必须采取各种手段唤起代理人的道德和员工的自信及主人翁意识。大量的企业亏损、国资贱卖现实事例证明员工的利益受到了伤害，员工发现把希望过多地寄托在代理人身上是错误的，于是高呼保护国有资产的口号，要求对企业领导加强监督，要求加强职代会作用，但在不完全信息和信息不对称情况下，这些要求是不现实的。员工的监督措施和上诉往往得不到落实和解决，于是他们经过试错实验，最终退回到不监督和消极对抗的状态，这是最糟糕的，并且极易形成循环性陷阱，所以必须采取各种手段唤起代理人的道德和员工的自信及主人翁意识。这里的激励机制是除了上面论述的对代理人的激励之外，还要注重对员工的外部激励。在这方面，简单的物质刺激已很难发挥功效，建立国有资产控股公司将是一种有益的尝试。

(3) 建立道德规范和行为操守，加强对诚信和道德价值观念的沟通与落实。初期的内部控制理论强调硬性控制，控制目的是将一切置于管理层掌控之中；现代内部控制理论则强调“硬性控制”和“软性控制”的结合，软性控制主要是体现精神层面的主导作用，在良好企业文化氛围中产生的核心价值观能使组织中所有人员自发追求较高层次的标准，这就是企业核心价值观主导下的内控意识和内控能力，既包括高管层的管理基调，也包括全体员工的内控意识和自律行为，通过实行“硬性控制”和“软性控制”的有效结合，有利于从根本上解决硬性控制的局限性，充分调动全体员工内部控制的自觉性，使内部控制在公司的风险控制体系中能够充分发挥作用。英美等国越来越多的公司将道德规范和行为准则的建设直接纳入内部控制的构成内容，督促包括高层管理者在内的每个职员履行企业道德惯例，从而在企业运营中按照较高的道德标准来增强其责任感。实践证明，企业内部控制应当建立在共同的道德规范和行为准则的基础之上，企业中良好的道德风气和行为操守本身具有的意义比有效的内部控制更为深远。

五、结论

一切控制的方法措施都应该围绕人这一核心，充分重视到人的心理、需求、性格、作风、能力等非价值性信息，调动一切可以调动的因素，调整人的行为，促使其自发地向着预期目标努力，才能彻底改变内部控制的局限性[①]。因此，树立一种以人为本的控制观，把人作为第一要素纳入内部控制系统中，在人本主义理论基础之上将内部控制理论推向一个新阶段，只有把核心要素落实于“人”，才能抓住事物本质。

① 内部控制制度的建立和作用的发挥是基于一系列基本假设条件的，主要的假设包括：①控制实体假设，这是对内部控制活动的空间范围所作的限定，它要求内部控制应当以特定单位或部门的人、财、物及其在经营过程中所形成的一系列组合关系和组合形式进行控制；②可控性假设，在确定各级控制主体的控制范围时，只有主体能够控制的对象，才能够纳入内部控制体系。各项内部控制制度都是在这一前提的基础上建立起来的；③人性假设。内部控制的实质是对人进行约束和激励的一种机制。这种机制必须建立在对人性假设的基础之上。人性假设就是关于人的本质是什么的假设。人性是复杂的，人们的需要是多种多样的，而且这些需要会随着各种条件的变动而不断改变。

第二节 内部控制制度效率：度量·影响因素·增进路径

一、内部控制制度效率问题的提出及其度量

借鉴经济学对制度效率（有效性）的分析方法，内部控制制度效率包含两方面：一是内部控制制度的绩效，指内部控制制度通过降低交易成本对企业战略、对营运效率和效果、对资源配置、对财务会计信息、对资产安全、对法规的遵循乃至对企业经济增长的作用；二是内部控制制度的实施效率，即内部控制制度被主体认同、遵循的程度。一般地说，内部控制制度研究没有对二者进行区分。研究内部控制制度的绩效，其假定前提是内部控制制度实施是有效的；同样，研究内部控制制度的实施效率假定内部控制制度的绩效问题已解决。我们认为，内部控制制度的生成问题是解决内部控制制度实施效率问题的根本。如果内部控制制度的生成是内在的、自然演进的，那么内部控制制度的实施效率与制度绩效是一致的；如果内部控制制度的生成是外在的理性建构，那么二者可能分离。

总体上说，内部控制制度绩效的前提必须是制度被企业及其内部经济主体认同与遵循，没有制度的实施效率，谈不上制度绩效。制度绩效是制度实施效率的目的和归宿。没有制度效率的实施效率是僵化，其体制也不会长久。因此制度的绩效与制度的实施效率应是统一的。理论界比较关注制度的绩效，忽视制度的实施效率，似乎制度的实施问题是不言而喻的。这样导致：一方面是大量的制度创新，表现为国家超常规制度建设。另一方面是人们对制度规则不认同和遵循。大量的行为通过违规方式进行博弈，使制度存在事实上的虚置。

我国内部控制制度变迁的困境是一方面制定的规则实施效率不高，另一方面又必须不断地制定规则。“如果没有形成自发性服从，政府靠强制在任何时候最多只能执行全部法律规范的3%～7%”[①]。我们对有效制度定义的标准有二：制度可自动实施或通过强制可实施；制度能发挥自身的功能，从而有利于实现内部控制目标。这两个标准缺一不可。一般，这两个标准并不完全一致。如图33：

---

① 柯武刚，史漫飞．制度经济学——社会秩序与公共政策［M］．北京：商务印书馆，2000：167．

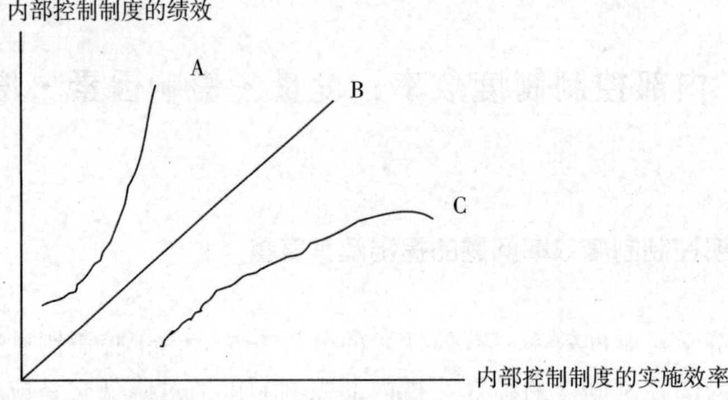

图 33　内部控制制度的绩效与内部控制制度的实施效率关系图

图 33 中有 A、B、C 三条线。A 线侧重于内部控制制度绩效线。B 线 45°线是最优的内部控制制度设计。它满足有效制度的双重标准。C 线是侧重于内部控制制度的实施效率线。靠近 B 线的内部控制制度设计趋于最优。一个企业在一定时期的制度设计是侧重于制度效率还是侧重于制度的实施效率取决于企业偏好于战略目标还是经营财务目标。综观我国内部控制的制度化进程，虽然两个目标冲突不大，但相对而言，比较注重内部控制制度的绩效，而忽视内部控制制度的实施效率。

二、内部控制制度效率的纬度：内部控制制度安排效率与内部控制制度结构效率

内部控制制度有时仅指一项内部控制制度安排，有时则指整个内部控制制度结构，因此，讨论内部控制制度效率的决定需要从内部控制制度安排的效率决定与内部控制制度结构的效率决定两方面来进行。

（一）内部控制制度安排效率

从新制度经济学的角度看，内部控制制度安排的效率决定，主要取决于以下因素：

首先，内部控制制度的“普适性”①。所谓内部控制制度的普适性，是指内部控制制度是一般而抽象的、确定的和开放的。虽然不同所有制形式、不同组织形式、不同业务范围、不同规模的企业在实施内部控制中有不同的要求，

① 柯武刚，史漫飞. 制度经济学——社会秩序与公共政策. 北京：商务印书馆，2000：183.

但要把握差异，提炼共性，尽可能抽取多数企业普遍存在、普遍关注的共性业务与事项并提出相应的具体控制措施。内部控制制度不应在无确切理由的情况下对个人和情境实施差别待遇。违背这一准则的内部控制制度一般都会削弱人们对它的服从，并因此降低内部控制制度的效率。同时内部控制制度应当既具有稳定性又具有一定的开放性。总在变化的规则难以被了解，在指引人们的行动上效率也较低。因此，规则应当稳定。但稳定性的另一面是内部控制制度僵化的危险，因此，必须要有一点调整的余地，以便允许行为者通过创新行动对新环境作出反应。

其次，其他相关内部制度安排实现其功能的完善程度[①]。由于任何一种内部控制制度安排都是“嵌在”内部控制制度结构中，它必定内在地联结着内部控制制度结构中的其他内部制度安排，因而每一种内部控制制度安排的效率还取决于其他内部制度安排实现其功能的完善程度。最有效的内部控制制度安排是一种函数，尤其是内部控制制度结构中其他内部制度安排的函数。因此，如果仅仅挑出某个特定的内部控制制度安排并孤立地讨论它的效率，是难以得到什么结果的。研究内部控制制度安排的效率需要有关历史时间及地区的专门知识，了解该内部控制制度安排在内部控制制度结构中所处的地位。缺乏这种了解，对特定内部控制制度安排效率的讨论就往往不得要领。

第三，控制过程的技术性质。以上两点是从静态的角度看的，而控制过程的技术性质则是从动态的角度看的。控制过程的技术性质所以会对内部控制制度安排的效率产生影响，主要在于，任何内部控制制度安排的产生都是由一定的企业规模、业务范围、业务特点、风险状况以及所处具体环境等方面的要求决定的，随着企业外部环境的变化、经营业务的调整、管理要求的提高等，内部控制制度安排必须作出相应的变化和调整，从而不断改进和完善。否则，内部控制制度安排的效率必然会降低。对于控制过程的技术性质对内部控制制度安排效率的影响，套用凡勃仑在其《有闲阶级论》一书中的论述就是：内部控制制度是由物质环境（主要指控制过程的技术性质）决定的，因而，内部控制制度必然随着物质环境的变化而变化。但物质环境是不断变化的，内部控制制度是以往过程的产物，同过去的环境相适应，无论如何也赶不上天天都在变化的环境。这就是说，随着控制过程的技术性质的变化，内部控制制度安排的效率必然会降低[②]。总的来说，内部控制制度安排的效率必然随着控制过程的技术性质的变化而

① 林毅夫．关于制度变迁的经济学理论．科斯等．财产权利与制度变迁．上海：上海三联书店，1994.

② 凡勃仑．有闲阶级论．北京：商务印书馆，1964.

变化。一般表现为，从促进控制力时的高效变成阻碍控制力时的低效。

（二）内部控制制度结构效率

内部控制制度结构是由不同内部控制制度安排构成的系统，它的效率首先取决于构成这一结构的各单项内部控制制度安排的效率，因此，上述决定内部控制制度安排效率的因素同样是决定内部控制制度结构效率的因素。但是，内部控制制度结构效率的决定与内部控制制度结构中某一项内部控制制度安排效率的决定又是不尽相同的，因为，任何内部控制制度结构都是由众多内部控制制度安排耦合而成的复杂的内部控制制度系统，内部控制制度安排之间总是存在着各种各样的相互依存性和关联性，它意味着内部控制制度结构的效率不可能通过简单加总单项内部控制制度安排的效率来说明。与单项内部控制制度安排效率决定不同的是，内部控制制度结构的效率决定还受到内部控制制度配置状况的影响。这里所谓内部控制制度配置，是指在一个内部控制制度系统中各项内部控制制度安排之间应当相互协调和匹配，以使整个内部控制制度系统能够发挥最大的功效。研究各种内部控制制度安排间的层次、关系、影响以及相互协调等问题，确定内部控制制度的最佳结构。内部控制制度结构所以需要内部控制制度配置，主要在于内部控制制度结构中各项内部控制制度安排之间并非总是能够相互协调和匹配，即内部控制制度结构中各种内部控制制度安排之间并不一定总是耦合得很好。内部控制制度结构中单个内部控制制度安排的结合状态有三种情形，即内部控制制度耦合、内部控制制度冲突与内部控制制度真空。所谓内部控制制度耦合，指的是内部控制制度结构内的各项内部控制制度安排为了实现其核心功能而有机地组合在一起，从不同角度来激励与约束人们的行为。在内部控制制度耦合的情况下，内部控制制度结构内的各项内部控制制度安排之间不存在结构性矛盾，没有互相冲突和抵制的部分，从而能最大限度地发挥现有内部控制制度结构的整体功能。所谓内部控制制度冲突，是指在内部控制制度结构内部不同内部控制制度安排之间的作用方向不一致，在行为规范上存在互相矛盾和抵触，对于同一行为某些内部控制制度给予鼓励，而另一些内部控制制度则加以限制。这将造成人们无所适从，行为紊乱，使内部控制制度结构系统不能发挥其应有的整体功能。内部控制制度真空则是指对于某些行为没有相应的内部控制制度安排予以规范，形成内部控制制度结构中的“漏洞”，造成内部控制制度功能的缺失，从而使人们的某些行为得不到有效的约束和规范，对社会经济带来危害。

依据不同内部控制制度安排在控制创新活动中的重要程度，笔者把内部控制制度结构分为根本性内部控制制度、重大性内部控制制度和辅助性内部控制制度三个层次。根本性内部控制制度是指对控制创新活动起决定性作用和不可或缺的内部控制制度安排，包括激励性的产权内部控制制度和竞争性的市场内部控制制度。重大性内部控制制度则是指那些虽然对控制创新的持续出现并非不可或缺，但一旦形成就能够有力地促进技术创新的内部控制制度安排。辅助性内部控制制度则是指那些对控制创新的促进作用要弱于前两者或者虽然作用较大但以非正式内部控制制度形式存在的内部控制制度安排。判断一个企业控制创新的内部控制制度结构是否耦合，可以从这三个层次的内部控制制度是否存在内部控制制度真空与内部控制制度冲突来进行分析[①]。

首先，三个层次的内部控制制度（特别是根本性内部控制制度与重大性内部控制制度）是否存在内部控制制度真空。这是判断一个企业控制创新内部控制制度结构是否耦合得好的重要依据。当一个企业控制创新内部控制制度结构中根本性内部控制制度与重大性内部控制制度存在制度真空时，其控制创新内部控制制度结构的效率必然受到影响。许多企业控制创新的内部控制制度结构效率不高，控制创新的绩效差，其中一个主要的原因是其促进控制创新的根本性内部控制制度与重大性内部控制制度或者尚未形成，或者尚不完善，形成内部控制制度真空。

其次，三个层次的内部控制制度之间是否存在内部控制制度冲突。这是判断创新内部控制制度结构是否耦合的另一个重要依据。内部控制制度冲突常常发生在根本性内部控制制度（或重大性内部控制制度）与辅助性内部控制制度之间。许多企业控制创新的内部控制制度结构之所以是低效的，主要在于其辅助性内部控制制度（特别是政治思想文化内部控制制度）与根本性内部控制制度（或重大性内部控制制度）存在矛盾和冲突，从而使其根本性内部控制制度（或重大性内部控制制度）难以发挥作用。以风险投资内部控制制度为例，现在许多国家都在学习和引进美国的风险投资内部控制制度，但风险投资在多数国家对高新技术产业化的支持绩效并不理想，究其原因，主要在于这些国家缺乏支持风险投资的相应的思想文化内部控制制度基础，如敢于冒险、不怕失败、勇于创新的精神文化等。

总之，内部控制制度耦合是一种内部控制制度结构系统高度有序，各种内部控制制度安排之间协调一致的状态。而内部控制制度冲突与内部控制制度真空则是内部控制制度结构中存在大量矛盾和漏洞的状态。当内部控制制度结构中存在内部控制制度冲突和内部控制制度真空时，内部控制制度结构的整体绩效就会被削弱。因此，要提高内部控制制度结构的绩效与效率，关键之一在于

---

① 袁庆明．技术创新制度结构的几个问题研究．河南社会科学，2002（1）：109－111.

做好内部控制制度配置，克服内部控制制度冲突与内部控制制度真空，实现内部控制制度耦合。

三、内部控制制度效率的度量

如何判断一项内部控制制度是否有效率？对此，诺思提出了“适应性效率”标准①。所谓适应性效率，是指处于该项内部控制制度下的人或组织同该内部控制制度的适应程度。由于适应性效率纯属一种主观感受上的经验范围，客观上难以进行数量描述，因而除了在该内部控制制度约束下的行为主体能够直接体验到适应性效率外，外部观察者通常无法直接把握。对于外部观察者来说，可以对一项内部控制制度约束下的人或组织的“产出”结果进行观察，再通过比较来发现该内部控制制度的效率。以企业的某项内部控制制度创新为例，若企业实施一项新内部控制制度安排（假定企业生产技术等外部环境不变），可以从以下几个方面度量新内部控制制度的效率②：

（1）考虑内部控制制度带来的净收益与内部控制制度投入的净成本的比例。设 $R1$ 为企业实施某一内部控制制度带来的收益，$R2$ 为内部控制制度实施前的收益，内部控制制度带来的收益为 NR（$=R1-R2$），$C1$ 为实施某一内部控制制度后的企业的总成本，$C2$ 为在该内部控制制度实施前的企业总成本，NC（$=C1-C2$）表示实施该内部控制制度的净成本（即内部控制制度投入成本），$E1$ 代表内部控制制度效率，则 $E1=(R1-R2)/(C1-C2)=NR/NC$，显然，内部控制制度效率与内部控制制度带来的净收益成正比，与内部控制制度投入净成本成反比。因此，提高内部控制制度效率可以从提高净收益、降低净投入方面进行。这一度量内部控制制度效率的方法从逻辑上来说较为准确，但只反映了内部控制制度带来的平均效率，且难于用于内部控制制度之间比较。

（2）内部控制制度的对比效率。设 $R2$ 基本保持不变，且内部控制制度实施的净成本 NC 基本固定，则可用 $E2=R1/NC$ 近似地采取某一内部控制制度的内部控制制度效率。如果企业采用另一内部控制制度带来的收益是 $R1'$，且净成本 NC 不变，若 $R1>R1'$，则实施前一内部控制制度更有效率。内部控制制度的对比效率，这一方法简单实用，可对同一对象采取不同的内部控制制度进行对比分析，缺点是对不同的对象没有可比性，而且实施不同的内部控制

① 诺思．制度、制度变迁与经济绩效．上海三联书店，1994.

② 郑兴山等．产权制度和企业绩效．经济体制改革，2001（1）：77－80.

制度带来的净成本 NC 常常变动而使这一方法缺乏准确性。

（3）内部控制制度的边际效率。设 MR 表示这一内部控制制度的边际收益，MC 代表这一内部控制制度的边际成本，ME 表示采取某一内部控制制度的边际效率，则 $ME=(MR/MC)$ 即表示这一内部控制制度的边际效率，这一度量方法可以判定采取某一新内部控制制度的有效性：若 $ME=(MR/MC)>1$，我们称新内部控制制度是有效的内部控制制度；若 $ME=(MR/MC)<1$，我们称新内部控制制度是无效的内部控制制度；若 $ME=(MR/MC)=1$，则由此可以确定内部控制制度收益的最大化边界。这一方法的优点是内部控制制度变动时可以用来判断内部控制制度变动的科学性和有效性，而且度量准确易行，缺点是不能反映内部控制制度带来的平均效率水平。

我们借鉴黄少安关于制度变迁的高峰理论，用图形说明内部控制制度效率的“倒 U 型特征”[①]。如图 34 所示：

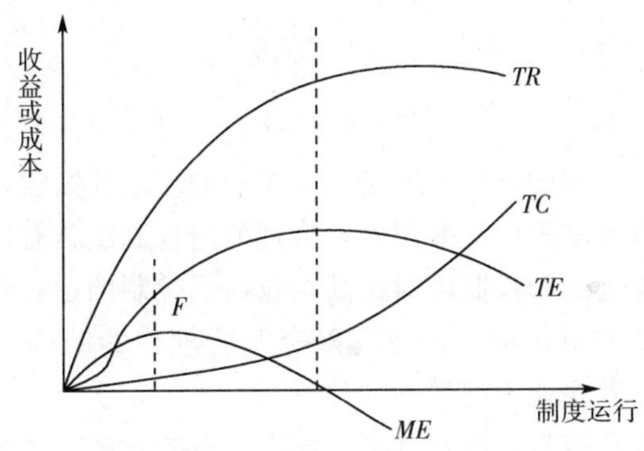

图 34　制度成本和制度收益的变化

一般来说，内部控制制度变革过程中的总成本和总收益都是递增的。内部控制制度变革得以实行，则收益肯定是大于成本的，所以总收益曲线 TR 一般位于总成本曲线 TC 的上方，据此得出总收益曲线 $TE=TR-TC$。由此也可以得出边际收益曲线 ME，并且可以看出，在 E 点边际效益最高，在 F 点边际效益为零，但此时改革取得的效果最好，这时，收益大于总成本的额度最大。如果在 F 点之后现存内部控制制度仍在运行或内部控制制度的投入仍在增加，则边际效益 ME 为负，从而内部控制制度的总效益下降，相应地总效益曲线在达到最高点后开始下降，于是内部控制制度效率曲线呈现出倒 U 型特征。正是由于内部控制制度效率的下降甚至损失，所以就产生内部控制制度

① 黄少安．关于制度变迁的三个假说及其验证．中国社会科学，2000（4）：37－49．

变革的动力。

可见，关于内部控制制度效率的含义，新制度经济学大都从成本与收益的对比来解释。内部控制制度成本主要包括内部控制制度变革过程中的界定、设计、组织等成本和内部控制制度运行过程中的组织、维持、实施等费用；内部控制制度收益则指内部控制制度降低交易成本、减少外部性和不确定性等的程度。内部控制制度的效率有两种表示方法：一种是，假定内部控制制度所提供的服务或实现的功能为既定，则选择费用较低的内部控制制度是更有效的内部控制制度；另一种是，假定内部控制制度选择的费用为给定，那么能够提供更多服务或实现更多功能的内部控制制度是更有效的内部控制制度①。

四、影响内部控制制度效率的主要因素

（一）产权制度对企业内部控制效率的影响②

按照对产权内涵理解，产权最终应当体现为对企业的收益享有权以及与收益有关的控制权。合理的产权制度是个人激励的决定性因素，合理的产权制度是促进企业资源有效配置的重要因素，合理的产权制度具有巨大的保险功能和约束功能，因而合理的产权制度对提高企业内部控制的运行效率有着十分重要的作用。产权制度作为分配、行使有限资源管理权的结构（卡提斯，1999），在三个层面上支配着企业内部控制的效率。

（1）从所有者角度看，产权制度支配着所有者对经营者的控制效率。所有者对经营者的控制通常是指企业的内部结构。一方面由产权制度决定生成的企业形态在经济体制下创造出成本和收益机会，决定企业的参与者，从而产生不同的委托代理关系和代理成本；另一方面内部治理机制的技术规则只能从产权制度所授予的管理机构的资产组合中选择（卡提斯，1999），不同“组合”的技术规则及其运作体现不同的控制成本与效率。比如，所有权与经营权高度合一的“夫妻店”没有一单独的内部控制成本，而控制效率很高。

（2）从经营者的角度看，产权制度支配着经营者对管理者的控制效率。经营者对管理者的控制服从于既定产权结构所形成的治理机制，为了实现企业经营目标，保证资产的安全和财务信息的真实可靠。经营者通过组织结构设计和

① 林毅夫．关于制度变迁的经济学理论．科斯等．财产权利与制度变迁．上海：上海三联书店，上海人民出版社，1994．

② 冯均科．不同产权结构下的内部控制效率的研究．中国工业经济，2001（8）：28－33．

权责分派，科学划分企业内部的职责权限构造相互制衡的机制。组织结构均衡是所有权结构下各种成本比较的结果；权责分派不过是不同产权参与者分配管理权而使用的技术方法，管理权的配置结构内生相应的交易成本。比如，持有优势股权的产权参与者决定重要部门的管理权配置，这种配置又对应着不同的控制成本与控制效率。

（3）从产权契约看，产权制度支配管理者对员工的控制效率。企业是一个人力资本与非人力资本的特殊合约，在这个合约里管理者与员工以团队的形式工作。管理者与员工的关系表现为一种代理关系，管理者处于委托人地位，代理人就是从事某种工作的员工。团队工作的效率体现了团队内部控制的效率，它由两个因素决定：一个是管理者监督的努力程度与监督成本，这取决于特定产权环境下的治理机制；二是员工的努力程度以及对偷闲激励的成本，它受制于劳动力产权对应的工作员工对企业剩余的索取比例。

（二）内部控制效率的物质基础：分工的技术效率

我们认为，对内部控制效率的分析，应从分析内部控制效率的物质基础出发，只有从内部控制效率的物质基础及其变化中才能认识内部控制效率的本质及其变化的规律，从而形成一种有效的内部控制效率分析框架，探寻内部控制效率的实现机制。

米塞斯认为，社会是处于分工中的人的结合。柏拉图早在公元前 380 年就论述了专业化、分工对增进社会福利的意义。威廉·配第也在 17 世纪末就认识到专业化对生产力进步的意义。亚当·斯密认为分工带来三个好处：因减少转换工作所节约的时间，因专干一样工作所造成的知识或技能的积累，因工作的单调性和知识的积累所产生的创造专门工具的可能[①]。虽然古典经济学家对分工效率有共识，但对分工效率的来源看法不同。按照斯密的概念，分工产生个人生产率的事后差异，其理论可概括为内生比较优势；而按李嘉图的概念，个人生产率的事前的差异产生分工，其理论可概括为外生比较优势。杨小凯和博兰曾证明内生比较优势可能随分工的逐渐演进而演进，而且内生比较优势的演进是加速知识积累和生产率内生进展的动力[②]。因而分工，特别是内生性分工提供的技术效率和经济盈余构成内部控制效率的物质基础。企业的机构、岗位设置和权责分配应当科学合理并符合内部控制的基本要求，确保不通不通、岗位之间权责分明和有利于相互制约、相互监督。

---

① ［英］亚当·斯密．国民财富的性质和原因的研究．北京：商务印书馆，1982：8－9.

② ［澳］杨小凯．专业化与经济组织．北京：经济科学出版社，1999：5－6.

内部控制制度是影响分工的技术效率的重要因素。在分工生产开始之前，分工的技术效率仅是一种潜在的可能，能否实现取决于现有内部控制制度决定的激励程度和交易成本。新制度经济学中的产权学派认为在短期内，生产性资产中的最佳产权结构是个自变量，内部控制效率＝f（产权）[①]。对权责分配的明确界定和执行，可以减少分工和专业化的不确定性和交易成本，使具有不同需求和知识的人们能将某项独特的资产投入他们所能发现的最有价值的用途上去，从而使潜在的技术效率变成现实。阿尔钦指出，私有产权对于从生产的专业化中实现较大的收益尤其重要，合作性的生产过程高度依赖于私有产权各组成部分的分割与专业化[②]。因此，短期内分工的技术效率是内部控制制度的函数，可概括为：

分工的技术效率＝f（内部控制制度）

布罗姆利认为，产权学派忽视了一项内部控制制度确立后运行的成本，认为不同形式的内部控制制度应由不同层次的基础结构来界定权利和划分义务，来划分边界以及来实施权力，因此产权＝g（经济盈余）。该式表明内部控制制度安排是经济盈余的一个函数，这种经济盈余能弥补各式各样的成本，所以是新的财富增加的可能性为进一步的内部控制制度安排提供了必要的经济盈余。杨小凯已证明内生比较优势的演进是加速知识积累和生产率内生进展的动力，因而长期内分工的技术效率是内部控制制度变迁的动力源泉。这样，在长期内，内部控制制度安排应是分工演化的因变量，即：

内部控制制度＝f（分工的技术效率）

可以看出内部控制制度因素在不同的时间段内对分工的技术效率的影响不同，但从本质上看，内部控制制度因素只有适应分工的技术效率的内在要求，企业整体的经济效益才能提高。

（三）内部控制制度效率：内在控制制度和外在控制制度的作用关系

根据企业行为主体对企业行为和内部控制信息的生产的模式是自愿还是强制的不同，笔者把内部控制制度分为两种：一种是内在控制制度，它包括历史形成的控制惯例、原则、传统的控制思维、意识形态、自发的内部审计等等；另一种是外在控制制度，它包括规范会计信息生产的统一的会计准则、监督会

---

① ［美］布罗姆利．经济利益与经济制度．上海：上海三联书店，1996：19.

② ［美］阿尔钦．产权，一个经典解释，财产权利与制度变迁．上海：上海三联书店，1996：169.

计准则实施的审计制度及更加有强制性的会计法等在内的强制执行的规则。简而言之，内部控制制度内外之分的关键点是内部控制制度的执行是否有强制性。

外在控制制度，它是由一部分政治力量制定出来，对企业战略、经营效率与效果、财务信息真实可靠和完整、资产安全完整以及法律遵循等一系列控制活动进行规范并强制执行的一系列规则，它表现为统一企业内部控制规范和其他一系列相关制度等。为什么产生要求会计主体强制遵从统一的企业内部控制制度呢？因为外在控制制度除了具有明晰性、确定性之外，更重要的是它的普适性、公平性。另外，就内部控制对会计信息真实性和完整性的功能看，外在控制制度的建立克服了私人会计信息生产及内在控制制度供给的不足。在大型社会或团体中，依赖自愿遵从行为，会导致“搭便车”的现象，从而导致公共品的供给不足或无供给的现象（奥尔森，1965）。同样一项内部控制制度安排也是一种公共品，“搭便车”问题会导致诱致性的内部控制制度创新的供给不足。会计信息一经生产出来，就具有“公共品”的某些特征，即一个投资者对会计信息的使用并不减少其他投资者对会计信息使用的效用，这种“搭便车”的行为的结果是，企业不能从会计信息的提供中补偿所消耗的信息成本，因此企业最多只会提供边际收益等于边际成本的信息量（W. R. Scott，1997），这就导致了会计信息的私人价值和社会价值的分歧———满足了企业个体的价值期望，却有损于整个社会的总体价值（杜兴强，1999）。同样规范会计信息生产的内部控制制度创新由于内部控制制度创新成本大于创新收益，也带来了供给的不足。

但是，内在控制制度和外在控制制度具有十分密切的相关关系。外在控制制度具有内在控制制度无法达到的效率，但外在控制制度的实施离不开内在控制制度的基础。哈耶克认为：有意识制定的、立法通过的规则，以及由政治过程决定的内部控制制度的整个架构，都必须以内在控制制度为基础（哈耶克，1982）。商品经济以及越来越发达的市场经济是内在控制制度产生和变迁的制度环境，经济主体自身利益和管理要求是内在控制制度产生的内在动力。当会计信息的受益群体扩展到全社会时，国家作为特殊的主体，运用垄断方式保障多数受益群体的利益，可见外在控制制度的产生是基于内在控制制度而产生的。并且内在控制制度的完善可以降低外在控制制度的执行成本，例如会计谨慎性、真实性的内在内部控制制度，在某种程度上可以起到弱化搭便车、道德风险和偷懒的功能。如果把内部控制制度看成一种节约交易费用的机制，那么内在控制制度主要存在的理由是使私人成本最小化，外在控制制度是社会成本最小化。值得注意的是整个内部控制制度的有效性从理论上讲，理想状态应在于内部控制制度创新完全由企业内生，达到一种企业能完全自发、自主、自律、民主管理的状态。因而内部控制制度的效率我们可以抽象用社会成本和私人成本的差额来测定。这也将意味着有效内部控制制度的基本特征在于：外部控制制度设计的成本最小，也就是社会成本作为一种外部成本能否内部化。因此我们用反映外在控制制度和内在控制制度的社会总成本和私人总成本之差（$p1-p2$）来表示内部控制制度的效率。以图 35 表示（其中私人总成本是全社会单个企业成本的加总，社会总成本则是私人总成本的外溢。）：

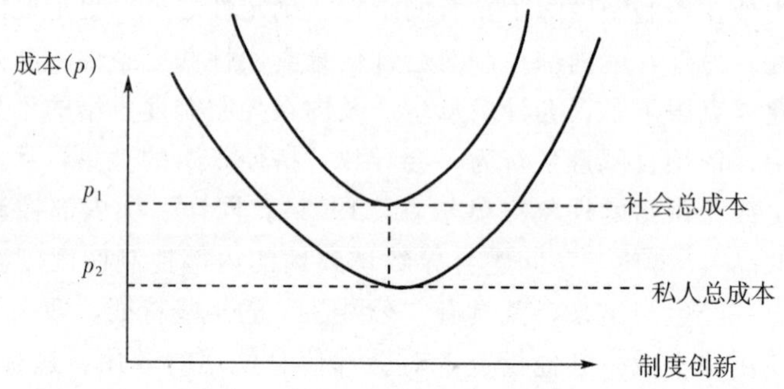

图 35　制度创新与成本曲线图

实际上社会总成本和私人总成本曲线也是外在控制制度和内在控制制度创新曲线，随着新内部控制制度出现，社会成本和私人成本呈下降趋势，到一定时候，来自对内部控制制度的规避又使成本呈上升趋势，从而又对新内部控制制度创新形成激励。另外，从私人总成本的高低也反映出内在控制制度创新动力和发展的水平。抽象来说，私人成本较低的，内在控制制度水平低，其成本外溢也就是社会成本高，整体内部控制制度效率也差，反之亦然。

上述分析的启示在于：通常谈论的企业自律来自于内在控制制度建设，企业只有面对较高的成本时内在控制制度发展才有动力。换言之，提高企业私有成本有利于自律。这就是为什么大企业、老牌子企业及有较高无形资产的企业或风险较高的行业，企业自律要优于小企业和没有一定商誉积累的企业。

（四）内部控制制度设计对效率的影响：博弈论的视角

博弈论对内部控制制度的有效性研究给我们许多启示。囚徒困境说明一种内部控制制度安排，要发挥效力，必须是一种纳什均衡。否则，这种内部控制制度安排便不能长期（张维迎，1996）。但许多内部控制制度安排是一种集体理性，它与个人理性存在矛盾。博弈论在解决个人理性与集体理性的矛盾与冲突时，不是否定个人理性，而是设计一种机制，在满足个人理性的前提下达到集体理性。

根据有效内部控制制度的双层标准，我们运用博弈论方法建立循规—违规模型说明什么是有效内部控制制度设计的条件。

循规—违规模型（一）

		参与人乙 循规	参与人乙 违规
参与人甲	循规	−8，−8	0，−10
	违规	−10，0	1，1

模型有两个均衡点，即（循规，循规），（违规，违规）。当对方选择循规时，自己的最优选择是循规；当对方选择违规时，自己的最优选择是违规。比较两个均衡点，双方违规的收益（1，1）大于双方循规的收益（−8，−8）。因为参与人都知道自己的选择对对方的影响，所以均衡点会倾向于（违规，违规）。这种内部控制制度设计最不合理，它使参与人均选择违规。这种情况相当于中国证券市场，即使参与者之间没有合谋，只要参与者是理性的，就会选择违规。最糟糕的内部控制制度是大家都愿意选择循规，但其收益不如大家都选择违规的收益。如果一种内部控制制度安排如此设计，违规在整个社会势必蔓延。

循规—违规模型（二）

		参与人乙 循规	参与人乙 违规
参与人甲	循规	8，8	0，10
	违规	10，0	1，1

从模型我们可以看出，既定对方循规，自己最优选择是违规，收益为10。但这种均衡是不稳定的。均衡点是（违规，违规），即不管对方选择循规还是违规，自己的最优选择是违规。（违规，违规）是占优战略。

比较：参与人都选择循规（8，8）大于都选择违规（1，1）的收益。但（循规，循规）不是均衡点。这是个人理性与集体理性的矛盾。如何解决有两种思路。一种思路是用集体理性统一个人理性，如实施强制性内部控制制度变迁，使均衡点向（8，8）移动。其过程可能有内部控制制度失效的“漏出”，但净收益只要大于违规点（1，1），就具有经济合理性。另一种思路是在承认个人理性的前提下实现集体理性。由于个人理性与集体理性之间的矛盾主要表现为利益的分配关系，所以个人理性被承认的程度主要取决于国家与社会力量的对比—均衡。均衡点的移动就是国家与社会博弈的轨迹。

循规—违规模型（三）

		参与人乙	
		违规	循规
参与人甲	循规	8，8	0，10
	违规	10，0	1，1

从模型三可以看出，均衡点是（循规，循规）。有意思的是，只要对方选择违规，自己的最优选择是循规，循规所得更多，收益为10。这是最理想的内部控制制度设计。参与人都知道双方违规是最优的，却无激励选择违规。到此，似乎意犹未尽。对于此模型我们有两层解读。一把它理解为一种内部控制制度僵化解。鉴于打破旧内部控制制度必须违规，如果把违规比作内部控制制度创新，大家都知道违规对社会整体的收益是增加的，却选择循规，这是耐人寻味的。那么社会如何化解此僵局？二把它理解为一种新的市场内部控制制度设计。如果一种新市场内部控制制度设计使参与人预期，大家彼此违规的收益大于大家彼此循规的收益，那么这种内部控制制度虽然达到了最优的内部控制制度实施效率，却没有达到内部控制制度绩效。所以这种内部控制制度不是最优的，故模型（三）必须修改。

循规—违规模型（四）

		参与人乙	
		循规	违规
参与人甲	循规	8，8	0，5
	违规	5，0	−1，−1

从模型（四）可以得知，均衡点为（循规，循规）。参与人选择（循规，循规）没有遗憾。因为（违规，违规）既不是均衡点，且所得收益远小于（循规，循规）。该均衡点即达到了内部控制制度的实施效率，又实现了内部控制制度绩效，所以是最优的内部控制制度安排，相当于图 35 中的 B 线。

五、增进内部控制制度效率的路径选择：以剩余控制权的配置为核心

（一）剩余控制权配置是实现经济效率的核心

产权安排或内部控制制度安排的实质是对剩余控制权的配置，现有对剩余控制权研究的文献可分为以下几大类：①威廉姆森、格罗斯曼与哈特等人从合同的不完备性出发，认为由于信息不完全和有限理性的原因，所有的合同都有遗漏和疏忽之处，从而都是不完备的，必然产生剩余权益，对剩余权益的剩余控制权利即剩余控制权，哈特进一步定义剩余控制权为所有权的真正含义。②认为剩余控制权是对合同产生的剩余进行分配的决策权，但这种决策权并不代表剩余就归其所有。③剩余控制权即剩余所有权，剩余控制权既控制剩余也占有剩余[①]。

上述文献对剩余控制权的分析只论述了剩余控制权配置的一个方面，即现有制度对社会认可的已知剩余控制权配置的影响。哈特认为，当合同不完全时，只有资产的所有者有对资产的支配权，即把剩余控制权配置给资产的所有者才会使生产的激励达到最优[②]。由于只注重了交易过程而忽视了生产过程，所以这种剩余控制权理论无法说明剩余权益从何而来，什么因素对剩余控制权配置有决定性作用，也无法说明剩余控制权配置对社会分工乃至制度效率的影响。从剩余控制权的物质基础看，合同中的剩余利益来自于分工生产特别是内生分工的技术效率，因而经济盈余的控制权应配置给分工生产中效率最高的生产者，即具备内生比较优势的生产者。因此，无论从短期还是从长期的分工生产过程看，剩余控制权只有按分工演进的内在要求配置在具备比较优势特别是内生比较优势的生产者手中，才能使分工生产的经济效率达到最大。所以分工生产的剩余控制权配置是实现制度效率的核心。

本书把依据分工的技术效率形成的剩余控制权称为潜在剩余控制权，把依据现有内部控制制度形成的剩余控制权称为形式剩余控制权。由于在短期和长

---

① 杨立岩．不完备合同与剩余控制权．财经科学，2001（2）：14－18.

② ［美］哈特．企业、合同与财务结构．上海：上海三联书店，1998：24－25.

期内内部控制制度对分工的技术效率的影响不同，对经济效率实现所起的作用不同，可以将潜在剩余控制权与形式剩余控制权的相互关系划分为短期内的静态配置关系和长期内的动态配置关系，前者可称为剩余控制权的静态配置，后者可称为剩余控制权的动态配置。这样，内部控制制度效率就体现在短期和长期内形式剩余控制权与潜在剩余控制权的适应程度上。

1. 剩余控制权的静态配置与内部控制制度配置效率

在短期内，分工的技术效率仅是一种潜在的可能性，生产者对分工收益的预期取决于现有内部控制制度形成的交易成本和激励水平。通过现有内部控制制度安排对形式剩余控制权进行有效配置，减少分工的交易成本并提高分工的激励，可以提高分工的技术效率，形成一种内部控制制度配置效率。于是，短期内的经济效率取决于分工的潜在技术效率和内部控制制度配置效率两个因素，其中形式剩余控制权的配置起主要作用。从短期静态角度看，由于人们存在构造性无知，包括对于横向的潜在交易对手的无知和纵向的对于未来的种种不确定因素的无知[①]，人们对现有产权的认识是不完全的，对产权的认识可以分为已经认可的已知层、有待认可的模糊层和有待认识的未知层。从长期动态角度看，由于内生比较优势会促进知识的形成和积累，随着分工的深化，社会对产权的认知呈现从已知层、模糊层向未知层不断扩张的趋势，产权是一个可以无限细分的产权束。

现有内部控制制度对形式剩余控制权的配置主要是通过对已知层产权的界定和执行来完成的，具体划分为契约层、正式内部控制制度层、非正式内部控制制度层三个层次。非正式内部控制制度层、正式内部控制制度层、契约层对产权的界定是一个从模糊到明晰的过程，信息成本也是依次递增的。如果各层次兼容，则可以用低成本层次对产权的界定和执行代替高成本的层次，所以兼容性越高，签订契约所需的信息越少，交易成本越低。因此，正式内部控制制度与非正式内部控制制度的兼容性对分工效率的实现有重要影响。从社会对产权的认知和界定分层可以看出，哈特把可以通过正式内部控制制度和非正式内部控制制度进行界定和执行的那部分产权也列入剩余控制权，所以其结论存在缺陷。

产权明晰仅解决了短期内剩余控制权配置的一个方面。由于分工生产的团队性，难以在事中和事后对每个生产成员的贡献进行准确的测量和评估，无法得到配置剩余控制权所需的完全知识，从而使分工生产形成的剩余控制权始终是模糊的。因此，短期内剩余控制权配置的核心问题是如何通过现有内部控制

---

① （德）柯武刚等．制度经济学——社会秩序与公共政策．北京：商务印书馆，2001：51.

制度有效配置这种模糊的剩余控制权，以提供分工生产的最佳激励。剩余控制权的模糊性主要来源于团队生产中对生产者绩效评估知识的不足，而引入竞争则能有效地解决这一问题。引入竞争可以形成一种非人格的市场价格，有如下好处：①通过潜在进入者能自由进入和退出市场的替代性约束，使人们在分工生产中都努力工作，减少分工生产中的机会主义行为，降低分工生产的交易费用。②形成分工生产中贡献大小的影子价格，从而减少测定生产者绩效的相关信息及费用。因此，对模糊层的剩余控制权配置应该通过引入竞争机制实现。由于竞争机制能否发挥作用取决于生产者所处的内部控制制度环境，所以短期内对剩余控制权配置的重要措施是创造鼓励竞争的内部控制制度环境。

无论是产权明晰还是引入竞争都需要耗费一定的资源，都有局限性。①增加明晰产权的费用，可以提高交易的可靠性，促进社会分工。但产权是随分工的发展无限细分的，所以，产权明晰只能是一个相对的概念。②引入竞争使人们获取剩余控制权的分工激励提高，但竞争会增加分工生产的不确定性，所以竞争对分工的促进作用也是相对的。因此，短期内对剩余控制权的静态配置应考虑成本与收益的比较，整个企业的资源配置分为三个层次：

实现分工收益与内部控制制度成本两者之间资源配置的成本与收益比较；

内部控制制度内部界定产权和引入竞争两者间资源配置的成本与收益比较；

界定产权和引入竞争内部资源配置的成本收益比较。

后两个层次同时达到最优，内部控制制度配置最有效率。三个层次同时达到最优，则整个企业的经济效率可以达到静态最优。

短期内的经济效率可以表述为：

经济效率＝分工的潜在技术效率＋内部控制制度配置效率

2. 剩余控制权的动态配置与内部控制制度变迁效率

在长期内，分工生产是一个连续的过程，原有的外生比较优势可能由于新知识、新资源、新技术、新技能的出现变得不再有优势，而以前潜在的内生比较优势，却会由于专业化成为现实的绝对优势，上期生产中形成的绝对优势将形成下一期初始禀赋上的比较优势，因而在长期内，内生比较优势与外生比较优势是在时空维度上不断变化的，比较优势始终是一个相对的概念而不是一个绝对的概念。比较优势的动态变化使剩余控制权的配置成为一个动态的概念，要求形式剩余控制权不断变化，以提高激励水平，降低交易成本，从而提高长期经济效率。因此，潜在剩余控制权是动态的，形式剩余控制权是静态的，长期内分工演进使二者必然发生冲突，一旦冲突发生到一定程度，潜在剩余控制权会要求重新构建既有内部控制制度的形式剩余控制权，从而导致内部控制制度的变迁以及经济效率的改变。我们将在长期内通过内部控制制度变迁使形式剩余控制权与潜在剩余控制权相适应而导致的经济效率的提高称为内部控制制度变迁效率。这样，剩余控制权的动态配置效率就主要体现于内部控制制度变迁效率。由于非正式内部控制制度变迁的成本低，所以剩余控制权的动态配置与非正式内部控制制度的矛盾可以通过内部控制制度的边际变迁解决，但因为非正式内部控制制度变迁与正式内部控制制度变迁之间存在时滞，正式内部控制制度一旦形成就具有相对稳定性，所以正式内部控制制度的变迁对剩余控制权的动态配置有着重要影响。

如果内部控制制度变迁与现有内部控制制度兼容，特别是与低成本的非正式内部控制制度兼容，就可以用更多的低成本的内部控制制度变迁代替高成本的内部控制制度变迁，此时的内部控制制度变迁是一种渐进式变迁，内部控制制度变迁的成本较低；反之则是一种强制性变迁，内部控制制度变迁的成本较高。由于内部控制制度变迁是在整个内部控制制度环境中进行的，即存在时间维度和空间维度的内部控制制度关联[①]，一旦内部控制制度变迁走上某一路径，就会通过报酬递增和自我强化机制，在内部控制制度之间形成一种强烈依存关系，甚至进入一种锁定状态。根据内部控制制度变迁的兼容性和时空上的关联关系，在尽可能与原有内部控制制度兼容的前提下，首先进行关键性的内部控制制度变迁，再通过内部控制制度之间的时空关联关系可以降低内部控制制度变迁的成本，提高内部控制制度变迁的效率。

这样，在长期内，内部控制制度效率可以表述为：

内部控制制度效率＝内部控制制度配置效率＋内部控制制度变迁效率

经济效率可以表述为：

经济效率＝分工的潜在技术效率＋内部控制制度效率

＝分工的潜在技术效率＋内部控制制度配置效率＋内部控制制度变迁效率

（二）增进委托代理制效率的路径分析

1. 增进委托代理制效率的路径选择原则

第一，增进委托者和代理者双方权益是提高委托代理内部控制制度效率的基本原则。增进委托代理内部控制制度的效率，应该从委托者和代理者两方面着眼，而不是一方。如果委托者为获得利益的最大化是以侵占或压抑代理者的利益为前提的，那么，就不能认定为这种内部控制制度是有效率的。相反，如果代理者利益的最大化是以侵占委托者的利益并且使总利益减少为代价的，那

① 青木昌彦. 比较制度分析. 上海：上海远东出版社，2001.

么，这种内部控制制度也一定缺乏效率。对此，我们认为，在增进内部控制制度效率为目标的企业内部管理改革进程中，必须维护和增进双方利益为基本方向，才能充分调动两者的积极性，从而有效地利用委托者的资本资源和代理者的人力资源，达到总资源利用效率最大化。

第二，委托者和代理者双方的产权明确和边界清晰是提高委托代理内部控制制度效率的主要原则。因为，产权的明确，意味着委托者和代理者明确各自拥有的权利和承担的义务，既不存在各自权利和义务的缺位，也不存在相互错位；产权边界的清晰，即产权主体实现权利的行为边界的规定明确和清晰，意味着委托者和代理者对初始产权和再生产权划分或归属清晰，既不存在相互挤占，也不存在无人认领或流失。对代理者来说，只有根据提供的产权来获取相应的报酬，并且根据提供量的多寡和质的高低获得相应报酬的多少。

然而在现实经济生活中产权和产权关系是极为复杂的，满足最优化条件就极为困难。普遍存在的难题是，在确立委托代理关系时，虽然初始产权是明确的，但是，对潜在和派生产权，是不是也能做到在初始产权关系中明确归宿和边界清晰？正因为如此，所以人们更需要明确界定代理者的产权和实现产权利益的行为，防范“道德风险”（所谓道德风险，是指在信息不对称的情况下，由于代理人隐瞒了一些对委托人利益有关的信息，而出现有可能背离委托者利益的行为，给委托者带来利益损失，如盲目投资、追求在职消费等）。

2. 当前可选择的四种路径

在追求各自利益最大化的动力驱使下，委托者和代理者所处的状况各不相同，对于委托者来说，它的产权利益是取决于总产权利益与代理者产权利益之差（即剩余索取权利益和根据剩余索取权利益评估的所有权利益）而总权益和代理者权益都可反映为代理者工作变量的函数。因此对委托者来说，如何调动代理者的积极性来实现利益最大化？如果撇开增进委托代理制效率的外部路径依赖，如形成有效的市场竞争机制（培育竞争性市场、建立经理人员市场等）等不说，则有四种路径可供选择：

第一，使代理者拥有部分“剩余索取权”，形成自我激励与约束机制。由于委托人是风险的承担者，代理人是风险的规避者甚至是风险的制造者，克服“道德风险问题”关键在于形成风险共担的机制，让代理人也成为风险承担者，有效分配企业的剩余索取权，使代理人成为企业“剩余”的分享者。这样，赋予代理人以足够的激励，让代理人在追求“剩余”的活动中，同时也增进委托人的收益，形成代理人自我激励和自我约束的机制。但从委托者权益的函数来看，这种方法的有效性究竟有多大？从本质上讲，只是将旧有的委托者权益所得函数转变为另一种委托者权益所得函数，差异只在于将委托者的一部分权益转入代理者手中，并没有从根本上解决问题的起因———代理者权益的模糊性。从我国的实践情况来看，由于企业的经营管理人员（代理者）能够轻易地操纵企业财务、方便地“公款消费”甚至将企业的资财方便地据为己有，获得“额外收入”，正常的激励便不会发生应有的作用，因为经理人员的真实收益不直接依赖于他的贡献、业绩和企业的利润水平。显然，这一路径的有效性将依赖于企业内部内部控制制度安排和外部内部控制制度安排所产生的约束性作用。

第二，设计一个有效的激励与约束合约，在动态博弈中达到效率优化。信息经济学的委托代理理论证实，在信息不对称的情况下，即委托人无法确知代理人的行为选择的情况下，委托人只要根据动态博弈方法来设计一个激励相容合约，从而构成委托者与代理者互动博弈，达到贝叶斯纳什均衡，即委托者和代理人的权益所得都是最优的。但也有人认为，“这种理论解释虽然十分严谨而有理，但在实际操作上却困难重重而且几乎不可能。首先，效用函数从本质上而言只是经济学所独有的语言工具，现实中并不存在这种高度抽象化的函数。其次，对于一些不可观测变量的概率分布函数的确认，也是非常困难的。再次，就算我们能够找到效用函数和分布函数，但站在运筹学的角度上如何求最优解也是一个极大的难题。这些困难使得信息经济学的委托代理理论只能停在理论层面上，对现实中的企业、股东、经理似乎并没有什么帮助”①。我们认为，尽管信息经济学的委托代理理论是运用抽象化的分析方法，论证委托人和代理人激励相容问题，与实际操作存在一定的距离，但是这种理论不仅解释了信息不对称情况下存在的激励不相容问题产生的原因，而且为有效解决激励不相容问题提供了一种思维方法，对最优合同的设计有着重要的意义。首先，对代理人实施监督是有意义的，因为监督可以提供更多的有关代理人行动选择的信息，从而可以减少代理人的风险成本。当然，此时监督本身的成本必须考虑进去，如果监督成本过高，监督可能是没有意义的，即使他可以提供更多的信息。其次，委托代理理论最重要现实意义还在于运用该理论选择什么样的变量进入激励合同。比如说设计最优激励合同时，使用相对业绩比较也是有意义的。因为同一行业不同企业的经营业绩除了受每个企业经营者的行为和特有的外生因素影响外，也受到某些行业性共同因素（如市场需求、技术进步等）的影响。企业自己的利润并不能充分反映企业经理行为的有价值的全部信息，其他企业的利润也包含着有关该企业经理行为的有价值的信息。

---

① 张维迎．企业的企业家——契约理论．上海：上海三联书店、上海人民出版社，1995：5.

第三，代理者监督代理者机制。在现实世界中，代理者相互监督的激励机制十分普遍，正因为代理者能比委托者观察到更好的状况集。一般情况下，代理者间的相互关系不仅仅只揭示彼此的劳动生产率，而且它们还可能采取更复杂的形式：例如代理人可以采取直接影响彼此成本或效用的行动，他们可能彼此间提供建议或信息，他们可能相互间提供保险。因此委托人采用一种激励方案来“内部化”选择和监督，即构造代理者监督代理者机制。只要代理者能在委托人看不到的状况上相互监督和保险，那么委托人的状况肯定会更好。

建立代理者监督代理者机制的最大优越性，在于该制度安排避免了委托者直接监督代理者或外部监督时所需支付的高额成本问题。诚然，该机制依赖于代理者之间利益的相互依存性和代理者之间能比委托者观察到更好的状况集。这就决定了代理者之间有条件和有必要相互监督，并在相互保险和监督的基础上达到各自更好的状况，并且有利于委托者。

第四，防范代理者“道德风险”，需要形成有效的社会监督机制，包括内部机制和外部机制。企业应当制定内部控制监督制①，明确内部审计机构（或经授权的其他监督机构）和其他内部机构在内部监督中的职责权限，规范内部监督的程序、方法和要求，并结合内部监督情况，根据经营业务调整、经营环境变化、业务发展状况、实际风险水平等确定自我评价的方式、范围、程序和频率，定期对内部控制的有效性进行自我评价，出具内部控制自我评价报告。对监督过程中发现的内部控制缺陷（包括设计缺陷和运行缺陷）②，应当分析缺陷的性质和产生的原因，提出整改方案，采取适当的形式及时向董事会、监事会或者经理层报告。企业应当建立内部控制实施的激励约束机制，将各责任单位和全体员工实施内部控制的情况纳入绩效考评体系，促进内部控制的有效实施。政府有关监管部门要根据法律法规明确贯彻实施内部控制的具体要求，对企业建立与实施内部控制的情况进行监督检查。会计师事务所接受企业委托从事内部控制鉴证，对企业与财务报告相关的内部控制的有效性进行签证，并发表鉴证意见。会计师事务所及其签字的从业人员应当对发表的内部控制鉴证意见负责。

---

① 内部监督分为日常监督和专项监督。日常监督是指企业对建立与实话内部控制的情况进行常规、持续的监督检查；专项监督是指在企业发展战略、组织结构、经营活动、业务流程、关键岗位员工等发生较大调整或变化的情况下，地内部控制的某一或者某些方面进行有针对性的监督检查。专项监督的范围和频率应当根据风险评估结果以及日常监督的有效性等予以确定。

② 根据《企业内部控制鉴证指引（征求意见稿）》的规定，如果存在一个或多个重大缺陷，内部控制应被认定为无效；即使财务报表不存在重大错报，内部控制也可能存在重大缺陷。

本章主要参考文献：

[1] 蔡吉甫．内部控制的产权理论视角研究［J］．会计论坛，2006（1）．

[2] 徐虹，林钟高．科层理论视角的内部控制构造［J］．财会通讯，2007（3）．

[3] 柯武刚、史漫飞．制度经济学——社会秩序与公共政策［M］．北京：商务印书馆，2000．

[4] 诺斯．交易成本、制度和经济史，新制度经济学［M］．上海：上海财经大学出版社，1998．

[5] 林毅夫．关于制度变迁的经济学理论：诱致性变迁与强制性变迁．摘自：财产权利与制度变迁——产权学派与新制度学派译文集［M］．上海：上海三联书店，1994．

[6] 迈克尔·查特菲尔德．会计思想史［M］．北京：中国商业出版社，1989．

[7] 薛云奎．会计大趋势——一种系统分析方法［M］．北京：中国财政经济出版社，1999．

[8] 刘峰．会计准则变迁［M］．北京：中国财政经济出版社，2000．

[9] 谢德仁．会计规则制定权合约安排的范式与变迁——兼及会计准则性质的研究［J］．会计研究，1997.（9）．

[10] 刘燕．完美的缺陷——荷兰会计法制的流变对我们的启示［J］．会计研究，2000（8）．

[11] 德沃金．法律帝国［M］．北京：中国大百科全书出版社：1996．

[12] 青木昌彦．比较制度分析［M］．中译本．上海：上海远东出版社，2001．

[13] 邓正来．法律与立法二元观［M］．上海：上海三联书店，2000．

[14] 吴敬琏．改革：我们正在过大关［M］．北京：生活·读书·新知三联书店，2001．

[15] 盛洪主编．中国的过渡经济学［M］．上海：上海三联书店、上海人民出版社，1994．

[16] 张军．“双轨制”经济学：中国的经济改革（1978—1992）［M］．上海：上海三联书店、上海人民出版社，1997．

[17] 黄少安．关于制度变迁的三个假说及其验证［J］．中国社会科学，2000（4）．

[18] 林毅夫．关于制度变迁的经济学理论［A］．科斯等，财产权利与制度变迁（C）．上海：上海三联书店、上海人民出版社，1994．

[19] 林毅夫．再论制度、技术与中国农业发展［M］．北京：北京大学出

版社，2000.
[20] [美] 凡勃仑. 有闲阶级论 [M]. 蔡受百译. 北京：商务印书馆，1964.
[21] 郑兴山等. 产权制度和企业绩效 [J]. 经济体制改革，2001 (1).
[22] 姜纬. 国有企业改革与委托人——代理人问题 [J]. 经济研究，1995 (11).
[23] 赵文华，安立仁，席酉民. 一个新的代理问题——串谋行为 [J]. 西北大学学报，1998 (3).
[24] 赵文华，安立仁，席酉民. 国有企业中的串谋问题分析 [J]. 中国软科学，1998 (8).
[25] 黄玉启，汪森军. 最优监督策略研究 [J]. 浙江社会科学，2004 (1).
[26] 徐传谌，王国兵. 合谋与国有企业内部人控制问题 [J]. 经济纵横，2005 (11).
[27] 雷光勇. 审计合谋与财务报告舞弊：共生与治理 [J]. 管理世界，2004 (2).
[28] 雷光勇，谢芳. 审计合谋与审计意见的关系：理论与证据 [J]. 内蒙古财经学院学报，2003 (3).
[29] 赵文华. 从信息论的角度研究代理中控制串谋行为的方法 [J]. 西北纺织工学院学报，2000 (3).
[30] 赵文华，安立仁. 三层组织内的串谋理论分析 [J]. 西北大学学报，2001 (8).
[31] 杨水利，田坤，李怀祖. 国企经营者合谋的博弈分析与防范研究 [J]. 西安交通大学学报，2002 (3).
[32] 王正军，戴玮炜，同晓燕. 内部控制与公司治理对接关系的博弈分析 [J]. 江苏商论，2007 (1).
[33] 徐慧. 审计合谋的动态博弈分析 [J]. 经济贸易，2007 (5).
[34] 庄智华. 最优会计标准执行机制的博弈分析 [J]. 集美大学学报，2005 (1).
[35] 张维迎. 博弈论与信息经济学 [M]. 上海：上海人民出版社，上海三联书店，1996.
[36] 罗建兵，许敏兰. 合谋理论的演进与新发展 [J]. 产业经济研究，2007 (3).
[37] 周冯琦. 委托代理的制度效率与现实改进的路径分析 [J]. 上海社会科学院学术季刊，1999 (2).